조선 최고의 문장
이덕무를 읽다

조선 최고의 문장

이덕무를 읽다

한정주 지음

다산
초당

이덕무를 통해
18세기 조선의 지성사를 읽다

인문학자들은 조선의 18세기를 '위대한 백 년'이라고도 부른다. 영·정조 시대 조선의 정치는 비록 격동의 소용돌이 속에 있었지만, 학문과 문예가 크게 부흥했으며 중국과 일본 그리고 서양의 선진 문물과 서적도 광범위 하게 수입되어 확산되었기 때문이다. 화담(花潭) 서경덕(徐敬德), 퇴계(退溪) 이황(李滉), 남명(南冥) 조식(曺植), 율곡(栗谷) 이이(李珥), 고봉(高峯) 기대승(奇大升) 같은 대학자와 석주(石洲) 권필(權韠), 교산(蛟山) 허균(許筠), 간이(簡易) 최립(崔岦), 송강(松江) 정철(鄭澈), 오산(五山) 차천로(車天輅)와 같은 문인들이 나타나 학문과 문예의 번성을 누렸던 16세기의 이른바 '목릉성세(穆陵盛世)' 때처럼, 18세기에는 뛰어난 학식과 견문, 문장을 두루 갖춘 걸출한 지식인들이 대거 등장했다. 더욱이 이들은 성리학(性理學) 연구와 도학의 실천에만 몰두하며 중국의 시문(詩文)을 추종했던 16세기 학자나 문장가들과도 근본적으로 다른 새로운 유형의 지식인들이었다. 바로 이들 덕분에 조선의 18세기는 어느 때보다 혁신적이고 창의적이며 역동적인 시대가 될 수 있었다. 그리고 이러한 '조선 인문학의 르네상스'

는 성호(星湖) 이익(李瀷)과 다산(茶山) 정약용(丁若鏞)으로 대표되는 '성호학파(星湖學派)'와 연암(燕巖) 박지원(朴趾源)과 담헌(湛軒) 홍대용(洪大容)으로 대표되는 '북학파(北學派)'가 양대 축을 형성하고 있었다.

이덕무는 바로 이들 중 북학파 또는 백탑파(白塔派)라고 불리는 지식인 그룹의 핵심 인물 중 한 사람이다. 이 그룹에는 연암 박지원, 담헌 홍대용, 초정(楚亭) 박제가(朴齊家), 영재(泠齋) 유득공(柳得恭), 강산(薑山) 이서구(李書九), 현천(玄川) 원중거(元重擧), 석치(石癡) 정철조(鄭喆祚), 기하(幾何) 유금(柳琴), 관헌(觀軒) 서상수(徐常修), 야뇌(野餒) 백동수(白東脩) 등 여러 학자와 문인 그리고 예술인들이 다수 포진하고 있었다. 이들은 동서양의 학문을 두루 섭렵했을 뿐만 아니라 조선의 문물과 제도, 인물과 역사, 문화와 풍속 등 백과사전적 지식을 탐구하고 기록으로 남긴, 전례를 찾아보기 힘들 정도로 폭넓은 활동을 펼쳤다. 성리학 질서가 절대적으로 지배하던 시대에서 제대로 취급받지 못했던 온갖 분야의 지식을 학문의 영역으로 끌어들인 혁신을 이루었을 뿐 아니라, 패관 소설과 소품문 등 새로운 문체를 주창해 문예 분야에서도 획기적인 변화를 일으켰다. 평생 성현(聖賢)의 삶만을 모델로 추구했던 성리학적 지식인들에게서는 결코 찾아볼 수 없는, 개인의 개성과 기호를 중시한 다양한 활동을 선보인 것이다.

필자는 지성사를 크게 두 가지 차원에서 살펴볼 수 있다고 생각한다. 하나가 '이즘(ism)의 역사'라면, 다른 하나는 '지식인의 역사'다. '이즘의 역사'는 쉽게 말해 고전주의, 계몽주의, 자연주의, 사실주의, 실존주의, 실증주의, 모더니즘, 포스트모더니즘 등과 같은 주의(主義), 사상, 이론을 중심으로 지성사를 이해하고 분석하는 것이다. 반면 '지식인의 역사'는 이즘 대신 지식인들의 언행, 저술, 기록 등을 중심으로 지성사를 이해하고 분석하는 것이다. 전자를 딱딱한 고체에 비유한다면, 후자는 유연한 액체와 같다고 할 수 있다. '이즘의 역사'로 지성사를 다룰 경우 고정불변하는 법칙과 절대적 도식으로 지성사를 얽매고 가둘 수밖에 없는 반면, '지식인의 역사'로 지성사를 다룰 경우 개개의 지식인의 생동하는 삶과 변화하는 철학을 읽어내 역사를 보다 입체적으로 파악할 수 있다. 때문에 필자는 전자보다는 후자에 주목한 연구를 해왔다. 이러한 맥락에서, 이 책은 필자의 관심사인 '18세기'와 '지식인의 역사로서의 지성사'의 본격적인 결합을 시도한 첫 결과물이라 하겠다.

'이덕무 마니아'가 될 수밖에 없는 이유

필자가 처음 이덕무라는 인물에 관심을 갖게 된 것은 10여 년 전 일이다. 이덕무는 연배나 학문, 문장에 있어서 선배이자 스승 그룹인 홍대용, 박지원, 원중거, 정철조 등과 후배이자 제자 그룹인 박제가, 유득공, 이서구 등의 중간에서 매개 고리 역할을 한 북학파(백탑파)의 중추적인 인물이었다. 그런데 지금까지는 간서치(看書癡) 그러니까 '책에 미친 바보'라는 면모만 일부 소개되었을 뿐, 『의산문답(醫山問答)』의 홍대용, 『열하일기(熱河日記)』의 박지원, 『북학의(北學議)』의 박제가, 『발해고(渤海考)』의 유득공과는 달리 대중적으로는 널리 알려져 있지 않았다. 그러나 사실 이덕무는 정조의 명으로 국가적인 차원에서 유고집이 간행될 정도로 조선 최고의 실력으로 인정받은 문장가이자, 저술 총서인 『청장관전서(靑莊館全書)』를 통해 뛰어난 문장과 시문 비평 실력은 물론, 동아시아 삼국과 서양의 문물과 풍속, 국내외 여행기 등을 아우르는 가히 백과사전을 방불케 하는 방대한 지식의 보고를 남긴 위대한 지식인이었다.

평소 동서양을 통틀어 18세기의 가장 획기적인 지성사적 사건이 백과전
서파의 출현과 백과사전의 저술에 있다고 생각해왔던 필자로서는, 조선의
백과전서파 지식인들이 눈에 들어온 것은 너무 당연한 일이었다. 그래서
2008년 무렵, 고전·역사연구회 뇌룡재(雷龍齋)에서 '백과전서 연구 및 집
필 팀'을 구성해 백과전서파 지식인들의 대표 저서들을 대중 인문교양서
로 작업하기로 기획했었다. 지봉(芝峰) 이수광(李睟光)의 『지봉유설(芝峯類
說)』, 성호 이익의 『성호사설(星湖僿說)』, 순암(順菴) 안정복(安鼎福)의 『잡
동산이(雜同散異)』, 청장관 이덕무의 『청장관전서』, 오주(五洲) 이규경(李圭
景)의 『오주연문장전산고(五洲衍文長箋散稿)』 등을 현대적인 맥락에서 재
해석하고 재구성해 독자들에게 소개하고 싶었던 것이다. 이때 필자가 맡
은 책이 청장관 이덕무의 『청장관전서』와 오주 이규경의 『오주연문장전산
고』였다. 그런데 흥미롭게도 『오주연문장전산고』의 저자인 이규경은 이덕
무의 친손자다. 이덕무로부터 시작된 가학(家學)으로서 박물학(博物學) 또
는 백과전서의 학풍이 이규경에게 전해져 『오주연문장전산고』라는 결실
로 맺어진 것이다. 그래서 필자는 이덕무를 먼저 연구하는 것이 적합하다
고 생각했고 본격적인 연구를 시작했다.

그런데 이 작업은 필자의 뜻하지 않은 건강 악화로 일시 중단되었다가,
건강이 회복된 2013년 말부터 재개될 수 있었다. 이 과정에서 접하게 된
이덕무의 글과 삶, 그리고 철학은 애초 생각했던 것과 비교가 되지 않을
정도로 새롭고 깊었다. 자연스레 어느 때부터인가 필자는 만나는 사람마
다 『청장관전서』를 통해 본 18세기 조선 지식인의 기궤첨신(奇詭尖新, 기
이하고 괴이하고 날카롭고 새롭다)한 문장과 방대한 지식, 심오한 학문 세계를
열정적으로 늘어놓기 시작했다. 주변 사람들은 이덕무에 미쳐 그에 빙의
된 것이 아니냐는 우스갯소리까지 던질 정도였고, 필자 스스로도 '이덕무

마니아'로 자처하기를 주저하지 않았다. 애초 이덕무보다 그의 손자 이규경에 더 관심이 있던 필자가 '이덕무 마니아'가 된 까닭은 크게 다섯 가지로 나누어 살펴볼 수 있다.

먼저 첫째, 이전 시대와는 다른 새로운 독서관과 신이(新異)한 문장론이다. 문장 부문에서 시대를 바꾼 혁신이 등장하기 위해서는 이전과 다르게 읽고 보고 생각할 수 있어야 한다. 문장이란 그저 그것들을 구체적으로 표현한 것이기 때문이다. 이 점에서 이덕무의 독서법과 사유, 글쓰기는 이전 시대나 당대 주류 지식인인 성리학자들과는 구별되어, 필자의 시선을 사로잡고도 남을 만한 가치가 있었다.

둘째, 공간적으로는 동양과 서양, 시간적으로는 고대와 당대(18세기)를 넘나들며 백과사전적 지식을 탐구하고 기록으로 남겼던 지식욕과 탐구열이다. 인문학이란 단순화시켜 말하면, '인간의 학문'이라 할 수 있다. 여기서 인간이란 절대적 존재로부터 정신적으로 독립된 주체를 말한다. 여기서 절대적 존재란 종교적 신을 뜻할 수도 있고, 성리학에서의 공자나 주자처럼 사상적으로 절대적 권위를 가진 성인(聖人)이 될 수도 있다. 이러한 외부의 절대적 존재에게 의존하거나 지배당하지 않고 정신적으로 독립된 주체의 시선과 사유로 자신과 세계, 자연 만물과 우주를 이해하려 하는 것, 그것이 바로 참된 인문학의 정신이다. 따라서 인문학적 인간은 문학, 역사, 철학뿐 아니라 정치, 경제, 사회, 의학, 과학, 기술 등 인간과 관련된 모든 분야를 주체적 시선과 사유로 이해하고 분석하려 한다. '진정한 인문주의자'란 인간과 관련된 모든 학문과 지식을 총망라하는 백과사전적 지식인이라 할 수 있다. 최근 다양한 분야에서 인문학적 사유의 필요성이 강조되는 까닭 역시 여기에 있다. 그리고 이덕무야말로 자기 삶 속에서 박물학적, 백과사전적 지식 탐구를 체현한 인물로, 오늘날에도 유의미한 인문학적 역할 모델이 되기에 충분하다.

셋째, 자신이 속한 세계 밖 새로운 세계에 대한 개방적인 태도와 왕성한 호기심과 상상력이다. 이덕무가 보여준 백과사전적 지식 탐구의 원동력은 인문학적 호기심과 상상력에 있다. 그는 당대 주류 지식인들과 달리 자신이 속한 세계, 즉 조선이라는 세계에 갇혀 있기를 거부했다. 그는 인문학적 호기심과 상상력을 중국(청)은 물론 일본과 서양으로까지 확장시켰다. 인문학적 호기심과 상상력이 있어야 새로운 세계에 대한 탐구가 가능하고, 이를 위해서는 무엇보다 외부 세계에 대한 개방적 태도와 낯설고 익숙하지 않은 것을 편견 없이 수용하는 열린 자세가 필요하다. 이 점에서 이덕무의 박물학적·백과사전적 탐구 경향은 인문학적 사유의 필수적 요소라고 할 수 있는 개방성과 확장성의 좋은 본보기가 된다.

넷째, 전통적인 지식·문화 권력에 의해 구획된 중심과 주변을 구분하는 질서를 해체하고, 자기 주변의 사소하고 일상적인 것에 보인 비범한 관심이다. 성리학이라는 지식·문화 권력은 경전과 정사(正史)에 근거한 것만이 진정한 학문과 지식이고, 그 외 실생활에 필요한 실용 지식은 잡학(雜學)으로 취급했다. 이러한 중심과 주변의 구획의 구별 때문에 조선의 지식인들은 자기 주변에 존재하는 형이하학적인 것들에 관심 두는 것을 부끄러워했다. 중인 이하 미천한 신분의 사람들이나 다루는 것으로 여겼기 때문이다. 이덕무는 이러한 전통적인 견해를 맹목적으로 받아들이지 않았다. 오히려 자기 주변의 사소하고 하찮고 일상적인 것들을 통해 인간과 세계, 자연 만물과 우주의 이치를 이해할 수 있다고 생각했다. 때문에 기존 학문 영역 바깥에 존재하는 수많은 지식을 학문의 영역으로 끌어들였다. 동물의 습성에 관한 관심, 식물에 대한 탐구, 민간 풍속과 설화의 채록 등은 당시에는 학문의 영역으로 인정하고 잘 다루지 않았지만, 오늘날에는 모두 학문의 영역이 된 것들이다. 이렇듯 18세기의 인문학 영역은 성리학의 권위자들이 아닌 이덕무와 같은 폭넓고 개방적인 식견과 사유, 탐구와 기록 정신을 가진 이들에 의해 무한히 확장될 수 있었다.

다섯째, 개성과 자의식의 만개, 그리고 자기 취향과 기호의 자유로운 표현이다. 이덕무는 성리학이 추구하는 삶의 모델, 즉 평생 성현의 삶에 가까워지기 위해 학문을 연마하고 심신을 수양하는 삶에 안주하지 않았다. 그는 성리학적 삶을 추구하는 당대의 일반적인 지식인상을 뛰어넘어 개인의 취향과 기호, 즉 자신이 좋아하고 하고 싶은 것을 스스럼없이 표현한 개성적인 면모를 보여주었다. 이러한 개성적이고 주체적인 인간의 출현이야말로 인문학의 개방성과 확장성 그리고 혁신성과 창의성의 필요충분조건이자, 오늘날 인문학이 반드시 필요한 진정한 이유 중 하나다. 필자는 '인문학 전문가'보다는 '인문학 마니아'들이 많아져야 인문학이 더욱 성장할 수 있고 확장된다고 생각한다. 전자가 전통적으로 강력한 영향력을 행사해온 지식·문화 권력층이자 권위의 독점에 의존해 영향력을 행사하는 존재라면, 후자는 전통적인 권력과 권위에 의존하지 않고 그저 자신이 좋아하고 하고 싶은 것을 추구하는 사람들이다. 그렇다면 보다 혁신적이고 창의적인 인문학은 둘 중 어디서 나올 수 있을까? 지성사를 연구해온 필자의 경험으로 보면, 후자의 비중이 훨씬 크다고 하겠다.

바로 이 다섯 가지 차원에서 드러나는 이덕무의 개방성, 확장성, 그리고 혁신성과 창의성은 인문학적 지식과 사유가 어느 방향으로 나아가야 하는지에 대한 하나의 지표가 됐다. 어떻게 '이덕무 마니아'가 되지 않을 수 있겠는가?

현대적으로 재해석한 이덕무의 모든 것

역사나 고전을 다룰 때에는 그것이 화석화된 과거가 아니라 생동하는 현재의 것이 될 수 있도록 현대적 의미로 재해석하고 재구성하는 작업이 필요하다. 그 연장선상에서 필자는 이덕무의 『청장관전서』를 아래와 같이 재구성해 한 권의 책에 집약하는 방식으로 그 가치를 현재적 관점에서 읽어내려 했다.

먼저 프롤로그 〈18세기 인문학의 정수 『청장관전서』〉에서는 이덕무의 전집인 『청장관전서』의 구성과 내용을 간략하게 정리해 소개했다. 필자는 이 책을 통해 이덕무의 삶과 철학을 재발견하는 것은 물론, 18세기 조선의 지성사를 재구성하고 재해석할 수 있었다.

제1부 〈치열하게 읽고 기록하다〉는 독서가, 문장가, 비평가로서의 모습을 다뤘다. 여기서는 독서하며 기록하는 것을 자기 존재 이유로 여기며, 시와 문장에 자신이 삶을 영위하는 공간인 조선의 '지금 모습'을 묘사하고 담아냈던 모습, 동아시아 삼국(조선·청·일본)의 한시 비평사에 새로운 지평을 연 모습들을 독자들에게 소개하려고 했다. 그중에서도 제1장 〈영처의 눈과 마음으로〉에서는 이덕무의 문장과 사상 전체를 관통하는 단 하나의 키워드라 해도 과언이 아닌 '동심의 철학'을 살폈다. 그런데 혹 필자의 전작인 『호(號), 조선 선비의 자존심』과 『글쓰기 동서대전』을 읽은 독자라면, 전자의 제19장 이덕무 편과 후자의 제1장 동심의 글쓰기의 이덕무 편이 이 책 제1장 〈영처의 눈과 마음으로〉의 내용과 일부 유사하거나 중복된다는 점을 눈치챘을 것이다. 여기에 대해서는 독자의 양해를 구하고자 필자 나름의 해명을 해야 할 것 같다. 이 책 『조선 최고의 문장 이덕무를 읽다』는 2015년 5월에 출간된 『호, 조선 선비의 자존심』보다는 1년 6개월,

12

2016년 6월에 출간된 『글쓰기 동서대전』보다는 6개월 뒤늦게 출간되었지만, 사실 앞선 책들이 출간되기 훨씬 이전인 2014년 2월에 탈고되었다. 다시 말해 이 책에서 파생된 작업의 결과물이 바로 『호, 조선 선비의 자존심』과 『글쓰기 동서대전』이었던 셈이다. 『호, 조선 선비의 자존심』이 이덕무를 통해 봤던 '조선 지식인의 강렬한 내면의식과 자기표현'을 주제 삼아 집필한 결과물이었다면, 『글쓰기 동서대전』은 이덕무를 통해 봤던 18세기를 전후한 문장가들의 '개성 있는 글쓰기, 자유로운 글쓰기'를 주제로 삼아 집필한 결과물이었다. 때문에 일부 유사하거나 중복되는 내용을 빼야 할지 고민도 했지만, 이 경우 앞서 얘기한 이덕무의 독서와 문장 그리고 삶과 철학 전체를 관통하는 핵심적인 키워드를 제외한 채 이덕무를 다루어야 하는 난관에 봉착하게 된다. 때문에 불가피하게 일부 내용이 중복된다는 비난을 감수하고서라도 고치지 않고 그대로 싣기로 결정했다. 이 책의 전체 내용을 소개하는 장으로 읽어주시면 좋겠다.

제2부 〈끊임없는 호기심과 탐구 정신〉에서는 민속학자, 박물학자, 북학 사상가이자 남학(南學, 일본학)의 최고 권위자로서의 모습을 다뤘다. 여기서는 당대 지식인들에게 사소하고 보잘것없는 대상으로 여겨졌던 조선의 풍속과 문화에 대한 지적 탐구의 여정과 더불어 조선 바깥 세계에 대한 호기심과 열정 그리고 개방적인 사고에 대해 다루었다. 특히 제8장 〈마지막 호, 아정에 담긴 의미〉에서는 정조 시대 문예부흥에 앞장섰던 서얼 출신 규장각 사검서관(四檢書官)의 선두에 섰던 모습을 다루었다. 독자들은 재야 지식인 시절 기궤첨신한 문장과 학풍을 일으키는 데 전력을 다했던 이덕무가, 조정에 발탁된 이후에는 국가 차원의 문예부흥에 온 힘을 쏟았던 것을 알 수 있을 것이다.

오늘날 이덕무의 글을 읽는다는 것의 의미

그렇다면 오늘날 18세기 지식인 이덕무의 글을 읽는다는 것에 어떤 의미가 있을까? 필자는 이덕무를 통해 개방성과 확장성, 그리고 불온성이라는 세 가지 지점에서 인문학적 근력을 단단하게 기를 수 있다고 생각한다.

첫째, 개방성이란 자신이 속한 세계 바깥, 즉 낯설고 익숙하지 않은 세계에 대한 열린 마음과 태도를 가리킨다. 자신이 배우고 경험한 지식과 사유의 세계에만 갇혀 있는 사람은 고루하고 편협한 독선적인 지식과 사유의 한계에서 벗어날 수 없다. 고인 물은 반드시 썩는 것과 마찬가지 이치다. 특정 학문과 사유의 세계를 넘어서려면 낯설고 익숙하지 않은 세계를 향해서도 마음을 열 수 있어야 한다. 혁신과 창의, 융합과 통섭은 이러한 개방성이 전제될 때 비로소 가능해진다. 이 점에서 시대적 한계를 넘어 외부 세계를 향해 끊임없는 호기심과 지적 탐구의 여정, 그리고 기록 정신을 보여준 이덕무의 행적은 오늘날에도 재고될 가치가 충분하다 하겠다.

두 번째, 확장성이다. 이는 앞선 개방성이라는 요소와 밀접하게 연관되는데, 지성사적으로도 자신이 속한 세계 너머에 대한 인문학적 호기심과 상상력 그리고 의문과 질문이 지식 정보의 무한한 연결과 확장을 가져왔다는 사실을 알 수 있다. 문학에서 역사로, 그리고 예술로, 철학과 과학으로. 학문을 넘나드는 무한한 연결과 확장, 그리고 통섭이야말로 필자가 앞서 언급한 '진정한 인문주의자' 즉 인간과 관련된 모든 지식을 총망라하는 인문학적 지식인의 전제조건인 것이다. 인문학적 호기심과 상상력을 바탕으로 문학, 풍속, 역사, 사회, 예술, 과학, 기술 등은 물론 북학, 서학, 남학(일본학)에 이르기까지 분야를 가리지 않고 시공간을 넘나드는 전 방위적 지식 탐구를 추구했던 이덕무의 삶이야말로 지적 확장성이 혁신적 인문학의 성장에 어떤 역할을 하는지에 대해 시사점을 제공한다.

세 번째, 불온성이다. 사실 기존 체제를 넘어서 새로운 가치를 추구한다는 점에서 인문학은 본질적으로 불온한 것이다. 이는 파괴와 전복, 해체를 통해 혁신과 변화를 추구하는 것으로, 달리 표현하면 불가능을 꿈꾸는 것과 같다. 이덕무는 18세기 이전의 전통, 그 한계와 경계를 넘어선 새로운 영역을 추구했다는 점에서 불온했다. 이러한 불온성은 혁신과 창조의 필요충분조건으로, 그의 삶 속에서 발견된 문학관과 철학은 다음과 같은 김수영의 말을 떠올리게 한다. "모든 살아 있는 문화는 본질적으로 불온한 것이다. 그것은 두말할 것도 없이 문화의 본질이 꿈을 추구하는 것이고 불가능을 추구하는 것이기 때문이다."[1]

이덕무에게서 찾아볼 수 있는 인문학적 사유의 개방성과 확장성, 그리고 불온성은 18세기와 21세기라는 시대를 막론한 인문학적 가치이자, 두 시대를 연결하는 핵심 키워드라 할 수 있다. 다시 말해 우리가 18세기의 인문학자 이덕무의 철학과 삶의 자세를 배운다는 것은 곧, 화석화된 과거를 읽는 것만이 아니라 생동하는 현재를 읽는 것이기도 하다. 필자의 견해와 의도가 얼마나 책에 담겼는가에 대한 평가는 온전히 독자들의 판단에 맡긴다.

2016년 11월
성큼 겨울이 다가온 북한산 자락 집필실에서
한정주 씀

차례

제 1 부   치열하게 읽고 기록하다

18세기 인문학의 정수 『청장관전서』

이 책에서 주요 텍스트로 삼은 것은 1967년에 출간된 민족문화추진회(한국고전번역원의 전신)의 『(국역)청장관전서』(전13권)이다. 여기 실린 해제에 따르면 이 전서는 이덕무의 유고(遺稿)를 총망라해 편찬한 것으로, 아들 이광규(李光葵)가 편집을 하고 전생서(典牲署) 직장(直長) 이완수(李琬秀)가 교정을 맡았다. 『(국역)청장관전서』는 규장각이 소장하고 있는 『청장관전서』를 저본(底本)으로 번역한 것인데, 이 규장각 소장본은 일본인 아사미 린타로(淺見倫太郎)가 수집한 조선의 고서(古書) 중 하나인 『청장관전서』를 옮겨 베낀 것이라고 한다. 『청장관전서』는 규장각 소장본 외에 미국 캘리포니아 대학의 아사미문고(淺見文庫) 소장본이 있는데, 이 문고는 아사미 린타로가 일제강점기 시기 수집한 고서를 훗날 캘리포니아 대학에서 그 전부를 사들여 소장한 책들로 이루어져 있다. 여하튼 규장각 소장본과 캘리포니아 대학 소장본을 비교 대조해보면, 비록 결본(缺本) 서목(書目) 가운데 내용 편차에 차이가 있기는 하지만, 대략 당초 『청장관전서』의 권 수는 71권, 책 수는 33책이라는 사실을 확인할 수 있다.[2] 『(국역)청장관전서』의 체재 및 구성은 다음과 같다.

순서	권 수	내용 서목
I	제1권 제2권 제3권 제4권	영처시고 1(嬰處詩稿一) 영처시고 2(嬰處詩稿二) 영처문고 1(嬰處文稿一) 영처문고 2(嬰處文稿二)
II	제5권 제6권 제7권 제8권 제9권 제10권	영처잡고 1(嬰處雜稿一) 영처잡고 2(嬰處雜稿二) 예기억 1(禮記臆一) 예기억 2(禮記臆二) 아정유고 1(雅亭遺稿一) 아정유고 2(雅亭遺稿二)
III	제11권 제12권 제13~14권 제15권 제16권 제17~18권 제19권	아정유고 3(雅亭遺稿三) 아정유고 4(雅亭遺稿四) 결본(缺本) 아정유고 7(雅亭遺稿七) 아정유고 8(雅亭遺稿八) 결본(缺本) 아정유고 11(雅亭遺稿十一)
IV	제20권 부(付)	아정유고 12(雅亭遺稿十二) 간본(刊本) 아정유고(雅亭遺稿) 제3권 간본(刊本) 아정유고(雅亭遺稿) 제4권 간본(刊本) 아정유고(雅亭遺稿) 제5권 간본(刊本) 아정유고(雅亭遺稿) 제6권 간본(刊本) 아정유고(雅亭遺稿) 제7권 간본(刊本) 아정유고(雅亭遺稿) 제8권
V	제21권 제22권 제23권 제24권	편서잡고 1(編書雜稿一) 편서잡고 2(編書雜稿二) 편서잡고 3(編書雜稿三) 편서잡고 4(編書雜稿四)
VI	제27~29권	사소절 제1(士小節第一) 사소절 제2(士小節第二) 사소절 제3(士小節第三) 사소절 제4(士小節第四)

VI	제30권	사소절 제5(士小節第五)
		사소절 제6(士小節第六)
		사소절 제7(士小節第七)
	제31권	사소절 제8(士小節第八)
VII	제32권	청비록 1(淸脾錄一)
	제33권	청비록 2(淸脾錄二)
	제34권	청비록 3(淸脾錄三)
	제35권	청비록 4(淸脾錄四)
	제36~41권	뇌뢰낙락서 1~6(磊磊落落書一~六)
	제42~43권	뇌뢰낙락서 7~8(磊磊落落書七~八)
	제44~45권	뇌뢰낙락서 9~10(磊磊落落書九~十)
	제46~47권	뇌뢰낙락서 보편(磊磊落落書 補編) 상(上)·하(下)
VIII	제48권	이목구심서 1(耳目口心書一)
	제49권	이목구심서 2(耳目口心書二)
	제50권	이목구심서 3(耳目口心書三)
	제51권	이목구심서 4(耳目口心書四)
	제52권	이목구심서 5(耳目口心書五)
	제53권	이목구심서 6(耳目口心書六)
IX	제54권	앙엽기 1(盎葉記一)
	제55권	앙엽기 2(盎葉記二)
	제56권	앙엽기 3(盎葉記三)
	제57권	앙엽기 4(盎葉記四)
X	제58권	앙엽기 5(盎葉記五)
	제59권	앙엽기 6(盎葉記六)
	제60권	앙엽기 7(盎葉記七)
	제61권	앙엽기 8(盎葉記八)
	제62권	서해여언(西海旅言)
		윤회매십전(輪回梅十箋)
		산해경보(山海經補)
		열상방언(洌上方言)
XI	제63권	천애지기서(天涯知己書)
		선귤당농소(蟬橘堂濃笑)

XI	제64권	병정표(丙丁表)
		청령국지 1(蜻蛉國志一)
	제65권	청령국지 2(蜻蛉國志二)
	제66권	입연기 상(入燕記上)
	제67권	입연기 하(入燕記下)
XII	제68권	한죽당섭필 상(寒竹堂涉筆上)
	제69권	한죽당섭필 하(寒竹堂涉筆下)
	제70권	선고적성현감부군연보 상(先考積城縣監府君年譜上)
	제71권	선고적성현감부군연보 하(상(先考積城縣監府君年譜下)
XIII	색인(索引)	

이처럼 『청장관전서』에 실린 방대하고 다종다양한 저술들의 내용을 간 단하게 살펴보면 다음과 같다.

① 『영처시고』, 『영처문고』, 『영처잡고』는 이덕무가 10대 시절부터 20세 전후의 젊은 시절 지은 시와 문장을 모아 엮은 것이다. 영처(嬰處)는 이덕 무의 자호(自號)로 '어린아이와 처녀'의 눈과 마음으로 시와 문장을 짓겠 다는 문장 철학이 담겨 있다.

② 『예기억』은 십삼경(十三經) 중 하나로 유학의 종합 백과사전이라고 할 수 있는 『예기(禮記)』에 대한 일종의 연구서다. 『사소절』에서도 알 수 있 듯, 이덕무는 사대부가의 예절에 상당한 관심을 갖고 연구와 저술을 했다.

③ 『아정유고』는 시와 문장의 여러 시체(詩體)와 문체(文體)를 드러내 보 인 것으로 이덕무 자신이 생전에 선별한 시문들을 엮은 것이다. 반면 『간 본 아정유고』는 이덕무의 사후 정조의 어명에 따라 편집, 간행된 시문집 이다. 즉, 후자의 시문은 전자 가운데서 다시 간추려 뽑아 엮은 것이다.

④ 『편서잡고』는 역사서 편찬, 특히 중국 송나라 대의 역사서인 『송사(宋

史)』편찬과 관련된 저술이다.

⑤『사소절』은 '사대부가의 작은 예절'이라는 뜻으로, 18세기 사대부가의 선비, 부녀자, 어린아이들의 일상생활 속 예절과 행동 규범들을 정리한 책이다. 이 책은 특히 18세기 사대부가의 일상생활 세계를 깊숙이 들여다볼 수 있다는 점에서 흥미로운 자료가 된다.

⑥『청비록』은 역대 명시(名詩)에 얽힌 이야기와 이들 시에 대한 이덕무의 비평집이다. 특히 조선과 중국은 물론 일본의 시가 소개돼 있다는 점에서 시화(詩話)·시평(詩評)을 다룬 다른 사람의 책과 큰 차이점이 있다.

⑦『뇌뢰낙락서』는 명청 교체기의 인물지(人物志)로, 조선으로 귀화한 명나라 사람들의 이야기도 실려 있다. 『편서잡고』와 『뇌뢰낙락서』를 보면, 이덕무 역시 성리학의 정치·지식·문화 권력이 지배하던 시대적 한계와 사상적 경계에서 완전히 벗어날 수는 없었던 것을 알 수 있다.

⑧『이목구심서』는 제목 그대로 귀로 듣고, 눈으로 보고, 입으로 말하고, 마음으로 생각한 것들을 일정한 체재나 구성에 얽매이지 않고 마음 내키는 대로 적은 글 모음집이다. 짧고 간결한 한 편 한 편의 글 속에 자기 주변 자연 만물에 대한 관찰은 물론 진솔한 자기 생각과 감정을 표현하고 있다는 점에서 이 시기 크게 유행했던 소품문의 미학이 가장 잘 담긴 걸작이다.

⑨『앙엽기』는 이덕무의 박물학과 백과사전적 학풍을 여실히 보여주는 책이다. 여기서 그는 당대 주류 지식인인 성리학자들은 학문의 영역으로 여기지 않았던 수많은 문제를 지적 탐구의 대상으로 삼아 고증과 변증을 펼친다. 이러한 박물학, 백과사전적 학풍 그리고 고증, 변증, 논증의 방법들은 그의 손자인 이규경에게까지 전해져, 앞서 언급한 기념비적 저작인 『오주연문장전산고』의 탄생으로까지 이어지게 된다.

⑩「서해여언」은 이덕무가 스물여덟 살 때 한양에서 황해도 장연의 조니진(助泥鎭)까지 여행하면서 보고 경험했던 지방 풍속, 문화와 역사를 기록한 '서해 중북부 여행기'다.

⑪「윤회매십전」은 매탕(槑宕) 즉 '매화에 미친 바보'라는 자호(自號)를 지을 만큼 매화 마니아였던 이덕무가 스스로 터득한 '인조 매화 제조법'을 상세하게 기록한 글이다. 완물상지(玩物喪志, 물질적인 것보다 정신적인 것을 강조한 것)라는 성리학적 규범과 윤리를 중시했던 이전 시대의 지식인들에게서는 찾아볼 수 없는 자신만의 취향과 기호를 중시한 18세기 새로운 지식인의 면모를 읽을 수 있다.

⑫「산해경보」는 이덕무가 스스로를 귀가 셋, 눈은 둘, 입과 마음은 각각 하나라는 상상 속의 벌레 '섭구'에 비유한 일에 대해 박지원과 주고받은 해학적인 문자를 적어놓은 글이다. 이 글을 보면 이덕무와 박지원 등 북학파 지식인 그룹이 얼마나 고전에 능숙하면서도 그것의 격식과 규범에 얽매이지 않은 자유롭고 개성적인 글쓰기를 추구했는지 알 수 있다.

⑬「열상방언」은 열상(洌上) 즉 한강 주변인, 한양과 경기 지방 백성들 사이에서 통용되는 속담들을 수집해 엮은 것이다. 이 글 역시 자기 주변의 사소하고 보잘것없는 것들에도 비범한 관심을 보인 개방적 지식인의 면모를 보여준다. 이들 방언과 속담은 당대 주류 지식인들에게는 거들떠볼 필요도 없는 하찮은 것이었겠지만, 오늘날의 관점에서 보면 언어학적, 민속학적, 인류학적 주요 연구 대상이 된다는 점에서 시대를 앞서가는 이덕무의 혁신적 식견과 창의적 안목을 엿볼 수 있다.

⑭「천애지기서」는 1765년과 1766년, 숙부 홍억을 따라 자제군관 자격으로 청나라 연경에 갔던 홍대용이 그곳에서 사귄 항주의 명사(名士)인 엄성(嚴誠), 육비(陸飛), 반정균(潘庭筠) 등과 필담한 수고(手稿)와 편지〔書

牘) 및 시문(詩文) 등을 읽고, 이덕무가 초록(抄錄)한 것이다. 특히 조선과 청나라 선비들의 국경을 초월한 우정과 지식 교류에 감탄한 이덕무는 단순한 초록에 그치지 않고 기록 하나하나에 자신의 감상과 평론까지 덧붙였다. 이 기록으로 우리는 18세기 중반 홍대용에서 시작되어 19세기 중반 김정희에 이르기까지 100년 동안 만개했던 조선과 중국 지식인 간 인문학 네트워크의 역사를 살필 수 있다.

⑮「선귤당농소」는 일종의 수상록(隨想錄)이라고 할 수 있다. 『이목구심서』와 함께 소품문의 걸작으로, 비록 글의 분량은 많지 않지만 자기 감성과 취향을 탁월하게 표현했다는 점에서 이덕무 문장의 백미라 할 수 있다.

⑯『청령국지』는 18세기 일본을 탐구해 정리한, 종합 연구 보고서와 같은 저서다. 특히 일본을 단순히 섬나라 오랑캐로 취급할 뿐 그들의 놀라운 변화와 발전에는 어두웠던 당대 조선의 얕은 식견과 안목에 경종을 울리는 글이라는 점에서 주목할 만한 가치가 있다. 더욱이 이덕무의 동심우(同心友)였던 박제가의 사회 개혁서『북학의』와 비교해 읽는다면, 이 책이 종합 연구 보고서일 뿐 아니라 당대 일본의 사회 구조와 그들이 변화 발전한 모습을 통해 조선이 어떻게 개혁되어야 할지 암시하는 일종의 사회 개혁서의 성격을 띤다는 사실을 알 수 있다.

⑰『입연기』는 1778년(정조 2) 이덕무가 박제가와 함께 연행사(燕行使)의 일원으로 청나라 연경에 가서 보고 듣고 경험한 것들을 기록한 연행일기다. 『입연기』는 박제가의『북학의』와 더불어, 1766년에 출간된 홍대용의 『을병연행록』과 1780년에 출간된 박지원의『열하일기』를 매개하는 기록으로 북학파 그룹의 사상을 완성하는 데 중추적인 역할을 했다.

⑱『한죽당섭필』은 이덕무가 경상도 함양군 사근역 찰방(察訪)으로 부임했을 때 보고 듣고 경험한 일들을 기록한 저술이다. 내용을 보면 영남 지

방의 명승고적(名勝古蹟)과 역대 인물, 풍속, 문화 등에 관해 기술하고 있다. 『앙엽기』처럼 이덕무의 박물학적 학풍과 변증, 고증을 활용한 지식 탐구 방법을 엿볼 수 있는 기록이다.

⑲『선고적성현감부군연보』는 아들 이광규가 편술(編述)한 이덕무의 연보다. 이덕무의 삶과 사상의 궤적을 연대기적으로 살펴볼 수 있는 흥미로운 자료다.

필자는 『청장관전서』의 저술들을 탐독하면서 이덕무의 삶과 철학을 재발견할 수 있었을 뿐 아니라, 18세기 조선의 지성사를 나름의 관점으로 재구성하고 재해석할 수 있었다. 특히 『영처시고』, 『영처문고』, 『이목구심서』를 통해서는 조선 최고의 문장가 이덕무의 시문을 관통하고 있는 글쓰기 철학, 즉 동심(童心)의 철학과 진경(眞景)의 미학을 발견할 수 있었다. 앞으로 더 자세히 살펴보겠지만, 이 동심의 글쓰기 철학은 18세기 조선의 문장 혁신에 큰 역할을 했다. 또한 『앙엽기』와 『한죽당섭필』 등을 읽으면서는 이덕무의 학문을 관통하고 있는 학풍인 박물학과 백과사전적 지식 탐구 및 기록 정신을 엿볼 수 있었다. 이는 앞서 살펴보았던 필자가 이덕무 마니아가 될 수밖에 없었던 첫째 이유와 둘째 이유에 해당한다. 「서해여언」과 『입연기』, 「천애지기서」, 『청령국지』 등을 탐독하면서는 조선 내부에 있었지만 잘 드러나지 않았던 면모, 또는 조선 바깥의 새로운 세계에 대한 호기심과 상상력을 인문학적 지식 탐구를 통해 서로 연결하고 확장시켰던 모습을 발견할 수 있었다. 바로 필자가 이덕무의 매력에 빠지게 된 셋째 이유다. 또한 『이목구심서』와 「선귤당농소」에서는 자신 주변 사소하고 일상적인 것들에 대한 비범한 관심으로 전통적 지식-문화 권력이 구획한 중심과 주변의 질서를 해체한 18세기 조선에 나타난 선구적 지식인의 면모를, 〈간서치전(看書癡傳)〉과 〈기호(記號)〉, 〈자언(自言)〉 그리고 「윤회매십전」과 「산해경보」를 통해서는 전통적인 성리학적 지식인의 자의식에서는 찾아볼 수 없던 개성을 중시하고 개인적인 취향과 기호에 탐닉했던 새로운 지식인의 자의식을 발견하고 신선한 충격을 받기도 했다.

『청장관전서』에서 나타난 이덕무를 비롯한 18세기 조선에 등장한 새로운 유형의 지식인들의 활약은 이 시대를 혁신의 시대, 또는 위대한 백 년이라고 불러도 어색하지 않게 만든다. 물론 이러한 견해에 대해 반론을 제기하는 이들도 있겠다. 이덕무 역시 근본적으로 성리학 사상과 윤리 규범에 지배당한 당대 지식인의 한계를 극복하지 못했다는 것이다. 이러한 시각에서 보면, 필자의 해석은 지나치게 긍정적인 시각으로 이덕무와 그 주변 지식인 그룹을 찬양한 것이 아닌가 하는 의구심을 가질 수도 있겠다.

그러나 이덕무와 그 주변 지식인 그룹이 남긴 기록들을 읽어보면, 성리학의 전통적 경향은 물론, 동시에 그것에서 벗어난 혁신적인 경향이 공존하고 있음을 알 수 있다. 어떤 때는 이 두 경향이 극단적으로 모순되는 상황도 접하게 된다. 예를 들어 유학사 최대의 이단자이자 반도(叛徒)라는 평가를 받고 있는 이탁오(李卓吾)에 대한 이덕무의 기록이 그렇다. 『예기억』에서 이덕무는 이렇게 말한다. "명나라의 이탁오, 안산농(顏山農), 하심은(何心隱), 등활거(鄧豁渠)의 무리가 한 짓은 '거짓된 일을 서슴없이 자행하고', '허위를 거침없이 말하고', '정도(正道, 성리학)가 아닌 학문을 일삼고', '잘못된 것을 아름답게 꾸미는' 일에서 크게 벗어나지 못했다." 더욱이 『사소절』에서는 인간의 욕망을 긍정하는 이탁오 등의 철학은 인간의 참된 본성을 그르치는 음란한 행위에 불과하다고 비판한다. 인간의 욕망과 감정을 천명(天命)으로 삼아 자신을 비난하는 이들을 향해 "나는 마땅히 하늘을 따를 따름이다"라고 일갈한 허균을 가리켜서는, 이탁오 등의 폐단이 극심하게 나타난 퇴폐적인 현상 중 하나라고까지 말한다. 성리학적 규범과 윤리관으로 이탁오와 허균을 신랄하게 비판하는 모습은 분명 성리학적 지식인의 한계를 고스란히 보여준다. 이덕무는 이탁오의 양명좌파적 학문 성향, 『수호전(水滸傳)』이나 『서상기(西廂記)』 같은 통속 소설과 희곡에 대한 탐독과 찬사, 인간의 욕망을 참된 본성으로 긍정한 윤리관을 혐오했다. 하지만 그럼에도 이덕무는 공안파(公安派, 중국 명나라 후기에 활약한 문파로, 문학적인 면에서는 개성과 자유로운 문체를 강조했다)에 강력하게 영향을 끼친 이탁오의 문장론에 직간접적으로 영향을 받았다고 할 수 있다. 자기 내면에서 나온 천진하고 순수한 감성을 중시하고 진실하고 솔직한 마음을 바탕으로 글을 써야 한다고 주장한 그의 '영처론(嬰處論)'은 이탁오의 '동심설(童心說)'과 결코 무관하다고 볼 수 없기 때문이다.

즉, 이덕무는 성리학적 가치관을 전면적으로 부정할 수 없던 한계 속에서 어떤 것은 수용하고 어떤 것은 부정했던 것처럼, 이탁오에 대해서도 어떤 면은 극단적으로 부정하고 또 어떤 면은 선택적으로 수용했다고 볼 수 있다. 이 시기 지식인들이 서학 즉 천주교와 서양 학문과 기술을 두고 입장이 나뉘어 어떤 이는 전면적인 부정을, 어떤 이는 선택적인 수용을, 또 어떤 이는 완전한 긍정을 하는 모습에서 볼 수 있듯이, 전통과 혁신의 경계에서는 필연적으로 모순적인 모습을 가질 수밖에 없는 것이 아닐까?

조선의 18세기는 보수와 혁신의 흐름이 극단적인 형태로 공존하던 시대였다. 그 시대 지식인과 문인 역시 동전의 양면처럼 보수와 혁신의 성향을 함께 가지고 있었다. 따라서 한 인물의 궤적을 한 가지 잣대만으로 엄격하게 평가하는 것은 자칫 그들이 지닌 다채로운 면모를 놓칠 수 있다는 사실을 잊지 말아야 할 것이다.

제1부

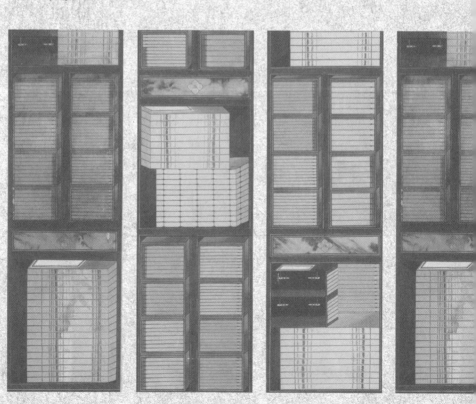

치열하게 읽고 기록하다

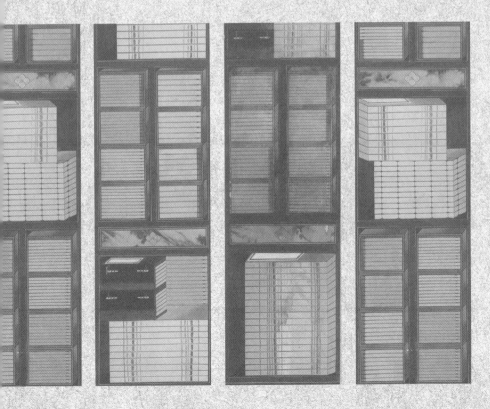

제1장

영처의 눈과 마음으로

창강(滄江) 조속(趙涑), 〈수조도(水鳥圖)〉, 『근역화휘 천첩(槿域畵彙 天帖)』, 17세기, 서울대학교 박물관 소장.

•

"청장(靑莊)은 해오라기의 별명이다. 이 새는 강이나 호수에 사는데, 먹이를 뒤쫓지 않고 제 앞을 지나가는 물고기만 쪼아 먹는다. 그래서 신천옹(信天翁)이라고도 한다. 이덕무가 청장을 자신의 호로 삼은 것은 이 때문이다."

어린아이의 천진함과 처녀의 순수함

조선의 지식인들은 자신이 뜻을 둔 곳을 자호(自號)를 지어 밖으로 드러냈다. 특히 이덕무는 무려 20여 개에 이르는 자호를 지어 자신의 지적 탐구와 삶의 여정을 밝혔다. 그런데 『청장관전서(靑莊館全書)』라고 이름 붙인 이덕무의 방대한 저술을 살펴보면 흥미로운 사실이 발견된다. 그의 나이 스물이 되는 해인 1760년(영조 36) 3월, 자신의 시문을 모아 엮은 최초의 원고에 '영처(嬰處)'라 이름을 붙인 것이다. 영처는 그가 사용했던 수많은 자호 중 하나다. 글자 뜻 그대로 보면 '어린아이(嬰)'와 처녀[處]'를 말하는데, 글 쓰고 독서하는 일을 전업으로 삼은 선비가 느닷없이 어린아이와 처녀를 가리켜 자신이 뜻을 둔 곳을 드러낸 까닭은 무엇인가? 그것은 이 두 글자 속에 이덕무가 지향한 삶과 글쓰기 철학이 온전히 담겨 있기 때문이다. 그가 직접 쓴 〈영처고 자서(嬰處稿自序)〉를 통해 그 속마음을 들여다보면, 글쓰기에는 기술과 방법 이전에 반드시 철학이 있어야 한다는 사실을 깨닫게 될 것이다.

> 예전에 내가 『영처고(嬰處稿)』의 책 첫머리에 이렇게 쓴 적이 있다. "글을 짓는 것이 어찌 어린아이가 장난치며 즐기는 것과 다르겠는가? 글을 짓는 사람은 마땅히 처녀처럼 부끄러워하며 자신을 감출 줄 알아야 한다." 이 말은 스스로 겸손함에 가까우나 실제로는 나 자신을 찬미한 것이 명백

하다. 나는 어렸을 때부터 성격적으로 특별히 좋아하는 것이 없었다. 다만 문장(文章)을 좋아했을 따름이다. 글을 잘 짓지는 못했지만 그래도 오로지 글 짓는 것을 즐거워했다. 이러한 까닭에 때때로 문장을 저술하는 것을 즐거움으로 삼았다. 더욱이 지은 글을 다른 사람에게 드러내 과시하는 것을 즐거워하지 않았고, 다른 사람에게 명예를 구하는 것을 수치스럽게 여겼다. 이에 사람들이 간혹 괴이하다면서 꾸짖기도 하였다.

나는 어려서부터 몸이 약해 병치레가 잦았기 때문에 힘써 독서할 수 없었다. 이에 배우고 외운 것이 비루할뿐더러, 나를 이끌어 가르침을 준 스승과 친구 또한 없었고, 더욱이 집은 가난하여 책을 쌓아둘 형편도 되지 못하였다. 그래서 깊이 있는 지식을 기르지 못하였다. 이에 비록 스스로 글 짓는 것을 깊이 좋아한다고 해도 그 배운 것은 민망할 정도라고 하겠다. 그러나 어린아이가 장난치며 즐기는 것은 천진(天眞) 그대로이며, 처녀가 부끄러워 감추는 것은 순수한 진정(眞正) 그대로인데, 이것이 어찌 억지로 힘쓴다고 되는 것이겠는가?

— 『영처문고(嬰處文稿)』 1, 〈영처고 자서〉

이덕무는 자신이 글을 쓰는 근간에 어린아이의 천진함과 처녀의 순수함이 자리하고 있어서 '진정' 그대로임을 말한다. 천진함과 순수함은 가식이나 인위가 아닌 진정성을 공통분모로 삼는다. 다시 말해 이덕무에게 창작의 원동력은 다름 아닌 진정성이다. 그것은 많이 배우고 지식을 쌓는다고 되는 것도 아니고, 억지로 힘쓴다고 얻어지는 것도 아니다. 오히려 글을 짓는 것은 어린아이처럼 천진하고 처녀처럼 순수한 진정 그대로를 표현하는 것일 뿐이다. 다른 사람에게 과시하거나 명예를 구하기 위해 글을 짓는 것이 아니라 스스로 즐거워서 하는 것이기에, 애써 꾸미거나 잘 쓰려고 억지로 힘쓸 필요도 없다. 그저 자신의 천진하고 순수한, 진실한 감정을 드러내면 될 뿐이다.

어린아이가 네댓 살이나 예닐곱 살이 되면 날마다 재롱을 피운다. 예컨대 닭의 깃을 머리에 꽂고 파 잎을 입으로 뚜뚜 불면서 벼슬아치 놀이를 하고, 나무나 대나무로 제기(祭器)를 만들어 차려놓고 법도와 격식에 따라 행동하면서 학궁(學宮, 성균관) 놀이를 한다. 또한 요란스럽게 고함치면서 이리저리 뛰어다니다가 눈을 부릅뜨고 손톱을 세워 번쩍 달려드는 호랑이나 사자 흉내를 내다가, 정중한 발걸음으로 섬돌에 올라 손님과 주인이 되어 접대하는 놀이를 한다. 또한 가는 대나무로 마차 옆을 따르는 말을 만들고, 밀랍으로 봉황을 만들고, 바늘로 낚싯대를 만들고, 물동이로 연못을 꾸민다. 무릇 귀로 듣고 눈으로 본 것이면 본받아 배우지 않는 것이 없다. 참으로 천연(天然) 그대로 스스로 얻은 것이라도 있으면 활짝 웃고 훨훨 춤추다가 목청껏 구슬픈 노래를 하고, 때로는 갑자기 엉엉 울다가 갑자기 고함을 지르기도 하며, 아무 이유 없이 슬픈 표정을 짓는다. 하루 동안 백 가지 형상과 천 가지 마음으로 변화하지만 왜 그렇게 되고 왜 그렇게 하는지 알지 못한다.

처녀는 실띠를 매기 시작하는 네댓 살 때부터 비녀를 꽂는 열다섯 살에 이르기까지 집안에서 온화하고 단정한 몸가짐을 하고 예의와 법도를 배우고 스스로 지킨다. 어머니를 따라 음식을 만들고 바느질하고 길쌈하는 일을 배우며, 어른의 가르침에 따라 행동거지와 말할 때와 웃을 때를 가려 배운다. 밤이 되면 반드시 등촉(燈燭)을 밝히고 낮에는 부채와 장옷으로 얼굴을 가리고 조정(朝廷)에 있는 것처럼 엄숙하게 처신하고, 신선과 같이 세속을 멀리하며 어울리지 않는다. 요도(夭桃)와 사균(死麕)의 음란한 시는 부끄러워 읽지 못하고, 탁문군(卓文君)과 채문희(蔡文姬)의 일은 한(恨)을 품을까 봐 말하지 않는다. 이모나 고모의 친척 여자 동기 간이 아니면 한자리에 앉지 않고, 소원한 친척이 먼 곳에서 찾아오면 부모의 말씀이 있어야 형제들을 따라 겨우 절한 뒤 등불을 등지고 벽을 향해 앉아서는 부끄러움을 이기지 못해 몸 둘 바를 몰라 한다. 간혹 중문(中門) 안에서 노닐다가 멀리서 발자국 소리나 기침 소리가 들리면 달아나 깊이 몸을 감추기에 여념이 없다.

아! 어린아이여, 처녀여! 누가 시켜서 그렇게 한 것인가? 어린아이가 장난치며 재롱을 부리는 것이 과연 인위이겠는가? 처녀가 부끄러워 감추는 것이 과연 가식이겠는가? 이 『영처고』를 쓴 사람이 글을 저술하고도 다른 사람에게 보이려고 하지 않는 것이 또한 어린아이나 처녀와 비슷하다고 하겠다.

— 『영처문고』 1, 〈영처고 자서〉

어린아이의 놀이는 꾸미거나 작위적이지 않으며, 처녀의 부끄러워 감추는 마음은 가식이 아니다. 그래서 이덕무는 이렇게 말한다. "장난치며 즐기는 것으로 어린아이만 한 이가 없다. 어린아이가 재롱을 부리는 것은 참으로 천진한 본성이다. 또한 지극히 부끄러워하는 것으로 처녀만 한 이가 없다. 처녀가 자신을 감추는 것 역시 참으로 순수한 진정이다. 그런데 문장을 좋아하는 사람들 중 장난치며 즐기고 재롱을 부리거나 부끄러워 감추는 사람을 꼽자면 나만한 사람이 없다. 이러한 까닭에 나는 이 원고를 '영' 자와 '처' 자를 빌려 『영처고』라고 부른 것이다." 이덕무가 글을 쓰는 까닭이 바로 여기에 있다. 그의 글쓰기 바탕에는 '영처의 철학'이 깊게 자리하고 있는 것이다. 이렇듯 창작과 창조의 원동력을 어린아이(혹은 처녀)

의 천진함과 순수함에서 찾는 철학은 동서양 여러 곳에서 찾아볼 수 있다. 먼저 가장 대표적인 사례로 중국 철학사 최대의 이단아로 지목되는 이탁오의 「동심설(童心說)」을 들 수 있다.

> 무릇 동심(童心)이란 진실한 마음을 말한다. 만약 동심을 간직하지 못한다면, 이것은 진실한 마음이 없다는 것이나 다름없다. 대저 동심이란 거짓을 끊어버린 순수함과 진실함으로 사람이 갖게 되는 최초의 본심이다. 만약 동심을 잃어버리면 진실한 마음을 잃게 되고, 진실한 마음을 잃어버리면 진실한 인간성을 잃어버리게 된다. 사람이라도 진실하지 않다면 최초의 본심을 다시는 되찾을 수 없다.
>
> — 이탁오, 『분서(焚書)』, 「동심설」

이탁오는 앞서 이덕무가 지적한 것처럼 사람들이 쌓는 수많은 지식과 인위적인 작용이 오히려 동심을 가리고 해쳐서 최초의 본심, 곧 진실한 마음을 잃게 만든다고 역설한다. 천진함과 순수한 진정은 앞서도 강조했듯이 많이 보고 듣고 배운다고 얻을 수 있는 것이 아니고 억지로 힘쓴다고 얻어지는 것도 아니다. 따라서 견문과 지식을 쌓더라도 동심을 잃지 않아야 한다. 만약 동심은 잃어버린 채 견문과 지식에만 의존해 글을 짓는다면, 그것은 자신의 감정과 마음에서 나온 것이 아닌 다른 사람의 것을 옮겨 적은 '가짜 글'에 불과할 뿐이다.

어린아이는 사람이 태어나면서 갖게 되는 최초의 모습이며, 동심이란 사람이 처음 지니게 되는 마음의 최초 모습이다. 무릇 최초로 지니게 된 마음을 어찌 잃어버릴 수 있겠는가! 그렇다면 어찌하여 사람들은 갑자기 동심을 잃어버리고 마는 것일까. 모름지기 그 시작은 듣고 보는 것이 눈과 귀로 들어와 사람의 마음속에서 주인 자리를 차지하면 동심을 잃어버리게 되는 것이다. 더욱이 자라면서 도리(道理)가 눈과 귀로 따라 들어와 사람의 마음을 주재하게 되면 역시 동심을 잃고 만다. 어른이 되어 도리와 견문이 나날이 많이 쌓이고 아는 것과 깨닫는 것이 더욱 넓어지게 되면 명성이 알려지고 명예가 높아지는 것을 좋아하게 되어, 마침내 명예와 명성을 드날리려고 힘을 쏟다가 동심을 잃어버리게 된다. 또한 나쁜 평판과 불명예가 추하다고 여겨서 그것을 감추려고 애를 쓰다 동심을 잃고 마는 것이다.

무릇 도리와 견문이라는 것은 모두 많은 책을 읽고 의리(義理)를 인식하는 데에서부터 나온다. 옛 성인들이 어찌 책을 읽지 않았겠는가! 그러나 책을 읽지 않아도 동심은 여전히 그대로였고, 책을 많이 읽어도 또한 동심을 그대로 보호하여 잃어버리지 않도록 하였다. 그러므로 배우는 사람이 책을 많이 읽고 의리를 알게 되는 것이 동심에 장애가 된다고 할 수는 없다. 만약 학문하는 사람이 책을 많이 읽고 의리를 알게 되는 것이 동심에 장애가 된다면, 옛 성인들이 왜 많은 책을 저술하고 말씀을 남겨서 훗날 배우는 자들에게 장애가 되게 했겠는가. 동심에 이미 장애가 생겨나면 말을 한다고 해도 그 말은 마음속에서 진정으로 우러나온 말이 아니고, 나라와 백성을 다스리는 일을 맡는다고 해도 그 다스림은 바탕을 잃게 되며, 저술한답시고 글을 쓰려고 해도 그 글은 이미 활달하지 못해 뜻이 제대로 전달되지 않게 된다.

마음속에 함축되어 있는 문장의 아름다움이 드러나지도 않고, 돈독하고 진실한 생기와 찬란한 빛이 드러나지도 못하게 되니, 한 마디 구절과 덕이 있는 말을 구하려고 애를 써봤자 끝내 아무것도 얻지 못할 뿐이다.

그것은 무엇 때문인가? 동심에 이미 장애가 생겨서 외부에서 들어온 견문과 도리를 자신의 마음으로 삼아버리기 때문이다. 무릇 견문과 도리가 자신의 마음을 차지해버리면, 곧 말하는 것은 모두 견문과 도리의 말일 뿐 스스로 동심에서 나온 말이 아니다.

　그 언사가 아무리 훌륭하다고 해도 나 자신에게서 나온 것이 아닌데 나와 무슨 관련이 있는 말이겠는가. 어찌 진짜 나가 아닌 가짜 나의 '가짜 말'이 아니고, 진짜 나가 아닌 가짜 나의 '가짜 일'이 아니고, 진짜 나가 아닌 가짜 나의 '가짜 글'이 아니겠는가. 이미 그 사람이 가짜라면 가짜 아닌 것이 아무것도 없게 마련이다. …… 천하의 지극한 문장은 동심에서 나오지 않은 것이 없다. 만약 사람이 항상 동심을 보존할 수만 있다면 도리가 행해지지 않고 견문이 행세하지 못하게 되므로, 아무 때나 글을 지어도 훌륭한 문장이 되고, 아무나 글을 지어도 훌륭한 문장이 되고, 어떤 양식과 문체와 격식과 문자를 창제한다고 해도 훌륭한 문장이 아닌 것이 없게 될 것이다.

　　　　　　　　　　　　　　　　　　　　— 이탁오, 『분서』, 「동심설」

　서양에서는 전복과 해체, 창조와 긍정의 철학으로 평가받고 있는 독일 철학자 프리드리히 니체(Friedrich Nietzsche)의 말을 찾아볼 수 있다. 그는 "어린아이는 순진무구요 망각이며, 새로운 시작, 놀이, 스스로의 힘에 의해 돌아가는 바퀴이며 최초의 운동이자 거룩한 긍정"[3]이라고 말한다. 여기서 '순진무구'란 진정성을 말하고, '망각'은 예전의 것은 잃어버리고 새롭게 시작하는 것이며, '스스로의 힘에 의해 돌아가는 바퀴'는 다른 사람에 의존하지 않고 오직 자기 자신에게서 나온 것을 의미하고, '최초의 운동'은 이탁오가 말한 '최초의 본심'과 일맥상통한다. 또한 니체는 어린아이의 놀이를 가리켜 '창조의 놀이'라고 했는데, 이것은 곧 새로운 가치의 창조를 뜻한다. 이덕무가 어린아이를 통해 문학 창작의 원초적 힘인 천진하고 순수한 진정성을 발견한 것처럼, 니체도 어린아이에게서 자기 철학의 핵심 테제인 '창조와 긍정'의 본원(本源)을 찾았던 것이다.

이덕무의 스승이자 벗이었던 연암 박지원 역시 『열하일기』에서 광활한 요동 벌판의 광경을 처음 본 자신의 감정을 어머니의 뱃속을 벗어나 처음 탁 트이고 훤한 세상을 만난 갓난아기의 거짓 없는 울음소리에 비유해 설명했다. 그런데 기발한 구상과 참신한 문장 그리고 탁월한 사유가 돋보이는 까닭에 이른바 〈호곡장론(好哭場論)〉이라고 불리는 이 글에서도 창작과 창조의 진정성이 어린아이의 천진하고 순수한 감정이나 마음과 같다고 본 사실을 짐작할 수 있다.

산기슭에 가려서 백탑(白塔)은 아직 보이지 않았다. 재빨리 말을 채찍질해 수십 보를 가지 않아 막 산기슭을 벗어났는데, 눈앞이 아찔해지면서 홀연히 한 무더기의 검은 공들이 일곱 번 오르고 여덟 번 떨어지는 것 같았다. 나는 오늘에서야 비로소 알았다. 사람의 삶이란 본래 무엇인가 붙잡거나 어디에 의지할 곳 없이, 다만 하늘을 머리에 이고 땅을 밟은 채 갈 수밖에 없다는 것을. 말을 세우고 사방을 둘러보다가 나도 모르는 사이에 손을 들어 이마에 대고 "한바탕 울 만한 곳이로구나! 가히 한바탕 울 만한 곳이야!"라고 말했다. 내 말을 듣고 있던 정진사가 "하늘과 땅 사이에 탁 트여 끝없이 펼쳐진 경계를 보고 갑자기 통곡을 생각하는 까닭이 무엇입니까?"라고 하였다. 나는 이렇게 말하였다.

"그렇게 생각이 들기도 하겠네. 그러나 아니네. 아주 먼 옛적부터 영웅도 울기를 잘했고, 미인은 눈물이 많았지. 하지만 그들은 불과 몇 줄기 소리 없는 눈물을 옷깃에 떨어뜨릴 정도였네. 나는 아직껏 그들의 울음소리가 하늘과 땅 사이를 가득 채우고 마치 쇠나 돌에서 나오는 듯했다는 말을 들어보지 못했네. 사람들은 단지 칠정(七情) 가운데 오직 슬픈 감정만이 울음을 자아내는 줄 알 뿐 사실 칠정 모두가 울음을 자아낸다는 것은 알지 못하네. 기쁨이 지극해도 가히 울 수 있고, 노여움이 지극해도 가히 울 수 있고, 즐거움이 지극해도 가히 울 수 있고, 사랑이 지극해도 가히 울 수 있고, 미움이 지극해도 가히 울 수 있고, 욕망이 지극해도 가히 울 수 있지. 답답하게 맺힌 감정을 활짝 풀어버리는 데는 소리 질러 우는 것보다 더 좋은 치료법이 없다네. 울음이란 하늘과 땅 사이에 있어서 우레와 비교할 만하지. 지극한 감정이 바깥으로 드러나 나오는 것이 저절로 이치에 맞는다면 울음과 웃음이 어찌 다르겠는가. 사람들이 살아가면서 이렇듯 지극한 감정을 겪어보지 못하다 보니 공연히 칠정을 늘어놓고 슬픈 감정에 울음을 짜 맞춘 것이네. 이로 말미암아 초상(初喪)을 당하면 처음에는 억지로 '아이고! 아이고!' 하고 울부짖으면서, 오히려 진실로 칠정에서 우러나오는 지극한 소리와 참된 소리를 억눌러버린다네. 그러니 하늘과 땅 사이에 쌓이고 맺혀서 꽉 뭉쳐 있고 말지. 한(漢)나라 때의 저 가생(賈生)이란 이는 한바탕 울 만한 곳을 얻지 못하고 견디다 참다못해 별안간 선실(宣室)을 향해 한번 큰소리로 길게 울부짖었네. 어찌 사람들이 놀라고 괴이하게 생각하지 않을 수 있었겠는가?"

이에 정진사가 다시 물었다. "지금 울 만한 곳이 저토록 넓으니, 저도 선생과 같이 한바탕 통곡을 해야겠습니다. 그런데 통곡하는 까닭을 칠정 가운데 무엇에서 구해야 할지 모르겠습니다. 어떤 감정을 골라잡아야 하겠습니까?" 나는 말했다.

"그것은 갓난아기에게 물어보아야 할 일이네. 갓난아기가 처음 태어났을 때 느낀 감정이 무엇이겠는가? 그 갓난아기가 처음 본 것은 해와 달이고, 다음에는 눈앞에 가득 서 있는 부모와 친척들을 보겠지. 어찌 즐겁고 기쁘지 않을 수 있겠는가. 이와 같은 기쁨과 즐거움이 늙을 때까지 두 번 다시 없을 것인데, 슬퍼하고 노여워할 까닭이 있겠는가? 응당 기쁜 감정이 일어나 웃을 일인데 도리어 분노하고 한스러운 감정이 가슴 가득하여 끝없이 울기만 한다네. 그래서 인간의 삶이란 신성한 성인(聖人)이든 우매한 범인(凡人)이든 죽기는 매한가지이고 살아가면서 온갖 우환 역시 두루 겪어야 하기 때문에, 갓난아기가 태어난 것을 후회하고 먼저 스스로 울음을 터뜨려 자신을 조문하는 것이라고 말하곤 하지. 그러나 그것은 갓난아기의 본래 감정과는 크게 어긋나는 말이네. 아기는 어머니의 뱃속에 있는 동안 어둡고 막혀서 답답하게 지내다가, 어머니의 뱃속을 벗어나 하루아침에 갑자기 탁 트이고 훤한 곳으로 나와 손을 펴보고 다리를 펴보게 되자 마음과 정신이 넓게 활짝 트이는 것을 느낄 것이네. 어찌 참된 소리와 감정을 다해 한번 자신의 마음을 크게 발출하고 싶지 않겠는가? 이러한 까닭에 갓난아기의 울음소리에는 거짓 꾸밈이 없다는 것을 마땅히 본받아야 할 것이네.”

— 박지원, 『열하일기』, 「도강록(渡江錄)」, 〈7월 8일(甲申)〉

덧붙이자면 박지원은 요동벌판과 더불어 조선의 금강산 비로봉(毗盧峯) 꼭대기에서 동해 바다를 굽어보는 곳과 황해도 장연(長淵)의 금모래톱에 가서도 한바탕 통곡할 자리를 찾을 수 있다고 했다. 이처럼 갓난아이는 타고난 본성 그대로이기 때문에 울음소리에 거짓이 없다. 갓난아이의 꾸밈 없는 감정이나 울음소리와 마찬가지로 어린아이의 순진함과 처녀의 순수함으로 본다면 인간사와 세상 만물은 구태여 화려하게 꾸미거나 인위적으로 장식하지 않아도 참모습을 드러낸다.

어린아이와 처녀의 눈과 마음으로 본다면 인간사와 세상 만물은 모두 창작과 창조의 놀이터다. 왜 그런가? 그것은 세상의 편견이나 구속을 뛰어넘고 세속의 때나 먼지로 더럽혀진 생각에서 벗어나 자유롭고 자연스럽게 사물과 인간의 순수한 본성, 즉 참 모습을 받아들이는 것이기 때문이다. 세상 사람들의 눈에는 사소하거나 보잘것없고 쓸모없는 것들도 어린아이의 천진함으로 본다면 즐거운 놀잇거리고, 처녀의 순진함으로 본다면 기이한 장관이요 구경거리가 된다. 이런 마음가짐이라면 세상사 모든 것이 창작의 훌륭한 소재가 된다.

어린아이의 울고 웃는 모습과 시장 사람들이 물건을 사고파는 모습 또한 익히 관찰하다보면 무엇인가를 느낄 수 있고, 사나운 개가 서로 싸우는 모습과 영악한 고양이가 스스로 재롱떠는 모습을 가만히 관찰해보면 지극한 이치가 그 속에 있다. 봄날 누에가 뽕잎을 갉아먹는 모습이나 가을날 나비가 꽃에서 꿀을 채집하는 모습에도 하늘의 조화가 유동(流動)하고 있다. 만 마리의 개미떼가 진(陣)을 이루고 행진할 때 깃발과 북소리를 빌리지 않아도 절도가 있고 격식이 잡혀 저절로 정비되어 있다. 천 마리 벌의 방은 기둥과 들보에 의지하지 않아도 칸과 칸 사이의 간격이 저절로 균등하게 되어 있다. 이 모두가 지극히 세밀하고 지극히 미미한 것이지만 제각각 그 속에는 끝을 알 수 없는 지극히 오묘하고 지극히 변화하는 만물의 원리가 담겨 있다. 무릇 천지(天地)의 높고 넓은 것과 고금(古今)의 오고가는 것을 관찰하면 이 또한 장관이고 기이하지 않은 것이 없다.

— 『이목구심서(耳目口心書)』 1

이덕무가 주변 하찮은 사물이나 보잘것없고 흔해 빠진 대상에서도 창작의 원천을 찾았던 구체적인 사례는, 열아홉 살 때 한강 마포의 외삼촌댁에서 까치가 산수유나무에 집을 짓는 광경을 보고서 사람들이 집을 지을 때 올리는 상량문을 흉내 내어 쓴 〈작소상량문(鵲巢上樑文)〉, 즉 까치집 상량문이라는 제목을 붙인 익살스러운 글에서도 발견할 수 있다. 어른의 눈높이에서 보자면 아무짝에도 쓸모없고 아무런 볼품도 없는 까치집에 상량문을 짓는 것만 보아도 어린아이의 소꿉놀이처럼 글쓰기를 즐겼던 이덕무의 문장 철학을 어렵지 않게 이해할 수 있다.

삼호(三湖)의 외삼촌댁에는 큰 산수유나무가 있었다. 내 나이 열아홉 살 때인 기묘년(己卯年, 1759) 겨울 11월에 까치가 그 산수유나무 꼭대기에 집을 지었다. 그런데 까치는 집을 절반가량 짓다가 가버리고 오지 않았다. 그때 외삼촌이 "네가 집을 지을 때 적는 상량문을 지으면 까치가 집을 완성하지 않을까?" 하고 말씀하셨다. 그 말씀을 듣고 내가 붓을 들어 상량문을 지었다. 그 글이 익살스러웠으나 까치가 마침내 집을 완성했다. 까치가 과연 내 글을 기다렸던 것일까? 나는 이것을 기록으로 남겨 세상 살아가는 얘기를 즐겨 하는 사람들에게 전해주려고 한다.

별세계가 따로 없다. 강 언덕의 기둥 하나가 허공에 의지하고 있구나. 신선이 산다는 훌륭한 집이 아닌가? 내려다보니, 온 세상이 아른아른 아홉 점의 연기처럼 작아 보이는구나. 그쳐야 할 곳에서 그쳤으니, 즐거움이 한없이 크다. 집주인은 은하수를 가득 메우고, 둥근 돌로 변한 새의 후손이로다. …… 곧고 굵고 높이 자란 큰 나무에 오래도록 터를 닦아 내려온 집안이니 화려하게 훨훨 날아 높은 곳을 밟고, 큰 나무의 남은 풍모이니 어찌 호락호락 땅으로 내려가겠는가! 그렇기에 흙도 아니고 물도 아닌 언덕 위에 편안히 거처할 누각을 지었구나. 옛 시대의 법식대로 나무로 얽어 집을 짓고, 뽕나무 뿌리를 거두어 문을 세웠구나. 어찌 땅 아래 백성들의 능멸을 걱정하겠는가? 산을 등지고 물을 마주하며 동남방의 양지바른 곳에 집터를 골라, 좋은 때와 길한 날에 집을 지었네. 좌우사방이 모두 법도에 맞고 위는 기둥이며 아래는 집이 되니, 무엇하러 유명한 목수의 손을 빌려 번거롭게 하겠는가. 빛나고 아름다워 자손이 대를 이어 물려받을 만하니, 부부가 단둘이서 부르고 화답하며 즐거이 집을 짓는구나. …… 달은 휘영청 밝고 별은 듬성듬성 보이는데 어찌 집 잃은 탄식이 있을 수 있겠는가? 비바람이 몰아친다 해도 아무 근심이 없구나. 한가롭게 노니는 기러기도 화살과 그물이 무서워 자취를 감추고, 총명하고 슬기로운 앵무새도 새장 속에 갇혀 울며 속을 태우네. 잡혀 죽거나 갇혀 사는 저들의 가련한 신세를 보며, 우리 행복을 지킬 수 있기를 이처럼 굳게 하노라. …… 무릎을 펼 만큼 넓으니 모기 눈썹이나 달팽이 뿔에 비할 바가 아니고, 머리를 부딪칠 만큼 나지막하지도 않구나. 사납고 포악한 올빼미에게 공격당할 걱정이 없고, 하루살이로 인한 흔들림을 근심할 필요도 없구나. 나는 재주는 벌레나 곤충처럼 작지만 뜻은 천하를 나는 대붕과 같이 크다. 이미 좋은 이웃이 되었으니, 바람 부는 밤에는 고상한 풍취를 기리며 계수나무 전각에 오르려고 아침저녁으로 좋은 소식을 기다린다. 상량한 후에 비둘기에게 빼앗겨 집을 잃지 말고 메뚜기처럼 많은 자손을 낳기를 바라노라. 난새처럼 멈추고 고니처럼 그치며 봉황의 깃털처럼 아름다운 풍채를 길이 전하고 곰처럼 당기고 새처럼 펴서 아무 병 없이 오래도록 잘 살기를 바라노라.

— 『영처문고』 2, 〈작소상량문〉

그뿐 아니라 친동생 정대(鼎大)가 이명(耳鳴)을 앓을 때 무의식중에 한 말에서 드러난 어린아이의 지혜로운 식견을 칭찬한 일이나, 서리 조각을 기이한 구경거리로 보고 관찰한 글 속에서도 이덕무의 문장론, 즉 영처의 미학 혹은 동심의 미학을 발견할 수 있다.

내 어린 아우 정대는 이제 겨우 아홉 살이다. 타고난 성품이 매우 둔하다. 정대가 어느 날 갑자기 말했다. "귓속에서 쟁쟁 우는 소리가 나요." 내가 물었다. "그 소리가 어떤 물건과 비슷하니?" 정대는 이렇게 대답했다. "그 소리가 동글동글한 별 같아요. 보일 것도 같고 주울 것도 같아요." 내가 웃으면서 말했다. "형상을 가지고 소리에 비유하는구나. 이는 어린아이가 무의식중에 표현한 천성의 지혜와 식견이다. 예전에 한 어린아이가 별을 보고 달 가루라고 말했다. 이와 같은 말은 예쁘고 참신하다. 때 묻은 세속의 기운을 훌쩍 벗어났다. 속되고 썩은 무리가 감히 할 수 있는 말이 아니다."

— 『이목구심서』 1

내가 예전에 서리 조각을 보니 거북등무늬와 같았다. 최근에 다시 보니 어떤 것은 비취 털과 같고 또 어떤 것은 아래에 작은 줄기 하나가 있는데 아주 짧고 가늘고 위에는 마치 좁쌀처럼 보이는 것이 서로 모여 있는데 반드시 여섯 개가 모두 뾰쪽하게 곧추서 있었다. …… 내가 매양 세밀하게 구경할 때마다 가슴속의 오묘한 생각이 마치 누에가 실을 뽑아내는 모습과 같았다. 눈과 우박은 또한 여러 종류가 있고, 성에는 서리의 종류이다. 대개 눈과 우박은 공중에서부터 이미 형태를 만들어 내려오기 때문에 낮과 밤이 따로 없다. 그런데 서리와 성에는 기운이 겨우 물건에 붙으면 비로소 형태를 이루고 그대로 붙어 엉기니, 이것은 다만 밤을 타서 만들어지기 때문이다. 또한 서리는 단지 바깥으로 노출된 곳에서만 생기는데, 생각하건대 기운이 곧장 내려와서 그러한 것인가. 성에는 서리와는 크게 달라서 마치 처마 사이의 깊숙하고 은밀한 곳이라고 해도 만약 나무 조각이나 갈대 혹은 헝클어진 터럭과 엉킨 실만 있으면 아무런 이유 없이 그곳에 꽃을 피운다. 이와 같이 대개 안개 기운과 같은 종류가 하늘과 땅 사이에 빽빽하게 가득 차서 가로 흘러넘치고 급하게 내달아 비록 처마 사이라고 해도 기운이 통하는 곳에는 들어가서 꽃을 피울 따름이다. 이 또한 한 가지 기이한 구경거리이자 놀이다.

— 『이목구심서』 1

또한 1780년(정조 4) 박지원이 청나라 연행길에 마주친, 다른 사람에게는 쓸모없고 하찮은 쓰레기에 불과한 깨진 기와 조각과 냄새나는 똥거름과 조약돌을 가리켜 장관이라고 표현한 글을 읽다보면, 영처와 동심의 미학이 이덕무에게서 시작해 북학파 지식인 모두가 공유한 글쓰기 철학이었음을 알 수 있다.

내가 청나라에서 본 장관을 말한다면 깨진 기와 조각과 썩어서 더럽고 냄새나는 똥거름을 들겠다. 무릇 깨진 기와 조각은 천하 사람들이 버리는 물건일 뿐이다. 그러나 민가를 둘러싸는 담장을 쌓을 때에는 어깨 위로는 깨진 기와 조각을 두 장씩 서로 마주 배치해 물결이 굽이치는 무늬를 만들어 장식한다. 또한 깨진 기와 네 조각을 안쪽으로 합하여 여러 개의 고리를 잇대어 놓은 동그라미 형태의 무늬를 만들거나, 심지어 깨진 기와 네 조각을 바깥쪽으로 등을 대어 붙여서 옛날 노(魯)나라 때 사용한 엽전 모양의 구멍무늬를 만들기도 한다. 이렇듯 깨진 기와 조각이 만들어 낸 구멍들이 안과 밖으로 교차해 비치면서 찬란한 광채를 발산한다. 깨진 기와 조각도 내버리지 않고 활용하니, 천하의 문채(文彩)가 바로 여기에 있다고 하겠다.

민가의 문전 뜰에는 가난한 탓에 형편이 되지 않아 벽돌을 깔지 못하면, 온갖 빛깔의 유리 기와 조각과 냇가의 둥글둥글한 자갈이나 반들반들한 조약돌을 가져다가 이리저리 서로 맞추어 꽃과 나무와 새와 짐승 모양의 무늬를 만들어 깔아놓는다. 비가 오더라도 땅이 질척거릴 걱정을 할 필요가 없다. 자갈과 조약돌도 함부로 버리지 않으니, 천하의 그림이 바로 여기에 있다.

뒷간의 똥오줌은 지극히 더러운 물건이다. 그런데 그 냄새나는 더러운 똥오줌을 밭에서 거름으로 쓸 때는 마치 금덩어리라도 되는 것처럼 소중하게 여긴다. 길에는 함부로 내버린 재가 없다. 말똥을 줍는 사람은 삼태기를 둘러메고 말의 꼬리를 따라다니면서 말똥을 주워 담는다. 모은 말똥은 일정한 장소에 반듯하게 쌓아두는데, 그 모양을 보면 혹은 네모나고, 혹은 여덟 모가 나고, 혹은 여섯 모가 나고, 혹은 누대의 형태를 하고 있다. 똥거름을 활용하는 방법만 관찰하더라도, 천하의 제도가 여기에 바로 세워져 있다는 것을 깨우칠 수 있다. 이러한 까닭에 나는 이렇게 말한다. "깨진 기와 조각과 조약돌과 똥거름이야말로 진정으로 볼 만한 장관이다." 구태여 성곽과 연못과 궁실과 누대와 저잣거리의 점포와 사찰과 목축과 탁 트인 광활한 벌판만을 장관이라고 하겠는가? 하필 안개 자욱한 나무숲의 기이하고 환상적인 경치만이 장관이라고 말하겠는가?

— 박지원, 『열하일기』, 「일신수필(馹汛隨筆)」, 〈7월 15일(辛卯)〉

이렇듯 어린아이의 천진한 눈과 처녀의 순수한 마음으로 세상을 바라본 이들의 글쓰기에서는 일상의 삶과 주변 사물 하나하나가 모두 놀잇거리요 구경거리이며 창작의 대상이 된다.

야인과 뇌인과 거울과 장님

그런데 여기에서 한 가지 의문이 들 수 있다. 사람은 어린아이와 처녀 시절을 보내면 누구나 세속의 때와 먼지에 물든 장부와 부인이 될 수밖에 없지 않은가? 〈영처고 자서〉에 등장하는 화자 역시 "그러면 어린아이와 처녀는 장부가 되고 부인이 될 날이 없겠느냐?"고 이덕무에게 질문한다. 이에 이덕무는 빙그레 웃으면서 "비록 장부가 되고 부인이 된다 해도 천진 그대로의 애연함과 진실 그대로의 순연함은 백발이 되어 죽음에 이를 때까지 변하지 않을 것이다"라고 대답한다. 어떻게 어린아이와 처녀의 천진함과 순연함을 죽을 때까지 잃지 않고 간직할 수 있는가? 그 해답은 1761년(영조 37) 이덕무가 자신의 처남이자 벗인 백동수의 자호(自號)에 대해 기록한 〈야뇌당기(野餒堂記)〉에서 찾아볼 수 있다.

야뇌(野餒)는 어떤 사람의 호인가? 나의 친구 백영숙(白永叔, 백동수)의 자호다. 나는 영숙이 걸출한 선비라고 생각한다. 그런데 그는 무엇 때문에 비루하다고 자처하는가? 나는 안다. 대저 사람들은 세상사에 초탈해 어느 무리에도 섞이지 않는 선비를 보면 반드시 조롱하고 비웃는다. 그러면서 "저 사람은 얼굴과 생김새가 고루하고 옷차림은 세속을 따르지 않으니 야인(野人)이다. 또한 입에서 나오는 말은 질박하고 행동거지는 세속을 따르지 않으니 뇌인(餒人)이다"라고 말하며, 마침내 그와 함께 어울리지 않는다. 온 세상 사람들이 모두 그렇다. …… 영숙은 고루하고 질박하며 성실한 사람이다. 성실한 성품 탓에 세상의 화려함을 사모하지 않고, 질박한 성격 탓에 세상의 속임수를 좇아가지 않는다. 굳세고 우뚝하게 홀로 서서 마치 세상 밖에서 노니는 사람과 같다. 세상 사람 모두가 비방하고 매도하더라도 영숙은 조금도 '야인'인 것을 후회하거나 '뇌인'인 것을 부끄러워하지 않는다. 어느 누가 이것을 알겠는가? 오직 나만이 알 수 있다. '야뇌'라고 하는 자를 세상 사람들은 비루하고 하찮게 여기지만, 나는 오히려 그에게 기대한다. 앞에서 내가 말한 영숙이 '비루하다고 자처한다'는 것은 격한 마음에서 나온 말이다. 영숙은 내가 자신의 마음을 안다고 생각해, 그에 관한 글을 써달라고 부탁하므로 이에 써서 준다. 혹시라도 이 글을 가져다가 말을 간교하게 하고 얼굴빛을 교묘하게 꾸미는 자들에게 보여준다면, 그들은 반드시 "이 글을 쓴 자야말로 너보다 더한 '야뇌'로구나!" 하면서 조롱하고 욕할 것이다. 그렇다고 하더라도 내가 어찌 화를 내겠는가?

— 『영처문고』 1, 〈야뇌당기〉

'야(野)'라는 글자는 들판 혹은 꾸밈없고 순박하다는 뜻을 가지고 있다. '뇌(餒)'는 굶주림을 뜻한다. 즉 '야뇌'의 삶은 세상 사람들이 귀하게 여기는 부와 명예, 성공과 출세와는 거리가 멀다. 오히려 이런 사람은 세상 사람들로부터 비웃음을 사거나 업신여김을 당하기 십상이다. 그런데 백동수는 이 두 글자를 취해 자신의 호로 삼았다. 스스로 세상 사람들의 비웃음과 업신여김을 당연하게, 혹은 긍정적으로 받아들인다. 그리고 이덕무는 백동수의 자호를 그 어떤 것보다 높게 평가한다. 왜 그런가? 그들에게 '야인'이란 꾸밈없고 순박하며 가식이나 거짓 없는 자연인이요, '뇌인'은 굶주림이나 가난을 부끄러워하지 않고 세속적인 기준이나 세상 사람들의 시선 따위는 아랑곳하지 않는 자유인이기 때문이다. 세속의 기준과 타협하지 않고 세상의 풍속에 물들지 않는 야인과 뇌인이야말로 진실로 어린아이의 천진함과 처녀의 순수함을 간직한 사람이다. 그러므로 앞선 질문에 대한 첫 번째 해답은 "야인이나 뇌인과 같이 생각하고 행동하라!"는 것이다.

이덕무는 평생, 마치 거울처럼 맑고 깨끗하고 투명하게 산다면 영처의 진정성을 지킬 수 있다고 생각했다. 〈경갑(鏡匣, 거울을 넣어두는 상자)에 적다(題鏡匣)〉라는 시에는 이러한 그의 문학적 사유가 잘 나타나 있다.

맑기는 가을 강 물결을 담은 듯한데　淨似秋江歛水痕
경갑 속에는 또 다른 세상이 감춰져 있구나　匣中藏得別乾坤
투명하고 청결하여라, 한갓 구경거리 아니니　涵虛淸潔非徒翫
내 마음도 거울 닮아 어두워지지 않았으면　但慕吾心不自昏
— 『영처시고(嬰處詩稿)』1, 〈경갑에 적다〉

이덕무의 수필집이자 수상록이라고 할 수 있는 「선귤당농소(蟬橘堂濃笑)」에 나오는 어린아이와 거울을 소재로 한 소품(小品)의 글에서도 이와 유사한 생각을 읽을 수 있다.

어린아이가 거울을 보고 빙긋이 웃는 것은 뒤쪽까지 환히 트인 줄 알기 때문이다. 서둘러 거울 뒤쪽을 보지만 단지 까맣고 어두울 뿐이다. 그러나 어린아이는 그저 빙긋이 웃을 뿐 왜 까맣고 어두운지에 대해서는 묻지 않는다. 기묘하다. 거리낌이 없어서 막힘도 없구나! 본보기로 삼을 만하다.
— 「선귤당농소」

거울은 사람의 형상을 있는 그대로 비춘다. 여기에는 어떤 거짓 꾸밈도 용납되지 않는다. 슬픈 표정은 슬픔 그대로, 기쁜 표정은 기쁨 그대로, 화가 나면 화난 표정 그대로, 고독하면 고독한 표정 그대로 비출 뿐이다. 어린아이는 그런 거울을 보면서 신기해한다. 그리고 거울이 뒤쪽까지 환히 트인 줄 알지만 그곳은 맑지도 깨끗하지도 투명하지도 않다. 만약 세상 견문이나 지식에 물들어 이치를 따지고 해석하기에 익숙한 어른이라면 마땅히 왜 그럴지 궁리하겠지만, 어린아이는 아무런 거리낌이나 막힘이 없이 있는 그대로 보고 받아들일 뿐이다. 이덕무에게 삶이란, 그리고 문학이란 바로 그런 것이다. 그러므로 앞선 질문에 대한 두 번째 해답은 "거울처럼 맑고 깨끗하고 투명하게 자신의 천진하고 순수한 본성과 참 모습을 있는 그대로 받아들이고, 또한 거울을 닦듯이 끊임없이 그 본성과 참 모습을 갈고 닦으라!"는 것이다. 그런데 만약 세상 사람들과 섞여 살다가 자신도 모르게 영처 혹은 야인과 뇌인의 천진한 눈과 순수한 마음을 잃어버리게 되면 어떻게 해야 할까? 이에 대해서는 박지원의 글을 살펴보면서 그 해답을 찾아보자.

당신의 본분으로 돌아가라는 말이 어찌 문장에만 해당하는 것이겠습니까. 일체의 모든 것이 그러합니다. 화담 서경덕이 밖에 나갔다가 우연히 제 집을 찾지 못하고 길가에서 울고 있는 사람을 만났습니다. 그래서 "그대는 어찌 울고 있는가?" 하고 물었습니다. 그는 "저는 다섯 살 때 장님이 되어 지금까지 20년을 보냈습니다. 오늘 아침에 집 바깥으로 나왔는데, 갑자기 하늘과 땅과 온갖 사물을 환하게 볼 수 있게 되었습니다. 너무나 기쁜 마음에 집으로 돌아가려고 했는데 밭 두렁길은 갈림길이 많고 대문들은 서로 같아 제 집이 어느 곳인지 분별할 수가 없습니다. 어찌할지 몰라 울고만 있을 뿐입니다"라고 대답했습니다. 그러자 화담 선생이 이렇게 말했습니다. "내가 그대에게 집으로 돌아갈 수 있는 방법을 가르쳐 주겠다. 그대의 눈을 도로 감아보라. 곧바로 그대의 집을 찾을 수 있을 것이다." 이에 그 장님은 다시 눈을 감고 지팡이로 더듬으며 길을 찾아가니 별 어려움 없이 제 집에 도착할 수 있었습니다. 갑자기 눈을 뜨게 된 장님이 길을 잃고 제 집을 찾지 못한 것은 다른 데 있지 않습니다. 온갖 사물의 색깔과 형상이 뒤바뀌고 기쁨과 슬픔의 감정이 작용했기 때문입니다. 이것이 바로 망상입니다. 지팡이로 더듬으며 제 발걸음을 믿고 걸어가는 것이 바로 우리들이 본분을 지키는 참된 이치이고, 자신의 집을 찾아 돌아가는 증인(證印)이 되는 것입니다.

— 박지원, 『연암집(燕巖集)』, 〈창애에게 답하다(答蒼厓)〉

어느 날 갑자기 눈을 뜨게 된 장님은 오히려 시각이 방해가 되어 어디가 어디인지 우왕좌왕, 갈팡질팡하며 매일 찾아가던 집조차 찾아갈 수 없게 된다. 그런데 눈을 감고 다시 장님으로 돌아가면 평소 그가 사용한 감각과 습관 그대로 집에 찾아갈 수 있다. 여기에 세 번째 해답이 있다. 바로 "장님처럼 행동하라!"는 것이다. 다시 말해 만약 천진함과 순수함을 잃어버렸다면 마치 눈 뜬 장님이 잃어버린 집을 찾기 위해 눈을 감고 장님이 되었듯이, 다시 어린아이와 처녀와 야인과 뇌인으로 되돌아가라는 것이다.

백탑에서 맺은 인연

이제 이덕무가 어떻게 영처의 미학과 철학을 자신의 작품 속에서 표현해냈는지 살펴보자. 이덕무는 지금의 종로2가 탑골공원에 자리하고 있는 백탑(白塔, 원각사지 10층 석탑)을 중심으로 모여 산 당대의 문인, 학자 들과 교제하며 작품 활동을 했다. 이들은 문학적으로 독창적인 시문체(詩文體)를 추구한 동인(同人)이자, 사상적으로는 북학을 중시하는 동지 사이였다. 이들이 당시 백탑 주변에 모여 살면서 활발하게 교제하고 창작 활동을 펼친 모습은 박제가가 쓴 〈백탑청연집서(白塔淸緣集序)〉에 자세하게 나와 있다. '백탑의 맑은 인연'으로 맺어진 이들은 서얼(庶孼) 출신이라는 서러움과 가난과 굶주림의 곤경 속에서도 맑고 청아한 문학 모임과 사상 교류를 통해 일찍부터 세상을 향해 자신들의 문학적 사상적 역량을 유감없이 펼쳐보였다.

한양을 빙 두른 성곽의 중앙에 탑이 있다. 멀리서 바라보면 마치 눈 속에서 죽순이 삐죽 나온 듯한데, 그곳이 바로 원각사의 옛 터다. 지난 무자년(戊子年, 1768)과 기축년(己丑年, 1769) 사이, 내가 열아홉, 스무 살 때쯤 박지원 선생이 문장에 조예가 깊어서 당대에 이름이 높다는 소문을 듣고, 탑의 북쪽으로 선생을 찾아뵈러 갔다. 박지원 선생은 내가 자신을 찾아왔다는 말을 듣고 의복을 갖추고 나와서 맞아주셨다. 오랫동안 사귄 친구를 다시 만난 듯 손을 맞잡고, 지은 글을 모두 꺼내어 읽어볼 수 있게 해주셨다. 이윽고 몸소 쌀을 씻어서 다관(茶罐)에 밥을 해 맑은 사발에 퍼서 옥소반에 받쳐 내오셨다. 그리고 술잔을 들어 나를 격려해주셨다. 너무나 뜻밖의 따뜻한 대접에 놀라고 기뻤던 나는 오랜 세월 아름다운 일로 여겨 문장을 지어서 응답했다. 선생의 인품과 학식에 빠져든 상황과 지기(知己)에 대한 감동이 이러했다.

당시 형암(炯菴) 이덕무의 사립문이 그 북쪽에 마주 대하고 있었고, 이서구의 사랑이 그 서쪽에 우뚝 솟아 있었다. 또한 수십 걸음 가다보면 서상수의 서재가 있고, 북동쪽으로 꺾어져서는 유금과 유득공이 살고 있었다. 그래서 한번 그곳을 찾아가면 집에 돌아가는 것을 까마득히 잊고 열흘이고 한 달이고 머물러 지냈다. 서로 지어 읽은 글들이 한 질의 책을 만들 정도가 되었고, 술과 음식을 구하며 꼬박 밤을 새우곤 했다. 내가 아내를 맞이하던 날 저녁에도 처가의 건장한 말을 가져다 안장을 벗기고 올라타고서 시동 한 명만 따르게 하고 홀로 바깥으로 나왔다. 그날은 마침 달빛이 길에 가득했는데, 이현궁 앞을 지나 말을 채찍질해 서쪽으로 내달렸다. 이윽고 철교의 주막에 이르러 술을 마시고, 삼경을 알리는 북소리가 울린 후 여러 벗들의 집에 들렀다가 탑을 빙 돌아 나왔다. 그때 호사가들은 이 일을 두고, 왕양명이 철주관 도인을 찾아가 돌아오는 것조차 잊었던 일에 빗대어 말하곤 했다.

그 이후 6~7년이 지나 백탑의 벗들이 제각각 흩어졌고, 가난과 병이 날로 심해져 간혹 만나면 서로 아무 탈 없음을 다행으로 여겼다. 풍류는 지난날보다 못하고, 얼굴빛은 그때로 돌아갈 수 없었다. 그때에 이르러서야 벗과의 교유에도 피할 수 없는 흥망성쇠가 있어서 한때가 있다는 걸 깨달았다. 중원 사람들은 벗을 자신의 목숨처럼 생각한다. 그래서 어양(王漁) 왕사진(王士珍)은 〈빙수와 우장이 달 밝은 밤에 모자를 벗고 맨발로 나를 찾아와서는〉이라는 시를 지었고, 소장형(邵長衡)은 문집에서 왕사진과 이웃해 살면서 나눈 아름다운 일을 회상하고 기록했다. 벗들의 만남과 헤어짐을 적은 것이다. 나는 그 글들을 들여다볼 때마다 비록 다른 곳에서 태어나도 마음은 같을 수 있음을 느낀다. 백탑의 벗들과 더불어 감탄하며 즐거워한 일이 너무나 오래되었다.

벗 이희경이 박지원 선생과 이덕무 그리고 여러 사람들과 나의 글을 베껴 몇 권의 책을 만들었다. 백탑에서의 맑은 인연이라는 뜻을 담아 『백탑청연집』이라고 제목을 붙이고 이렇게 서문을 지었다. 이 글을 통해 나와 벗들이 당시 얼마나 융성하게 교유했는가를 보여주고 또한 내 평생의 한 두 가지 일을 밝혀둔다.

— 박제가, 『정유각집(貞蕤閣集)』, 〈백탑청연집서〉

이 글을 쓴 박제가의 시문 활동과 사우 관계에 있어서 가장 중심에 있던 사람이 이덕무였다. 박제가는 이덕무를 통해 백탑파(북학파) 사람들과 친분 관계를 맺었는데, 이들은 문학 동인 활동은 이덕무를 중심으로, 그리고 북학 사상 등 선진 문명의식에 대해서는 박지원을 중심으로 활동했다. 박지원(1737년생)은 이덕무(1741년생)보다 네 살 위였고 박제가(1750년생)보다는 열세 살이나 연상이었다. 그리고 이덕무는 박제가보다 아홉 살 연상이다. 이들의 연배나 경륜을 따져볼 때 박지원과 이덕무는 사우 관계에서 벗에 가까웠고, 박지원과 박제가는 사제 관계에 가까웠으며, 이덕무와 박제가는 사제지간인 동시에 벗이었다고 할 수 있겠다. 특히 박제가는 1767년, 박지원을 만나기 1년 앞선 해에 이덕무를 먼저 만났다. 이때가 박제가 나이 열여덟 살이었다. 그는 이듬해(1768)에 이덕무에게 자신의 시집(詩集)을 평선(平選)해달라고 부탁했고, 그 다음 해(1769)에 시집을 엮게 된다. 이처럼 박제가는 자신의 시에 대한 평가와 더불어 시집에 엮을 시를 뽑아달라고 부탁할 만큼 문학 활동에 있어서는 그 누구보다 이덕무를 존경하고 따랐다. 이에 대한 자세한 이야기가 박제가의 시집에 서문을 써준 이덕무의 〈초정시고서(楚亭詩稿序)〉에 나와 있다.

갑신년(甲申年, 1764) 어느 날 나는 훈도방(薰陶坊)에 있는 백영숙의 집을 방문해 그 문 위에 써 붙여져 있는 '초어정(樵漁亭)'이라는 세 글자를 보았다. 한 자 한 자가 모두 힘이 넘치는 듯한 필법에 살아 꿈틀대는 듯한 자획이었다. 백영숙은 "이것은 내 고향 친구인 박승지(朴承旨)의 열다섯 살 되는 아들이 쓴 글씨라오"라면서 자랑하였다. 나는 놀란 눈으로 쳐다보며 아직 그를 만나보지 못한 것을 한탄했다. 그러나 그가 쓴 글씨는 알았지만, 그가 지은 시는 알지 못했다. 그 후 2년이 지난 어느 겨울에 김자신(金子愼)이 내게 두 편의 시를 건네주었다. 그러면서 "이 시는 백영숙의 집 문 위에 써 붙여져 있는 글씨를 쓴 동자가 지은 것이라오"라고 말했다. 시와 글씨가 잘 어울려 아주 훌륭했다. 그러나 이때도 그의 시만 알았을 뿐 그 생김새나 마음씨가 어떠한지에 대해서는 알지 못했다. 더욱이 당시 나는 어머니의 상중(喪中)이었기 때문에 직접 찾아가 만날 수 없는 처지였다. 그렇지만 백씨와 김씨 두 사람을 만날 때면 그의 생김새와 마음씨가 어떤지에 대해 물어보곤 했다. 꽤 오랫동안 그렇게 하였다. 그래서일까? 직접 만나지 않았지만 생각으로나마 그의 생김새와 마음씨를 생생하게 짐작해볼 수 있었다. 그의 생김새는 십 중 칠팔을 알 수 있었고, 마음씨도 십 중 사오를 알 수 있었다.

그다음 해 봄에 나는 다시 백영숙의 집을 찾아갔다. 남산에서 흘러나오는 계곡물이 문밖으로 힘차게 흐르고 있었다. 이때 한 동자가 문을 나와 천천히 걸으면서 계곡을 따라 북쪽으로 가고 있었다. 옷차림새는 흰 겹옷에 녹색 띠를 매고 있었는데, 얼굴 표정은 매우 만족스러워 보였다. 훤칠한 이마와 꿰뚫는 듯한 눈빛에 얼굴빛은 부드러워 얼핏 보아도 뛰어난 남아의 기상이 있었다. 나는 마음속으로 '이 사람이 바로 박승지의 아들이로구나'라고 생각했다. 길을 걸으면서 내가 계속 눈길을 보내자, 동자도 마음에 전해지는 것이 있는 듯 나를 눈여겨보고 지나쳐갔다. 나는 이 동자가 반드시 나를 뒤따라 백영숙의 집으로 올 것이라고 짐작했다. 과연 얼마

후 동자가 백영숙의 집에 왔다. 그리고 매화 시(梅花詩)를 건네주며 인사를 했다. 나는 그의 정신과 기운을 살피고 이런 말 저런 말로 시험해보며, 그 뜻과 절개를 물어보고 성령(性靈)을 비춰보았다. 그리고 서로의 생각과 뜻이 너무나 들어맞아 뭐라 말로 표현할 수 없을 만큼 즐거웠다.

그 후 그 동자가 나의 집을 찾아와 오백언(五百言)가량 되는 시를 건넸다. 대개 옛적 군자들이 교제를 맺는 기풍이 있었다. 금년에 그 동자가 관례를 치르고 동시에 자를 재선(在先)이라고 지었다. 재선은 사람을 대할 때면 항상 말을 잘 하지 않았다. 그런데 나를 대할 때만은 말을 잘 하였다. 나 또한 다른 사람의 말을 들으면 잘 이해하지 못하였다. 그러나 재선의 말을 들을 때만은 이해가 잘 되었다. 비록 말을 하려고 하지 않아도 마땅히 얻는 것이 있었다. 이에 때로는 다 허물어진 집에 바람이 스며들고 비가 새는 곳이지만 고요하게 앉아 서로 마주보고 온갖 서적을 가로세로로 펼쳐놓고 중간에 등잔불을 켜놓고서 마음의 정을 다해 숨김없이 이야기를 토해내곤 하였다. 천지의 왕복, 사생의 모순, 고금의 흥망성쇠, 출처(出處)의 득실에 대해 논하였다. 계곡에 이르면 산수(山水)와 붕우(朋友)의 즐거움, 서화와 시문의 운치에 대해 말하였다. 그러다가 마음과 감정이 격동하면 함께 슬퍼하고 기뻐하였다. 서로 아무 말 없이 쳐다보다가 웃곤 했지만, 대개 그 까닭을 알지 못하였다. 그러나 재선의 재주와 기예는 따라갈 수 있었지만, 욕심 없는 재선의 마음은 따라갈 수 없었다. 재선의 시는 깨끗하고 산뜻할뿐더러 맑고 상쾌하여 그 사람됨과 같았다.

지난해 이미 내게 『초정시집(楚亭詩集)』을 비평하고 선별해달라고 부탁했다. 그리고 지금 재차 비평하고 선별해줄 것을 당부하였다. 나는 이미 시집의 전본(全本)과 부본(副本)의 비평과 선별을 끝낸 다음 웃으면서, "이 시평이 어찌하여 전본은 칭찬하면서 부본은 비판했다고 생각하오?"

라고 물어보았다. 재선은 "이것으로 벗 사이의 정을 살펴볼 수 있습니다"
라고 하였다. 다시 재선은 내가 비평하고 선별한 것을 보고 웃으면서, "어
찌하여 이 시집의 전본은 부드럽고 아름다운데 부분은 가파르고 날카롭
다고 생각하십니까?"라고 물었다. 나는 이렇게 말했다. "이것으로 시의
도를 알 수 있소. 내가 예전에 '시대에 따라 각기 시가 다르고, 사람에 따
라 각기 시가 다르다. 따라서 옛 사람과 다른 사람의 시를 답습해서는 안
된다. 답습한 시는 군더더기 시일 뿐이다'라고 하지 않았소? 재선은 아마
도 일찌감치 이 시의 도를 깨달았을 것이오." 아! 재선이여! 재선의 나이
는 이제 열아홉이다. 재선의 마음을 알 수 있는 사람이 몇 명이나 될까?

— 『간본(刊本) 아정유고(雅亭遺稿)』, 〈초정시고서〉

당시 이들의 작품 활동과 교제 관계의 주요 무대는 백탑과 운종가(雲從
街, 현재 종로)와 청계천 주변, 담헌 홍대용이 거처한 남산 기슭(현재 명동 성
당 북동쪽) 그리고 서상수의 관재(觀齋)와 이서구의 소완정(素玩亭) 등이었
다. 박지원의 『연암집』에 실린 〈취운종교기(醉踏雲從橋記)〉에는 그가 이덕
무를 포함해 여러 벗들과 함께 술에 취해 운종교(지금의 종각 남쪽 광교 사거
리에 있던 광통교)를 거닐던 기록이 남아 있다. 그들은 술에 취해 운종가로
나가 종각(鐘閣) 아래서 달빛을 밟으며 거닐고, 운종교 난간에 기대서서
옛일을 떠올리며 즐거워하기도 한다. 또 수표교(水標橋)에 당도해 다리 위
에 줄지어 앉아 달빛과 별빛을 감상하다, 이슬이 짙게 내려 옷과 갓이 다
젖는 것도 잊은 채 맹꽁이 소리와 매미 소리와 닭 울음소리를 들으며 사람
사는 세상의 다사다난함을 떠올리기도 한다. 또 〈한여름 밤의 잔치에 관한
기록[夏夜讌記]〉에는 담헌 홍대용의 집 정원인 유춘오(留春塢)에서의 이야
기도 남아 있다. 홍대용이 가야금을 타고 김억이 거문고로 화답하는 이 음

악회에서, 그들은 지난날 이덕무가 처마 사이에 왕거미가 거미줄을 치는 모습을 보고 한 이야기를 통해 깨우침을 얻고 큰 기쁨을 누리기도 한다. 그곳에 적혀 있는 이덕무의 표현은 다음과 같다.

절묘하더군요! 때로는 머뭇거리는 것이 무언가를 생각하는 듯하고, 때로는 재빨리 움직이는데 무언가를 깨달은 듯 보였습니다. 파종한 보리를 밟아주는 모습과도 같고, 거문고 줄을 손가락으로 눌러 연주하는 모습처럼 보이기도 했습니다.

— 박지원, 『연암집』, 〈한여름 밤의 잔치에 관한 기록〉

이덕무 또한 백탑, 수표교, 홍대용의 정원, 서상수의 관재, 이서구의 소완정에서 벗들과 노닐거나 시회(詩會)를 가지면서 자신의 감흥에 못 이겨 수많은 시문들을 남겼다. 그 가운데 먼저 청계천 수표교에서 유득공 외 여러 벗들과 어울려 지은 시 〈수표교에서 절구를 짓다〔水標橋絶句〕〉를 한번 읊어보자.

연지 빛 햇살에 담장 붉어지고　臙脂日脚女墻紅
청문(靑門, 동대문) 나무 끝에 바람 불어오네　剪剪靑門樹末風
성 밑 바로 바라보니 수문(水門) 비스듬히 비추고　直望城根橫水鑰
철창에는 또렷이 차디찬 허공이 내다보이네　鐵窓的歷漏寒空

모자에 바람 스며 술기운 깨는데　煖帽風穿酒力消
구불구불 하얀 그림자, 바로 긴 다리구나　迤迤白影是長橋
홀연히 싸늘하게 물가 기운 일어나니　凄迷忽作汀洲勢

시든 버들에 안개 서리 가깝고도 먼 것 같네   衰柳煙霜近似遙

긴 행랑 등불 양쪽에서 비추는데   燈火脩廊射兩邊
어둠 속에 홍교 걷자니 날이 싸늘하구나   虹橋暝踏一冷然
원컨대 서자호의 연꽃 옮겨 와서   願移西子湖中藕
아침은 붉은 노을 저녁은 푸른 안개 덮였으면   朝羃朱霞夕綠煙

— 『아정유고』 2, 〈수표교에서 절구를 짓다〉 중에서

모두 여섯 수로 이루어진 시 가운데 둘째, 셋째, 다섯째 수를 옮겼다. 둘째 수에서는 붉은 햇살과 담장, 푸른 문과 바람이 풍경의 색채를 이루고 성 아래로 비스듬히 비추는 수문과 쇠창살 사이로 차가운 하늘이 드러나는 정경이 그려진다. 또 셋째 수에서는 추위를 피하려 눌러쓴 모자로 바람이 스며들어 술기운이 달아나니 불현듯 감흥이 일어나 물속 다리 그림자가 하얗게 드러나고 싸늘한 물가 기운에 수표교를 감싼 시든 버들과 안개 서리가 가까운 듯 혹은 먼 듯 느껴진다. 다섯째 수에서는 수표교 양쪽의 긴 행랑 불빛과 무지개 모양 다리 위의 어둠, 붉은 노을과 푸른 안개가 대비를 이루면서 풍경과 감흥의 어우러짐이 극대화된다. 이서구가 지은 〈수표교에서 백탑시사의 여러 사람들과 절구를 짓다〔水標橋同白塔詩社諸人作絶句三首〕〉에서도 이덕무의 시처럼 도심 속 자연에서 느끼는 순진무구한 감정을 느낄 수 있다. 또한 그들이 자신의 시문 모임을 '백탑시사〔白塔詩社〕'라고 일컬었음을 알 수 있다.

정오의 다리 인근에 물빛이 고운데   日午橋頭水色鮮
흰 거위 비오리가 제일 예쁘구나   雪鵝花鴨最媽媽

난간 밑에서 가지런히 목욕하고서　齊齊浴罷欄干下
서늘한 그늘 골라 낮잠 즐기네　盡擇輕陰一餉眠
　　— 이서구, 『척재집(惕齋集)』, 〈수표교에서 백탑시사의 여러 사람들과 절구를 짓다〉 중에서

　다시 이덕무의 〈단옷날 관헌에 모여서(端陽日集觀軒)〉라는 시를 보자. 관헌은 서상수의 호이자 그의 집인 관재(觀齋)로 박제가의 〈백탑청연집서〉에 나온다. 서상수는 서화고동(書畵古董) 즉 글씨와 그림에 뛰어났고 또 골동품에 일가견이 있는 선비였다. 박지원은 『연암집』에 실려 있는 〈필세설(筆洗說)〉이라는 글에서 "서상수는 감상의 안목과 식견이 뛰어나 세상 사람들이 거들떠보지도 않은 골동품의 가치를 한눈에 알아보는" 당대 최고의 수집가이자 감정가라고 극찬했다. 서상수의 관헌은 이덕무의 시문 속에서 가장 많이 등장하는 무대이기도 하다.

　새빨간 석류꽃 파란 가지 감싸듯　的的榴花繞緣枝
　상렴에 비친 그림자 한낮 햇빛 따라 도네　緗簾透影午暉移
　향로 연기 꺼질 듯 말 듯 찻물 끓어 소리 내니　篆煙欲歇茶鳴沸
　바로 세상 숨어 사는 이가 그림 감상하기 좋을 때네　政是幽人讀畵時
　　— 『한객건연집(韓客巾衍集)』, 〈단옷날 관헌에 모여서〉

　단오는 음력 5월 5일이다. 이때는 석류꽃이 활짝 피는 계절로 그 석류꽃이 파란 가지를 모두 불태워버릴 듯 새빨갛게 감싸 안았다. 그리고 새빨간 석류꽃은 상렴(緗簾), 곧 노란 빛깔의 발에 비친 그림자가 되어 한낮의 햇빛을 따라 돌아간다. 방 안에는 향로의 향 연기가 꺼질 듯 말 듯 가물거리고 다관(茶罐)에서는 찻물이 끓는다. 그러한 가운데 세상 숨어 사는 이는

그림 감상을 즐긴다. 아마도 이때의 다관과 그림은 서상수가 소장하고 있던 골동품과 명화 중 하나였을 것이다. 이덕무와 벗들의 맑고 순수한 본성과 여유로운 품격이 느껴지는 시라고 할 수 있다. 서상수가 소장하고 있는 골동품을 함께 즐기며 시를 짓는 모습은 박제가의 시문에도 자세하게 소개되어 있다. 『정유각집』에는 〈관재에서 밤에 술을 마시며(觀齋夜飮)〉라는 간략한 제목으로 실려 있는 반면, 『한객건연집』에는 〈관헌 서상수가 벗들을 초대하여 차를 마시고 새로 산 그릇에 침수향을 피웠다. 생김새와 색깔이 아주 고풍스럽고 비취 깃이 꽂혀 있고 얼음무늬가 새겨져 있었다. 작은 그릇이나 오묘한 물건이었다(徐觀軒招朋茗飮 焚沉水香於新買鑪 製色甚古 揷翠冰紋 小壺爲妙品)〉라는 긴 제목으로 수록되어 있는 시다. 박제가는 이 시에 스스로 주석을 달아 "서상수는 감상(鑑賞)을 좋아하고 봄, 가을 여유로운 날이면 벗들과 더불어 차를 마시고 그림을 보면서 즐거움을 삼았다"고 회상했다.

남다른 풍류, 지금 내가 품고 있지만　別樣風懷現在吾
스물여섯 해가 되도록 이룬 것 하나 없네　居然二十六年無
호탕한 문장은 천추의 사업이고　文章浩蕩千秋業
가슴에는 우뚝우뚝 오악도(五嶽圖) 들어 있네　心肺槎枒五嶽圖

향 연기 사라져도 사람은 가지 않고　水麝烟殘人未去
퉁소 소리 그치고 자리 다시 외롭구나　洞簫聲歇坐還孤
남쪽 처마 이지러진 달 추워 장차 숨으니　南榮缺月寒將隱
떨어지는 물시계 소리 시름에 겨워 듣는다　愁聽丁東漏咽壺

　　　　　　　　　　　　　　　—『정유각집』, 〈관재에서 밤에 술을 마시며〉

    비록 스물여섯이 되도록 이룬 것은 없어도 박제가의 남다른 풍류와 호
탕한 문장은 천년의 사업을 간직했고, 마음속에는 오악의 그림을 품고 있
어서 장대하기 그지없다. 위에 있는 1수 1구부터 4구까지는 서얼이라는
신분의 장벽도, 가난과 멸시라는 현실의 고통도 넘어설 만큼 그 마음에 품
은 뜻이 웅장하다. 그러나 아래 2수에서는 향 연기 스러지고 퉁소 소리 그
치니 가슴속에는 외로움이 파고들고 이지러진 달과 물시계 소리에 마음속
근심과 걱정을 어쩔 수 없는 마음이 드러난다. 앞뒤로 대장부의 웅장한 뜻
과 시인의 예민한 감수성이 대조되면서도 오묘하게 조화를 이루고 있는
시다. 그럼 홍대용의 정원과 이서구의 소완정의 모임에서는 어떤 시들이
나왔을까?

고상한 선비 순결한 지조 지녀　高人秉潔操

숲속 오두막에서도 굳은 뜻 변치 않네　耿介中林廬

홀로 서양 거문고를 퉁기니　獨彈歐邏琴

맑은 소리 하늘에 가득하네　淸商滿太虛

멀리 있는 친구 생각 붙이려 함이 아니라　匪直寄遐想

깊은 근심 스스로 없앴네　幽憂自不除

그리운 벗 아득해 만날 수 없으니　所思遙難卽

부질없이 절강 항주의 편지만 쥐고 보네　漫把浙杭書

따뜻한 성품 지닌 엄부자(엄성)는　溫溫嚴夫子

평소 마음 단아하고 소탕하네　素心雅而疏

헌칠하고 뛰어난 육효렴(육비)은　磊砢陸孝廉

연나라와 오나라에 명성 두루 떨쳤네　燕吳遍名譽

시문과 지조 뛰어난 반향조(반정균)는　文藻潘香祖

66

죽순 나물처럼 그 기운 빛나네　燦燦氣筍蔬

천애(天涯)의 지기(知己)를 맺었지만　天涯結知己

삶과 죽음에 슬픈 탄식 많다네　存沒多悲噓

미천한 나는 그 한탄을 곁에서 들으며　賤子側聽歎

그대의 허전함을 위로할 뿐　慰君聊虛徐

조선에 한 선비 고상도 하니　東方一士高

다만 내가 벗 삼아 함께할 뿐이네　只可予友子

— 『아정유고』 2, 〈담헌 홍대용의 정원에서(洪湛軒大容園亭)〉

　이덕무가 담헌 홍대용의 소박한 정원을 찾아 고상하고 우아한 품성을
읊은 시다. 홍대용은 거문고나 가야금 연주에 뛰어난 당대 최고의 음률가
(音律家)였다. 거문고 맑은 소리에 깊은 근심 물리쳐도 그리운 벗 다시 만
나기 아득하니 부질없이 편지만 쥐고 있다. 그 벗은 홍대용이 1765년(영조
41) 숙부를 따라 청나라 연행 길에 나섰다가 연경(燕京, 북경)에서 만났던
절강의 항주 사람 엄성(嚴誠), 육비(陸飛), 반정균(潘庭筠)이다. 이들은 연
경에서 만나 천애지기를 맺었고, 홍대용이 조선으로 돌아온 다음에도 끊
이지 않고 편지를 교환했다. 엄성, 육비, 반정균과의 만남은 홍대용의 청
나라 여행기인 『을병연행록(乙丙燕行錄)』에 자세하게 나와 있고, 국경을
초월한 우정에 감탄한 이덕무는 이들의 서간(편지)과 시문, 필담첩을 간추
려 「천애지기서(天涯知己書)」라는 책을 엮기도 했다. 훗날 이덕무의 이 시
를 접한 반정균은 "1구와 2구는 담헌 홍대용 선생의 인품과 성정을 가장
뛰어나게 묘사했다"면서 "이 시를 읽자마자 마음속 깊은 곳에서 슬픔이
솟아나 눈물이 흐르는지도 몰랐다"고 했다. 선비의 고상함은 영처의 순수
함과 일맥상통한다. 세속에 있지만 결코 세속에 더럽혀지지 않고 자유롭

기 때문이다. 홍대용의 사람됨과 사귐을 보면서 이덕무는 그 순수한 심성을 벗 삼아 함께하고 싶었던 것이다. 이 때문에 반정균과 함께 이 시를 접한 청나라 사람 이조원(李調元)은 "시인의 뜻과 근심하는 마음을 가려 뽑았다"고 평을 했다. 시에 담긴 이덕무의 진정성이 국경을 초월해 청나라의 문인들에게까지 전달되었다고나 할까?

　　높은 누각에서 이름난 정원 내려다보며　名園高閣俯

　　풍광을 빠짐없이 살펴보네　領略盡煙光

　　새는 맨 처음 낳은 새끼가 크고　鳥大頭番子

　　숲에는 윤달의 향기 가득하네　林饒閏月香

　　손님과 주인이 시와 그림 품평하고　詩圖賓主品

　　꽃이 피고 지며 비가 오고 갬을 살펴보네　花曆雨晴量

　　이 밖에는 모두 번뇌일 뿐　是外渾煩惱

　　어김없는 이야기 길고 길구나　無違晤話長

　　　　　　　　　　— 『아정유고』 2, 〈봄날 소완정에 모여(素玩亭春集)〉 중에서

　이서구의 소완정에 모여 앉아 봄날 풍광을 만끽한 시다. 손님과 주인이 함께 시를 짓고 그림을 품평하며 꽃이 피고 지고 비가 오고 개는 모습에서 세월의 변화를 살핀다. 시화 품평을 나누고 꽃이 피고 비가 오고 개는 것을 지켜보는 것만으로도 소완정에 모여 앉은 이덕무와 벗들은 끝없는 이야기를 엮는다. 그저 그 순간 자신들이 가지고 있는 것을 즐길 뿐 세속 어떤 것도 그들을 얽매지 못한다. 너무나 자연스럽고 자유로운 삶이다. 이조원은 이 시를 감상하고 "참신하고 향기롭다"고 했다. 순수하고 자유로운 삶과 심성에서 나오는 시는 이렇듯 참신하고 향기를 내뿜어 주변을 감흥

에 젖게 만든다.

위에서 소개한 시들을 살펴보면, 억지로 짓거나 미사여구로 꾸미지 않았을뿐더러 시어 하나하나 다른 사람들이 관용적으로 쓰는 표현은 사용하지 않았다. 또한 자신이 직접 보고 듣고 느낀 것을 재료로 시를 구성할 뿐, 관념에 의존해 시를 장식하지 않았다. 이덕무가 추구하는 영처의 시학에서는 순진무구함, 순수함, 진정성을 바탕으로 삼는 까닭에 거짓, 가식, 인위, 작위, 모방, 답습, 표절 등을 가장 싫어하기 때문이다.

수표교나 관재, 소완정, 홍대용의 정원 등을 무대로 읊은 이덕무와 그 벗들의 시문은 아마도 『백탑청연집』에 자세하게 수록되어 있었을 것이다. 그러나 백탑의 맑은 인연을 엮은 『백탑청연집』은 아쉽게도 오늘날 전해진 것이 없다. 다만 박제가의 〈백탑청연집서〉를 통해 백탑파의 작품 활동과 교류를 짐작해볼 수 있을 뿐이다.

아쉽게도 『백탑청연집』은 남아 있지 않지만 이들 백탑파의 작품 활동을 한곳에서 볼 수 있는 시문집이 청나라에 전해져 크게 명성을 떨친 일대 사건이 있었다. 이 시문집으로 이들 네 사람은 조선 후기 문단을 대표하는 이른바 '한시사가(漢詩四家)'로 평가받게 된다. 그렇다면 이 네 사람은 누구인가? 바로 이덕무를 필두로 한 박제가, 유득공, 이서구다. 이 네 사람의 시문을 한곳에 모아 엮은 사람은 유득공의 숙부인 유금이었다. 유금 역시 백탑파의 일원이었는데, 그는 1775년 무렵 이들 네 사람의 시문을 가려 뽑아 시 선집을 엮었다. 그리고 1776년(정조 즉위년) 11월부터 이듬해 3월까지 부사 서호수(徐浩修)를 수행해 청나라의 수도 연경에 사신으로 가는 길에 이 시 선집을 가져가서 당시 중국을 대표하는 문인이자 학자, 비평가인 이조원과 반정균에게 보였다. 이때 유금이 따라나선 연행사(燕行使)는 동지(冬至)를 전후해 매년 정례적으로 청나라에 보내는 동지사(冬至

使)였지만 정조 즉위 이후 최초의 동지사였기 때문에 통상적인 경우보다 정치적·외교적 의미가 특별히 더 컸다고 할 수 있다.

유금이 가져간 시 선집을 읽은 이조원과 반정균은 시 하나하나를 평가하고 한 사람의 시가 끝나는 곳에 각 인물에 대한 총괄적인 시평을 썼다. 이 시문집에는 이덕무의 작품 99수, 박제가의 작품 100수, 유득공의 작품 100수, 이서구의 작품 100수 등 모두 399수의 시가 실려 있다. 이때 이들의 나이는 이덕무가 서른여섯, 유득공은 스물아홉, 박제가는 스물일곱, 이서구는 스물셋으로 이덕무, 유득공, 박제가가 규장각(奎章閣) 검서관(檢書官)으로 출사하기 이전이다.

당시 이덕무와 유득공, 박제가는 서얼이라는 신분에 대한 사회적 멸시와 가난이라는 개인적 고통이 함께 했던 삶 한가운데 있었다. 그러나 다른 사람들의 업신여김이 그들의 맑고 웅장한 뜻을 꺾지 못했고, 궁핍함 역시 그들의 크고 넓은 기상을 가로막을 수 없었다. 또한 출사하기 이전이라 젊은 시절 이덕무가 주창한 '영처의 시학'이 가장 뚜렷하게 드러난 때이기도 했다. 이 때문에 이덕무와 그 벗들의 시를 읽은 이조원은 "사가(四家)의 시를 보면 그 재주가 심중하고 웅장하며, 절조는 맑고 우렁차고, 기상은 크고 넓다"고 했다. 『한객건연집(韓客巾衍集)』이라는 제목 역시 이조원의 서문에서 유래했다. 이 서문에는 유금이 이조원을 찾아가 즐겁게 이야기를 나누다가 품속에서 보자기에 싼 시집[巾衍集]을 꺼내놓았다는 대목이 나오는데, 바로 이 책이 '삼한(三韓)의 손님이 보자기에 싸온 시집'이라는 뜻임을 알 수 있다. 이 책에 실려 있는 이덕무와 그 벗들의 시를 몇 편 살펴보자.

서늘한 가을밤 등불 붉게 타오르고 涼宵顧影別燈紅
검록(劍錄)과 성경(星經)은 시렁에 가득하구나 劍錄星經插架充

바다에 조각배 띄울 마음 문득 일어나니　頓有扁舟浮海想
가을 서재 홀연히 빗소리 속에 둥둥 뜨네　秋齋忽泛雨聲中
　　　　　　— 『한객건연집』, 〈가을 등불 아래 세찬 비 내리고(秋燈急雨七絶)〉

　　일종의 수필집이자 수상록인 『이목구심서』에서 이덕무는 "진정(眞情)의 발로는 마치 고철이 활기차게 못에서 뛰어오르고, 봄철 죽순이 성난 듯 흙을 뚫고 나오는 것과 같다. 거짓으로 꾸민 감정은 마치 먹(墨)을 매끄럽고 넓은 돌에 바르고, 기름이 맑은 물에 뜨는 것과 같다. 칠정 가운데 슬픔이 가장 직접적으로 발로하여 거짓으로 꾸미기 어려운 것이다. 슬픔이 아주 지극하여 통곡이 되면 그 지성(至誠)스러운 마음을 은폐할 수 없다. 그러한 까닭에 진정으로 우는 울음소리는 뼛속에 사무치게 되는 반면 거짓으로 꾸며 우는 울음소리는 털 밖으로 뜨게 되는 것이다"라고 말한 적이 있다. '진정의 발로'를 통해 세상만사의 진짜와 가짜를 미루어 알 수 있다는 것이다. 깊어가는 가을밤 세차게 내리는 비를 바라보면, 제아무리 감정이 무딘 사람이라고 할지라도 마음이 움직이지 않을까? 하물며 남다른 감수성을 타고난 시인에게야 말해 무엇하겠는가? 그렇다면 여기 시 속에 드러나 있는 '진정의 발로'는 무엇인가? 바로 외로움과 쓸쓸함, 그리고 호방함과 장대함이다. 그래서 이덕무는 등잔 심지를 돋아 자신의 감성을 다듬는다. 그러다가 우연히 시렁에 놓인 『검록(劍錄)』과 『성경(星經)』에 눈길이 닿는다. 『검록』은 중국 역대 제왕과 인물들의 도검(刀劍)에 대해 서술한 책이고, 『성경』은 중국 고대 천문(天文)에 관해 기록한 책이다. 그 순간 호방하고 장대한 기운이 일어나 자신이 앉아 있는 서재를 조각배에, 세상을 드넓은 바다에 비유해, 비록 작고 보잘것없는 조각배일지라도 마음껏 또 자유롭게 바다에서 노닐고 싶은 생각에 빠져든다. 이렇듯 이 시

속에는 외로움과 쓸쓸함, 호방함과 장대함의 진정(眞情)이 공존하고 있다. 그래서 반정균은 이 시에 대해 그 생각하는 경지가 비범하기 이를 데 없다고 비평했다.

높은 곳 연잎 기울어져 　荷葉高時傾
연꽃 떨어진 곳 바라보네 　葉花落處仰
연못에 바람 솔솔 불지 않아도 　微風不滿塘
연꽃 물방울 굴러 떨어지네 　荷珠正跳蕩
그윽한 새 연잎에 들어와서는 　幽鳥入荷裏
매달려 비스듬히 서로 마주하네 　倒挂斜相向

— 유득공, 『한객건연집』, 〈몽답정에서(夢踏亭)〉

몽답정에서 연못에 핀 연꽃을 그윽이 바라보며 지은 유득공의 시다. 연꽃은 더러운 진흙에서 피어나지만 자신의 몸을 더럽히지 않을뿐더러 오히려 맑고 아름답다. 마치 세상 속에 섞여 살면서도 결코 세속의 풍진에 자신을 더럽히지 않고 청정함과 단아함을 간직한 선비와 닮았다. 이덕무는 일찍이 유득공의 사람됨이 온아하고 욕심 없이 마음이 깨끗하며, 그가 지은 시는 모두 청결해 세속에 물들지 않아 마치 처녀와 같다고 평한 적이 있다. 유득공의 시작(詩作)이 영처의 시학에 부합하다는 비평이다. 연꽃이야말로 이러한 유득공의 심성과 자태를 대변해주기에 마땅한 꽃이다. 반정균은 『한객건연집』에서 유득공에 대해 "시의 감정이 풍부하고 격률(格律) 또한 뛰어나 드넓고 푸른 바다에서 고래를 보는 듯하다"고 총평했다.

말발굽 소리 빈산에 또각또각 울리고 　馬踏空山霍霍鳴

찬별은 강물 아래 일렁이며 환히 빛나네   寒星江底漾還明

새벽녘 서 있는 사공마저 어렴풋하고   冥濛不辨梢江立

여기저기 나그네와 장사꾼들 서로 쫓아가네   辇确相隨旅賈行

밤 빛깔은 수묵으로 칠한 듯 펼쳐 있고   水墨全然鋪夜色

수염과 눈썹은 완연히 가을 소리 내고자 하네   鬢眉盡欲作秋聲

분명하구나, 어둠 속에 구릉을 돌아나오니   方知暝裏丘陵轉

해 뜨자 사라지는 서리, 나그네 갓끈에 가득하구나   日出飛霜滿客纓

— 박제가, 『한객건연집』, 〈새벽에 동작나루를 건너면서(曉渡銅雀江)〉

새벽녘부터 동이 틀 때까지 강을 건너는 정경을 묘사한 박제가의 시다. 박제가는 시는 활기가 있을수록 좋고 또 청신(淸新)할수록 좋다고 하면서, 은쟁반에 수은이 굴러가듯 활기가 있고 신초로 물들이듯 청신해야 한다고 말했다. 또한 세상의 비방을 두려워해서는 안 되고, 오묘한 맛을 잃지 않도록 노력해야 한다고도 말했다. 이 시에는 늦가을 새벽, 강의 서늘한 기운이 정신을 맑게 깨우듯 쓸쓸한 풍경과 더불어 우뚝한 기상이 서려 있다. 말발굽 소리가 빈산에 울린다거나 찬별이 강물 아래 환히 비춘다는 1, 2구나 밤 빛깔을 수묵에, 수염과 눈썹을 가을 소리에 비유하는 5, 6구는 표현이 실로 오묘하다. 이 때문에 이조원은 이 시에 대해 "발상의 기이함이 사람의 생각을 벗어났다"고 극찬했다.

이따금 석양 노을을 향해   時向返照裏

외로이 청산 밖을 걸어보네   獨行青山外

저녁 무렵엔 매미가 무수히 울고   鳴蟬晚無數

숲 너머에선 맑은 바람 불어오네   隔樹飛清籟

집은 푸른 계곡 가까이 있어　家近碧溪頭

해질녘 계곡 바람 세차게 부네　日夕溪風急

쓸쓸한 숲에 오가는 사람 없고　脩林不逢人

해오라기 그림자만 논에 서 있네　水田鷺影立

소나무 뿌리 위에서 책 읽는데　讀書松根上

책 속으로 솔방울 떨어지네　卷中松子落

지팡이 의지해 돌아가려고 하니　支筇欲歸去

하얀 구름 산중턱에 걸려 있네　半嶺雲氣白

― 이서구, 『한객건연집』, 〈백운 계곡에서 다시 서강 입구에 이르러

소나무 그늘 아래 잠깐 누워서[自白雲溪復至西岡口少臥松陰下作]〉

　　모두 3수로 이루어진 이서구의 시다. 『한객건연집』이 중국에 소개될 당시 이서구의 나이는 고작 스물셋으로 약관의 나이를 갓 넘겼을 때다. 그럼에도 그의 시가 이덕무, 유득공, 박제가와 나란히 한 책에 엮일 만큼 그의 시재(詩才)는 출중했다. 그래서 이덕무는 자신의 시 비평 전문서인 『청비록(淸脾錄)』에서 이서구를 특별히 지목해 '소년 수재(秀才)'라고 일컬었다. 또한 그의 시풍은 "예스러워 아담하고, 그윽하며 맑고, 깊고 밝으며, 아름답고 심오하다"고 비평했다. 해질 무렵 소나무 그늘 아래 누워 석양 노을과 바람과 매미 울음과 해오라기와 흰 구름을 시어로 엮어 시를 짓는 그의 솜씨를 보면, 어린 나이에도 불구하고 조선 후기 한시사가에 포함된 이유를 짐작할 수 있다. 반정균은 이 시에 대해 그 신묘함이 중국 당(唐)나라의 유명한 시인 왕유(王維)와 같다고까지 하면서, "나이가 겨우 스물에 불과하니, 진실로 천재로구나"라고 감탄했다.

여하튼 『한객건연집』에서 청나라의 문인 이조원과 반정균은 이들 사가의 시 하나하나에 대해 기이하고, 오묘하고, 기발하고, 비범하고, 호방하고, 장대하고, 고상하고, 맑고, 매우 새롭다는 평가를 내렸다. 자신의 감정과 마음속 품은 생각을 자연스럽고 자유롭게 표현하는 이들의 시는 당연히 독창적이고 개성이 강한 성격을 띠고 있었는데, 그러한 시풍이 국경을 초월해 중국의 문인들에게도 가감 없이 전달되었던 것이다. 조선 말기의 유명한 문장가이자 비평가였던 소호당(韶濩堂) 김택영(金澤榮)은 〈신자하시집 서문(申紫霞詩集序)〉에서 이들 사가의 시풍을 '기궤첨신(奇詭尖新)' 네 글자로 압축해 평가했다.

우리나라의 시는 고려의 익재(益齋) 이제현(李齊賢)을 종주(宗主)로 삼는다. 조선에 들어와서는 선조와 인조 연간에 시인들이 이를 계승하여 최고의 전성기를 구가했다. 옥봉(玉峯) 백광훈(白光勳), 오산 차천로, 허난설헌(許蘭雪軒), 석주(石洲) 권필(權韠), 청음(淸陰) 김상헌(金尙憲), 동명(東溟) 정두경(鄭斗卿) 등 여러 시인들은 모두 풍웅고화(豊雄高華)의 취향을 띠었다. 영조 이래로 시풍이 크게 한번 변모해 혜환(惠寰) 이용휴(李用休)와 금대(錦帶) 이가환(李家煥) 부자, 그리고 형암 이덕무, 영재 유득공, 초정 박제가, 강산 이서구 등의 시인들은 혹은 기궤(奇詭)를 주된 것으로 하고 혹은 첨신(尖新)을 주된 것으로 삼았다.

— 김택영, 『소호당집(韶濩堂集)』, 〈신자하시집 서문〉

이덕무를 비롯한 사가의 시는 기이하고(奇), 괴이하고(詭), 날카롭고(尖), 새로운(新) 것이어서 일찍이 고려나 조선의 시사(詩史)에서는 결코 찾아볼 수 없었던 시풍을 새롭게 열었다는 얘기다. 다시 말하면 중국의 이조원과 반정균은 물론 조선의 김택영 또한 이덕무와 그 벗들 곧 백탑파의 시가 이전까지의 조선이나 중국에서는 전례를 찾아보기 힘들 만큼 독창적이고 참신하며 개성이 강하다는 평가를 한 것이다. 그 시들은 다름 아닌 이덕무가 추구한 어린아이의 천진함과 처녀의 순수함을 닮은 영처의 미학과 철학이 낳은 문학적 결과물이었다.

해오라기, 호에 새긴 선비의 얼

오늘날 우리는 특별한 일이 없는 한 태어나면서 갖게 된 이름 하나만을 평생 동안 사용한다. 그런데 조선의 선비들은 최소한 셋 이상의 호칭을 지니고 있었다. 명(名)과 자(字)와 호(號)가 바로 그것이다. 명이란 이름으로 오늘날 우리가 사용하고 있는 이름과 같다. 자는 관례를 치르고 짓는데, 그 까닭을 유학의 경전 중 하나인 『예기(禮記)』의 주석서에서는 "이름을 귀하게 여기기 때문이다"라고 밝히고 있다. 즉 이름〔名〕을 귀중하게 여겨서 관례를 치르고 나면 함부로 이름을 부르지 못하고 자를 지어 부르도록 했다는 것이다. 단, 자를 지을 때는 함부로 짓지 않고, 반드시 이름과 연관 지어 짓도록 했다. 관례는 대개 열다섯에서 스무 살 사이에 행해진다. 이덕무는 열여섯 살에 관례를 행하고 자를 '명숙(明叔)'이라고 지었다. 그러나 12년 후인 스물여덟 살 때 명숙이라는 자를 '무관(懋官)'이라고 고쳤다. 그 까닭에 대해 이덕무는 스스로 자설을 지어 해명했다.

열여섯에 관을 쓰고 자를 명숙이라고 지었다. 이를 사용한 지 12년이나 되었다. 본래 자란 다른 사람과 다르게 지어 서로 혼동을 일으키지 않아야 하고, 하나의 자를 서로 나누어서도 안 된다. 자가 동일하면 혼란을 일으키고, 혼란을 일으키면 꺼리게 되며, 꺼리게 되면 어긋나게 된다. 옛적 이름난 현인과 존귀한 재상과 내가 알고 지내는 친구들과 신분이 낮은 아전들은 말할 것도 없고 열 가구 정도 사는 동네나 친족들이 모였을 때에도 자가 명숙인 사람이 매우 많다. 일찍이 과거 시험장에 들어갔을 때 "명숙!" 하고 부르는 사람이 있어 불현듯 대답을 했지만 나를 찾는 것이 아니었다. 저잣거리를 지나갈 때 또한 "명숙!" 하고 부르는 사람이 있어서 뒤를 돌아보았지만 역시 나를 찾는 것이 아니었다. 간혹 여러 차례 불러도 아무런 대꾸도 하지 않았는데 그때가 오히려 진짜로 나를 부르는 것이었다. 대답해도 어긋나고 대답하지 않아도 잘못되니, '다른 사람과 다르게 지어 서로 혼동을 일으키지 않는다'는 그 뜻은 어디에 있는가? 더욱이 일가 친족이나 오랫동안 알고 지낸 사람들은 자신의 부형이나 선조의 자를 부르는 것을 꺼려서, 나를 부를 때 반드시 지(之)나 보(甫)나 중(仲)과 같은 글자와 함께 부른다. 이로 인해 명(明) 자를 앞에 넣었다가 뒤에 넣었다가 하니, 내 자가 대여섯 개나 되고 말았다. 사정이 이러한데도 나를 부르는 사람은 주저주저하게 되고 대답하는 나 또한 어색하기는 마찬가지이니, '하나의 자를 서로 나누어서는 안 된다'는 그 뜻은 어디에 있는가? 따라서 어떻게 나의 자를 고치지 않을 수 있겠는가! 『서경(書經)』에서 말하기를 '덕무무관(德懋懋官)'이라 하였다. 그러므로 '무관'이 나의 자이다. 장차 족보에 쓰고 도장도 새길 것이다. 무릇 나의 친족과 친구들 역시 앞으로는 마땅히 나를 무관이라고 불러야 한다. 무자년(戊子年, 1768) 설날에 이무관이 쓰다.

— 〈자무관설(字懋官說)〉

열여섯 살 때 명숙이라고 지었던 자를 스물여덟 살 때 고쳤는데, 자신의 이름인 덕무와 관련지어 무관이라고 했다는 사실을 알 수 있다. 『서경』은 유학의 3대 경전 중 하나인데, 여기에 나오는 '덕무무관'은, 『서경』「상서(商書)」의 〈중훼지고(仲虺之誥)〉에 실려 있다. 중국 고대 하(夏)나라의 폭군 걸왕(桀王)을 정벌하고 새로 상(商, 은殷)나라를 세웠던 탕왕(湯王)의 신하 중훼(仲虺)가 천하의 민심이 탕왕에게 있는 7가지 이유를 밝혔는데, 그중 세 번째가 바로 '덕무무관'이다. 뜻을 해석하자면 '덕이 높은 사람에게는 힘써 벼슬을 내려주었다'는 것이다. 아마도 지금 자신이 서얼이라는 신분의 굴레에 매여 있지만, 어진 임금이 나와 서얼에 대한 차별을 두지 않고 인재를 널리 구한다면 자신을 알아보고 등용할 것이라는 마음을 담고 있는 듯하다. 훗날 정조 대왕이 즉위하고 나서 그가 규장각 검서관으로 뽑혀 자신의 뜻과 재주를 미력하나마 펼칠 수 있었던 것으로 보면, 무관으로 자를 고친 일은 앞날을 예견한 일이라 하겠다.

그런데 여기에서 유념해야 할 것은 '명'과 '자'는 부모나 어른 혹은 스승이 지어주는 것으로 자기 마음대로 함부로 지어 사용할 수 없었다는 점이다. 반면 '호'는 자신이 살아가면서 뜻한 바 있거나 마음이 가는 사물이나 장소에 따라 또는 어떤 의미를 취해서 스스로 짓거나 혹은 다른 사람이 지어 줄 수 있는 호칭이다. 명과 자가 자신의 의지와는 상관없는 생물학적, 태생적 자아에 가깝다면, 호는 선비가 뜻을 어디에 두었는지 알 수 있는 이른바 사회적 자아를 표상한다고 할 수 있다. 따라서 그 사람의 호를 살펴보면 그의 사람됨과 더불어 그 삶의 행적과 철학을 어렵지 않게 짐작해 볼 수 있다. 앞서 언급했듯이 이덕무는 평생 동안 20여 개에 이르는 호를 사용했다. 조선의 선비들 중 그 어느 누구보다도 많은 호를 사용한 것이다. 그러나 이 수많은 호에 담긴 의미를 찾아가다보면, 그가 일찍이 스무 살 무렵 자호로 삼았던 '영처'의 뜻과 직간접적으로 관련되어 있다는 사실을 알 수 있다. 먼저 이덕무가 젊은 시절 자신의 호에 대해 직접 설명한 〈기호(記號)〉라는 글을 살펴보자.

삼호거사(三湖居士)는 약관(弱冠)에 호기가 있었다. 엄숙하고 공경하면 나날이 학문이 강해진다는 말에 뜻을 두어 일찍이 호를 '경재(敬齋)'라 하였다. 뜻이 있으면 바로 지향하는 목표가 있으니, 여기에 도달하고자 하여 또 호를 '팔분당(八分堂)'이라 하였다. 팔분이란 사마광(司馬光)이 성인(聖人)을 십분(十分)이라고 할 때 구분(九分)이면 대현(大賢)이라고 할 수 있다는 말에 가까운 것이다. 가난해서 집은 한 말 정도의 부피만큼 작았지만 또한 즐거워하였다. 이에 매미의 허물과 귤의 껍질처럼 구부정하다고 하여 호를 '선귤헌(蟬橘軒)'이라 하였고, 처지에 따라 행실을 닦고자 해서 호를 '정암(亭巖)'이라고도 하였다. 또한 세상을 피해 숨어 사는 것을 편안하게 여겨 '을엄(乙广)'을 호로 삼아 구부러지고 조그마한 석실(石室)에 뜻을 두어 은둔하려 하였다가 마음을 수경(水鏡)처럼 잔잔하고 맑게 하고자 해서 다시 호를 '형암(炯菴)'이라고 하였다. 대저 일마다 공경하여 닦으면 고인(古人)에 가깝고, 마음을 물과 같이 맑게 하고 작은 집에 누워 세상을 피해 숨어 살면서 비록 부엌 연기가 쓸쓸하여도 붓을 잡아 문장을 지으면 아침에 피는 꽃과 같이 빛이 난다. 이 사람은 이것으로도 편안하지 않아 빙긋이 웃으면서 말하였다. "이는 어린아이가 재롱을 좋아하는 것과 다름없다. 장차 처녀와 같이 지키려고 함이다"고 하며, 그 원고의 제목을 '영처(嬰處)'라고 하였다. 여러 사람들과 함께 있을 때면 자신의 학식과 재능을 감추고는 어리석고 미련한 척하였다. 단정한 사람이나 장중한 선비에게도 기뻐하고 저잣거리의 장사꾼에게도 기뻐하였으니,

대개 빈 배를 홀로 띄워 어디를 가나 유유자적하지 않음이 없었다. 이 때문에 사람들이 또 호를 '감감자(憨憨子)' 혹은 '범재거사(汎齋居士)'라고 부르기도 하였다. 일찍이 삼호에 거주하였기 때문에 스스로 '삼호거사'라 하였는데, 이것이 호의 시초이다.

—「영처문고」 1, 〈기호〉

이 글에만 삼호거사, 경재, 팔분당, 선귤헌, 정암, 을엄, 형암, 영처, 감감자, 범재거사 등 10개의 호가 나온다. 이 가운데 선귤헌(혹은 선귤당)과 형암은 이덕무 자신은 물론 그의 주변 사람들이 즐겨 부른 호였다. 특히 선귤헌이라는 호에 이덕무는 남다른 애착을 지니고 있었다. 스스로 마음 깊이 새기기 위해 〈선귤헌명(蟬橘軒銘)〉이라는 시를 지어 남기기까지 했다.

나는 일찍부터 구양수(歐陽脩)와 굴원(屈原)을 좋아했다. 그들의 글을 즐겨 읽었다. 구양수의 시 〈명선부(鳴蟬賦)〉와 굴원의 시 〈귤송(橘頌)〉을 마음에 취했는데, 그윽이 느끼는 것이 있었다. 구양수는 말하기를 "매미는 바람을 타고 높이 오르지만 그칠 곳을 안다"라고 했다. 굴원은 말하기를 "귤은 무성한 잎과 열매를 잘 가꾸어 추하지 않다"라고 했다. 나는 그 사람을 좋아하고 그 문장을 읽었다. 일찍이 그들의 글을 독서하고 도리를 취해 스스로 그 사람됨을 비유하였다. 구양수로 말미암아 매미(蟬)를 알고, 굴원으로 말미암아 귤(橘)을 알고, 또한 매미와 귤로 말미암아 나를 안다면 거의 나와 같은 사람이므로 역시 취할 것이 있으리라. 김석여(金錫汝, 김홍운金洪運)가 이미 나를 위하여 이를 서술하였기 때문에 되풀이해서 이야기하지 않겠다. 그 명(銘)은 아래와 같다.

네 모습 파리하나 爾貌癯

마땅히 네 마음 깨끗하리 宜爾心潔

옛 사람 많고 많건만 古多人

어찌하여 구양수와 굴원을 취했으며 奚取歐與屈

사물의 종류 많고 많건만 物多類

어찌하여 매미와 귤을 취했는가 奚取蟬與橘

이미 너를 좋아하는 마음 이와 같으니 旣爾好如斯

더러운 먼지 속에 내버려둔다고 해도 寘之塵穢

또한 어찌 근심하랴 亦奚恤

맑고 깨끗하며 편안하고 즐거우니 淸澄而恬愉

그 누가 너의 성품과 자질 알겠는가 孰知爾資質

— 『영처문고』 2, 〈선귤헌명〉

또한 이덕무는 〈세제(歲題)〉라는 글에서는 "내가 예전 남산 부근에 살고 있을 때 집의 이름을 선귤이라고 하였다. 집이 작아서 매미의 허물이나 귤의 껍질과 같다는 뜻에서였다"라고 적었다. 그리고 〈11월 14일 술에 취해〔十一月十四日醉〕〉라는 시에서는 이렇게 노래했다.

깨끗한 매미와 향기로운 귤 마음에 간직하니 潔蟬馨橘素心存

세상사 시끄러운 일 내 이미 잊었노라 餘外紛囂我已諼

불을 공중에 살라본들 저절로 꺼질 것이고 擧火焚空終自息

칼로 물을 벤다 한들 다시 무슨 흔적이 있겠는가! 持刀割水復何痕

'어리석다'는 한 글자를 어찌 모면하겠냐마는 癡之一字烏能免

온갖 서적 널리 읽어 입에 담을 뿐이네 博矣羣書雅所言

넓고 넓은 천지 간 초가집에 살며　磊落乾坤茅屋者

맑은 소리 연주하며 밤낮을 즐기네　商聲高奏永晨昏

— 『아정유고』 2, 〈11월 14일 술에 취해〉 중에서

이덕무에게 세상 사람들이 죽기 살기로 덤벼들어 얻고자 하는 부나 명예, 출세 따위는 세상사 시끄러운 일일 따름이다. 이러한 것들은 불로 허공을 사르거나 칼로 물을 베는 것처럼 허무하고 망령된 일이다. 그에게는 오로지 매미의 깨끗함과 귤의 향기로움을 간직하려는 맑고 맑은 마음이 존재할 뿐이다. 또한 자신을 말하다는 뜻의 〈자언(自言)〉에서는 이렇게 적고 있다.

사람은 변할 수 있는가? 변할 수 있는 사람도 있지만 변할 수 없는 사람도 있다. 어떤 사람이 어렸을 때부터 오락도 즐기지 않고, 가볍거나 제멋대로 행동하지 않으며, 성실하고 신중하며, 단정하고 정성스러웠다. 그런데 성장한 후 어떤 사람이 그에게 세상 풍속과 어울려 조화를 이루지 못하니, 세상 사람들은 너를 받아들이지 못할 것이라고 말했다.

그 자신도 그렇게 생각하여, 그 후부터 입은 천박하고 상스러운 말을 내뱉고, 몸은 가볍고 덧없이 행동하였다. 이렇게 사흘을 보내고 난 후 도저히 편하고 즐겁지 않자, "내 마음은 변할 수 없다. 사흘 전에는 내 마음이 가득 차 모든 일이 형통한 듯했는데, 그 후 사흘 동안은 공허하기만 했다"고 말하였다. 그리고는 결국 처음으로 되돌아갔다. 이기적인 욕심에 대해 말하면 기운이 빠지고, 산림(山林)에 대해 말하면 정신이 맑아지며, 문장에 대해 말하면 마음이 즐겁고, 학문에 대해 말하면 뜻이 가지런해졌다.

완산(完山, 전주) 이자(李子, 이덕무 자신)는 옛 학문과 문장에 그 뜻을

두었기 때문에, 지금 세상에는 어둡고 사리가 밝지 못하다. 그래서 산림이나 문장, 학문에 대해 이야기하기 좋아하고, 그 밖의 세상사에 대해서는 듣고 싶어 하지 않았다. 또한 세상사에 관해 들어도 별반 대수롭지 않게 여겼다. 자신의 바탕을 오로지 한 가지로 삼고자하였다. 이 때문에 선귤(蟬橘)을 취하고, 말은 고요하고 담백하였다.

— 『영처문고』 2, 〈자언〉

이 글을 앞서 소개했던 〈영처고 자서〉와 연관해 생각해보자. 영처지심, 곧 어린아이의 천진함과 처녀의 순수한 마음을 갖고 사는 이덕무에게 어떤 사람이 "당신은 세상 풍속과 어울려 조화를 이루지 못한다. 그래서 세상 사람들은 당신을 받아들이지 못할 것이다"라고 말한다. 이덕무 자신도 그렇다는 생각이 들어 세상 사람들처럼 천박하고 상스러운 말을 내뱉고 이기적인 욕심을 좇아 가볍게 행동해본다. 그러나 이러한 행동은 본성과 맞지 않아 다시 처음으로 되돌아간다. 세속의 기준과 관심사에 맞춰 살아보려고 해도 스스로 용납할 수 없어 본모습으로 되돌아갈 수밖에 없다는 얘기다. 이덕무가 '선(蟬)'과 '귤(橘)'을 취해 자신의 당호로 삼은 이유가, 가난해도 매미처럼 마땅히 머무를 곳을 알고, 자신을 갈고 닦아 마치 귤처럼 작고 보잘것없더라도 아름다움을 잃지 않으려 했음을 알 수 있다. 이런 의미에서 보자면, '선귤'이라는 두 글자는 '영처'와 그 뜻이 일맥상통한다.

또한 형암은 박지원이 이덕무가 죽은 후 행장(行狀)을 지을 때, 그의 수많은 호 가운데 선택해 〈형암행장(炯菴行狀)〉이라고 쓸 만큼 널리 불렀던 호다. 〈기호〉라는 글에서 드러나 있듯이, 스스로 마음을 물처럼 잔잔하고 거울처럼 맑게 하려고 지은 호였다. 자신을 꾸며 세상에 드러내려 힘쓰지 않고 스스로 즐거움을 알아 거울처럼 깨끗하고 잔잔함을 간직하려 했다는 뜻이 '영처'와 무관하지 않음을 알 수 있다. 박지원의 〈형암행장〉에는 청나라의 반정균이 이덕무를 처음 보고나서 "눈빛이 반짝반짝하니 진실로 비범한 사람이다"라고 하면서 탄복했다는 대목이 나오는데, 이 역시 이덕무의 벗들이 '형암'이란 호를 즐겨 사용한 까닭을 미루어 짐작해볼 수 있는 내용이다. 왜냐하면 '형암'에서 '형(炯)'은 '빛나다, 밝다'라는 뜻을 가지고 있기 때문이다. 사람의 눈은 어렸을 때는 별처럼 빛나지만 어른이 되어 세파에 찌들다보면 탁해지기 쉽다. 그런데 이덕무의 눈빛은 장성해서도, 마치 어린아이나 처녀처럼 다른 사람의 시선을 한눈에 사로잡을 정도로 '반짝반짝'했던 것이 아닐까?

〈기호〉에서 밝힌 젊은 시절의 호 이외에도 이덕무는 청음관(靑飮館), 탑좌인(塔左人), 재래도인(䎦來道人), 매탕(槑宕), 단좌헌(端坐軒), 주충어재(注蟲魚齋), 학초목당(學草木堂), 향초원(香草園), 청장관(靑莊館), 아정(雅亭) 등의 호를 사용했다. 이 가운데 가장 널리 알려진 호는 청장관과 아정이다. 청장관은 전서(全書) 제목이 될 정도로 이덕무를 대표하는 호다. 그가 '청장관'을 자신의 호로 삼은 까닭은 무엇일까?

> 청장(靑莊)은 해오라기의 별명이다. 이 새는 강이나 호수에 사는데, 먹이를 뒤쫓지 않고 제 앞을 지나가는 물고기만 쪼아 먹는다. 그래서 신천옹(信天翁)이라고도 한다. 이덕무가 청장을 자신의 호로 삼은 것은 이 때문이다.
>
> — 박지원, 『연암집』, 〈형암행장〉

'청장관'에 담긴 욕심 없고 순박한 뜻이 영처와 일맥상통하고 있음을 어렵지 않게 알 수 있다. 또 '주충어재'와 '학초목당'이라는 호에서는 곤충과 물고기는 물론 풀과 나무에 이르기까지 자신을 둘러싼 온갖 사물을 바라보는 이덕무의 순수한 마음과 왕성한 호기심이 담겨 있다. 마치 한 마리 물고기, 한 포기 풀조차 신기하듯 바라보고 소중히 다루는 어린아이나 처녀와 같지 않은가?

제2장

독서하고 기록한다, 고로 존재한다

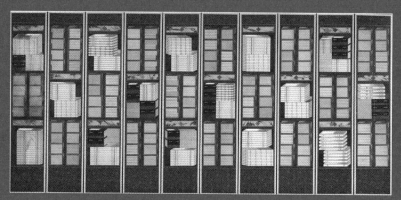

작가 미상, 〈책가도 병풍(冊架圖屛風)〉, 19〜20세기 초, 국립고궁박물관 소장.

"주막에 있을 때나 배를 타고 갈 때도 읽던 책을 덮으신 적이 없었다. 만약 기이한 말이나 이상한 이야기를 듣게 되면 그 자리에서 즉시 기록하였다."

"나는 책에 미친 바보다!"

18세기 조선에서는 이전 시대 지식인들에게는 결코 찾아볼 수 없는 독특한 현상이 일어났다. 느닷없다 할 만큼 '벽(癖)'에 대한 예찬과 '치(癡)'에 대한 애호가 봇물 터지듯 쏟아져나온 것이다. 벽이란 무엇인가? 무엇인가를 지나치게 좋아해 미친 듯이 탐닉하는 것이다. 치란 무엇인가? 한자 사전을 찾아보면, 세 가지 독(毒) 중의 하나로 "너무 미련하고 우둔해서 미친 듯한 짓을 하는 일"이라고 되어 있다. 벽과 치는 '질(疾)'이나 '병(病)'과 같이 병질 녁(疒) 자를 부수로 하는데, 이러한 단어들은 병이 나서 정상적이지 않은 상태를 가리킨다. 즉 벽과 치는 일종의 병통으로 아프거나 미쳤거나 어리석다는 아주 부정적인 의미를 내포하고 있다. 그런데 18세기에 들어와서 일군의 지식인 그룹이 벽과 치에 관한 이러한 부정적 의미를 일거에 해체하고 전복해버린다. 그들은 "벽이 없는 사람은 아무짝에도 쓸모없는 사람"이라고 주장하거나 혹은 돌에 미친 바보라는 뜻의 '석치(石癡)'를 호로 삼아 스스로 바보, 멍청이임을 자처하고 심지어 자랑스러워하기까지 했다. 흥미로운 사실은 벽과 치에 대한 열광이 바로 이덕무의 벗이자 학문적 사상적 동지였던 사람들에게서 두드러지게 나타났다는 점이다. 먼저 박제가의 글부터 살펴보자.

벽이 없는 사람은 아무런 쓸모없는 사람이다. 대개 벽이라는 글자는 '병질(疾)’ 자와 ‘치우칠 벽(辟)’ 자를 따라 만들어졌다. 병 가운데 무엇인가에 지나치게 치우친 것을 벽이라고 한다. 그러나 독창적으로 자신만의 세계를 터득하는 정신을 갖추고 전문적인 기예를 습득하는 일은 오직 벽이 있는 사람만 가능하다.

김 군이 마침내 화원을 만들었다. 꽃을 바라보며 하루 종일 눈 한번 꿈쩍하지 않는다. 꽃 아래에 자리를 깔고 누워 꼼짝도 하지 않는다. 손님이 와도 말 한마디 나누지 않는다. 이러한 모습을 본 사람들은 반드시 미친 놈이거나 멍청한 놈이라고 생각해 손가락질하며 비웃고 조롱하며 욕하기를 멈추지 않았다. 그러나 김 군을 비웃고 조롱하는 사람들의 웃음소리가 미처 끝나기도 전에 그런 생각은 이미 사라지고 만다.

김 군의 마음은 세상 온갖 사물을 스승으로 삼고 있다. 김 군의 기예는 천고의 옛 사람과 비교해도 탁월하다. 김 군이 그린 『백화보(百花譜)』는 꽃의 역사에 길이 남을 공훈으로 기록할 만하고, 김 군은 향기의 나라에서 배향하는 위인으로 삼기에 충분하다. 벽의 공적이 진실로 거짓이 아니다!

오호라! 저 두려워 벌벌 떨고 깔보고 업신여기는 데다, 천하의 큰일을 그르치면서도 스스로 지나치게 치우친 병통이 없다고 뻐기는 자들이 김 군의 화첩을 본다면 깨우칠 수 있을 것이다.

— 박제가, 『정유각집』, 〈백화보서(百花譜序)〉

박제가가 서른여섯 되던 해인 1785년 5월, 화가 김덕형(金德亨)에게 써준 글이다. 김덕형에게 꽃에 미쳐서 하루 종일 꽃만 바라보는 벽이 있었기 때문에, 꽃 그림에서만큼은 최고의 경지에 이를 수 있었다는 것이다. 무엇인가에 미치지 않는다면 새로운 세계를 개척할 수 없고 전문적인 기량을 드러낼 수도 없다는 얘기다. 벽에 관한 최고의 긍정이자 예찬이다.

앞서 소개한 이덕무의 벗 관헌 서상수는 골동품과 서화를 수집하고 감상하는 벽이 있었다. 박지원은 〈필세설〉에서 서상수를 두고 "탁월한 안목과 식견으로 눈길이 닿는 서화나 골동품은 모두 진짜와 가짜를 가려낼 뿐만 아니라 재주와 판단력까지 두루 갖췄다. 진실로 감상을 잘하는 사람이라고 하지 않을 수 없다"면서 골동서화에 관한 한 당대 최고의 감상가이자 수집가라고 소개했다. 그러나 이러한 서상수의 진가를 알아주는 사람을 세상에서 찾기 어렵다고 한탄했다. 같은 글에서 서상수 역시 "나를 두고 좋아하는 물건에 정신이 팔려 큰 뜻을 잃었다고 꾸짖는 사람이 있다"고 했다. 그러나 그는 세상의 이목과 구설이 어떻든 자신이 좋아하는 골동품과 서화에 미쳐 지내는 일을 가리켜 "서화나 골동품에 담긴 옛 사람의 족적"을 마음에 새기는 큰 뜻이 있다고 자부했다. 세상 사람들의 생각과는 다르게 오히려 자신이 좋아하는 것에 정신이 팔리지 않으면 큰 뜻을 이룰 수 없다는 것이다.

이덕무의 절친한 벗인 유득공, 이서구 그리고 『한객건연집』을 통해 이덕무의 문명(文名)을 청나라에까지 소개한 유금 또한 한 가지 이상의 벽을 갖고 있었다. 이들은 자신들의 벽을 취미가 아닌 전문적인 수준으로 파고들어 이전 시대에서는 찾아볼 수 없는 독특한 서적을 저술하기까지 했다. 예를 들면 유득공의 『발합경(鵓鴿經)』과 이서구의 『녹앵무경(綠鸚鵡經)』과 같은 경우다. 『발합경』은 유득공이 관상용 집비둘기를 직접 기르면서 사육과 관련한 모든 정보를 일목요연하게 정리해 쓴 책이고, 『녹앵무경』은 이서구가 연경에서 들여온 앵무새를 기르면서 자신의 경험은 물론 앵무새에 관한 각종 자료와 문헌을 뒤져 한곳에 모아 편찬한 것이다. 박지원은 직접 서문을 써주면서 이서구가 『녹앵무경』을 찬술한 것을 기뻐하고 칭찬하기까지 했다. 또한 유금은 기하학(幾何學)에 탐닉하여 스스로 호까

지 '기하'라고 지었다. 그의 조카 유득공은 〈숙부기하선생묘지명(叔父幾何
先生墓誌銘)〉에서 "주비(周髀)의 학술을 좋아하셨다. 방 하나를 지은 다음
'기하'라고 편액을 걸었다. 그 방 안에서 고요하게 사색에 잠겨 쉬지 않고
혼개(渾蓋, 천문)를 추리하고 측량하며 아주 깊이 연구하셨다. 이러한 까닭
에 사람들은 '기하 선생'이라고 불렀다. 여기에서 '기하'는 숫자를 따져서
밝혀낸다는 말이다"라고 했다.

　그럼 이덕무에게는 어떤 벽이 있었을까? 그에게는 '벽어초사(癖於抄寫)'
즉 책을 베껴 쓰는 벽이 있었다. 곤궁한 살림 때문에 책을 살 만한 형편이
못 되었던 이덕무는 직접 베껴 써 책을 수집하는 벽이 있었던 것이다. 연
암 박지원은 이덕무의 이러한 벽에 대해 다음과 같이 증언하고 있다.

　장성해서는 온갖 서적을 폭넓게 읽었다. 항상 다른 사람에게 책을 빌려
　읽었다. 비록 몰래 감추어둔 책이라고 할지라도 사람들은 빌려주기를 꺼
　려하지 않으면서, "이 군(이덕무)은 진실로 책을 좋아하는 사람이다"라고
　말하였다. 그를 좋아하는 사람은 책을 빌려달라고 부탁하기도 전에, 먼저
　스스로 빌려주면서 "이 군의 눈을 거치지 않은 책이 있다면, 그 책을 무엇
　에 쓸 것인가?"라고 말하였다. 책을 베껴 쓰는 벽이 있어 한 권의 책을 얻
　으면, 읽은 다음 베끼곤 하였다. 항상 얄팍한 책을 수중에 품고 다니면서
　비록 주막이나 배를 탈 때도 책 읽기를 멈추지 않았다. 그리하여 집에는
　비록 책이 없었지만, 책을 가득히 쌓아둔 것이나 다름없었다. 평생토록
　읽은 책이 거의 2만여 권이 넘고, 직접 베껴 쓴 승두세자(蠅頭細字, 파리머
　리만 한 작은 글자) 또한 수백 권에 달했다. 자획이 바르고 반듯하고, 아무
　리 마음이 급해도 속자(俗字)는 한 글자도 쓰지 않았다.

　　　　　　　　　　　　　　　　　　　　　— 박지원, 『청장관전서』, 〈행장〉

특히 이덕무는 책을 베껴 쓰는 자신의 벽을 위해 직접 여러 종류의 종이를 만들어 사용하기까지 했다. 성현의 학문과 삶을 좇아 공부하고 수양하거나 벼슬길에 올라 출세하기만을 바라는 사대부가 사람들에게 유학이나 성리학 이외의 학문은 보잘것없는 잡학이며 돌아볼 가치도 없는 허섭스레기일 뿐이다. 따라서 그러한 책을 읽어 성현의 삶을 닮기 위해 자신을 갈고닦는 데 방해가 되거나, 과거 시험을 위한 공부에 이롭지 않은 취미나 기호를 갖는 것은 비난받아 마땅한 일이었다. 따라서 무엇인가를 지나치게 좋아하여 미친 듯이 탐닉하는 벽이란 멀리해야 할 것이지 결코 드러내 자랑할 만한 일이 아니었다. 양반 사대부라면 당연히 사물에 정신이 팔려 큰 뜻을 잃는 '완물상지(玩物喪志)'를 가장 경계해야 할 일로 여겼다. 그러나 이덕무와 그 벗들은 '벽'을 병통이라 여기지 않고 오히려 자신의 개성과 취향을 드러내는 것으로 보았다. 이덕무와 박지원을 중심으로 한 지식인 그룹의 고문 격이라 할 수 있는 홍대용은 이를 두고 "사람마다 제각각 좋아하여 추구하는 것이 다르게 마련이다. 그런데 누가 이것을 한 가지로 맞추겠는가?"라고 했다. 자신만의 개성과 취향을 긍정하는 이덕무와 그 벗들의 철학을 여실히 보여주는 대목이다.

이덕무와 그 벗들이 벽에 대한 예찬 못지않게 '치'를 애호한 까닭 역시 이러한 철학적 뒷받침을 통해 살펴볼 수 있다. 자신을 바보 혹은 멍청이라고 당당하게 밝힌 지식인은 이전 시대에서는 결코 찾아볼 수 없다. 그러나 이덕무와 그 벗들은 치를 자호로 삼을 만큼 거리낌 없이 스스로를 바보 멍청이라 부르는 데 주저하지 않았다. 치라는 글자를 통해 자신만의 개성과 취향을 마음껏 드러낼 수 있었기 때문이다. 돌에 미친 바보라는 뜻의 석치를 자신의 호로 삼은 이덕무의 사우(師友) 정철조에 대해 이규상은 다음과 같은 글을 썼다.

정언(正言) 정철조는 호가 석치(石癡)다. 죽석(竹石)과 산수(山水) 그림을 잘 그렸다. 더욱이 벼룻돌을 깎는 벽을 갖고 있었다. 벼루를 깎는 사람들은 의례적으로 칼과 끌을 갖고 다녔다. 이것을 각도(刻刀)라고 한다. 그런데 정철조는 단지 패도(佩刀)만을 가지고 벼루를 깎았다. 마치 밀랍을 깎아내는 것처럼 민첩했다. 돌을 보기라도 하면 그 돌의 품질은 따지지도 않고 곧장 깎기 시작해 눈 깜빡할 시간에 벼루를 만들어냈다. 책상 가득 벼루를 쌓아놓고 달라는 사람이 있으면 두말도 하지 않고 주어버렸다.

— 이규상, 『병세재언록(幷世才彦錄)』, 〈화주록(畫廚錄)〉

벼루 깎는 전문가의 각도가 아닌 보통 사람들이 휴대하고 다니는 패도만 가지고도 어떤 돌이든 깎아 벼루를 만들 수 있었던 정철조는 '벼룻돌에 미친 바보'였다. 또한 이덕무는 자신의 유별난 책탐을 '치'와 연결시켜 간서치(看書癡), 곧 책만 보는 바보 혹은 책에 미친 멍청이라고 자호했다. 책 아닌 다른 것에는 아무런 관심도 재미도 느끼지 못하는 이덕무의 광적인 탐서욕을 잘 보여주는 호다. 또한 이덕무는 이러한 자신을 아무도 알아보지 못하는 세상을 향해 마치 일갈하듯 〈간서치전〉을 지어 강렬한 자의식을 표출하기도 했다.

목멱산(남산) 아래 어리석은 사람이 있었는데, 어눌하여 말을 잘하지 못하고, 성품은 게으르고 졸렬해 시무(時務)를 알지 못하였으며, 바둑이나 장기는 더구나 알지 못하였다. 이를 두고 다른 사람들이 욕을 해도 변명하지 않고, 칭찬해도 자랑하거나 뽐내지 않으며, 오로지 책만 보는 것을 즐거움으로 삼아 추위나 더위, 배고픔이나 아픈 것도 전연 알지 못하였다. 어렸을 때부터 스물한 살이 되기까지 하루도 손에서 고서(古書)를 놓지 않았다. 그의 방은 매우 작았다. 그러나 동창과 남창, 서창이 있어 해의 방향을 따라 밝은 곳에서 책을 보았다. 지금까지 보지 못하였던 책을 보면 문득 기뻐서 웃으니, 집안사람들은 그가 웃는 것을 보고 기서(奇書)를 구한 줄 알았다. 자미(子美, 두보)의 오언율시를 더욱 좋아하여, 병을 얻어 끙끙 앓는 사람처럼 골몰하여 웅얼거렸다. 심오한 뜻을 깨우치면 매우 기뻐서 일어나 왔다갔다 걸어다녔는데, 그 소리가 마치 갈까마귀가 우짖는 듯하였다. 혹 아무 소리도 없이 눈을 동그랗게 뜨고 뚫어지도록 보기도 하고 혹은 꿈꾸듯이 혼자 중얼거리기도 하니, 사람들은 그를 두고 간서치라고 하였다. 이 또한 기쁘게 받아들였다. 그의 전기(傳記)를 지어주는 사람이 없어, 이에 붓을 떨쳐 그에 관한 일을 써 〈간서치전〉을 만들었다. 그 이름과 성은 기록하지 않았다.

— 『영처문고』 2, 〈간서치전〉

이덕무의 젊은 날은 서얼이라는 사회적 멸시와 가난과 굶주림이라는 개인적 고통이 함께했던 삶의 연속이었다. 이러한 와중에 지은 〈간서치전〉은 자신의 존재 의미를 오로지 책에서 찾고자 했던 그의 '젊은 날의 초상'을 엿볼 수 있는 자전적인 기록이다. 과연 "독서하고 기록한다, 고로 존재한다"고 표현할 만한 삶이었음을 알 수 있다.

그렇다면 왜 18세기에 들어서 갑자기 벽과 치에 대한 예찬이 일어났을까? 기존까지의 부정적 의미를 넘어선 적극적 긍정이 어떻게 이루어질 수 있었을까? 먼저 전통적으로 조선의 지식인들이 학문을 닦고 심신을 수양하는 목적, 곧 선비들의 삶의 목표부터 살펴보자. 조선의 지식인들에게 학문과 사상이란 누구나 알고 있듯이, 유학 그중에서도 특히 성리학이었다. 이들 유학자나 성리학자들이 이상으로 삼은 인간 모델은 공자(孔子)나 맹자(孟子) 혹은 주자(朱子)와 같은 성현이나 도덕군자다. 조선 성리학의 양대 거두 중 한 사람인 율곡 이이는 일찍이 삶의 지표로 삼고자 지은 〈자경문(自警文)〉에서 인간의 참된 삶을 이렇게 정의했다. "먼저 큰 뜻을 세워야 한다. 성인(聖人)을 본보기로 삼아서 털끝만큼이라도 성인에 미치지 못하면 나의 일은 끝난 것이 아니다." 따라서 조선의 선비들은 오롯이 성현이 되기 위한 학문 곧 성리학 이외의 서적은 쓸모없는 잡서이며 성현이 되기 위한 수양에 방해가 되는 이단서로 취급했다. 또한 성리학의 경전은 출세 즉 과거 시험을 통해 벼슬길에 오를 수 있는 유일한 수단이기도 했기 때문에 사대부가의 자손이라면 누구나 예외 없이 태어나면서부터 성리학적 인간이 되어야만 했다.

이렇듯 성리학의 견고한 벽이 조선의 지식인들을 옭아매고 있는 상황에서 자신이 좋아하는 취미나 기호를 좇는 삶이란 설 자리가 없었다. 만약 누군가 자신이 좋아하고 하고 싶은, 즉 자신만의 개성을 추구하는 삶을 산다면, 그 사람은 반드시 '광사(狂士)' 혹은 '난적(亂賊)'이라는 불명예를 피하기 어려웠다. 그런데 18세기에 들어오자 이처럼 견고했던 성리학의 벽에 커다란 균열이 발생하는 대격변이 일어난다. 그것은 성리학의 이념적 토대였던 화이론적 세계관이 몰락하면서 중화와 오랑캐의 차별 의식이 희미해졌기 때문이다. 공자를 시조로 하는 유학은 원래부터 천하의 중심을 중화 문명에 두고 질서를 세우는 중화주의의 이념적 기반 역할을 했다. 특히 남송(南宋)의 주자가 세운 성리학은 북방 오랑캐인 거란족의 요(遼)나라와 여진족의 금(金)나라의 위협에 맞서 중화의 정통성과 춘추(春秋)의 대의명분을 세우기 위해 태동한 유학의 한 분파로, 화이론적 세계관을 가장 강고하게 간직한 중화주의 이데올로기의 본산이라 할 수 있다. 몽고족(蒙古, 몽골)이 세운 원(元)나라가 멸망하고 한족(漢族) 왕조인 명나라가 건국되자마자 다시 유학과 성리학의 전성시대가 도래한 까닭이나, 명나라와 비슷한 시기에 새 왕조를 세운 조선에서 성리학이 가장 흥성한 까닭 역시 여기서 찾아볼 수 있다. 즉 명나라와 조선은 중화주의 세계관을 공유하며 동아시아 지식 세계를 지배했다. 이렇듯 화이론적, 중화주의 세계관의 벽에 갇힌 사람에게는 중화 바깥의 세계는 존재하지만 존재하지 않는, 혹은 애써 알거나 배울 필요가 없는 하찮은 오랑캐의 세계일 뿐이다. 조선의 지식인들이 명나라에 대해서는 그렇듯 열광하면서도 바로 이웃한 일본에 대해서는 그토록 무지했던 이유 또한 여기에서 찾아볼 수 있다. 일본은 중화주의 세계 질서의 바깥에 존재한 하찮은 오랑캐에 불과했던 것이다.

그러나 중화주의의 기반이자 상징이었던 명나라가 오랑캐 여진족의 말발굽 아래 무릎을 꿇고, 조선 사람들이 오랑캐라고 업신여겼던 여진족이 새로 청나라를 세운 17세기 이후, 중화주의 세계관은 일대 위기에 봉착하게 된다. 여기서 동아시아의 지식 세계는 둘로 크게 나뉜다. 하나는 '중화'의 정통성이 명나라에서 조선으로 옮겨왔다는 소중화주의, 곧 '중화=조선'이라는 이데올로기를 만들어 추종한 세력이고, 다른 하나는 중화와 오랑캐의 구별을 해체시키는 새로운 지식 세력의 등장이다. 18세기에 들어와 청나라가 최고의 전성기를 누리게 되자 이들 양 세력의 균열은 더욱 커져갔다. '중화=조선'이라는 이데올로기를 추종한 이들이 사회 전반에 걸쳐 성리학적 이념을 더욱 강고하게 하며 명나라에 대한 의리를 내세워 청나라를 오랑캐라고 배척한 반면, 새로운 지식인들은 오랑캐에게도 배울 것이 있다면서 청나라의 선진 문물과 제도를 배우자고 주창한 이른바 '북학(北學)' 운동을 일으켰다. 이덕무와 벗들은 이 북학 운동의 선도자로, 오늘날 이들을 가리켜 북학파라고 부르는 까닭 역시 여기에 있다.

벽과 치에 대한 예찬과 열광은 이러한 동아시아 세계의 대격변과 새로운 지식 세력의 등장과 맞물려 있다. 중화와 오랑캐의 차별을 해체시킨 새로운 지식 세력은 성리학이 만든 견고한 벽 역시 무너뜨렸다. 그들은 중화 바깥의 세계에 대해 왕성한 지적 호기심을 발동시켰고, 또한 성리학 바깥의 학문과 지식 정보를 열광적으로 탐구했다. 이전 시대에는 결코 찾아볼 수 없었던 앵무새나 집비둘기 혹은 담배에 관한 새로운 경전도 탄생했고, 스스로 바보나 멍청이라고 일컬으며 무언가에 탐닉해 일가를 이루는 새로운 지식인 유형도 출현했다. 이들은 성리학의 권위와 권력을 맹목적으로 추종하는 데서 벗어나 자신만의 개성을 한껏 드러냈다는 의미에서 자아의식을 최초로 드러낸 지식인 그룹이었다. 이들의 출현은 기독교 신학의 헤게모니로부터 인간 존재의 독립성을 선언한 서양의 '근대적 자아'의 출현과도 유사한 맥락을 띠고 있다고 해석할 수 있다. 다소 아쉬운 차이가 있다면, 이러한 자아의식의 출현이 서양은 다양한 방식과 경로를 통해 보편적인 사회 현상으로 발전한 반면, 조선의 경우는 특정한 개인과 일부 그룹에서 나타난 이례적이고 예외적인 사례에 그치고 말았다는 점이다.

어쨌든 새로운 유형의 지식인은 독서의 개념도 완전히 바꾸어버렸다. 알다시피 조선의 지식인들은 일평생 책을 손에서 놓지 않았다. 그렇다면 전통적인 지식 세력과 새로운 지식 세력의 독서 사이에는 어떤 차이가 있는가? 조선의 선비들은 성현이 되기 위해서나 과거에 급제하여 벼슬길에 오르기 위해 평생 동안 독서했다. 그러나 〈간서치전〉으로 알 수 있듯이, 이덕무는 무엇을 이루거나 얻기 위해서가 아니라 그저 자신이 좋아하고, 하고 싶은 욕망에 따라 충실히 독서할 따름이다. 여기에는 어떠한 목적도 계산도 없고 단지 왕성한 지적 호기심과 열정적인 탐구만이 있을 뿐이다. 이러한 호기심과 탐구는 일찍이 조선에 존재하지 않았던 새로운 학파 즉 '백과전서파(百科全書派)'를 탄생시킨 원동력이 되었다.

지식 혁명의 시대와 백과전서파의 탄생

18세기 조선은 지식 혁명의 시대였다. 왜 그런가? 역사상 유례를 찾아볼 수 없을 정도로 새로운 학문과 사상에 대한 지적 탐구와 새로운 지식과 정보에 대한 지적 탐험이 맹렬하게 타올랐기 때문이다. 이 시기에 등장한 새로운 지식인 그룹이 주도한 지식 혁명은 크게 두 가지 차원에서 살펴볼 수 있다.

하나는 성리학만이 유일한 가치이자 학문이라고 여겼던 전통적인 개념의 지식인들이 하찮고 보잘것없다며 외면하고 배척한 주변 사물과 대상들에 새롭게 학문적 가치를 부여하고 지식 탐구의 중요한 소재로 삼았다는 사실이다. 이를테면 연암 박지원은 자신의 아들에게 "비록 지극히 미미한 사물, 예를 들자면 풀과 꽃과 새와 벌레도 모두 지극한 경지를 갖추고 있어서 하늘과 자연의 묘한 이치를 엿볼 수 있다"고 했다. 이러한 시대사조는 유득공과 이종사촌 사이인 이옥(李鈺)이 '담배의 경전'이라고 제목을 붙인 『연경(烟經)』의 〈서문〉에 잘 나타나 있다. 먼저 이옥은 음식을 주제로 한 저서나 향과 꽃 그리고 과일을 소재로 한 옛 글을 소개하면서, 아무리 보잘것없는 물건이라고 해도 기록할 만한 좋은 점이 한 가지라도 있다면 마땅히 관련한 내용을 수집하고 책으로 엮어 후세 사람들에게 전해야 한다고 말한다.

이와 같은 책을 통해 옛 사람들은 단지 한 가지 일이라도 기록할 만한 좋은 점이 있다면, 그 물건이 아무리 작고 하찮고 보잘것없다고 해도 기록으로 남겼다는 사실을 잘 알 수 있다. 감추어진 것은 널리 수집하고, 간직한 것은 환하게 드러내 밝힌 뒤 온갖 내용을 모아서 책으로 만들어 후세

사람들에게 전해주었다. 다시 말해 이들 책은 세상의 여러 가지 물건들을
환하게 밝혀 드러냄으로써 천하의 사람들과 후세의 자손들이 모두 너나
없이 공공연하게 사용할 수 있도록 만들었다.

— 이옥, 『연경』, 〈서문〉

　이옥은 조선에 담배가 등장한 지도 거의 200년이 다 되어 그동안 "마땅
히 문자로 담배를 기록해 저술한 서책이 존재할 만도 한데" 아직까지 "담
배에 관한 글을 저술한 문장가가 있다거나 또는 담배에 관한 기록들을 모
아 엮은 서책이 나왔다는 말을 들어보지 못했다"고 말한다. 그러면서 "담
배를 기록하는 것이 자질구레한 일이고, 담배라는 물건이 쓸모없는 것이
어서 고상하기 그지없는 붓을 휘둘러 저술하기에는 터무니없이 부족하다
고 생각했기 때문인가?"라고 반문한다. 그는 자신이 담배를 몹시 사랑하
고 즐기는 사람이기 때문에 다른 사람들이 조롱하거나 비웃는 것을 두려
워하지 않고 담배에 관한 모든 자료를 정리해 저술을 내놓는다고 밝혔다.[4]
사소하고 하찮은 기호품에 불과한 담배를 지적 탐구의 중요한 소재로 삼
아 저술함으로써 이른바 '담배학(烟學)'이라고 할 수 있는 새로운 학문을
창조한 것이다.

　이덕무 역시 사람들의 비웃음이나 손가락질을 두려워하지 않고 자기 주
변의 사소하고 하찮은 사물과 대상들에 대해 지적 호기심과 탐구욕을 열
렬하게 드러낸 대표적인 지식인이었다. 그는 연암 그룹의 한 사람인 약허
(若虛) 원유진(元有鎭)에게 보내는 편지에서 "세상의 선비들이 나의 말을
듣고 웃지 않는 자가 없을 것"이나, 천하를 떠돌면서 세상의 모든 사물을
살펴보고 실험하여 도경(圖經, 그림을 그려 설명한 책)을 만들고 싶다는 원대
한 포부를 펼쳐보이기까지 한다.

그대와 함께 『본초강목(本草綱目)』, 『군방보(群芳譜)』, 『화한삼재도회(和漢三才圖會)』 등의 책을 몸에 지니고 다니면서 시골의 농부와 나이 많은 노인들을 찾아가 만나 마가목(馬檟木)의 속명(俗名)을 시험하여 도경을 만들지 못하는 것이 한이 될 따름입니다. 세상의 선비들이 별 재주도 없는 나의 말을 듣기라도 하면 크게 웃지 않을 사람이 없을 것입니다. 그러나 이와 같은 일은 오히려 그대와 나만이 함께할 수 있을 뿐입니다.

— 『간본 아정유고』, 〈원약허(유진)에게 보내는 편지(與元若虛(有鎭)書)〉

『본초강목』은 중국 명나라 때 이시진(李時珍)이 지은 의학서이자 약학서다. 이 책은 총 52권에 도판 2권의 방대한 저서로, 이시진은 여기에서 1,892종의 약물을 광물, 식물, 동물의 순서로 분류하고 또 1,100매에 달하는 그림을 첨부하여 설명해놓았다. 고금의 본초를 총망라해 집대성한 약학 백과사전이라고 할 수 있다. 『군방보』 역시 명나라의 왕상진(王象晉)이 편찬한 책으로, 30권 분량에 온갖 종류의 곡물, 소과(蔬菓, 나물과 과일), 화훼의 종류와 재배법, 효능 등을 기록했다. 또한 『화한삼재도회』는 1713년에 일본의 데라시마 료안(寺島良安)이 편찬한 총 105권 81책에 이르는 방대한 백과사전이다. 이 책은 명나라 말기 왕기(王圻)가 편찬한 『삼재도회(三才圖會)』를 모방해 만들어졌는데, 『삼재도회』는 천지인 삼재의 세상 만물을 그림을 덧붙여 해설해놓은 백과사전이다. 그러나 『화한삼재도회』는 『삼재도회』의 단순한 모방작이라고 할 수 없을 만큼 풍부하고 새롭고 다양한 정보를 담고 있다. 특히 당시 조선 지식인들에게는 낯선 일본의 문물과 지식은 물론 동남아시아와 서양 제국(諸國)의 신문명에 관한 정보를 다루는데, 세상 온갖 사물을 자세히 고증하면서 독자들이 이해하기 쉽도록 수많은 도판도 덧붙여놓았다. 이덕무는 이 세 책의 내용을 품는 동시에, 중국과 일본 나아가 동남아시아와 서양까지 천하의 구석구석을 찾아다니면서 시골의 늙은 농부들에게까지 물음을 구해 하늘(天)과 대지(地)와 인간(人), 즉 모든 세계에 관한 지식들을 살피고 그림을 덧붙여 설명한 도경을 저술하고 싶었던 것이다. 만약 그가 이러한 포부를 행동으로 옮겼다면 조선에는 도경학이라는 새로운 학문이 태동할 수 있지 않았을까 싶다.

또한 이덕무는 '주충어재'와 '학초목당'이라고 자호했는데, 이는 곤충과 물고기에 주석을 달고 풀과 나무를 배운다는 뜻을 취한 것이다. 이덕무가 평소 "귀로 들은 것과 눈으로 본 것과 입으로 말한 것과 마음으로 생각한 것"을 적은 『이목구심서』를 살펴보면, 동물기, 식물기, 곤충기라고 할 수 있는 기록들로 가득 차 있다. 그 내용은 여기에 모두 인용할 수 없을 정도로 많아 각각의 대표적인 사례만 들어보겠다.

한 마리 쥐가 닭장 안으로 침입하면, 네 발로 계란을 안고 눕는다. 그러면 다른 쥐 한 마리가 그 꼬리를 물고 끌어당겨서 닭장 밖으로 떨어뜨린 뒤, 곧장 다시 꼬리를 물어 당겨서 쥐구멍으로 옮긴다. 또한 병 안에 기름이나 꿀이 있으면 병에 올라가 쭈그리고 앉는다. 그 뒤에 꼬리를 병 안으로 깊숙하게 집어넣어 기름이나 꿀을 묻힌 뒤, 몸을 돌려 그 꼬리를 핥거나 빨아 먹는다. 한 마리 족제비가 온몸에 진흙을 바르면 더럽기 짝이 없어서, 어디가 머리이고 어디가 꼬리인지 분간하기 어렵다. 앞발 두 개를 모으고 밭둑에 서 있는 사람처럼 하고 있는데, 마치 썩은 말뚝의 형상과 같다. 그때 다른 족제비 한 마리는 눈을 감고 마치 죽은 듯 그 아래에 뻣뻣하게 누워 있다. 그러면 까치가 와서 살펴보고 족제비가 죽은 줄 알고 부리로 한 번 찍어본다. 그런데 족제비가 꿈틀대며 움직이면 까치는 살아 있는 줄 의심하여 재빨리 날아올라 썩은 말뚝처럼 서 있는 다른 족제비 위에 내려앉는다. 그 순간 족제비는 입을 벌려 까치의 발을 문다. 까치는 그때야 비로소 자신이 족제비의 머리 위에 내려앉았다는 사실을 알게 된다. …… 누가 가르쳐주었겠는가? 본래 언어로 서로 일러준 것도 없다. 가령 한 마리 쥐가 계란을 안고 눕는다고 해도 어찌 다른 쥐가 그 꼬리를 물고 끌어당길 줄 안단 말인가? 한 마리 족제비가 썩은 말뚝처럼 서 있다고 해도 어찌 다른 족제비가 죽은 듯 그 아래에 뻣뻣하게 누울 줄 안단 말인가? 이것이 바로 자연이 아니겠는가.

누가 소나무와 회나무는 굳센 기운을 지녀 매미가 깃들지 않는다고 말했는가? 나는 일찍이 여름밤 만 그루의 소나무와 회나무가 우거진 숲속 곳곳에서 매미가 우는 모습을 본 적이 있다. 누가 호박(琥珀)에는 썩은 티끌이 붙지 않는다고 말했는가? 호박을 팔뚝 피부 위에 문질러보라. 잠깐 동안에 뜨겁게 될 것이다. 그때 호박을 티끌 위에 대어보라. 티끌이 반드시 뛰어올라 호박에 달라붙는다. 썩은 티끌로 시험해보아도 다르지 않다. 단지 티끌만 그런 것이 아니다. 혹은 짐승의 털과 새의 깃털이나 혹은 실과 종이와 같은 가볍고 가늘고 작은 물건은 모두 달라붙는다.

내가 어렸을 때 누각 기둥에 있는 몇 되나 되는 크기의 구멍에 누런빛을 띠는 붉은 색의 마치 대추만 한 벌이 무리를 지어 모여 있는 광경을 본 적이 있다. 벌들이 꿀을 거두려고 꽃을 찾아 모두 나갔을 때 구멍을 자세하게 살펴보았다. 가늘고 바짝 마른 풀이 쌓여 있고 헝클어진 실과 찢어진 종이 등 여러 가지 부드럽고 따뜻한 물건들이 있었다. 구멍 속에는 마치 고치와 같은 하나의 검은 덩어리가 있었다. 뾰쪽뾰쪽한 것이 서로 연이어져 연방을 이루고 있었다. 한 방마다 반드시 하나의 애벌레가 있는데 밀랍으로 단단하게 봉해져 있었다. 나는 전처럼 넣어서 감춘 다음에 며칠이 지난 후 다시 꺼내보았다. 애벌레는 비로소 머리와 눈과 날개와 발을 갖추었는데, 마치 양(羊)의 기름과 같이 하얗고 아직 어려서 조금도 움직이지 않았다. 이에 다시 그대로 넣어 간직해두었다. 여러 날이 지난 후 또 꺼내보니 모든 방마다 꿀이 가득 차 있고 붉은 밀랍으로 봉해져 있었다. 무릇 벌이 모두 완전한 형상을 이루어나간 뒤 비로소 그 속에 꽃으로 꿀을 만들어 채워 넣었다. 일을 이루는 순서와 차례가 분명하고 또한 단단하고 치밀하다. 어찌 사랑스럽지 않겠는가.

— 『이목구심서』 1

성리학의 경학과 사서만이 학문이라고 생각한 사람들에게 이덕무의 관심 대상과 기록은 아주 사소하고 보잘것없고 하찮은 것에 불과할지도 모른다. 그러나 이러한 이덕무의 지적 탐구와 열정 때문에 주변의 하찮고 보잘것없고 사소한 사물과 대상들이 새롭게 재발견되었고, 18세기 조선은 창의적인 학문과 지식의 경연장이 될 수 있었다.

조선의 18세기를 지식 혁명의 시대라고 부르는 다른 하나의 이유는, 세상의 모든 지식과 정보를 섭렵해 집대성하겠다는 위대한 지적 모험의 여정을 실천한 박물학 혹은 백과전서파의 탄생 때문이다. 지봉 이수광의 『지봉유설』을 효시로 태동한 조선의 백과전서파는 성호 이익의 『성호사설』, 순암 안정복의 『잡동산이』, 이덕무의 『청장관전서』, 풍석(楓石) 서유구(徐有榘)의 『임원경제지(林園經濟志)』, 오주 이규경의 『오주연문장전산고』로 이어졌다. 여기서 이덕무는 앞선 세대의 백과전서파 학자, 특히 이수광과 이익이 남긴 방대한 지식과 정보를 습득해 이후 세대인 서유구와 이규경에게 학파의 전통을 잇게 한 징검다리 역할을 했다. 서유구는 일찍부터 이덕무에게 깊은 학문적 감화를 받고 영향을 입었으며, 이규경은 이덕무의 친손자로 백과전서의 '가학(家學)'을 고스란히 물려받은 것이다. 이덕무의 백과사전적 지식 탐구와 정보 기록에 관해서는 먼저 그의 아들 이광규가 남긴 기록으로 알 수 있다.

주막에 있을 때나 배를 타고 갈 때도 읽던 책을 덮으신 적이 없었다. 만약 기이한 말이나 이상한 이야기를 듣게 되면 그 자리에서 즉시 기록하였다. 초목과 금수와 충어의 학문에 정밀하여 농부나 시골 노인을 만날 때면 반드시 풀과 나무, 새와 짐승, 벌레와 물고기의 방언(方言) 명칭을 물었다. 그리고 『본초강목』을 상고한 다음 언문(諺文, 한글)으로 번역해 기록해두곤 하였다. …… 책을 저술할 때는 옛 서적과 문헌을 참고하여 증거로 삼고 정밀하게 변증(辨證)하는 데 힘을 쏟았다. 일찍이 곤충초목(昆蟲草木), 명목(名目)과 사물과 법식과 수량, 경제와 방책, 금석비판(金石碑版)에서부터 우리나라의 제도와 문물 및 외국의 풍토에 이르기까지 자세하고 꼼꼼하게 연구하지 않은 것이 없었다.

— 이광규, 『간본 아정유고』, 〈선고부군의 유사(先考府君遺事)〉

또한 이덕무의 학문 탐구와 지적 여정을 가장 잘 알고 있는 사람이라고 할 수 있는 연암 박지원이 이덕무의 사후에 지은 〈형암행장〉의 증언을 통해서도 확인할 수 있다.

만약 기이한 말이나 이상한 소문을 듣게 되면 곧바로 기록하였다. 책을 저술할 때는 고거(考據)와 변증을 매우 잘하였다. 일찍이 조수(鳥獸)와 초목과 명물(名物)과 도수(度數)와 경제방략과 금석비판에서부터 우리나라의 제도와 문물 그리고 외국의 풍속과 토양에 이르기까지 자세하고 정밀하게 연구하지 않은 것이 없었다.

— 박지원, 『연암집』, 〈형암행장〉

이 증언을 통해 이덕무가 새로운 정보를 들으면 반드시 기록으로 남겼고, 사물의 기원과 근거를 고찰하는 변증의 방법을 통해 대상을 탐구하는 청나라의 신학문인 명물고증학(名物考證學)에 매우 뛰어났으며, 조선은 물론 외국에 이르기까지 백과사전적 지식을 검색하고 탐구했다는 사실을 알 수 있다.

또한 그는 조선의 대방가(大方家), 곧 문장과 학술 모두에서 뛰어난 사람이 되어 고금의 도서를 집대성하겠다는 야망을 밝히기도 했다. 이러한 야망은 총서(叢書) 기획으로 나타났는데, 이는 백과전서와 동일한 의도와 맥락에서 구상되었다.

우리나라 사람들은 저서 역량이 매우 부족하다. 이에 문헌으로 삼을 서적이 너무 적어서 대방가들이 크게 탄식할 만하다. 내가 한가할 때를 틈타 패기(稗記)와 문집을 널리 수집하고 문별로 나누고 유례를 설명하여, 두우(杜佑)의 『통전(通典)』과 정초(鄭樵)의 『통지(通志)』와 마단림(馬端臨)의 『문헌통고(文獻通考)』의 사례를 좇아 우리나라의 불간지전(不刊之典)을 만들려고 한다. 다만 첫째 나를 돕고 협력해줄 사람이 없다는 것과 둘째 붓과 종이로 글씨를 써줄 사람이 없다는 것이 한탄스러울 따름이다.

— 『이목구심서』 4

이덕무가 언급한 『통전』, 『통지』, 『문헌통고』 등은 모두 중국 당나라와 남송, 그리고 원나라 때의 총서인데, 국가가 아닌 민간 학자가 독자적인 역량으로 고금의 도서를 뒤져서 주제별로 분류해 엮어 편찬한 대 저작들이다. 이덕무는 이들 저작과 같이 우리나라와 관련된 문헌과 저술은 물론 민간에 전해오는 말과 기록까지 집대성해 불간지전, 곧 다시 간행할 수 없을 만큼 탁월한 총서를 저술 편찬해 남기려고 한 셈이다. 총서 기획은 이 덕무에서 그치지 않았다. 박지원은 중국과 우리나라의 옛 문헌에서 외교 교섭과 관련된 기록을 뽑고 엮어서 『삼한총서(三韓叢書)』라는 한 질의 총서를 만들고자 했다. 또한 서유구도 역사, 문화, 학술을 총망라한 방대한 분량의 종합 총서를 기획했는데, 우리나라의 문헌과 서적을 경익(經翼), 별사(別史), 자여(子餘), 재적(載籍)의 4부로 분류하여 경전 해석과 역사, 제자서와 개인 문집 그리고 기타 실용서적들을 집대성한 『소화총서(小華叢書)』를 만들려고 했다.[5]

그런데 여기서 한 가지 흥미로운 사실은, 18세기에는 조선은 물론 중국과 일본에 이르기까지 백과사전 출간이 거대한 지식의 흐름을 형성하고 있었다는 점이다. 중국(청)에서는 1728년에 모든 분야의 학문과 지식을 총망라한 백과사전이자 고금의 도서를 집대성한 총서인 『고금도서집성(古今圖書集成)』이 간행되었고, 다시 이 『고금도서집성』을 저본(底本)으로 1785년에는 『사고전서(四庫全書)』라는 중국 역사상 최고 최대 규모의 총서가 완성되었다. 일본에서는 1713년에 의사인 데라시마 료안이 저술한 『화한삼재도회』가 편찬되었다. 이들 백과사전은 외부 세계의 새로운 학문과 지식에 목말라 있던 조선, 중국, 일본의 지식인들에게 막대한 영향을 끼쳤다. 이들 서적이 이덕무의 독서 편력과 지식 탐구의 여정에서 어떤 영향을 미쳤고, 또 어떻게 활용되었는지에 대해서는 이후 자세히 살펴보겠다.

또한 동아시아에서 세계사로 눈을 돌려보면, 근대 유럽의 문명사와 지성사에서 가장 획기적인 사건으로 기록되고 있는 프랑스 계몽사상가들의 『백과전서(百科全書)』(정확한 제목은 『백과전서 또는 과학, 기술, 공예에 관한 합리적 사전(Encyclopédie, ou dictionnaire raisonné des sciences, des arts et des métiers)』) 역시 18세기 중반인 1751년에 첫 출간되었다. 그리고 현재까지도 세계 백과사전의 대명사라고 할 수 있는 영국의 『브리태니커 백과사전』도 1768년에 초판이 발행되었다.

그렇다면 왜 하필 18세기에, 동서양을 막론하고 백과사전이 대거 등장하는 대유행이 이루어졌을까? 그것은 바로 이전까지 지식인들을 지배했던 전통적인 세계관이 몰락하면서 기존의 정치·지식 권력이 급속하게 쇠퇴하거나 붕괴했기 때문이다. 예를 들어 동아시아에서는 중화주의 세계관이 몰락하면서 유학, 성리학이라는 정치·지식 권력이 쇠퇴했고, 유럽에서는 기독교적 세계관이 붕괴되면서 기독교와 신학의 정치·지식 권력이 힘을 잃었다. 그리고 이 폐허 속에서 새롭게 등장한 학문과 사상 그리고 최신 지식, 특히 일상생활과 관련된 실용 지식과 혁신적인 산업 및 과학기술을 모두 아울러 집대성하기에 가장 적합한 저술 형태가 바로 백과사전이었던 것이다.

특히 프랑스 계몽사상가들의 『백과전서』는 모든 학문 분야의 새로운 흐름을 반영했는데, 자연과학의 최신 지식과 산업 기술을 중시해 각종 기기와 기계 등의 도해(圖解)와 설명을 자세하게 첨부해 다른 곳에서는 찾아볼 수 없는 특징을 갖고 있었다. 특히 이들은 민간이나 공예가, 기술자들의 작업 현장에서 실증적인 방법을 통해 실용 지식과 정보를 수집하고 기록했는데, 이는 기존의 사변적이고 관념적이며 형이상학적인 학풍을 전복하는 혁명적인 것이었다. 18세기의 계몽사상가 달랑베르(D'Alembert, Jean

Le Rond)는 『백과전서』의 〈서문〉에서 자신이 파리를 비롯한 프랑스 전역의 숙련 노동자와 만나 대화를 나누었으며, 그렇게 얻은 정보들을 『백과전서』에 상세하게 수록했다고 밝히고 있다. 그는 공장이나 작업 현장을 직접 방문해 노동자들에게 질문하고 답변을 들었으며 그들이 가진 생각들도 자세히 기록했다. 또 노동자들 사이에서 사용되는 직업이나 기술에 관련된 고유 용어와 의미를 적어놓고, 그들과의 대화를 통해 그 내용을 수정하거나 보완했다. 그것으로도 모자라 여러 숙련 노동자들과 오랜 시간 이야기를 나누면서 다른 이들이 애매모호하거나 부정확하게 설명한 부분을 다시 고치는 과정을 통해 『백과전서』에 수록된 항목 하나하나를 완성했다.

이렇듯 『백과전서』를 저술한 프랑스의 계몽사상가들이 보여준 새로운 지식 정보를 수집하고 기록하는 혁신적인 방법은 1778년(정조 2) 청나라 수도 연경을 함께 방문했던 이덕무와 박제가에게서도 찾아볼 수 있다. 이덕무와 박제가 역시 책상머리에서 서적과 문헌을 뒤지거나 사색만 한 것이 아니라 현장을 직접 찾아가 정보를 수집하고 기록하는 새로운 방법을 보여주었다.

금년 여름에 진주사(陳奏使)가 청나라에 들어갈 때, 나는 청장관 이덕무와 함께 사신 행렬을 따라갔다. 연경과 계주(薊州) 사이의 광활한 벌판을 마음껏 구경하고 오(吳)와 촉(蜀) 지방의 선비들과 두루 교제를 맺었다. 청나라에 머문 수개월 동안 평소 들어보지 못한 것들을 듣게 되었고, 중국의 옛 풍속이 오히려 잘 보존되어 있어서 옛 사람이 나를 속이지 않았다는 사실을 알고 감탄하였다. 이에 청나라의 풍속 가운데 우리나라에 가져가서 시행하면 일상생활에 편리할 만한 것들은 보는 대로 글로 적어두었다. 더불어 그것을 시행할 경우 얻게 되는 이로움과 시행하지 않았을 경우 발생하는 폐단을 덧붙여 일종의 학설을 만들었다.

— 박제가, 『북학의』, 〈자서〉

또한 박지원의 글을 통해서는 그들이 조선에서 보지 못한 새로운 지식 정보를 실증적인 접근과 이용후생(利用厚生), 곧 실용성의 철학을 통해 수집하고 기록했던 사실을 자세히 확인할 수 있다.

초정 박제가는 나보다 먼저 청나라의 연경에 들어갔다. 그는 농사를 짓는 일, 누에를 치는 일, 가축을 기르는 일, 성곽을 축조하는 일, 집을 건축하는 일, 배를 만들고 이용하는 일, 수레를 제작하고 이용하는 일에서부터 기와, 대자리, 붓, 자를 제작하는 일에 이르기까지 직접 눈으로 보고 마음속으로 비교하여 따져보지 않는 것이 없을 정도였다. 만약 눈으로 보고도 미처 알지 못하는 것이 있기라도 하면 반드시 청나라 사람들에게 물어보았다. 마음속으로 자세하게 살펴서 깨우치지 못하는 것이 있으면 반드시 청나라 사람들에게 배웠다.

— 박지원, 『북학의』, 〈서문〉

이러한 실증적이고 실용적인 학풍은 경학과 사서를 배우고 외우고 익히는 것만을 유일한 학문이자 공부라고 여겼던 조선의 지식인들에게는 참으로 낯선 풍경이었다. 그러나 이덕무와 그의 벗들은 학문에 대해 이용후생의 철학을 갖고 있었기에, 기존의 문학, 역사, 철학, 인문 지리는 물론 최신 자연과학과 기술에 관한 지식을 총망라하는 지적 탐구의 깊고 넓은 여정에 나설 수 있었다.

박물학, 놀이 삼아 학문하다

그럼 이제부터 『청장관전서』 곳곳에 나타나는 이덕무의 독서 편력과 지식 탐구 및 기록 유산을 추적하면서, 그가 당시 유행한 동아시아 삼국의 백과사전을 섭렵했을 뿐 아니라 완전하게 습득해 널리 보급하려 했다는 사실을 알아보자.

먼저 조선의 경우를 살펴보자. 이덕무는 나이 스물네 살 때인 갑신년(甲申年, 1764) 중양(重陽)인 9월 9일부터 제석(除夕, 섣달 그믐날 밤)까지 모두 100여 일 동안 서책을 읽고 사색한 내용을 〈갑신제석기(甲申除夕記)〉와 〈관독일기(觀讀日記)〉라는 글에 남겨놓았다. 그는 넉넉하지 못한 집안 형편에도 불구하고 오로지 서책을 수집하고 독서에 탐닉했던 자신의 모습을 이렇게 적고 있다.

나의 증조부와 고조부 세대부터 집안 형편이 넉넉하지 못했다. 그러므로 재물이 없는 것은 당연하다고 하겠다. 이미 재물이 없으니 가지고 있는 서적이 없는 것은 두말할 필요도 없다. 그러나 나는 세상일에 대체로 어둡고 잘 몰라서 오로지 시(詩)와 서적을 모으는 일에만 마음을 두었다. 그러한 까닭에 일찍부터 남에게 서적을 빌려서 좌우에 즐비하게 정리해 수백 권을 쌓아두었다. 더러 서적을 빌려오지 못했을 때는 비록 장부(帳簿)나 일력(日曆)을 풀어헤치고 열람하더라도 싫증내지 않았다.

— 『영처문고』 1, 〈갑신제석기〉

그리고 평소 친우 이형상(李亨祥)과 조카 이광석(李光錫)에게 천하의 모든 서책을 다 읽고야 말겠다고 한 자신의 말을 소개하고 있다.

여러 성현의 경전이나 좌우의 역사 서적을 위아래로 마음껏 읽어본 다음
그 속에 담겨 있는 심오한 뜻을 알아낼 것이다. 그 밖의 패사(稗史)나 야
사(野史)와 잡가(雜家) 등의 말을 널리 읽다보면 천지에 가득 차 있는 서
책들을 거의 정복할 수 있을 것이다.

— 『영처문고』 1, 〈갑신제석기〉

이때 이덕무는 『중용(中庸)』을 읽는 동안 성현의 글을 탐구하고, 고금의
자집(子集)과 시문도 곁들여 열람하는 한편 야사와 잡록도 읽었다. 당시
이덕무가 읽은 서책을 대강 소개하자면 『중용』, 『성리대전(性理大典)』, 율
곡 이이의 『성학집요(聖學輯要)』, 명나라 초횡(焦竑)의 『노자익(老子翼)』과
『장자익(莊子翼)』, 육유(陸游)의 『남당서(南唐書)』와 『입촉기(入蜀記)』와 기
타 잡저, 『예기(禮記)』와 『전국책(戰國策)』, 삼소(三蘇, 소순蘇洵, 소식蘇軾, 소
철蘇轍 삼부자)의 글, 허봉(許篈)의 『해동야언(海東野言)』, 허목(許穆)의 『기
언(記言)』, 『국조전고(國朝典故)』, 이정구(李廷龜)의 『이상국집(李相國集, 월
사집月沙集)』, 『명사(明史)』, 『본초강목(本草綱目)』, 이수광의 글, 구양수(歐陽
脩), 소식(蘇軾), 왕안석(王安石)의 편지(尺牘) 등 다양하며 조선과 중국의
서적과 문헌을 넘나들고 있다. 또한 그는 파리머리만 한 작은 글자(승두세
자蠅頭細字)를 익혀 틈이 나는 대로 이황의 『성학십도(聖學十圖)』와 노수신
(盧守愼)의 〈숙흥야매잠소(夙興夜寐箴疏)〉, 허목의 〈미수경설(眉叟經說)〉과
〈청사열전(淸士列傳)〉, 명나라 시인 이반룡(李攀龍)의 잡체시 등 수백 편을
손수 등서(謄書)하기까지 했다.

특히 〈갑신제석기〉와 〈관독일기〉에서 흥미로운 대목은 이덕무가 당시 자
신이 읽은 서책들에 대해 일일이 깨닫고 느낀 내용을 솔직하게 기록해두었
다는 사실이다. 예를 들어 『성리대전』에 대해서는 뜻이 너무나 넓고 세밀하

여 그 끝을 보지 못했다고 적었고, 『성학집요』에 대해서는 주자의 학파에 깊이 근원했음을 깨달았다고 썼다. 『해동야언』과 『기언』과 『국조전고』를 읽고는 동국(東國)의 고사(故事)에 대해 한두 가지는 알게 되었으며, 초목, 금충, 토석의 이름을 알고 싶어서 『본초강목』을 보았다고 말하고 있다.

그러나 이들 기록에서 단연 눈길을 끄는 것은 이수광의 글에 대한 이덕무의 감상평이다. 여기에서 그는 "지봉 이수광의 글에서 괴이한 일들을 알고서 천하의 사물은 없는 것이 없음을 탄식하였다"고 했다. 이덕무는 이수광의 글을 통해 신기하고 진귀한 세상 사물을 경험했다. 당시 조선인들이 인식하고 있던 중국, 일본, 유구(琉球, 지금의 오키나와), 안남(安南, 지금의 베트남), 인도 그리고 동남아시아의 몇몇 나라가 세계의 전부가 아니라, 상상할 수 없을 정도로 훨씬 더 크고 넓은 세계가 존재한다는 사실을 알고 커다란 충격을 받았다. 여기서 그가 말하는 이수광의 글이란 당연히 『지봉유설』이다. 그렇다면 일찍부터 박학다식함을 주변 사람들에게 인정받았던 이덕무조차 괴이한 일과 천하의 사물을 알게 해준 책이라고 감탄을 금치 못한 이 책은 어떤 책인가?

『지봉유설』은 1614년(광해군 6)에 지봉 이수광이 저술한 조선 최초의 유설(類說) 즉 백과사전이다. 이 책은 이전 시대 우리나라의 저술과 문헌에서는 결코 전례를 찾아볼 수 없는 방대한 규모의 지식과 정보를 천문, 지리, 제국(諸國), 인물, 언어, 의복, 동물, 식물, 곤충 등 유별로 나누어 무려 3,435개 항목에 걸쳐 기록하고 있다. 이수광은 18세기에 들어와 크게 유행했던 백과전서파의 모든 특징을 150여 년 앞서 예고한 선각자였다. 먼저 『지봉유설』은 각종 문헌과 저술을 뒤져 고증하는 한편, 자신이 직접 보거나 들은 내용들을 기록하는 실증적인 방법을 통해 천문, 지리에서부터 초목과 곤충에 이르기까지 현실 세계나 일상생활에서 중요하게 다루어지거나 필요한 실용적인 지식 정보를 총망라했다. 또한 서양 선교사 이마두(利瑪竇, 마테오 리치)의 〈구라파국여지도(歐羅巴國興地圖)〉 즉 〈만국곤여전도(萬國坤輿全圖)〉를 최초로 소개해 조선인의 세계지리관을 구라파(歐羅巴, 유럽)의 지중해와 북해 그리고 대서양으로까지 확장시켜 '천하의 중심은 중국'이라는 낡고 잘못된 세계관을 깨뜨렸을 뿐만 아니라 '불랑기국(佛狼機國, 프랑스)'과 '영결리국(永結利國, 영국) 등 서양 국가의 존재를 알린 최초의 책이기도 하다.

또 한 가지 반드시 짚고 넘어가야 할 점은 『지봉유설』을 관통하는 학문과 지식을 대하는 철학이 이덕무 등 18세기 지식인들의 그것과 아주 닮아있다는 것이다. 『지봉유설』에 제문을 쓴 문인 김현성(金玄成)은 이 책이 애초 저술에 뜻을 두지 않고 유희, 곧 놀이 삼아 기록한 것이라고 말한다.

> 지난번에 지봉 이수광이 저술한 유설을 보관하고 있다는 말을 듣고 찾아가 보여달라고 부탁했다. 다행히 어리석거나 비루하다고 생각지 않고 전질을 보여주었다. 두 번 세 번 되풀이해 읽었다. 대개 지봉 공의 뜻이 처음부터 저술에 마음을 두지 않고 다만 유희 삼아 붓과 먹을 놀려 적어내려간 글이라는 사실을 알 수 있었다.
>
> — 김현성, 『지봉유설』, 〈제문〉

대다수 조선의 지식인들에게 학문과 지식이란 성현이 되기 위해서든 과거 시험을 위해서든 '해야만 하는 것'이었다. 성리학의 경전이나 사서가 바로 그것이다. 이 때문에 조선 성리학의 거두인 퇴계 이황이나 율곡 이이는 성현의 글이 아니면 읽어서는 안 된다고 못 박았다. 따라서 이들에게 학문과 지식은 경외의 대상이지 결코 유희의 대상이 될 수 없었다. 그런데 이수광은 유희 삼아 『지봉유설』을 지었다며 당당하게 밝히고 있다. 그들에게 학문과 지식은 '해야만 하는 것'이 아니라 자신이 '하고 싶은 것'으로 바뀐 것이다. 앞서 벽과 치에 대한 설명에서 밝혔듯이, 18세기 지식인들에게서 찾아볼 수 있는 '자신이 하고 싶은 것'을 하는 학문적 경향과 지적 취향을 이수광은 150여 년이나 앞서 보여준 셈이다. 지봉 이수광은 저술에 있어서뿐만 아니라 그 철학에 있어서도 시대를 앞서 산 대가였던 것이다.

유희 삼아 조선 최초의 백과사전을 남겼다는 이수광의 철학은 150여 년 후 또 다른 기념비적 백과사전인 『성호사설』에 이르러 절정에 도달한다. 성호 이익 또한 이수광처럼 『성호사설』을 가리켜 희필(戱筆), 곧 놀이 삼아 기록한 글이라고 언급하고 있기 때문이다. 이들에게 지식은 곧 놀이였다.

> 『성호사설』은 성호 노인의 희필이다. 성호 노인이 이 책을 지은 것은 무슨 뜻에서일까? 특별한 뜻은 없다. 뜻이 없었다면 왜 이 책이 만들어졌을까? 성호 노인은 한가로운 사람이다. 독서의 여가를 틈타 전기, 제자백가서, 문집, 문학, 해학이나 웃고 즐길 만한 것들을 붓이 가는 대로 적었다. 이렇게 많이 쌓였다는 것을 미처 깨닫지 못했다. 처음에 잊어버리지 않으려고 기록하게 되었는데, 훗날 제목별로 나란히 늘어놓고 보니 다시 열람할 수 없었다. 그래서 다시 문별(文別, 「천지문(天地門)」, 「만물문(萬物門)」, 「인사문(人事門)」, 「경사문(經史門)」, 「시문문(詩文門)」 등)로 분류해 드디어 한 질의 책을 만들었다. 이에 이름이 없을 수 없어서 사설(僿說)이라고 이름을 붙였다.
>
> ― 이익, 『성호사설』, 〈서문〉

놀이 삼아 지식을 다루는 독특하고도 개성 넘치는 철학은 특히 이덕무의 『앙엽기(盎葉記)』에 고스란히 나타나 있다. 이 책은 옛날부터 당시까지의 다양한 일들에 대해 각종 문헌과 서적을 뒤져 고증하고 변증한 글들을 모아놓은 것으로, 책에 실린 광대놀이에 관한 글 한 편만 보아도 '지식은 곧 놀이다'라는 철학을 엿볼 수 있다. 여기서 이덕무는 광대들이 근두(筋斗, 땅 재주, 몸을 거꾸로 뒤집는 재주) 놀이를 할 때 손가락을 구부려 입술에 대고 휘파람을 부는 모습에 흥미롭게 집중하는데, 보통 사람이라면 그냥 재미있게 보고 지나칠 광경이지만 그는 지적 호기심을 발동시켜 각종 문헌과 서적을 뒤져 마침내 그 행동의 기원까지 고증해낸다.

우리나라의 광대들은 근두 놀이를 할 때 반드시 손가락을 구부려 입술에 대고 휘파람 소리를 낸다. 그 소리가 아주 또렷하다. 이 또한 대개 중국의 옛 풍속이다. 한나라 때 사유(史游)가 지은 『급취편(急就篇)』에 "피리와 퉁소로 일어나고 앉는 신호를 보내 행동의 선후를 매긴다"고 하였다. 안사고(顔師古)의 주에 "피리는 취편(吹鞭)이고, 퉁소는 취통(吹箭)이다. 말하자면 감독하는 관리가 취편과 죽통을 불어 일어나고 앉는 행동의 절도로 삼고 또한 그 과정과 과목을 비교해 앞선 사람은 처벌을 면하고 뒤떨어진 사람은 징계하고 문책하는 것이다"라고 적혀 있다. 지금 광대들이 서로 호령하려고 할 때 손가락을 입술에 대고 휘파람 소리를 내어 절도를 삼는 것은 대개 취편에서 유래한 일이다.

— 『앙엽기』 3, 〈광대가 손가락으로 휘파람 소리를 내는 것(倡優吹指)〉

사대부의 전통적인 기준에서 볼 때는 미천한 광대들의 재주 따위가 학문과 지식의 대상이 될 수 없다. 그러나 이덕무에게는 세상사 모든 것이 지적 호기심의 원천이고 탐구의 대상이다. 이때 지식은 더 이상 공경하고 우러러보아야 할 무엇이 아니라 단지 재미있는 놀이일 따름이다. 이수광에서 이익 그리고 이덕무에 이르기까지, 지식을 놀이 삼아 다루는 백과전서파 지식인들의 철학은 오랜 세월 학문과 지식을 독점한 권력과 지배 계급이 만들어낸 "학문과 지식은 숭고하고 고결하므로 공경과 존경의 대상이 되어야 한다"는 관념을 해체해버린 유쾌한 반란이었다. 또한 학문과 지식을 놀이처럼 다룬 이들의 철학은 인간의 사유와 지식의 영역을 무한정 확장시켰다. 즉 세상의 모든 것이 지식의 원천이자 사유의 대상이 되는 지성사의 대혁신을 일으킨 것이다.

여하튼 이덕무는 『지봉유설』을 통해 새롭고 드넓은 세계를 경험했다. 그러나 사실 이 책에 기록된 지식들은 최신의 것은 아니었다. 『지봉유설』이 나온 1614년과 이덕무가 이 책을 읽은 1764년 사이에는 정확히 150년의 시간 격차가 존재하기 때문이다. 그렇다면 이덕무는 최신의 백과사전적 지식 정보를 어떻게 얻을 수 있었을까? 그 답은 이덕무의 나이 스무 살 때인 1760년에 출간된 이익의 『성호사설』에서 찾을 수 있다. 이익은 마흔을 전후한 시기부터 그동안 책을 읽고 사색을 통해 얻은 지식이나 제자들과 질문하고 답변한 내용을 기록해두었는데, 이 기록들을 그가 팔순이 되었을 때 집안 조카들이 정리해 편찬한 책이 『성호사설』이다. 여기에는 천지(天地, 천문, 지리, 강역), 만물(萬物, 의식주, 곤충 및 동식물), 인사(人事, 인간사회 및 학문과 사상), 경사(經史, 경학과 역사서), 시문(詩文, 시와 문장 비평) 등 총 3,007개 항목에 관한 해석과 설명이 실려 있다. 『지봉유설』이 조선 최초의 백과사전이라면, 『성호사설』은 고대로부터 18세기 중반까지 조선의 학문과 지식은 물론 외부 세계로부터 조선에 들어온 모든 지식과 정보를 집대성한 백과사전의 결정체라고 할 수 있다. 특히 『지봉유설』이 서양의 존재를 기록한 최초의 책이었다면, 『성호사설』은 서양의 학문과 지식을 적극적으로 수용하고 알려서 이후 '서학파(西學派)'의 형성을 결정적으로 도왔다고 할 수 있다. 또한『성호사설』에는『지봉유설』에서는 찾아볼 수 없는 조선에 대한 개혁 의식이 강렬하게 드러나 있다. 이덕무가 성대중(成大中)에게 보낸 편지를 보면, 그가『성호사설』을 얼마나 중요하게 여기며 열렬히 탐독했는지 알 수 있다.

『성호사설』은 마음이 공정하고 식견이 넓고 깊습니다. 아아! 그러나 알아보는 자와 더불어 말할 수 있을 뿐입니다. 이에 보내드립니다. 다른 날에 저를 위해 여러 이웃에게 청해 전서(全書)를 열람하게 해주시기 바랍니다.

— 『아정유고』 8. 〈성대중에게 보내는 편지(成士執 大中)〉

이덕무는 다양한 방면에서『성호사설』의 내용을 참고하거나 인용해 여러 가지 기록을 남겼다. 예를 들어『앙엽기』의 〈음식에 대한 경계〉라는 항목에서는 생활의 지혜를, 〈갓〉과 〈말굽쇠〉 항목에서는 실용 지식과 변증론을, 〈세속의 병폐〉라는 항목에서는 개혁론을, 〈신라와 고려의 석각(石刻)〉 항목에서는 금석학(金石學)에 관해『성호사설』의 정보를 활용해 자신의 견해를 펼쳐보았다.

이덕무의 백과사전적 지식 탐구에 결정적인 계기가 되고 획기적으로 기여한 서적이 조선의『지봉유설』과『성호사설』이었다면, 18세기 당시 청나라가 야심차게 기획하고 발간한『고금도서집성』과『사고전서』는 조선은 물론 중국의 지식인들조차 쉽게 접근할 수 없었던 최고 최대 규모의 지식 정보를 제공해주었다.『고금도서집성』은 청나라 강희제(康熙帝) 때 편찬에 착수해 옹정제(雍正帝) 때인 1725년에 완성돼 1728년 간행된 서적으로,

중국에 들어온 서양의 천문지리와 과학기술을 포함해 당시까지 전해져온 거의 모든 학문과 지식 정보를 총망라한 총서이자 백과사전이다. 이덕무는『앙엽기』에『고금도서집성』의 편찬 과정과 편찬자 그리고 책의 부목(部目)과 권수는 물론 그 내용 및 체제까지 아주 상세한 기록을 남겼다.

『도서집성』은 강희제 때부터 관청을 설치해 편찬하였다. 여러 신하들이 주저하고 머뭇거리다가 미처 완성하지 못하였다. 옹정제 초년에 사신들을 아주 심하게 책망하고 감시하며 독촉하고 격려한 지 3년 만에 비로소 완성하였다. 당시 장정석(蔣廷錫)이 총재관의 임무를 맡았다. (살펴보건대 …… 장정석은 탁월한 식견과 탁월한 재능을 갖춰 모든 일을 정확하고 민첩하게 처리하였다. 화훼 그림을 잘 그렸다.『도서집성』은 부목만 가지런히 잘 정돈되어 있는 것이 아니라, 그림 역시 모두 정밀하고 오묘하고 섬세하여 털끝만큼도 어긋나거나 잘못된 것이 없었다. 이것은 장정석이 그림을 잘 그린 사람이어서 자세히 살피고 감독할 수 있었기 때문이다.) 무릇『도서집성』은 6휘편(彙篇) 32전(典)에 6,109부(部) 1만 권으로 이루어져 있다. 또한 목록 40권이 있다. 책의 장정은 5,020책에 202투(套)이다.

　제1휘편은 역상휘편(曆象彙編)으로 건상전(乾象典, 21부 100권)과 세공전(歲功典, 43부 116권)과 역법전(曆法典, 6부 140권)과 서징전(庶徵典, 50부 180권)으로 구성되어 있다. 제2휘편은 방여휘편(方輿彙編)으로 곤여전(坤輿典, 21부 140권)과 직방전(職方典, 223부 1,544권)과 산천전(山川典, 401부 320권)과 변예전(邊裔典, 542부 140권)으로 구성되어 있다. 제3휘편은 명륜휘편(明倫彙編)으로 황극전(皇極典, 31부 300권)과 궁궐전(宮闕典, 15부 140권)과 관상전(官常典, 65부 800권)과 가범전(家範典, 31부 160권)과 교의전(交誼典, 37부 120권)과 씨족전(氏族典, 97부)과 인사전(人事典,

97부 112권)과 규원전(閨媛典, 17부 376권)으로 구성되어 있다. 제4휘편은 박물휘편(博物彙編)으로 예술전(藝術典, 43부 824권)과 신이전(神異典, 70부 320권)과 금충전(禽蟲典, 317부 192권)과 초목전(草木典, 700부 320권)으로 구성되어 있다. 제5휘편은 이학휘편(理學彙編)으로 경적전(經籍典, 66부 500권)과 학행전(學行典, 96부 300권)과 문학전(文學典, 49부 260권)과 자학전(字學典, 24부 160권)으로 구성되어 있다. 제6휘편은 경제휘편(經濟彙編)으로 선거전(選擧典, 29부 136권)과 전형전(銓衡典, 12부 120권)과 식화전(食貨典, 83부 360권)과 예의전(禮義典, 70부 348권)과 악률전(樂律典, 46부 136권)과 융정전(戎政典, 30부 300권)과 상형전(祥刑典, 26부 180권)과 고공전(考工典, 154부 252권)으로 구성되어 있다. 아울러 매 부(部)마다 휘고(彙考)가 있다.

— 『앙엽기』 4, 〈도서집성〉

이덕무는 총론에서부터 도(圖), 표(表), 열전(列傳), 예문(藝文), 선구(選句), 기사(紀事), 잡록(雜錄), 외편(外篇)에 이르기까지 『고금도서집성』의 체제와 내용을 소개하면서, 특히 책에 실린 그림에 대해 "옛 사람은 왼편에는 도면을 놓고 오른편에는 사서(史書)를 놓았다. 강역과 산천의 도면은 빠뜨리지 않았다. 금수(禽獸)와 초목 그리고 기용(器用)의 형체에 있어서도 과거의 문헌과 서적에 있는 것이면, 또한 그대로 보존해서 열람할 수 있게 했다. 혹 동일한 물건인데도 제가(諸家)들의 그림이 서로 다른 경우에는 또한 아울러 열거하였다"면서 높이 평가했다. 도경에 대해 남다른 관심을 가졌던 이덕무에게 『고금도서집성』의 그림은 눈길을 끌 수밖에 없었다. 게다가 당시 조선에는 그림을 첨부한 서책 문화가 거의 존재하지 않았기 때문에 이 책의 의미는 더욱 컸다.

어쨌든 이덕무가『고금도서집성』을 이렇게까지 자세하게 알고 있었던 까닭은 이 서적과 맺은 특별한 인연 때문이었다. 호학(好學) 군주였던 정조는 1776년 즉위하자마자 청나라에 간 사신 서호수에게 명하여 비싼 값을 주고『고금도서집성』전질을 구입해 조선으로 가져오게 한 다음, 잘 표구(表具)해 규장각 서고인 개유와(皆有窩)에 보관했다. 그리고 이덕무는 서른아홉 살 때(1779년) 규장각의 검서관으로 발탁되면서, 정조의 명을 받아『고금도서집성』의 부목을 베껴 쓰고 열람할 기회를 얻게 되었다. 이와 관련해『청장관전서』에 수록된 이덕무 연보에는 아주 재미있는 내용이 기록돼 있다.

경자년(庚子年, 1780) 40세 1월 초9일.
임금님께서 여러 검서관에게『도서집성』의 부목을 베끼도록 명하셨다. 장차 서책의 권두에 소제목을 붙이려고 했기 때문이다.『도서집성』은 옹정제 때 경사(經史)와 제자백가의 서적들을 모아 편찬한 것이다. 역상(曆象)과 방여(方輿)에서 시작해 경제(經濟)와 박물(博物)에 이르기까지 그 부수가 6,000여 부이고 그 권수가 1만 권이다. 모두 합해 5,002책에 다시 목록이 20책 더 있다. 진실로 책부(冊府)의 거대한 장관이다. 상서(尙書) 장정석이 주관하여 편찬하였다. 우리 조정에서 구입해 내각(內閣, 규장각)에 보관하고 있다. 부목을 베끼고 엮은 다음에 조윤형(曺允亨)이 임금의 명을 받들어 큰 제목을 썼다. 한 달이나 걸려서 마쳤다. 조윤형은 크게 명성을 얻을 정도로 글씨를 잘 썼다. 평소에도 내각에 있는 사람들이 그에게 글씨를 써달라고 청탁하느라 많이 모여들곤 하였다. 공(公, 이덕무)이 조 공(曺公)에게 "공의 글씨 넉 자를 얻고 싶습니다"라고 부탁했다. 조 공이 "어떤 글씨 넉 자를 말하는 것입니까?"라고 물었다. 이에 "도서집성

(圖書集成) 넉 자입니다"라고 대답하자, 다시 조 공이 "무엇에 쓰려고 합니까?"라고 물었다. 그러자 공(이덕무)이 "조 공의 글씨를 숙달이 될 때까지 오랫동안 익히려고 그럽니다. 만약 5,022번 익히면 서예의 대가인 위나라의 종요(鍾繇)나 동진의 왕희지(王戱之)보다 더 낫지 않겠습니까?"라고 했다. 이 말에 배를 부여잡고 웃지 않는 사람이 없었다. 영재 유득공이 일찍이 이 말을 『영재필기(泠齋筆記)』에 기록하였다. 2월 21일에 『도서집성』의 부목을 초출(抄出)하는 임무를 끝마쳤다.

— 『청장관전서』, 「부록(附錄)」 상(上),

〈선고적성현감부군 연보 상(先考積城縣監府君年譜上)〉

당시 궁궐 안 왕실 서고에 보관된 『고금도서집성』은 임금의 허락 없이는 아무나 볼 수 없는 도서였다. 이 때문에 이덕무는 "성지(聖旨)를 받들어 손수 『고금도서집성』 5,000여 책을 열람한 사실"을 『앙엽기』에 기록하면서 평생의 안목을 저버리지 않은 쾌사라고 했다. 그는 이곳에서 여태껏 볼 수 없었던 새롭고 희귀하고 진기한 서적들을 마음껏 열람할 수 있었다. 박지원은 〈형암행장〉에서 이덕무가 평생 동안 독서한 책이 거의 2만여 권을 넘는다고 했는데, 이때 『고금도서집성』에 수록되어 있는 서적이 절대다수를 차지하고 있었다. 따라서 『고금도서집성』의 열람은 이덕무의 독서인생에 큰 전환점이 되었다고 해도 틀린 말이 아니다.

『사고전서』는 『고금도서집성』이 간행된 지 45년이 지난 1773년 건륭제의 칙명을 받아 기윤(紀昀) 등이 편찬에 착수해 1785년에 완성한 중국 역사상 최대 규모의 총서다. 『사고전서』는 책들을 경(經), 사(史), 자(子), 집(集)의 4부(部)로 나누고 다시 4부 아래 총 44류(類)를 분류했는데, 전체 규모가 3,461종 7만 9,309권에 달했다. 이덕무는 『앙엽기』에서 『사고전서』

가 모두 합하여 등사한 것이 1만여 종이 넘고 권수는 10만 권이 넘는다고 기록하고 있다. 『고금도서집성』의 거의 10배에 이르는 어마어마한 규모다. 그래서 그는 『고금도서집성』을 보게 되면 이전 시대의 서적이 뒤로 밀려나게 되고, 다시 『사고전서』를 보게 되면 그 양이 너무나 방대하여 이전 시대의 서적은 그 규모 면에서 도저히 따라올 수가 없다고 했다. 이런 까닭에 일찍부터 『사고전서』 편찬과 관련된 소식은 탐서가인 그를 흥분시키기에 충분했다. 이덕무가 당시 『사고전서』 편찬 작업에 참여하고 있던 청나라 학자 반정균에게 보낸 편지를 보면, 이 서적에 대한 그의 심정을 느껴볼 수 있다. 반정균은 홍대용이 연경에서 처음 교제를 맺은 이후 이덕무 등 북학파의 지식인들과 아주 두터운 친분관계를 쌓아온 청나라의 저명한 학자다.

선생께서 『사고전서』를 편집하는 관리를 충원한다고 들었습니다. 사고라는 명칭은 당나라에서 정한 경사자집(經史子集)과 갑을병정의 차례나 순서와 같습니까? 대개 순서에 따라 편집하는 작업은 총서나 패해(稗海)와 같이 그 전서(全書)를 수록하였습니까? 몇 부에 몇 권이나 됩니까? 이미 천하의 서적을 총망라하였다면 바다 밖 조선과 안남과 일본과 유구의 서적도 포함되어 있습니까? 만약 그렇다면 간략하게나마 그 목록을 보여주시는 것이 어떻겠습니까?

— 『아정유고』 11, 〈반정균에게 보내는 편지〉

그러나 『고금도서집성』과는 다르게, 이덕무는 『사고전서』를 열람하기는 커녕 구경조차 할 수 없었다. 그것은 이 서적의 출간 목적이 애초부터 청나라 황제의 사상 통제와 학문 검열 그리고 지식과 정보의 독점에 맞춰져 있었기 때문이다. 건륭제는 『사고전서』를 총 7질만 제작해 철저하게 관리했는데, 이덕무는 이와 관련해서도 매우 정확한 정보와 비판적인 안목을 갖추고 있었다.

건륭(乾隆) 갑오년(甲吾年, 1774)에 처음 천하의 서책들을 수집하고 편찬하여 『사고전서』라고 이름 붙였다. 이러한 일은 대개 명나라 성조(成祖, 영락제)가 천하의 문인들을 소환하여 『영락대전(永樂大典)』을 편집해 정난 이후 사회의 불평한 기운을 막으려고 했던 것과 뜻이 같다고 하겠다. 또한 강희제 때 박학홍사과(博學鴻詞科)를 설치해 명나라 말엽의 늙은 유신들을 강제로 모아서 과명(科名)을 주는 방식으로 굴레를 씌워 암암리에 청나라에 반발하는 이들의 반란 모의를 막으려고 했던 것과 그 뜻이 같다고 하겠다. 근년에 청나라 조정에 거세게 저항했던 명나라의 백성들은 비록 거의 다 늙어서 죽었지만, 그들이 남긴 저서는 오히려 많이 남아 있었다. 이에 그들이 저술한 서적의 문자 속에 우롱하는 내용을 남기지 않았는지 염려하였다. 그래서 외면적으로는 서적을 구입한다는 뜻을 성대하게 보여서 천하의 서책들을 널리 찾아 단 한 권도 남기지 말고 모두 모아들이라는 조서를 내렸다. 그런 다음 불살라버릴 것과 내용을 지워버릴 것은 법령으로 밝혀 드러냈다. 대개 그 계책이 또한 교묘하다고 하겠다.

— 『앙엽기』 3, 〈사고전서〉

다만 이덕무와 박제가, 유득공 등이 『사고전서』의 편찬 책임자였던 총찬관(總纂官) 기윤과 매우 친분이 두터웠다는 사실로 유추해보면, 이덕무가 비록 『사고전서』를 볼 수는 없었다고 해도 이 서적과 관련한 정보는 적지 않게 갖고 있었을 것이라고 짐작해볼 수 있다. 왜냐하면 기윤은 1만여 종이 넘는 서적에 매 1종마다 반드시 소지(小識)를 지어 그 책의 득실을 논했기 때문이다. 따라서 이덕무 등이 『사고전서』에 수록된 서적과 관련된 정보를 기윤을 통해 아는 것은 그다지 어렵지 않았을 것이다.

바다를 건넌 독서 편력

백과사전과 총서에 대한 책벌레 이덕무의 관심은 조선과 중국에서 멈추지 않았다. 그의 지식 탐구와 정보 검색은 당시 조선 지식인들의 관심 바깥에 존재했던 일본의 백과사전으로까지 확대되었다. 18세기 당시 일본에 대한 조선 사회의 의식 수준을 고려할 때, 그의 행동은 파격이라고 할 만하다. 때마침 이덕무는 1763~1764년에 조선통신사의 일행으로 일본을 다녀온 벗 원중거와 성대중을 통해 일본에서 출간된 최신의 백과사전을 구해볼 수 있었다. 이 책을 통해 이덕무는 일본에 관한 새롭고 다양한 지식 정보를 폭넓게 얻을 수 있었다. 특히 여기서 얻은 지식 정보는 훗날 이덕무가 18세기 일본에 관한 전문 연구서라고 할 수 있는 『청령국지(蜻蛉國志)』를 저술하는 원천이 된다. 이 일본의 최신 백과사전은 1713년에 출간된 『화한삼재도회』로, 저자는 의사 출신의 학자 데라시마 료안이다. 『화한삼재도회』는 18세기, 특히 정조 시절 활동한 진보적 지식인들에게 많은 관심을 받고 활용되었다. 이가환, 황윤석(黃胤錫), 유득공, 박제가, 한치윤(韓致奫), 이옥 등이 그들이다. 모두 이덕무와 친분이 깊거나 혹은 교류를 가졌던 사람들이다. 즉 당시 『화한삼재도회』가 담고 있는 정보의 가치를 깨닫고 활용한 지식인들의 중심에 이덕무가 자리하고 있다는 것이다.

이러한 사실은 박물학과 천문학의 대가로 이름을 날린 황윤석의 『이재

난고(頤齋亂藁)』를 통해 쉽게 확인할 수 있다. 황윤석은 여기서 "대사동(지금의 종로 인사동)에 있는 이덕무의 집을 찾아갔는데, 이덕무는 외출하고 돌아오지 않아 아우인 이공무(李功懋)와 고금의 일에 대해 대화를 나누다가『화한삼재도회』를 직접 보고 왔다"고 했다. 당시 이덕무는 105권 81책에 달하는『화한삼재도회』를 모두 소장하고 있었는데,[6] 책을 열독하는 데 그치지 않고 주변 사람들에게 널리 보급한 것으로 보인다. 일본에 관한 조선 사회의 무관심과 무지에 경종을 울리려고 했기 때문이다. 이덕무가『화한삼재도회』를 적극 활용해 저술한『청령국지』는 1471년(성종 2) 신숙주가 편찬한『해동제국기(海東諸國記)』이후 300년 만에 나온 일본에 관한 본격 연구서이자 종합 보고서였다. 그만큼 당시 조선 사대부들은 일본을 알려고 하지도 않았고 알지도 못했던 것이다. 이덕무는『화한삼재도회』를 알려서 당시 일본의 높은 지식수준과 발달한 문명을 정확히 이해함으로써 조선이 더욱 각성해 분발하기를 바랐다. 그것은 "오랑캐라도 배울것이 있다면 마땅히 배워야 한다"는 북학의 정신과도 일맥상통한 것이었다. 더욱이 그는『화한삼재도회』를 통해, 얼핏 보면 중국을 모방한 것 같지만 많이 다른 모습의 18세기 일본의 학문과 지식 분류 방법을 자세하게 알수 있었다. 예를 들어 당시 최신 백과사전이자 총서라고 할 수 있는 중국의『사고전서』가 크게 경부, 사부, 자부, 집부로 나뉘고 그 아래에 다시 44종류로 지식 분류를 하고 있는 반면『화한삼재도회』는 105권의 매 권마다 다른 종류의 지식을 분류해놓았다. 예를 들면 이런 식이다.

제1권 천문(天文), 제4권 시후(時候), 제5권 역점(曆占), 제11권 경락(經絡), 제12권 지체(支體), 제13권 이국인물(異國人物), 제14권 외이인물(外夷人物), 제16권 예능(藝能), 제20권 병기방비구(兵器防備具), 제23권 어렵구(漁獵具), 제24권 백공구(百工具), 제25권 복완구(服玩具), 제28권 의복(衣服), 제31권 포주구(庖廚具), 제34권 선교류(船橋類), 제35권 농구(農具), 제36권 여공구(女工具), 제37권 축류(畜類), 제38권 수류(獸類), 제41권 수금(水禽), 제44권 산금(山禽), 제46권 개갑(介甲), 제49권 유린어(有鱗魚, 강해江海), 제51권 무린어(無鱗魚, 강해江海), 제52권 난생류(卵生類), 제54권 습생류(濕生類), 제55권 토지류(土地類), 제57권 수류(水類), 제59권 금류(金類), 제60권 옥석류(玉石類), 제62~63권 중화(中華), 제64권 일본총도(日本總圖), 제81권 가택류(家宅類), 제84권 관목류(灌木類), 제86권 오과류(伍果類), 제90권 조과류(爪果類), 제92~93권 산초류(山草類), 제95권 독초류(毒草類), 제101권 지이류(芝栮類), 제103권 곡류(穀類), 제105권 조양류(造釀類)

이렇듯 『화한삼재도회』의 지식 분류를 살펴보면, 중국의 『고금도서집성』이나 『사고전서』에서 가장 중요하게 다루고 있는 경사(經史)에 관한 항목은 찾아보기 힘들고 자연과학(천문역학, 수산학, 지질학, 축산학, 농학, 의학, 식물학, 동물학, 군사학, 식품학 등)과 공예 및 기술에 관련한 실용 지식이 절대다수의 비중을 차지하고 있음을 알 수 있다. 또한 『화한삼재도회』는 도판을 첨부하고 있어서 읽는 사람이 실제 사물의 형태를 알 수 있어 더욱 실증적이었다. 이덕무는 이 책에서 중국의 학문과 지식을 배우고 익히면서도 중국과는 확연히 다른 일본만의 고유한 방법을 찾기 시작한 18세기 일본 지식 사회의 정신과 의지를 읽었을 것이다. 어쨌든 그는 중국의 학문과 지식에 지나치게 편향되어 있던 조선 지식인들에게 『화한삼재도회』가 일종의 균형추 역할을 할 수 있다고 여겼기에, 이 서적에 기록된 지식 정보를 적극적으로 받아들여 활용하는 한편 주변 사람들에게도 널리 알리려고 했던 것으로 보인다.

이덕무의 독서 편력과 기록 인생에서 마지막으로 꼭 짚고 넘어가야 할 점은 그의 지적 호기심과 탐구욕이 앞서 살펴본 동아시아 삼국을 넘어 서양에까지 뻗어나갔다는 사실이다. 서양의 종교와 학문 및 과학기술을 뜻하는 서학은 보통 남인 계열, 곧 이가환이나 정약용이 속한 지식인 그룹의 전유물인 것처럼 생각하기 쉽다. 그러나 이덕무와 북학파 지식인들 역시 누구 못지않게 서양의 학문과 지식에 깊은 관심과 이해, 해박한 지식을 갖고 있었다. 예를 들어 정철조는 조선 최초의 서양 전문가라고 할 만큼 서양을 꿰뚫고 있었고, 이서구는 서양 학문에 눈을 떠야 한다고 주장했으며, 황윤석은 서양 과학의 우수성을 역설했다. 더욱이 박제가는 국가 차원에서 서양 학자들을 초빙해 우수한 인재들을 교육시키자는 혁신적인 의견을 정조에게 상소하기까지 했다.

신은 중국의 흠천감(欽天監)에서 역서(曆書)를 만드는 서양 사람들은 모두 기하학에 밝을 뿐만 아니라 이용후생의 방법과 방책에 정통하다고 들었습니다. 국가에서 관상감(觀象監)의 한 부서의 경비를 사용해 그 서양 사람들을 초빙한 다음 관상감에서 일하게 하고 나라 안의 사대부 자제들로 하여금 천문 운행, 종율(鍾律) 제작, 천체 운동을 관측하는 기구의 도수(度數), 농경, 양잠, 의약, 가뭄과 홍수 관리 대책과 함께 벽돌 제조, 가옥 건축, 성곽과 교량 제조, 구리 광산의 채굴, 옥석 채취, 유리 제조, 외적의 침입을 방어하기 위한 화포 설치, 관개수리법, 수레의 운행, 선박 제작, 벌목과 석재 운반, 무거운 것을 먼 곳까지 운반하는 기술 등을 배울 수 있도록 적극 조치하십시오. 만약 그렇게 한다면 불과 몇 년 안에 나라를 경영하는 데 꼭 맞게 골라 쓸 맞춤형 인재들이 헤아릴 수 없을 만큼 많이 배출될 것입니다.

— 박제가, 『정유각집』, 〈병오소회(丙午所懷)〉

박제가는 병오년(丙午年, 1786) 1월 정조의 요청에 따라 〈병오소회〉를 올린 약 370명 중에서 서양인 학자를 초빙하자고 주장한 유일한 사람이었다. 박제가의 〈병오소회〉는 당시 북학파 지식인들이 서양에 대해 얼마나 개방적이고 진취적인 태도를 갖고 있었는지 알려준다. 이렇듯 이덕무의 주변에는 서양 학문과 지식에 정통하거나 깊은 관심을 가졌던 벗들로 가득했다.

또한 18세기 조선에는 중국에서 활동한 유럽 출신의 선교사와 학자들이 서양 학문과 지식을 한문으로 번역해 소개한 다양한 종류의 서적들이 들어와 있었다. 한 연구에 따르면, 서양의 선교사들이 중국에 들어와 한문으로 번역한 서양 서적은 437종이나 된다. 이를 주제별로 살펴보면 종교서가 251종, 지리, 지도, 언어, 문자, 철학, 교육 등 인문과학서가 55종, 수학, 천문, 생물, 의학 등 자연과학서가 131종이다. 종교서적을 제외한 인문·자연과학서가 186종이나 되는데, 이 가운데 100여 종이 조선에 유입되었다고 한다.[7] 이들 100여 종의 서양 서적을 이덕무는 직간접적으로 만날 수 있었을 것이다. 그가 열독했던 백과사전과 총서류의 서적들, 즉 『성호사설』과 『고금도서집성』과 『화한삼재도회』에도 또한 서양인 선교사나 학자 그리고 그들이 저술한 서적 등이 다양한 방식으로 소개돼 있다. 중국에 최초로 천주교를 선교한 마테오 리치를 비롯해 탕약망(湯若望, 아담 샬), 남회인(南懷仁, 페르디난드 페르비스트), 애유략(艾儒略, 율리우스 알레니), 웅삼발(熊三拔, 사바텐데 우르시스), 등옥함(鄧玉函, 요하네스 테렌츠), 양마낙(陽馬諾, 에마누엘 디아스) 등이 바로 그들이다. 그들이 한문으로 번역하거나 저술한 서양

저자	도서명
이마두(마테오 리치)	『곤여만국전도(坤與萬國全圖)』, 『천주실의(天主實義)』, 『기하원본(幾何原本)』
탕약망(아담 샬)	『원경설(遠鏡說)』, 『혼천의설(渾天儀說)』, 『신법역인(新法曆引)』
애유락(율리우스 알레니)	『직방외기(職方外紀)』
남회인(페르디난드 페르비스트)	『곤여도설(坤與圖說)』, 『서방요기(西方要紀)』, 『곤여전도(坤與全圖)』
웅삼발(사바텐데 우르시스)	『태서수법(泰西水法)』, 『간평의설(簡平儀說)』
등옥함(요하네스 테렌츠)	『기기도설(奇器圖說)』, 『태서인신개설(泰西人身槪說)』
양마낙(에마누엘 디아스)	『천문략(天文略)』

서적들 중 조선에 들어온 책을 대표적으로 살펴보면 위의 표와 같다.

이 서적들 가운데 이덕무를 비롯한 18세기 조선의 지식인들에게 커다란 충격과 막대한 영향을 끼쳤던 책은 종교서로는 『천주실의』, 세계 지도와 인문 지리서로는 『직방외기』와 『곤여전도』 및 『곤여도설』, 자연과학 및 기술서로는 『기하원본』과 『기기도설』 등이다. 특히 아담 샬의 『직방외기』와 페르디난드 페르비스트의 『곤여도설』은 세계의 대륙과 해양 지리를 서술하고 서양의 정치와 사회, 역사와 풍속 및 문화까지 소개해 중화주의 세계관에 갇혀 있던 조선의 세계 인식을 일거에 혁신시킨 파격적이고 획기적인 책이었다. 또한 요하네스 테렌츠의 『기기도설』은 정약용이 화성 건설에 실제 사용한 『기중가도설(起重架圖說)』을 작성하는 데 기초 자료가 되기도 했다.

이렇듯 서양에 대한 개방적인 태도와 깊고 해박한 이해 때문에 "홍대용, 박지원, 박제가, 이덕무 등 '북학파'의 단계에 이르면 서양 과학과 기술의 우수성이 중국에서 원류(源流)된 것이 아니며, 가령 중국에서 원류된 것이 아니라 해도 그 우수성을 인정하여 그것을 조선이 도입해야 한다는 논의가 전개"[8]되기까지 했다고 한다. 이덕무의 독서편력은 간서치라는 별호가 무색하지 않을 정도로 동아시아 삼국은 물론 서양의 학문과 정보들을 총망라하고 있었던 것이다. 즉, 이덕무는 18세기 조선에 등장한 새로운 유형의 지식인들이 지향했던 독서 문화를 대표하는 상징적 인물이라고 할 수 있겠다.

제3장

조선의 모습을 담아내다

겸재(謙齋) 정선(鄭敾), 〈장동팔경첩(壯洞八景帖)〉 중에서, 1755년 무렵, 국립중앙박물관 소장.

•

"신라와 고려가 비록 검박(儉薄)했다고 하나 민간의 아름다운 풍속이 많았다. 방언을 문자로 옮겨 적고 민요에 운율을 달면 자연스럽게 문장이 되었다. 고요하게 현재를 좇아 곧바로 삼라만상을 마주한다. 오직 이덕무의 시가 그렇다."

'조선의 국풍'

이덕무가 살았던 18세기 중후반은 '중화(中華)'를 자처하던 한족 왕조인 명나라가 멸망하고, 변방 오랑캐라고 업신여겨졌던 여진족이 세운 청(淸)나라가 최고 전성기를 구가하던 시대였다. 이러한 시대 상황은 조선의 사상과 문화 전반에 대격변을 불러왔다. 이 격변은 부정적 색채와 긍정적 색채를 모두 지니고 있었다. 먼저 사대(事大)의 대상이자 중화사상의 본산인 명나라의 멸망은 조선의 보수파 사대부들에게 중화의 정통과 권위가 조선으로 옮겨왔다는 사실을 의미했다. 우암 송시열을 추종하는 노론(老論) 계열의 보수파 정객들이 대표적 세력인 이들은 조선의 역할을 오랑캐인 청나라를 배척하고 중화사상의 핵심인 주자학(성리학)의 정통과 권위를 보존하는 소중화(小中華)로 보았으며, 사회 전반을 성리학적 이념과 원리에 따라 조직하고 운용하고자 했다. 그러나 이러한 노론 계열의 '소중화' 사상은 화이론적 세계관의 변종에 불과했다.

  반면 적지 않은 조선의 지식인들은 명나라의 멸망과 청나라의 흥성을 보면서 중화사상 즉 천하와 세계의 중심이 중국(中國. 정확히는 중국 한족문화)이라는 생각이 헛된 망상에 불과하다는 사실을 깨닫게 되었다. 이에 성리학적 권위나 전통에서 탈피해 청나라의 학문과 사상에도 눈을 돌렸으며, 청나라를 통해 조선에 들어온 서양의 문물과 종교(천주교)에도 깊은 관심을 두게 되었다. 특히 수천 년 동안 미개한 오랑캐라고 업신여겼던 여진족이 세운 청나라의 제도와 문화 및 문물이 결코 명나라에 뒤떨어지지 않는다는 사실을 깨달은 18세기에 들어와서는 중국에 대해 객관적인 시각을 갖게 되었다. 또한 우리 자신에 대한 자신감도 회복하면서 점차 자기 긍정적인 시각과 사상을 형성해 나가게 되었다. 이러한 새로운 시각과 사상은 '중화=선진, 오랑캐=미개'라는 화이관(華夷觀)의 전통과 권위가 무너지면서 더욱 가속이 붙게 되었다. 때문에 이 시기에 접어들면서 학문과 사상 그리고 문화의 전 분야에 걸쳐 중국을 벗어나거나 뛰어넘는 시도와 성과들이 속속 등장하게 된다. 이덕무는 화이라는 전통적인 개념이 시대착오적인 사고라고 여겼다. 그는 청나라 수도 연경으로 떠나는 박감료와 이장암에게 주는 시에서 이렇게 말하고 있다.

조선 역시 좋은 점 있으니　朝鮮亦自好
어찌 중국만 모두 좋겠는가　中原豈盡善
중심과 주변의 구별이 있다고 해도　縱有都鄙別
모름지기 평등하게 보아야 하네　須俱平等見

— 『아정유고』 4, 〈연경으로 떠나는 박감료와 이장암에게 주다
〔奉贈朴憨寮李莊菴建永之燕〕〉 중에서

조선과 중국은 지역적으로 구별될 뿐 두 나라를 평등한 안목으로 바라보아야 한다는 것이다. 이렇듯 화이론적 세계관이 해체되자 그 자리에는 새로운 세계에 대한 호기심과 더불어 삶이 뿌리박고 있는 공간, 곧 자신의 과거 현재 미래가 존재하는 공간인 '조선'에 대한 관심이 급속하게 성장해갔다. 이 때문에 18세기 조선의 지식인들 사이에서는 '조선적인 것' 다시 말해 조선의 역사, 문화, 풍속, 지리는 물론 산천초목 하나하나까지 탐

구하고 저술하는 현상이 두드러지게 나타났다. 앞서 김택영이 '기궤첨신'이라고 평가한 이덕무와 그 벗들의 참신하고 독창적인 시풍 또한 일찍이 그 유례를 찾아볼 수 없었던 조선적인 시문이었다. 그래서 박지원은 이덕무의 시문을 일컬어 '조선의 국풍(國風)'이라고 극찬했다. 그러나 당시에는 이러한 찬사보다는 이덕무의 조선적인 시풍에 대한 비난과 비방이 훨씬 컸던 듯하다. 당시의 상황은 박지원이 이덕무의 시문집 『영처고』에 써 준 서문에 자세하게 기록되어 있다. 여기에서 자패(子佩)라는 사람은 이덕무의 시가 옛 시와 비슷하지 않을뿐더러 그 격식과 내용에서도 옛 시의 가르침에서 크게 벗어나 비루하고 보잘것없다고 비난한다. 여기에서 옛 시란 두말할 것도 없이 중국의 시를 말한다.

> 자패가 말했다. "비루하구나! 이덕무가 지은 시야말로. 옛사람의 시를 배웠건만 그 시와 비슷한 점을 볼 수 없구나. 이미 털끝만치도 비슷하지 않은데, 어찌 그 소리가 비슷하겠는가? 거칠고 서툰 사람의 비루함에 안주하고, 오늘날의 자질구레하고 보잘것없는 풍속과 유행을 즐겨 읊는다. 지금의 시일 뿐 옛 시는 아니다."
>
> ─ 박지원, 『연암집』, 〈영처고 서문〉

한당(漢唐)과 송명(宋明), 즉 중국의 옛 시를 모범으로 삼고 그 가르침에 따라 시를 짓지 않는 이덕무의 작품은 시라고 할 수도 없다는 얘기다. 그러나 이와 같은 비난과 비방에 대해 박지원은 오히려 "나는 이 말을 듣고서 크게 기뻐했다"고 말한다. 그리고 옛날이란 '그때의 지금'일 뿐이라면서, 옛것을 맹목적으로 추종하는 것이야말로 비난받아야 할 일이라고 지적한다. 과거에 살았던 사람이든, 오늘을 살고 있는 사람이든, 미래를 살아갈 사람이든 누구에게나 시작(詩作)의 소재와 대상은 '그때의 지금', 즉 바로 현재의 삶일 뿐이다.

나는 자패의 말을 듣고 크게 기뻐했다. 이것이 이덕무의 시에서 볼 만한 것이기 때문이다. 옛날로 말미암아 지금을 보면 진실로 비루하다. 그러나 옛 사람도 자신을 볼 때 반드시 자신은 옛 사람이 아니라고 생각했을 것이다. 당시에 그 옛 사람의 시를 본 옛 사람 역시 그때는 한 명의 '지금 사람'이었을 따름이다. 따라서 세월이 도도히 흘러가는 것에 따라 풍요(風謠)도 여러 차례 변하였다. 아침에 술 마시던 사람이 저녁에는 세상을 떠나 과거의 사람이 되어 있다. 천만 년 동안 이것을 따라 옛날이 되었다. 그렇다면 '지금'이라는 것은 '옛날'과 대비하여 이르는 말이다. '비슷하다'는 것은 모름지기 '저것'과 비교하여 쓰는 말이다. 대개 '비슷하다'는 말은 비슷한 것일 뿐이니, 저것은 저것일 따름이다. 이것은 저것이 아니다. 그러므로 나는 이것이 저것이 되는 것을 아직 보지 못했다. 종이가 흰 색이라고 해서 먹이 흰 색이 되지는 않는다. 초상화가 아무리 사람과 비슷하다고 해도 그림은 말을 할 수 없다.

기우제를 지내는 우사단(雩祀壇) 아래 도저동(桃渚洞)에 청기와로 지은 사당이 있다. 그 사당 안에 얼굴이 붉고 긴 수염이 엄숙한 사람이 모셔져 있다. 바로 관우(關羽)다. 학질을 앓고 있는 남자나 여자를 그 좌상 아래로 들어가게 하면 귀신을 본 듯 놀라고 혼백이 달아나 추위에 덜덜 떠는 증상이 사라지고 만다. 그런데 어린아이들은 조금도 무서워하지 않고 오히려 위엄 있고 존귀한 소상(塑像)에 무례한 짓을 서슴없이 저지른다. 소상의 눈동자를 후벼보아도 눈도 깜짝이지 않는다. 코를 쑤셔보아도 재채기조차 하지 않는다. 그냥 가만히 앉아 있는 진흙 인형에 불과하기 때문이다. 이로 말미암아 본다면, 수박의 겉만 핥은 사람이나 후추를 통째로 삼킨 사람과는 수박과 후추의 맛을 논할 수 없고, 이웃 사람의 담비 털로 만든 갖옷이 부러워 무더운 여름에 빌려 입는 사람과는 계절을 말할 수 없는 것처럼, 가짜 진흙 인형에 아무리 화려한 옷을 입히고 높은 관을 씌워봤자 진실하고 솔직한 어린아이는 속일 수 없다.

— 박지원, 『연암집』, 〈영처고 서문〉

박지원은 또 다른 백탑파 시인 이서구에게 써준 글에서는 이렇게 말했다. "옛 시를 모방하여 글을 짓고서 마치 거울이 형상을 비추듯 하면 비슷하다고 할 수 있는가? 아니다. 거울 속에는 왼쪽과 오른쪽이 반대가 되기 때문에 비슷하다고 할 수 없다. 물이 형체를 비추듯이 하면 비슷하다고 할 수 있는가? 위와 아래가 거꾸로 보이는데 어떻게 비슷하다고 할 수 있겠는가? 그림이 실제 모습을 묘사하듯 하면 비슷하다고 말할 수 있는가? 걷는 사람은 움직이지 않고 말하는 사람은 소리가 없는데 어떻게 비슷하다고 말할 수 있겠는가?" 옛 시와 비슷하기를 바라는 것은 진짜가 아닌 가짜임을 스스로 인정하는 것일 뿐이다. 따라서 옛 시와 몹시 닮았다거나 아주 가깝다고 하는 것은 곧 거짓 시에 불과하다는 뜻이며, 이덕무가 주창한 영처의 시학이나 진정의 발로와는 거리가 멀어도 한참 먼 한심한 얘기다. 만약 옛 시와 다르게 글을 짓고자 한다면, 옛날이 아닌 '지금'을 표현해야 한다. 그래서 이덕무는 살아 있는 글과 죽은 글의 차이를 이렇게 말했다.

무릇 시문이란 자구 하나하나마다 한결같이 그 정신이 유동해야만 살아 있는 글이라고 할 수 있다. 만약 진부한 것을 답습하기만 한다면 죽은 글이 될 뿐이다. 일찍이 육경(六經)의 글 중에 정신이 살아 있지 않은 것을 본 적이 있는가?

― 『영처문고』 2, 〈내제의 원고에 쓰다(題內弟稿)〉

살아 있는 글과 죽은 글의 차이는 곧 독창적인 작가 정신과 진부한 답습
의 차이에 있다. 이덕무에게는 자신의 삶과 생활, 감정이 뿌리박고 있는
'조선의 지금'을 담아 표현한 시문은 살아 있는 글이지만, 중국의 옛 시를
비슷하게 모방하거나 답습한 시문은 죽은 글에 불과하다. 그렇다면 '조선
의 지금'이 담긴, 이덕무의 독창적인 작가 정신이 살아 숨 쉬는 시문이란
무엇인가?

지금 이덕무는 조선 사람이다. 산천과 풍속과 기후가 중화와 다르고 언
어와 민요 역시 한나라나 당나라와 같지 않다. 그런데 만약 작법은 중화
를 본받고 문체는 한나라와 당나라만 답습한다면, 나는 그 작법이 고상해
질수록 그 뜻은 참으로 비루해지고, 문체가 비슷할수록 그 언사는 거짓이
된다고 생각한다. 우리나라가 비록 중국의 좌해(左海)에 위치한 궁벽한
나라이지만, 이 역시 천승(千乘)의 나라이다. 신라와 고려가 비록 검박(儉
薄)했다고 하나 민간의 아름다운 풍속이 많았다. 방언을 문자로 옮겨 적
고 민요에 운율을 달면 자연스럽게 문장이 되었다. 이에 진기(眞機)가 발
현되었다. 중화를 본받거나 추종하는 일도 없었고, 한나라와 당나라를 거
짓으로 빌려오지도 않았다. 고요하게 현재를 좇아 곧바로 삼라만상을 마
주한다. 오직 이덕무의 시가 그렇다.
　오호라! 시의 경전인 『시경』에 실린 300편의 시는 새와 짐승과 풀과 나
무의 이름을 표현하지 않은 것이 없고, 민간의 남녀가 나눈 말들을 문자
로 옮긴 것에 불과하다. 패국(邶國)과 회국(檜國) 사이에는 지리적 이유

때문에 풍속이 같지 않다. 강수(江水)와 한수(漢水) 부근에 사는 백성들은 제각각 풍속이 다르다. 그러한 까닭에 시를 채록하는 사람은 여러 나라의 국풍을 만들어 그곳 백성들의 성정을 고찰하고 그 민요와 풍속을 징험했던 것이다. 따라서 어찌 이덕무의 시가 옛 시와 비슷하지 않다고 다시 의혹을 품겠는가! 만약 다시 중국에 성인이 나와 여러 나라의 풍속을 관찰한다면, 이덕무의 『영처고』에 실린 시들을 깊이 헤아려 우리 조선의 새와 짐승과 풀과 나무의 이름을 많이 알게 되고, 우리 조선 사람의 성정을 깨우치게 될 것이다. 이것으로 보건대, 이덕무의 시를 마땅히 '조선의 국풍'이라고 불러야 할 것이다.

— 박지원, 『연암집』, 〈영처고 서문〉

박지원은 중국 시문의 전범(典範)을 본뜨거나 답습하지 않고 조선의 산천과 풍속은 물론 조선 사람의 정서와 취향을 진실하게 드러내고, 옛 중국이 아닌 지금 조선의 모습을 표현한 이덕무의 시야말로 참다운 조선의 시라고 불러야 한다고 주장한다. 예를 들어 이덕무가 가을 저녁 벗들과 어울린 흥취를 노래한 〈조촌 사는 일가 사람 화중의 집에서 심계와 초정을 만나 같이 읊다〔潮邨宗人和仲(光燮)舍遇心溪楚亭同咏〕〉라는 시를 보면, 누구라도 조선의 가을 풍경과 조선 사람이 느끼는 계절의 정취를 알 수 있다.

닭 잡고 밥 짓느라 부엌에서 도란도란 鷄黍廚人語
울타리에 저녁 안개 서려 으스름 짙어가네 籬煙薄暮深
반쯤 누런 버들잎은 시들어 쳐지고 半黃楊委髮
대추는 새빨갛게 익었네 純赤棗呈心
냇물은 빨리 흘러 그물 치기 어렵고 溪急妨提綱

산바람은 차가워 이불 자주 끌어안네　嵐寒慣擁衾

목동이 돌아올 적 뿔 두드리는 소리 나니　牧歸聽扣角

이것이 바로 틀림없는 가을소리네　端的是商音

　　―『아정유고』 3, 〈조촌 사는 일가 사람 화중의 집에서 심계와 초정을 만나 같이 읊다〉 중에서

　손님을 접대하느라 부산한 부엌 풍경과 집 주변으로 어둠이 드리우기 시작한 저녁 분위기를 형상화한 시다. 누렇게 시들어가는 버들잎과 새빨갛게 익은 대추로 가을의 색감을 묘사하고, 급하게 흘러가는 냇물과 차갑게 불어오는 산바람과 소 치는 아이의 뿔 두드리는 소리를 드러내어 가을의 정취를 생동감 있게 표현하고 있다. 조선 사람의 생활을 소재로 삼아서 그들의 계절적 정서를 마치 눈에 보이듯 묘사하고 있다. 이렇듯 조선 고유의 풍경과 색감, 정서를 한껏 드러냈다는 점에서 박지원은 이덕무의 시를 '조선의 시'라고 했던 것이다. 농촌의 정경을 사실적으로 묘사한 〈농가에서 쓰다(題田舍)〉라는 시도 살펴보자.

서리 내린 아침에 싸리비를 굵게 묶어　霜朝苕帚縛麤麤

행랑살이 마당 쓸며 술 항아리 간수하네　佃客除場守酒壺

겨울을 지내려 시래기 낡은 벽에 매달고　菁葉禦冬懸敗壁

액막이로 단풍 가지 가난한 부엌 한편에 꽂네　楓枝賽鬼揷寒廚

농가의 골동품은 회청색 도자기뿐이요　田家古董灰靑椀

마을 아낙네 몸치장은 빨간 구슬뿐이네　村女莊嚴火色珠

무명모자 쓴 두 늙은이 귀에 대고 소곤소곤　綿帽二翁低耳話

"새로 온 사또는 일처리 공평한지!"　使君新到政平無

　　―『아정유고』 1, 〈농가에서 쓰다〉 중에서

이 시에서 우리는 조선의 어떤 점을 알 수 있는가? 먼저 당시 백성들이 겨울용 식량으로 시래기를 말렸다는 것과 집안의 액을 막기 위해 부엌에 단풍나무 가지를 꽂는 모습에서 조선 고유의 겨울맞이 풍속을 알 수 있다. 그리고 회청색 도자기와 빨간 구슬로 표현한 농촌의 빈곤한 살림살이의 원인이 마지막 구절에 이르러서는 지방 관리의 가렴주구(苛斂誅求)에 있었다는 사실을 짐작해볼 수 있다. 겨울을 맞이하는 농촌의 풍경은 물론 백성의 가난한 살림살이와 벼슬아치의 학정을 직간접적인 방법을 통해 드러냄으로써 이덕무가 살던 당시 곧 '조선의 지금'을 250여 년이 지난 오늘날 우리도 어렵지 않게 알 수 있다.

그런데 여기에서 한 가지 흥미로운 사실을 짚고 넘어갈 필요가 있다. 이덕무와 박지원 등 이른바 백탑파 혹은 연암 그룹이 보여준 '조선 시'에 대한 철학이 또 다른 지식인 그룹에서도 나타났다는 점이다.

늙은이의 한 가지 즐거움　老人一快事

붓 가는 대로 멋대로 쓰는 것　縱筆寫狂詞

경병(競病)에 구속받을 필요 없고　競病不必拘

퇴고 또한 오래 할 필요 없네　推敲不必遲

흥이 오르면 곧 이리저리 생각하고　興到即運意

생각이 이르면 바로 써내려가네　意到即寫之

나는 바로 조선 사람이라　我是朝鮮人

조선 시 짓기를 좋아하네　甘作朝鮮詩

누구나 자신의 작법을 쓰는데　卿當用卿法

우활(迂闊)하다 비난할 사람 누구인가?　迂哉議者誰

— 정약용, 『다산시문집(茶山詩文集)』, 〈늙은이의 한 가지 통쾌한 일(老人一快事)〉

다산 정약용이 말년에 남긴 유명한 시 구절이다. 다산은 나이가 들어 마음 가는 대로 붓을 놀려도 시가 되는 경지에 이르니, 시를 짓는데 어려운 운(韻)자를 사용하는 경병에 구속받지 않고, 시의 자구를 여러 번 고치는 퇴고 역시 오래 고민하지 않는다. 그저 흥이 오르면 생각하고, 생각이 이르면 써내려가는데 자신은 조선 사람이라 저절로 조선의 시가 된다. 이렇듯 자신만의 작법으로 '조선 시'를 쓰는데, 이를 누군가는 사리에 어둡고 이치에 맞지 않는다고 비난한다. 그러나 다산은 개의치 않는다. '조선 시'는 그가 늙어서 누리는 한 가지 통쾌한 즐거움이다. 이 시를 통해 우리는 '조선 시'라는 철학이 18세기를 대표하는 지식인들 사이에 널리 확산되어 있었다는 사실을 알 수 있다. 이것이 문화사적으로 중요한 이유는, 바로 '조선 시'에 담긴 철학이 18세기 조선을 이른바 '진경 시대'로 이끈 중심축이었기 때문이다.

진경산수화와 진경 시

'위대한 백 년'이라고 불리는 조선의 18세기는 문화적 황금기인 '진경 시대'라고도 불린다. 진경 시대란 무엇인가? 오랫동안 간송미술관 실장을 역임한 최완수는 "진경 시대라는 것은 조선 왕조 후기 문화가 고유색을 한껏 드러내면서 난만한 발전을 이룩했던 문화 절정기를 일컫는 문화사적 시대 구분 명칭이다"[9]라고 말한다. 이 시대는 겸재(謙齋) 정선(鄭敾)이라는 걸출한 화가에 의해 시작되었는데, 그가 등장하기 전까지 조선의 화가들은 중국의 이론서로 그림 공부를 하고, 중국의 산수와 중국 사람을 소재로 삼아 그림을 그리는 관념산수화(觀念山水畵)에서 벗어나지 못하고 있었다. 그러나 이러한 화단의 중국 종속성은 정선의 등장과 함께 말끔히 사라지고 만다. 숙종 초기에 태어나 영조 시대에 주로 활동한 정선은 조선의 독자적인 산수화풍인 진경산수화(眞景山水畵)를 창시했다. 그는 중국 산수와 중국 사람을 소재로 삼은 관념산수화의 잔재를 완전하게 청산하고 조선 산천의 아름다움과 그 속에서 살아가는 조선 사람의 모습을 묘사한 진경산수화를 그리기 시작한 최초의 화가였다. 그는 스무 살 초엽부터 그림을 그리기 시작해 서른다섯 살 때 금강산 여행에 나서면서부터 조선의 자연 풍경을 그리기 시작했으며, 이후 18세기 조선의 산수화를 완성하며 대가로 거듭나게 된다. 특히 그가 남긴 전국 각지의 명산 풍경, 즉 박연폭포 및 금강산과 인왕산 그리고 『경교명승첩(京郊名勝帖)』에 남겨놓은 한강 주변의 그림들은 빼어난 아름다움 못지않게 옛 우리 산천에 대해 잔잔한 감동을 안겨준다. 정선의 진경산수화가 없었다면 영원히 볼 수 없었던 모습들이기 때문이다. 조선 산천 풍경의 아름다움을 고스란히 담았던 진경산수화는 사대부 화가인 강희언(姜熙彦)과 강세황(姜世晃)을 거쳐 정조 시대 김홍도(金弘道)와 신윤복(申潤福)의 풍속화에 이르러 최고 절정기를 누리게 된다.

　이렇듯 회화 분야에서 처음 등장한 조선의 고유한 색과 풍을 추구하는 문화사의 흐름은 문학 분야에서는 '진경 시'로 나타났다. 진경 시란 무엇인가? 바로 조선의 산천과 사람들의 생활을 소재로 삼아 독특하고 참신한 작법으로 고유의 시풍을 드러낸 시라고 할 수 있다. 진경 시를 짓고 읊은 문인들은 1759년 정선이 죽고 난 후 활동한 사람들이 대부분이었는데, 다시 말해 진경산수화가 진경 시대의 시작을 열었다면 진경 시는 진경 시대를 완성했다고 해도 과언이 아니다. 이덕무와 그의 벗들은 진경 시를 발전시키고 완성한 문학 동인이었는데, 그에 관한 단서를 박지원이 남긴 글에서 발견할 수 있다. 이덕무의 시문을 '조선의 국풍'이라고 극찬한 박지원은 〈형암행장〉에서 그의 시문이 조선의 진경을 묘사했다고 적고 있다.

문장을 지을 때는 반드시 옛사람의 뜻을 구하되 모방하거나 답습하지 않고 거짓으로 꾸며서 짓지 않았다. 한 글자 한 구절마다 모두 정리(情理)에 가까워 진경을 묘사하였다. 매 편마다 그 묘미가 간곡하고 정성스러워서 읽어볼 만하였다.

— 박지원, 『연암집』, 〈형암행장〉

또한 이덕무의 문학 동인이었던 백탑파의 한 사람인 이서구도 〈이덕무의 호서 시에 쓰다(題李懋官德懋湖西詩)〉라는 글을 통해, 이덕무의 시문이 진경을 묘사했음을 다시 확인해준다.

진경을 묘사하여 시어 역시 기이하니　摹來眞境語還奇
농촌 풍경 읊은 시 또한 본받을 만하네　里曲田歌亦可師
누구인가 호서의 풍토기를 지은 이　誰著湖西風土記
그대의 오늘 시 여러 편 수록되리라　收君今日幾篇詩

— 이서구, 『척재집』, 〈이덕무의 호서 시에 쓰다〉

호서(湖西, 지금의 충청도) 지방을 다니면서 지은 이덕무의 진경 시야말로, 그 지역의 당시 풍토를 가장 잘 알 수 있는 기록이라는 얘기다. 이덕무의 시가 조선의 진경을 새로운 시어로 묘사한 조선 고유의 시풍이었다는 사실을 알 수 있는 증언이다. 박지원이 앞서 〈영처고 서문〉에서 말한 조선의 국풍이 바로 진경 시라는 것 또한 쉽게 알 수 있다. 그럼 여기에서 이덕무의 진경 시를 대표할 만한 작품을 몇 편 살펴보자.

묵은 찹쌀로 담근 술 맛있게 김 오르니　紅米爲醪暖欲霞
털모자 쓴 글방 선생 날마다 찾아오네　氈冠學究日相過
낫을 찬 꼴머슴은 갈대 베다 쉬고 있고　園丁斫荻腰鎌憩
냇가의 수건 두른 여인은 빨래하며 노래하네　溪女挑綿首帕歌
서리 내린 들녘에는 벼 쪼아먹는 기러기 쫓고　㖡稻霜陂驅白鴈
볕 쬐는 언덕에는 고양이 숨겨 국화를 지키네　蔭猫陽塢護黃花
타향의 사투리는 객지의 시름 잊게 하니　旅愁消遣它鄕話
깊고 깊은 흙담집에 누워서 듣네　臥聽深深土築窩

— 『아정유고』 1, 〈농가에서 쓰다〉 중에서

　충청도 천안에 있는 농가를 찾아가 묵으면서 자신이 직접 경험한 농촌의 진경을 묘사한 시다. 묵은 찹쌀로 술을 빚거나 털모자를 눌러쓴 글방 선생이 술 마실 욕심에 매일 같이 술이 익었는지 보려고 찾아오는 모습, 낫을 허리에 찬 꼴머슴과 수건 두르고 냇가에서 빨래하는 여인, 기러기를 쫓으려 들녘을 내달리는 풍경과 사투리 소리에 나그네가 느끼는 향수까지 모두 농촌의 정경이 잘 드러나 있다.

한양의 8만 가구 부엌에는　漢陽八萬廚
칸칸마다 등불을 밝혔네　間間燈燈白
기쁜 징조를 이 밤에 증명하는데　喜花驗此宵
활활 타오르는 불똥은 누구의 집인가　繁爐知誰宅
두 딸은 오리처럼 날렵하게　二女輕如鳧

널판 끝에서 오르락내리락하네 　低仰白板頭

패옥(佩玉)은 쟁그랑거리며 울어대고 　裊裊繁鳴佩

하나하나 누각 위로 높이 솟아오르네 　箇箇高出樓

— 『영처시고』 2, 〈세시잡영(歲時雜咏)〉 중에서

이 시는 설을 맞은 한양의 밤풍경과 널뛰기를 하는 두 딸의 모습을 실감
나게 표현해 누구라도 조선의 설 풍속을 마치 눈앞에서 보는 듯 묘사하고
있다. 특히 '요요(裊裊, 쟁그랑)'나 '개개(箇箇, 하나하나)'라는 새로운 시어를
통해 널뛰는 실제 풍경을 생동감 있게 그려내고 있다. 이러한 시어는 다산
정약용이 '고조풍(高鳥風, 높새바람)'이나 '맥령(麥嶺, 보릿고개)'처럼 조선의
색(色)이 뚜렷한 시어를 사용한 것에 비견된다.

사직골 동쪽 유달리 눈에 들어오는 곳에 　社東殊眼境

햇빛 하얗게 초가집에 드리우네 　日白蔭茅家

정중하구나 일찍이 노닐던 바위 　鄭重曾遊石

이리저리 멀리서 꽃을 바라보네 　周便遠看花

저녁 샘물은 유난히 깨끗하며 맑고 　夕泉偏潔淨

한낮 나무는 제멋대로 기울었네 　暄樹任攲斜

육각봉이란 이름 볼품없으니 　六角峯名陋

아름다운 이름 붙이고 싶네 　欲將美號加

하늘 개고 나니 옷들도 참으로 곱고 　天晴衣正麗

놀이꾼 떼 지어 집집마다 나오네 　遊隊出家家

때맞춰 단비 흠뻑 오더니 　纔洽知時雨

제때 만난 꽃 두루 활짝 피었네　遍濃得地花

사직골 숲에는 푸른 아지랑이 엉기고　社林靑靄集

감투바위에는 자줏빛 석양 비스듬하네　官石紫暉斜

잔디는 깨끗하여 자리 깔 필요 없고　莎淨何煩席

누대 동쪽엔 기와 그림자 드리웠네　臺東影瓦加

— 『아정유고』 1, 〈육각봉의 꽃놀이(六角峯玩花)〉 2수

봄날 한양 인왕산 육각봉에서의 꽃구경을 묘사한 시다. 특히 육각봉 주변의 풍경과 꽃구경을 하러 나오는 사람들의 모습을 다양한 색깔로 생생하게 표현하고 있다. 성호 이익은 『성호사설』의 〈간용병서(諫用兵書)〉라는 글에서 "사물의 본 모습은 생각하는 것이 보는 것만 못하고, 듣는 것이 직접 보는 것만 못하다. 그렇지만 오랜 세월 전이나 천 리 밖에서 일어난 일이라면, 어떻게 그 실제 모습을 직접 볼 수 있겠는가? 문자로 담아둘 수 있을 뿐이다. 이 때문에 글을 마음으로 그리는 그림이라고 말한다"고 했다. 위에서 소개한 이덕무의 시를 보면, 이익의 말이 참으로 맞다는 생각이 든다. 비록 이덕무와 다른 시간과 공간에 살고 있는 사람일지라도 누구나 이 시를 통해 육각봉의 꽃구경을, 마치 눈앞에서 보는 듯 마음으로 그려볼 수 있기 때문이다. 만약 글을 마음으로 그리는 그림이라고 한다면 그림은 마음으로 그리는 글이라고도 할 수 있지 않을까?

특히 이덕무와 그의 벗들의 글을 읽다보면, 그들이 시와 그림을 같은 뿌리에서 나온 다른 가지로 보는 미학을 지니고 있다는 것을 어렵지 않게 알 수 있다. 이로 미루어볼 때 조선의 진경을 함께 묘사하고 표현한 진경 시와 진경산수화가 직간접적으로 매우 밀접하게 상호 영향을 주고받았음을 짐작할 수 있다. 시와 그림을 동일한 맥락에서 이해하는 이덕무의 미학

은 그의 글 여러 곳에서 찾아볼 수 있는데, 예를 들어 「선귤당농소」에서는 "그림을 그리면서 시의 뜻을 알지 못하면 색이 어둡거나 메말라 조화를 잃게 되고, 시를 지으면서 그림의 뜻을 알지 못하면 시의 맥락이 잠기거나 막히게 된다"고 했다. 더욱이 이덕무는 세계를 거대한 그림판으로 보고 조물주를 화가라고까지 표현했다.

세계는 거대한 그림이고, 조화옹(造化翁)은 위대한 화가이다. 주황색으로 요염하게 붉게 물든 오구목(烏臼木) 꽃은 누가 붉은 물감을 칠하고 붉은 빛깔의 돌과 산호 가루를 뿌려 그려놓았는가? 복숭아 꽃잎에는 연지처럼 붉은 즙이 뚝뚝 떨어지는 것만 같다. 가을 국화꽃 빛은 등황색을 곱게 바른 것만 같다. 눈이 개고 피어오르는 푸르스름한 기운에는 푸른 빛깔이 두 겹 세 겹 엇갈려 먼 곳과 가까운 곳에 골고루 나뉘었다. 세찬 소낙비가 강 위를 내달려서 수묵(水墨)을 가득 뿌려놓으면 채색할 틈도 없게 되고, 잠자리의 눈동자는 녹색빛이 은은하고, 나비의 날개는 금빛으로 물들었다. 생각해보면, 이것은 천상에 채색을 담당한 성관(星官)이 있어서 풀과 꽃과 돌과 금의 정화(精華)를 모았다가 조화옹에게 제공해 온갖 사물의 빛깔을 입히게 한 것이 아닐까? 그래도 가을 강 석양의 거대한 그림이 가장 좋다. 이것이야말로 조화옹이 뜻을 얻은 그림이라고 할 만하다.

— 「선귤당농소」

이렇듯 마치 그림을 그리듯 글을 짓는 그의 독특한 작풍은 젊은 시절부터 나타났는데, 그에 관한 기록이 〈영처고 자서〉에 남아 있다.

무릇 한 덩이 먹을 갈고 세 치쯤 되는 작은 붓을 휘둘러 아름다운 꽃망울을 모으고, 아름다운 구슬을 주워서 마치 화가처럼 가슴속 깊은 뜻을 묘사한다. 우울하고 답답하게 맺힌 근심을 기분 좋고 통쾌하게 풀어놓고, 서로 어긋나고 갈라진 생각들을 화합시켜 휘파람 불고 노래하며 웃다가 꾸짖다가 한다. 산과 강의 맑고 아름다움, 서예와 그림의 기이하고 고상함, 구름과 노을과 눈과 달의 번성하고 아름답고 조촐하고 깨끗함, 꽃과 풀과 벌레와 새의 예쁘고 곱고 지저귀고 날아오르는 이 모든 것이 붓을 따라나온다.

— 『영처문고』 1, 〈영처고 자서〉

붓을 들고서 '있는 그대로' 혹은 '느낀 그대로' 진경을 묘사하고 표현하는 것은 그림을 그리는 화가나 글을 짓는 문장가가 매한가지라고 하겠다. 그렇다면 그림을 그리듯 시를 써내려가는 이덕무의 참신한 묘사와 생생한 표현을 들여다볼 수 있는 시에는 어떤 것들이 있을까? 먼저 그가 천안으로 가다가 바라본 해질녘 풍경을 묘사한 시를 보자.

해질 무렵 풍경은 모두 그림 동산이니　落景無非畫苑
구름 저 끝엔 새빨간 연지를 발랐구나　雲頭抹過臙脂
샛노란 고목은 물고기 머리뼈 같고　明黃老樹魚骾
연초록빛 먼 산은 부처 머리 닮았네　細綠遙山拂髭

— 『아정유고』 3, 〈길 가는 중에 지은 시〔途中雜詩〕〉 중에서

여러 색깔의 물감을 시의 이곳저곳에 뿌려놓은 듯 그 색감이 다채롭고 오묘하다. 또한 구름과 가을 산을 하얗고 파랗고 새빨간 색채로 묘사한 시 또한 눈앞의 그림을 보는 듯 생생하고 선명하다.

구름 그림자는 물고기 비늘처럼 하얗고　雲影魚鱗白

산 빛은 잠자리 눈보다 파랗구나　山光蜻眼碧

흙 언덕은 높고 낮은 곳 없이　堆阜無高低

온통 대자석(代赭石) 칠한 듯 새빨갛네　狂塗代赭石

— 『아정유고』 3, 〈절구(絕句)〉 22수 중에서

조선 풍속화의 대가 김홍도의 그림에 남긴 이덕무의 시 또한 조선의 진경을 함께 묘사하고 표현한 시와 그림의 관계가 잘 드러나 있는 작품이다.

한 마리 백로는 방아 찧듯 또 다른 백로는 호미질하듯　一鷺如舂一鷺鋤

몸은 비록 새하얗지만 마음은 물고기에 쏠려 있네　身雖皓白役於魚

연꽃은 진흙 속에서 나오지만 진흙에 더럽혀지지 않으니　蓮生泥底泥無染

맑고 고운 저 연꽃 어찌 사랑스럽지 않겠는가　淸艶那能不愛渠

— 『아정유고』 2, 〈김홍도의 우화노사도에 쓰다[題金弘道藕花鷺鷥圖]〉

이덕무는 연못 위의 우화노사(藕花鷺鷥), 곧 연꽃과 백로의 모습을 그린 김홍도의 그림에 자신이 '보고 느낀 그대로'의 정취를 넘치지도 모자라지도 않게 시로 옮겨놓았다. 또한 청나라에 소개된 이덕무의 시, 즉 『한객건연집』에도 이조원과 반정균이 "그림으로 그릴 만하다"고 평한 작품이 여럿 있다.

역마을 숲 새소리에 길손 생각 착잡한데　驛樹禽鳴旅想紛

잔 가득 관주(官酒)에 두 볼이 불그스레　滿斟官酒頰雙醺

살구꽃 떨어지는 가가호호 마구간에　杏花亂落家家櫪

청총마와 자백마 무리, 기가 살아 날뛰네   驕躍靑驄赭白群

— 『한객건연집』, 〈금교에 부임하는 찰방 노윤중에게 주다[贈盧察訪允中之任金郊]〉 중에서

이곳에 등장하는 역마을은 황해도 지방에 있던 금교(金郊)다. 금교는 한양과 북방 사이의 명령 전달과 물자 운송은 물론 변방의 긴급한 군사 정보 및 사신 행렬 등을 뒷받침하기 위해 설치한 역참(驛站)이 있는 교통 요충지였다. 이 시는 이덕무가 금교에 찰방(察訪, 역참을 관장하던 종6품의 외관직)으로 부임하는 지인에게 써준 것이다. 역마을에 찾아든 길손(이덕무 자신)이 관청에서 마신 술에 적당히 취한 정경과 살구꽃 휘날리는 인가의 마구간에서 자태를 뽐내는 여러 색깔의 말들의 모습을 마치 그림처럼 시로 써내려간 작품이다.

채찍으로 가리키며 풍속 자주 물으니   指點鞭梢問俗頻
새가 날아 그친 곳은 누구의 이웃인가   鳥飛盡處是誰隣
기울어가는 해에 산은 갑자기 웅황빛 뿌린 듯   仄暉山忽雄黃潑
찬 햇무리에 하늘은 달걀빛 주름 잡힌 듯하네   冷暈天將卵色皴
풀 사이로 볏단 실어 나르는 말 비틀대고   草際蹣跚輪稻馬
단풍나무 가운데 꼴을 진 사람 가물거리네   楓中繚負芻人
이번 길 나그네는 근심스러워하지 않으니   吾行未必愁羈旅
관동(關同)과 형호(荊浩)의 그림 속에 이 몸 있는 듯   現了關荊畫裏身

— 『한객건연집』, 〈광주 가던 길에[廣州道中]〉

이 시는 광주 가던 길에 만난 석양의 정취와 들판의 풍경 그리고 길손의 심정을 일체화시켜, 시를 짓는 작자나 시를 읽는 독자 모두 마치 자신이

관동과 형호의 수묵산수화 속에 들어와 있는 듯한 인상을 남긴다. 관동과 형호는 중국 송(宋)나라 초기에 활동한 수묵산수화의 대표적인 화가들을 말한다. 그래서 반정균은 『한객건연집』에서 이 시를 두고 "자신의 뜻을 새겨 채색을 했다"는 비평 소감을 남겼다. 시를 그림처럼 묘사하고 또한 시를 그림처럼 보는 미학이 잘 드러나 있다.

또한 이덕무의 아들 이광규가 기록한 〈선고부군의 유사〉에 따르면, 이덕무는 실제로 산수(山水)와 송국(松菊)을 즐겨 그렸고 특히 지주(蜘蛛)와 황작(黃雀)을 잘 그렸다고 한다. 시뿐만 아니라 그림 솜씨 또한 뛰어났던 것이다. 이처럼 그림을 그리듯 시를 쓰고, 시를 쓰듯 그림을 그리는 이덕무의 독특한 작법만 보더라도, 18세기 당시 진경산수화와 진경 시가 동전의 양면처럼 서로 밀접하게 관련을 맺으며 발전해나갔다는 사실을 어렵지 않게 알 수 있다.

또 다른 진경, 산문과 소품

이덕무는 시는 물론 산문 또한 그림을 그리듯 진경을 묘사하고 표현했다. 이덕무가 젊은 시절 충주로 가는 도중에 만난 눈 내리는 길의 풍경을 묘사한 글은 진경 산문의 장쾌한 걸작이라고 아니할 수 없다.

때는 계미년 늦겨울 12월 22일이다. 나는 충주에 가기 위해 이른 아침 누런 말에 걸터앉아 이부(利富) 고개를 넘고 있었다. 얼어붙은 구름이 하늘을 온통 덮더니 눈이 펄펄 내리기 시작했다. 가로 비껴 날리는 눈의 풍경이 마치 베틀 위에 씨줄이 오가는 것 같았다. 아름다운 눈송이가 귀밑털에 떨어지니 은근히 내게 마음을 드러내는 듯했다. 나는 눈송이가 사랑스러워 머리를 쳐들고 하늘을 향해 입을 벌린 채 받아먹었다.

산속 작은 길이 어떤 곳보다 먼저 하얗게 바뀌었다. 멀리 떨어져 있는 소나무는 검은 색깔을 띠었다. 하얗게 물들려고 하는 푸른 소나무는 가까운 곳에 있는 소나무임을 알겠다. 바짝 마른 수수깡이 밭 한가운데 떨어져 서 있는데, 눈바람이 몰고 지나갈 때마다 휙휙 바람 소리가 났다. 수수깡의 붉은 껍질이 꺾인 채로 눈 위를 쓸어대니 자연스럽게 초서(草書) 모양이 되었다.

말라버린 나무 위에는 까치가 대여섯 혹은 예닐곱 마리 떼를 지어 몹시 한가로이 앉아 있었다. 혹은 부리를 가슴에 파묻은 채 반쯤 눈을 감아 깨어 있는 듯 졸고 있는 듯 보이고, 혹은 가지에 붙어 부리를 갈고, 혹은 목을 돌리고 발톱을 쳐들어 눈을 긁고 있고, 혹은 다리를 들고 옆에 있는 까치의 날개깃을 긁어주고, 혹은 정수리에 쌓인 눈을 몸을 흔들어 떨어내고, 혹은 눈동자를 똑바로 하고 바람에 따라 휘날리는 눈의 기세를 응시하고 있었다.

말을 몰아 가파른 언덕에 오르자 깨진 항아리 조각처럼 옆으로 기운 소나무가 어깨를 툭 쳤다. 손을 들어 솔잎을 따서 씹자 입 안 가득 맑은 향기가 났다. 새하얀 눈 위에 침을 뱉자 푸른 색깔로 바뀌었다. 팔짱을 낀 팔꿈치에 눈이 쌓여 장차 턱에 닿을 것 같았지만 차마 털어낼 수가 없었다.

맞은편에서 다가오는 사람은 뺨이 불그스레하고 주름을 찾아볼 수 없었다. 왼쪽 구레나룻은 시커먼 그을음과 같고, 오른쪽 구레나룻은 새하얀 눈과 같았다. 눈썹도 닮아 있었다. 내가 그 모습을 보고 하도 크게 웃다가 갓끈이 끊어질 뻔했다. 팔짱을 낀 팔꿈치에 쌓인 눈까지 말갈기에 쏟아졌다. 나는 다시 웃었다. 눈발이 서쪽으로 날려 오른쪽 눈썹 위에만 눈이 쌓였다. 구레나룻도 눈썹처럼 오른쪽에만 눈이 달라붙었다. 눈썹과 구레나룻 모두 하얗지만, 그 사람이 늙어서 그렇게 된 것은 아니다.

다행스럽게도 나는 수염이 없어 눈동자를 치켜뜨고 내 눈썹을 바라보았다. 왼쪽 눈썹에만 유독 눈이 쌓여 하얗다. 또 크게 웃다가 거의 말에서 떨어질 뻔했다. 저쪽에서 오는 사람과 내 쪽에서 가는 사람의 눈썹이 좌우가 바뀌어 눈이 하얗게 달라붙어 있었다.

나무가 빽빽이 우거진 곳에 울퉁불퉁한 암석이 곱사등이처럼 버티고 서 있다. 그 암석 꼭대기에는 눈이 수북하게 쌓여 있었다. 다만 우묵하게 들어간 곳에는 눈이 쌓이지 않아 약간 거무스름한 것이 마치 눈살을 찌푸리고 있는 모습과 같았다. 그 형상을 말하자면 귀신도 아니고 부처도 아닌데 더러 호랑이와 비슷해 보였다. 그래서일까? 말이 콧김만 내뿜고 앞으로 나아가려고 하지 않았다. 말몰이꾼이 소리를 질러 재촉하자 어쩔 수 없이 겨우 걸음을 떼었다.

말이 가는 대로 가다보니 대략 70리 길이었다. 지나가는 곳마다 두메산골 아니면 들판뿐이었다. 벌목하는 소리가 허공에 울려 퍼졌다. 하지만 사방을 둘러보아도 사람은 전혀 찾아볼 수 없었다. 하늘과 땅이 맞붙어서 아스라하게 수묵을 풀어놓은 듯 드넓게 출렁거렸다. 어느 누가 이렇게 짙은 물감을 풀어놓았을까?

넓고 먼 풍경을 바라보자 해질녘 강의 안개 긴 모습이 갑자기 협곡과 들판 사이에 드러났다. 사람을 의아하게 할 지경이었다. 돛대가 희미하게 때때로 안개 너머에서 나타났다. 도롱이 입고 삿갓 쓴 노인이 물고기를 메고 낚싯대를 끌고 있었다. 마을 어귀가 어렴풋하게 보였다. 청둥오리가 끼욱끼욱 울어대면서 떼를 지어 숲으로 모여들었다. 저 멀리 햇볕에 그물을 말리고 있다. 버드나무 가지가 바람에 흔들거렸다.

나는 궁금증을 견딜 수 없어 말몰이꾼에게 70리 길을 오는 동안 본 풍
경에 대해 물어보았다. 말몰이꾼도 나와 같았다. 다시 길 가는 사람에게
물어보았다. 그는 말몰이꾼과 같이 빙긋이 웃었다. 말을 채찍질해 동쪽으
로 갔다. 갑자기 멀리 보였던 풍경이 눈앞에 나타났다. 그런데 해질녘 강
의 안개 낀 풍경처럼 보였던 것은 황혼의 어두움 때문이었고, 희미하게 돛
대처럼 보였던 것은 허물어진 초가집이 장마를 겪은 다음 마룻대와 기둥
만 남은 채 서 있는데 가난한 백성이 지붕을 잇지 못한 모습이었다. 도롱
이 입고 삿갓 쓴 노인은 산골짜기에서 나오는 사냥꾼이고, 물고기는 꿩을
낚싯대는 지팡이를 잘못 본 것이었다. 심지어 청둥오리는 검은 갈까마귀
를 잘못 본 것이었고, 그물은 들판에 사는 백성이 얼기설기 짜놓은 울타리
를 잘못 본 것이었다. 길 가던 사람이 빙긋이 웃은 까닭은 내가 잘못 본 것
을 안 것이었다. 곤주(昆珠)의 주막집 등불 아래에서 적는다.

— 『영처문고』 1, 〈70리 눈길을 기록하다(七十里雪記)〉

70리 길을 가는 동안 만난 눈 내리는 날의 정취와 감상을 참으로 아름
답게 그린 산문이다. 특히 드넓은 들판에서 바라본 풍경의 착시와 자신의
눈앞에 드러난 실경을 친근하면서도 경쾌하게 묘사하고 있다. 이 글을 쓴
계미년은 1763년으로, 이덕무의 나이 스물세 살 때다. 그가 젊은 시절부
터 진경을 묘사하는 빼어난 솜씨와 탁월한 재능을 갖추고 있었음을 알 수
있다.

또 이덕무는 산문뿐만 아니라 소품(小品) 역시 대가의 면모를 갖추고 있
었다. 소품이란 일상생활과 신변잡기를 소재로 삼아 산문보다 짧은 분량
과 간결한 형식으로 묘사한 글을 말한다. 특히 '선귤당에서 크게 웃는다'
는 뜻의 「선귤당농소」는 이덕무가 지은 소품 모음집으로, 가히 백미라고

할 수 있다. 이곳에서 만날 수 있는 봄날 비 개인 계곡의 풍경을 표현한 소품들은 붓으로 그린 한 폭의 진경산수화를 보는 듯 아름답기 그지없다.

3월 푸른 계곡에 비 개고 햇빛 따사롭게 비쳐 복숭아꽃 붉은 물결이 언덕에 넘쳐 출렁인다. 오색 빛깔 작은 붕어는 지느러미를 재빨리 놀리지 못한 채 마름 사이를 헤엄치다가 더러 거꾸로 섰다가 더러 옆으로 눕기도 한다. 물 밖으로 주둥아리를 내밀며 아가미를 벌름벌름하니 참으로 진기한 풍경이다. 따사로운 모래는 맑고 깨끗해 온갖 물새 떼가 서로 서로 짝을 지어서 바위에 앉거나 꽃나무에서 지저귀고, 날개를 문지르고, 모래를 끼얹거나 자신의 그림자를 물에 비춰본다. 스스로 자연의 모습으로 온화함을 즐기니 태평세월이 따로 없다. 가만히 지켜보고 있노라면, 웃음 속에 감춘 칼과 마음속에 품은 화살과 가슴속 가득 찬 가시가 한순간에 사라짐을 느낀다. 항상 내 뜻을 3월의 복숭아꽃 물결처럼 하면, 물고기의 활력과 새들의 자연스러움이 모나지 않은 온화한 마음을 갖도록 도와줄 것이다.

— 「선귤당농소」

복숭아 꽃 물결과 오색 빛깔의 붕어와 물새 떼가 연출하는 진기한 풍경이 그림처럼 다가오는 소품이다. 그리고 자연의 풍경을 지켜보는 가운데 자연에 동화되어버린 이덕무 자신의 심정과 감상이 잘 나타나 있다.

진경 산문과 소품은 이덕무의 벗이자 문학 동인이었던 백탑파 사람들에게서도 어렵지 않게 찾아볼 수 있다. 먼저 유득공이 이덕무, 박지원과 더불어 한양 도성을 구경하며 지은 산문을 보자. 이 글은 18세기 당시 한양의 진경을 기가 막히게 묘사한 산문 작품이다.

경인년(庚寅年, 1770) 3월 3일, 연암(박지원)과 청장관(이덕무)과 어울려 삼청동(三淸洞)으로 들어가 창문(倉門) 돌다리를 건너 삼청전(三淸殿)의 옛터를 찾아갔다. 그곳에는 오랫동안 내버려두어 황폐해진 밭이 있었는데, 세상 온갖 꽃들이 활짝 피어 있었다. 자리를 잡아 앉았더니 녹색 물이 옷을 물들였다. 청장관은 풀이름을 많이 알고 있다. 내가 이런 저런 풀을 뜯어 물어보았다. 그가 대답하지 못하는 풀은 없었다. 이에 수십 종의 풀이름을 기록했다. 청장관은 어떻게 그토록 해박하고 고상할까? 해질녘에 술을 사서 마셨다.

다음 날에는 남산에 올라갔다. 장흥방(長興坊)을 거쳐서 회현방(會賢坊)을 뚫고 걸어갔다. 남산 부근에는 옛적 재상들이 거처했던 집이 많다. 무너진 담장 안에는 늙은 소나무와 전나무가 당당하게 남아 있었다. 높은 언덕에 올라가 시험 삼아 바라보았다. 백악(白岳, 북악산)은 둥글고 뾰족하게 서 있는 형세가 마치 모자를 뒤집어 쓴 모양과 같다. 도봉산은 삐죽삐죽 솟은 형세가 마치 투호 병에 꽂혀 있는 화살이나 필통에 붓이 놓여 있는 모양과 같다. 인왕산은 마치 사람이 인사하면서 두 손을 놓았지만 그 어깨는 아직 구부정하게 하고 있는 모습과 같다. 삼각산은 사람의 무리가 공연을 관람하는 자리에 키가 큰 사람 하나가 등 뒤에서 고개를 숙이고 내려다보는데, 여러 사람의 갓이 그 사람의 턱에 닿아 있는 모습과 같다. 한양도성 안의 집들은 마치 검푸른 빛의 밭을 새로 갈아서 반짝반짝하는 모양이고, 큰길은 마치 기다란 하천이 들판을 갈라놓고 굽이굽이마다 그 모습을 드러내고 있는 형세다. 사람과 말은 그 하천 속에서 돌아다니는 물고기와 새우와 같다.

도성의 가구 수는 8만 호다. 그 속에서 이 순간 함께 노래하고, 함께 울고, 함께 술 마시고 밥 먹고, 함께 장기나 바둑을 두고, 함께 칭찬하고 헐뜯고, 함께 어떤 일을 하고 있다. 높다란 곳에 있는 사람에게 그 모습을 관람하게 한다면 한바탕 웃음을 터뜨릴 것이다. ……

다시 그 다음 날에는 경복궁의 옛 궁궐 안으로 들어갔다. 궁궐의 남문 안에는 다리가 있다. 다리 동쪽에는 천록(天祿) 석상 두 개가 있고 다리 서쪽에는 한 개가 있다. 그 천록은 비늘과 갈기가 꿈틀거리는 듯 조각이 훌륭하다. 남별궁(南別宮)의 뒷마당에는 등에 구멍이 뚫린 천록이 한 마리이다. 남문 다리에 있는 천록과 꼭 닮았다. 필경 다시 서쪽에 있던 천록 석상을 옮겨 왔을 것이다. 그러나 내 생각을 입증할 만한 자료는 없다.

다리를 건너 북쪽으로 갔다. 근정전 옛터가 보였다. 근정전의 섬돌은 3층으로 동쪽과 서쪽 모서리에는 암컷과 수컷 개의 석상이 놓여 있다. 암컷 개의 석상은 새끼를 한 마리 안고 있다. 신승 무학대사가 남쪽 왜구가 침략하면 짖도록 만든 석상이다. 세상에는 개가 늙으면 그 새끼가 뒤를 이어 짖도록 했다는 이야기가 전해오고 있다. 그러나 임진년의 화마를 모면하지 못하였다. 저 돌로 만든 개의 죄라고 해야 할까? 전해오는 이야기는 믿을 만한 것이 못 된다. 근정전의 좌우에 놓인 돌로 만든 이무기의 위에는 작은 웅덩이가 있다. 나는 최근에 『송사(宋史)』를 읽었다. 그래서 그 웅덩이가 제왕의 좌우에 자리해 역사를 기록하는 사관의 연지(硯池)라는 사실을 알았다.

근정전을 돌아서 북쪽으로 갔다. 일영대(日影臺)가 자리하고 있었다. 일영대를 돌아서 서쪽으로 갔다. 경회루의 옛터가 나타났다. 이 옛터는 연못 가운데 있다. 부서진 다리가 있어서, 그것을 통해 경회루의 옛터로 갈 수 있었다. 조마조마한 마음으로 건너자니 나도 모르는 사이에 땀이 날 지경이었다. 누각의 기둥과 주춧돌은 높이가 세 길 정도 되었다. 무릇 기둥이 48개인데, 그 가운데 여덟 개는 부서졌다. 바깥 기둥은 네모진 모양이고, 안쪽 기둥은 둥근 모양이다. 기둥에는 구름과 용의 형상이 새겨져 있었다. 유구국의 사신이 말한 이른바 세 가지 장관 중의 하나가 바로 이것이다. 연못의 물은 푸르고 맑아서 살살 부는 바람에도 잔물결이 일었다. 연꽃송이와 가시연 뿌리가 가라앉았다가 떠오르고 흩어졌다가 합해졌다. 작은 붕어들이 물이 얕은 곳에 모여서 거품을 뿜고 노닐다가 사람의 발자국 소리라도 듣게 되면 얼른 숨었다가 다시 나타나곤 하였다. 연못에는 두 개의 섬이 있다. 그곳에 심어놓은 소나무가 쭈뼛 솟은 채 무성한 잎을 뿜내고 있었다. 소나무 그림자가 물결을 갈랐다. 연못 동쪽에는 낚시하는 사람이 있었다. 연못 서쪽에는 궁궐을 지키는 내시가 손님과 어울려 과녁을 향해 활을 쏘고 있었다. ……

동쪽 담장을 빙 돌아 걸었다. 삼청동의 석벽이 구불구불 모습을 나타냈다. 담장 안의 소나무는 모두 열 길이나 되고 황새와 참새와 해오라기가 깃들어 있었다. 그 빛깔이 순백인 새도 있고, 거무스름한 빛을 띠고 있는 새도 있고, 연한 붉은빛이 도는 새도 있었다. 머리에 볏을 드리운 새도 있고, 부리가 마치 수저와 같은 새도 있고, 꼬리가 마치 솜과 같은 새도 있었다. 알을 품고 엎드려 있는 새도 있고, 나뭇가지를 물고 날아드는 새도 있었다. 서로 다투기도 하고 어울려 노닐기도 하는데 그 소리가 시끌벅적하다. 소나무 잎은 모두 시들어 있었다. 소나무 아래에는 떨어진 깃털과 빈 새알 껍데기가 가득했다. 우리의 도성 유람에 따라나선 윤생(尹生)이 돌팔매질을 해 순백의 빛깔을 지닌 새 한 마리의 꼬리를 맞추었다. 새떼가 놀라 일제히 날아오르자 그 모습이 마치 하늘을 가득 덮은 눈(雪)과 같았다. 서남쪽으로 걸어가자 채상대(採桑臺)의 비석이 놓여 있었다. 정해년(丁亥年)에 임금님께서 몸소 누에를 치던 곳이다. 그 북쪽에는 폐허가 되어버린 못이 있다. 내농포(內農圃)에서 벼를 심어 농사짓던 곳이다.

위장소(衛將所)에 들어가 찬 물을 퍼서 마셨다. 마당에는 수양버들이 많다. 수양버들에서 떨어진 버들섬이 비로 쓸어야 할 정도로 수북했다. 그곳의 선생안(先生案)을 빌려서 보았다. 호음(湖陰) 정사룡이 첫 머리에 자리하고 있었다. 그 편액 위에 또한 정사룡이 지은 시가 있었다. 다시 궁궐도를 꺼내 살펴보았다. 경회루는 무릇 서른다섯 칸이었다. 궁궐의 남문은 광화문(光化門)이다. 북문은 신무문(神武門)이다. 서문은 연추문(延秋門)이다. 동문은 연춘문(延春門)이다.

— 유득공, 『영재집(泠齋集)』,〈봄날 도성을 유람하다(春城遊記)〉

1770년 봄날 며칠 동안 삼청동, 남산, 경복궁 등지를 돌아다니면서 노닌 한양의 명승지 풍경을 유득공 특유의 섬세한 감성으로 표현한 진경 산문이다. 특히 남산의 높은 언덕에서 바라본 백악(북악), 도봉산, 인왕산, 삼각산(북한산)에 대한 형상 묘사는 절묘하기 짝이 없다. 그리고 임진왜란 때 파괴되어 아직 복구하지 못한 채 폐허로 남아 있는 경복궁 내 여러 유적의 실경과 석벽을 따라 삼청동을 거닐면서 담장 안 소나무에 앉아 있는 황새와 해오라기의 다채로운 모습을 기묘하게 표현했다.

또한 이덕무의 스승이자 벗이었던 박지원이 말 위에서 바라본 무지개를 보고 적은 글을 보면, 이들이 얼마나 진경 묘사에 뛰어난 문장가였는지를 알 수 있다.

봉상촌(鳳翔村)에서 하룻밤을 묵고 새벽녘에 강화로 들어갔다. 5리쯤 가다보니 그제야 하늘이 밝아졌다. 그런데 한 점 구름도 한 올 아지랑이도 보이지 않다가 해가 겨우 하늘에 한 자쯤 떠오르자 갑자기 먹구름 한 점이 까마귀 머리만 하게 해를 덮었다. 잠깐 동안에 해의 절반을 가려서 어두침침해져버렸다. 그러다가 한을 품은 듯 근심을 품은 듯 얼굴을 찌푸리며 불안한 것 같더니 빛줄기를 거침없이 뿜어대는데 모두 혜성을 이루었다. 성난 폭포수가 물줄기를 분출하듯 하늘로 내리쏘았다.

바다 밖 여러 산에는 제각각 작은 구름이 모습을 드러내고 멀리 서로 호응해 뭉게뭉게 독을 머금었다. 간혹 번개가 내리쳐 해 아래에서 번쩍이며 위엄을 부려 요란한 소리를 냈다. 잠시 후 온 세상이 검은빛으로 뒤덮였는데, 번개가 번쩍하고 나서야 겹겹이 주름진 구름이 수천의 꽃가지와 수만의 꽃잎을 이루어 옷 가장자리에 가늘게 선을 돌려 덧댄 듯 꽃에 달무리가 드리운 듯 제각각 깊고 얕았다. 뇌성이 찢어질 듯해 흑룡이 뛰쳐나오지 않을까 싶은 의혹이 일었으나, 빗줄기는 심하게 퍼붓지 않았다. 저 멀리 연안(延安)과 배천(白川) 사이를 바라보니, 빗줄기가 명주 필을 드리워놓은 것 같았다.

말을 재촉해 10여 리를 더 갔다. 갑자기 햇빛이 뛰쳐나와 점차 날이 밝고 고와졌다. 사나운 먹구름은 상서로운 구름으로 변해 오색찬란한 기운이 가득 찼다. 말 머리 위로 기운이 한 장(丈)이 넘게 뻗어 엉긴 기름처럼 누르스름해 보였다. 잠깐 손가락으로 가리키고 있는 사이에 갑자기 붉고 푸른빛으로 변해 하늘 높이 치솟아 올랐다. 그 모습은 마치 문을 본떠 지나다닐 수 있을 듯하고 다리를 본떠 건너다닐 수 있을 듯하였다. 처음 말 머리 위에 떠올라 손으로도 만질 수 있을 듯하다가도 앞으로 나가면 나갈수록 더욱 멀어져갔다. 문수산성에 당도해 산기슭을 돌아서 강화부의 외성을 바라보았다. 강을 둘러싼 백 리 연안에 하얀 석회를 바른 성첩(城堞, 성가퀴. 성 위에 낮게 쌓은 담)이 햇빛 아래 빛을 발하고 있었다. 그런데 아까 본 무지개발은 여전히 강 가운데 내리꽂혀 있다.

— 박지원, 『연암집』, 〈말 머리 위에 뜬 무지개를 보고 적다(馬首虹飛記)〉

일출과 동시에 나타난 먹구름 한 점이 점차 커져서 해의 절반을 가려 어두침침해지자 하늘에서는 거침없이 빛줄기를 뿜어대고 우렛소리는 귀를 찢을 듯 요란하다. 그런데 그곳에서 10여 리를 더 나아가니 사나운 먹구름이 걷히고 오색찬란한 기운이 가득 찼다. 무지개다. 그 모습은 마치 문(門)처럼 혹은 다리〔橋〕처럼 보인다. 말 머리 위에 떠오른 듯해 손으로 만질 수 있을 것 같으나 다가갈수록 멀리 달아날 뿐이다. 마치 무지개를 처음 본 어린아이처럼 풍경 묘사가 경쾌하고 발랄하며 맑고 깨끗한 산문이다. 앞서 말했던 동심의 미학이란 이런 것이 아닐까?

박제가가 스무 살때 관서(關西) 지방 최고의 명승지라고 일컫던 묘향산(妙香山)을 유람하다가 검무를 구경하고 쓴 〈검무기(劍舞記)〉는 자연 풍경의 묘사 못지않게 이들이 당대의 풍속과 풍습 묘사에도 뛰어난 역량을 발휘했다는 사실을 다시금 보여준다.

두 명의 기생이 검무를 추었다. 융복(戎服)을 입고 전립(氈笠)을 썼다. 잠시 절을 하는가 싶더니 돌아서서 마주 보고 서서히 일어났다. 이미 스치듯 귀밑머리를 매만지고 다시 옷깃을 여미다가 버선발을 들어 치마를 살짝 차고 소매를 들어올렸다. 칼이 앞에 놓여 있었지만 눈길도 주지 않고 한가로이 빙빙 돌며 오로지 자신의 손만 바라보았다.

방의 구석진 곳에서 음악을 연주하기 시작하였다. 북소리가 높고 피리소리는 맑았다. 이 순간 두 기생이 일제히 나와 한참 동안 서로 겨루듯 맞서더니 소매를 펼쳐 합쳤다가 어깨를 나란히 하여 갈라섰다. 이내 소매를 나부끼며 앉았는데 눈은 칼을 주시하면서 잡으려고 하다가 잡지 않고 아끼고 다시 아끼며 다가서다가 갑자기 물러나고 잡으려다가 갑자기 놀랐다. 마치 칼을 잡으려고 하다가 다시 놓아두니 허망하게 그 빛을 붙잡았다가 잠깐 사이에 그 옆을 가로챘다. 소매는 칼을 쓸어버리는 듯 보였고 입은 칼을 물려고 하는 듯 보였다. 겨드랑이로 늡고 등으로 일어났다. 몸을 앞으로 숙였다가 뒤로 젖혔다. 의상과 허리띠에서부터 머리카락에 이르기까지 휘날리지 않은 것이 없었다.

갑자기 기세가 꺾여 열 손가락은 마치 아무 힘이 없는 것처럼 하고 거의 쓰러질 듯하다가 다시 일어났다. 바야흐로 춤사위가 빨라지자 손은 마치 실을 띃은 끈을 흔드는 것 같더니 뒤집듯이 일어났다. 칼은 어디에 숨겼는지 알 수 없었다. 고개를 들어 던지니 칼 두 자루가 마치 서리처럼 떨어졌다. 느리지도 않고 빠르지도 않게 공중에서 칼을 낚아챘다. 칼날로 팔뚝을 자로 재는 것처럼 고개를 들고 물러났다. 휙휙 바람 소리가 날 만큼 빠르게 서로를 공격하는데 용맹하기가 마치 칼로 찌르는 것 같았다. 칼이 몸에 닿는데 한 치도 되지 않았다. 찌를 듯 말 듯 하는 춤사위가 마치 서로 양보하는 모습처럼 보였다. 번쩍하다가 다시 사라지는 칼은 마치 보이지 않는 듯했다. 끌어당기면서 펴지 않고 묶으면서 풀지 않아 서로 합하면 네 자루의 칼이 되고 나누어지면 두 자루의 칼이 되었다. 칼의 기운이 벽에 비쳐서 마치 거친 파도 속에서 꿈틀거리는 용과 고기의 형상이 되었다.

갑자기 갈라져서 한 명은 동쪽에 한 명은 서쪽에 나누어 섰다. 서쪽의 기생은 칼을 땅에 꽂고 손을 드리운 채 서 있었다. 동쪽의 기생이 달려들어 칼을 날개 삼아 내달아 옷을 찌르고 고개를 들어 뺨을 베었다. 서쪽의 기생은 꼼짝하지 않고 서서 얼굴빛 하나 변하지 않았다. 마치 용맹한 초나라 사람의 자질을 품고 있는 것 같았다. 내달려온 동쪽의 기생이 한번 펄쩍 뛰어 서쪽의 기생 앞에서 용맹을 자랑하고 무예를 과시하다가 돌아갔다. 가만히 서 있던 서쪽의 기생이 동쪽의 기생을 쫓아와 보복하려고 하는데, 마치 말이 히힝 대듯 몸을 번쩍 들어 갑자기 성난 돼지처럼 머리를 숙이고 곧바로 달려들었다. 비를 무릅쓰고 바람을 맞으며 달려드는 형상과 같았다. 싸우려고 해도 싸울 수 없고 멈추려고 해도 멈출 수 없었다. 두 어깨를 갑자기 부딪치고 각자 생각지도 않게 발꿈치를 따라 돌았다. 마치 돌쩌귀와 베틀이 빙빙 돌아가는 것 같았다. 순식간에 동쪽의 기생이 서쪽에 서 있고 서쪽의 기생이 동쪽에 서 있다. 일시에 몸을 돌리는 바람에 서로 이마가 부딪칠 듯 얼굴이 위에서 내려오고 아래에서 올라왔다. 칼이 눈을 어지럽히는데 얼굴은 보이지 않았다. 혹은 자신의 몸을 가리키며 그 능숙함을 과시하고, 혹은 허공을 맞이하며 그 자태를 다 보여주었다. 사뿐사뿐 걷다가 훌쩍 뛰어오르는 춤사위가 마치 땅을 밟지 않은 것처럼 보였다. 잔뜩 폈다가 오므리면 남은 기운이 막힘없이 탁 트이는 듯 했다. 무릇 부딪치는 것, 던지는 것, 나아가는 것, 물러서는 것, 자리를 바꿔 서 있는 것, 떨치는 것, 부여잡는 것, 빠른 것, 느린 것이 모두 음악의 가락에 그 수를 따랐다.

이윽고 쟁그랑 금옥(金玉) 소리가 울렸다. 그러자 칼을 던지고 절을 하며 춤사위를 마무리하였다. 사방의 좌석은 텅 빈 듯 고요하기만 할 뿐 아무도 말이 없었다. 음악이 끝날 쯤에는 여음이 미세하게 흔들리며 소리를 이끌었다. 처음 검무를 시작해 절할 때 왼손은 가슴에 두고 오른손은 전립을 잡아 천천히 일어섰다. 자신의 몸조차 가누지 못할 것만 같은 춤사위가 시조리(始條理)이다. 귀밑털이 헝클어지고 옷자락이 뒤집어져 순식간에 굽어보고 우러러보다가 갑자기 칼을 내던지는 춤사위가 종조리(終條理)이다.

— 박제가, 『정유각집』, 〈검무기〉

166

단원 김홍도와 더불어 18세기 조선을 화폭에 담았던 풍속화의 대가 혜원 신윤복의 그림 중에 〈검무도(劍舞圖)〉가 있다. 이 그림을 보면 검무를 추는 두 여인의 모습이 매우 역동적으로 그려져 있다. 박제가의 〈검무기〉에서도 두 명의 기생이 춤을 추는데, 검무를 추는 모습이 마치 눈앞에서 보는 듯 동작 하나하나가 생동감이 넘친다. 그런데 신윤복의 〈검무도〉와 박제가의 〈검무기〉를 함께 보고 있으면 각각 다른 묘미를 느낄 수 있다. 신윤복의 〈검무도〉가 검무를 추는 장면의 한 순간을 포착해 찍은 한 컷의 사진과 같다면, 박제가의 〈검무기〉는 검무를 추는 전 과정을 촬영한 한 편의 동영상이 담고 있는 내레이션과 같다고 할까? 어쨌든 박제가 산문의 백미라고 할 수 있는 〈검무기〉를 읽어보면, 당시 이덕무와 백탑파 문인들의 진경 산문이 어느 경지에 이르렀는지 알 수 있다.

작고양금과 법고창신

앞서 살펴본 대로, 이덕무의 시문은 새롭고 참신하며 독특하고 개성적인 자신만의 작풍을 지니고 있었다. 그래서 『한객건연집』을 읽은 청나라의 반정균은 "평범한 길을 쓸어버리고 별도로 다른 길을 열었다"고 평했다. 이덕무 역시 이러한 반정균의 평가에 대해 한껏 자신감을 드러내며 자신의 작풍이 중국의 고문(古文)과는 다른 길을 걷고 있다는 사실을 자랑하기도 했다. 이와 관련한 시 한편이 『청장관전서』에 〈반정균이 비평한 시권에 쓰다(題香祖評批詩卷)〉라는 제목으로 남아 있다. 그는 스스로 여기에 "유금이 중국에 갔을 때 『건연집』을 초(抄)해서 반정균에게 주었다. 반정균이 기뻐하며 평론했으므로 이 시를 보낸다"는 설명을 달아놓았다.

한나라와 위나라를 본받아 따라봤자 참 마음만 잃을 뿐　專門漢魏損眞心

나는 지금 사람이기에 또한 지금을 좋아할 뿐이네　我是今人亦嗜今

만송(晚宋)과 만명(晚明) 사이의 별다른 길을 개척했다는　晚宋晚明開別逕

난공(蘭公, 반정균)의 한마디 말은 나를 알아본 것이지　蘭公一語托知音

— 『아정유고』 3, 〈반정균이 비평한 시권에 쓰다〉

그러나 이덕무의 작풍은 중국의 고문을 문장의 전범처럼 추앙하던 당시 사대부들로부터 숱한 비난을 샀다. 그를 '나의 스승'이자 '천지가 생긴 이래 드문 사이'라고 말한 박제가는 『아정집(雅亭集)』에 서문을 쓰면서, 당시 사람들이 이덕무의 글을 두고 조롱하고 헐뜯을 줄만 알았지 그를 제대로 보는 사람은 거의 없다고 한탄했다. 그렇다면 이덕무는 과연 옛것 곧 중국의 고문을 배척했을까? 아니다. 그는 옛것을 배우고 익히는 것을 결코 배척하지 않았다. 오히려 평생 동안 옛 문인과 학자들이 남긴 시문과 사상을 배우고 익히는 독서인의 삶을 살았다. 다만 옛것을 비슷하게 모방하거나 그대로 답습하는 일을 배척한 것이다. 그는 옛것을 그대로 답습하는 짓을 인면창(人面瘡), 즉 사람 몸에 나는 종기나 부스럼이라고까지 질타했다.

옛 사람을 답습한 글을 인면창, 즉 사람의 몸에 나는 종기나 부스럼이라고 한다. 무슨 물건을 치료약 대신 사용하여 재빨리 그 사람의 입을 막아 버려야 할지 모르겠다.

— 『이목구심서』 2

그럼 옛것을 배우고 익히되 모방하거나 답습하지 않으면서 자신만의 독특하고 개성적인 글을 쓸 수 있는 방법은 무엇인가? 바로 스스로 깨달아

터득하는 것이 있어야 한다. 다름 아닌 '자득(自得)'의 미학'이다. 이덕무는 이에 대해 '작고양금(酌古量今)'이라 했고, 박지원은 이를 두고 '법고창신(法古創新)'이라고 했다. 먼저 '작고양금'이란 "스스로 옛것을 참작하면서도 지금 것을 헤아린다"는 글쓰기의 철학이다.

> 세속을 벗어난 선비는 하는 일마다 옛것만을 따르려고 한다. 세속에 따라 사는 사람은 하는 일마다 지금 것만을 좇으려고 한다. 서로가 서로에 대해 몹시 분개하며 배격하니 중도(中道)에 들어맞기 어렵다. 스스로 '옛것을 참작하면서 지금 것을 헤아린다[酌古量今]'라는 좋은 방도를 바탕으로 삼는다면, 사군자(士君子)가 중정(中正)의 학문을 하는 데 무슨 해로움이 있겠는가?
>
> — 『영처잡고(嬰處雜稿)』 1, 〈세정석담(歲精惜譚)〉

즉 옛것을 참작하되 맹목적인 존중이나 추종에서 벗어나 스스로 지금의 것, 곧 자신만의 문학 세계를 깨달아 체득해야 한다는 뜻이다. 그러므로 아무리 좋은 문장이라도 옛 사람의 글을 흉내 내거나 본뜨는 것은 자신의 글을 짓는 것만 못하다. 그 까닭은 무엇인가? 천연스러움과 참다움을 잃어버린 인위적이고 작위적인 글이기 때문이다. 앞서 '영처의 미학'에서 밝혔듯이, 이덕무에게 자연스러움과 천진함을 잃어버린 문장은 아무리 좋고 훌륭하다고 하더라도 살아 있는 글이 아닌 죽은 글일 뿐이다.

> 비록 남의 것을 본뜨고 모방하는 것이 삼매(三昧)의 경지에 이르렀다고 해도, 각자 자신의 문장을 갖고 있는 것만 못합니다. 자신의 문장을 갖고 있는 사람은 비록 우맹(優孟)이 손숙오(孫叔敖)를 비슷하게 모방하던 수

단은 없다고 해도 오히려 천연의 참다움은 많고 인위적인 꾸밈은 적다고 할 수 있습니다. 그대와 같은 사람은 인위적인 꾸밈은 많고 천연적인 참다움이 적습니다. 문장은 하나의 조화입니다. 조화를 어찌 구속하고 얽어매고 본뜨고 모방할 수 있겠습니까! 무릇 사람은 모두 제각각 한 가지의 문장을 갖추고 있습니다. 더욱이 그 가슴 속에는 가득 글을 품고 있습니다. 사람의 얼굴이 제각각이어서 서로 닮지 않은 이치와 같습니다. 만약 문장과 글이 같아야 한다는 것을 강요한다면, 그것은 판각으로 찍어낸 그림이요 과거 시험을 보는 사람의 모범답안과 다르지 않습니다. 여기에 어찌 기이한 것이 있겠습니까! 그렇더라도 어찌 내가 옛 사람의 체법을 다 버려야 한다고 말할 수 있겠습니까. 그러나 그것은 옛 사람의 체법에 얽매여서 스스로 아무것도 마음대로 하지 못하는 그대와는 다릅니다. 체법이란 스스로 법을 법 삼지 않는 가운데 스스로 갖추어지게 되는데, 어찌 그 법을 모두 버리라고 말할 수 있겠습니까.

— 『이목구심서』 1

따라서 좋은 문장이란 자연스러움과 천진함이 온몸에 스며들어 자신의 감정과 마음이 가는 대로 언제 어느 곳에서나 글이 나올 때 이루어진다. 그것은 "삶의 본연과 천진을 깎아버리는 일이 없이, 진부하고 낡은 잔재들을 버리는 것"이기도 하다. 옛 사람의 글 쓰는 법과 길을 완전히 버리는 것은 옳지 않지만 그대로 따르는 구속을 받아서는 더더욱 안 된다. 스스로 오묘하게 풀어내고 투철하게 깨우칠 뿐으로, 각자가 어떻게 또 얼마나 잘 터득하느냐에 달려 있을 뿐이다. 이렇게 본다면, 이덕무가 전하는 글쓰기의 철학은 분명하다. 옛 사람의 글을 배척하지 마라. 오히려 열심히 배우고 익혀라. 그러나 그 글이 아무리 좋고 뛰어나다고 하더라도 본뜨거나 흉내 내려고 하지 마라. 또 억지로 꾸미려거나 인위적으로 지어내려고 하지도 마라. 그냥 자신의 진실한 정감과 참다운 마음을 표현하는 데 힘써라! 그러다 보면 자연스럽게 자신만의 글을 갖게 될 것이다.

이덕무의 '작고양금'이 옛것과 지금의 것 곧 새로운 것의 조화를 모색하면서 창조적인 글쓰기를 강조했듯이, 박지원은 '고(古)'와 '금(今)'의 변증법을 '법고창신'이라는 철학으로 풀어냈다. '법고창신'이란 문자 그대로 "옛것을 바탕으로 삼되 새롭게 창조한다"는 뜻이다. 이러한 박지원의 글쓰기 철학은 박제가의 시문집에 써준 서문에 고스란히 남아 전해오고 있다. 이 서문은 박제가 나이 스물셋 때 써준 것이다. 박지원이 박제가보다 열세 살이 많으니, 박지원의 나이 서른여섯 살 때다.

어떻게 문장을 지어야 하는가? 이 문제를 논하는 사람들은 반드시 옛것을 본받아야 한다고 말한다. 이 때문에 세상에는 옛것을 흉내 내거나 모방하면서도 부끄럽게 여기지 않는 사람들이 생겨나게 되었다. 이것은 왕망(王莽)의 『주관(周官)』으로 예악을 제정할 수 있으며, 공자와 얼굴이 비슷한 양화(陽貨)를 두고 오랜 세대의 스승이라고 하는 꼴이다. 어찌 옛것을 본받는다고 해서 문장이 되겠는가? 그렇다면 새롭게 창조하는 것이 옳다고 할 수 있지 않은가? 이 때문에 세상에는 괴상한 헛소리를 지껄이며, 도리에 어긋나고 편벽되게 문장을 지어 놓고도 두려워할 줄 모르는 사람들이 생겨나게 되었다. 이것은 마치 도량을 재는 기구보다 세 발이나 되는 장대가 낫고, 한나라 무제(武帝) 때 노래를 잘하기로 소문난 이연년(李延年)의 새로운 노래를 종묘 제사 때 부르는 꼴이다. 어찌 새롭게 창조한다고 문장이 되겠는가? 그렇다면 어떻게 해야 옳은 것인가? 앞으로 나는 어떻게 해야 하는가? 문장을 짓는 일을 그만두어야 하는가? 이른바 옛것을 본받는다고 하는 사람의 큰 병폐는 옛것의 흔적에만 얽매이는 것이다. 또 새롭게 창조한다고 하는 사람의 큰 병폐는 지켜야 할 내용과 형식을 해치는 것이다. 참으로 옛것을 본받으면서도 변화에 통달할 수 있고, 또한 새롭게 창조하면서도 내용과 형식에 잘 맞추어 글을 지을 수만 있다면, 그러한 글이야말로 바로 지금의 글이자 옛 글이기도 하다."

— 박지원, 『연암집』, 〈초정집 서문(楚亭集序)〉

박지원이 말한 '법고창신'의 요체는 위에서 인용한 글 끝머리에 나오는 '법고이지변(法古而知變)' 곧 옛것을 본받으면서도 변화에 통달할 수 있고, '창신이능전(創新而能典)' 즉 새롭게 창조하면서도 내용과 형식에 잘 맞추어 글을 짓는다는 것이다. 옛것을 본받되 옛것의 틀에 얽매여 구속받지 않도록 시대에 따라 변화할 줄 알아야 하고, 새롭게 창조하되 제멋대로 아무렇게나 글을 짓지 않도록 항상 글의 품격을 지켜야 한다는 것이다. 이렇듯 '고(古)'와 '신(新)'이 통섭하는 글이라면 구태여 '법고'가 옳다느니 '창신'이 옳다는 등의 시시비비를 가릴 필요가 없다. 그리고 박지원은 '고'와 '신'이 통섭하는 좋은 글의 사례로 이덕무를 높여 칭찬했다.

문장을 지을 때 제자백가의 서적에서 널리 채취해 스스로 일가를 이루었다. 홀로 깊이 탐구해 독창적인 조예에 이르렀고, 진부한 것은 결코 좇아 배우지 않았다. 기이하고 날카로웠지만 진실함과 절실함에서 벗어나지 않았다. 순박하고 성실했지만 어리석거나 변변치 않거나 평범한 수준으로 떨어지지 않았다. 수백 수천 년이 지난 후에도 한번 읽어보면 마치 직접 눈으로 보는 것과 같이 아주 또렷할 것이다.

— 박지원, 『연암집』, 〈형암행장〉

이덕무의 '작고양금'과 박지원의 '법고창신'의 글쓰기 철학을 통해 우리는 이 두 사람을 중심으로 모인 지식인 그룹이 중국의 고문을 두루 배우고 철두철미하게 익히면서도, 얼마나 자신들만의 참신하고 독창적인 글쓰기에 몰두했는지를 알 수 있다. 그들은 중국의 고문을 맹목적으로 숭상하고 모방하기에만 급급한 당대 시문의 작풍과 학문 경향을 혁파하고 '지금 여기' 조선의 글을 쓰기 위해 혼신의 힘을 쏟았던 것이다.

제4장

새로 쓴 동아시아 삼국의 문예 비평사

작가 미상, 〈후원아집도(後園雅集圖)〉, 19세기 작품, 현재 국립중앙박물
관 소장.

•

"이덕무가 다른 사람의 시를 읽을 때 가장 기뻐한 순간은 독창적인 표현과 참신한 시풍을 만났을 때
였다. 그는 이 순간을 '청(淸)'과 '신(新)'이라는 평어로 나타냈는데, 그것은 맑고 새롭다는 뜻으로
자신의 느낌과 감정을 꾸미거나 거짓으로 다듬지 않고 자유롭게 표현하는 것이다."

맑은 기운, 창자에 스미고

앞서 이덕무가 '기궤첨신(奇詭尖新)'이라는 참신한 시풍과 미학으로 조선 후기를 대표하는 한시의 대가라는 이름을 얻었다고 소개한 바 있다. 그는 어떻게 그러한 독창적인 시풍과 미학을 습득할 수 있었을까? 그에 대한 해답을 찾으려면 반드시 『청비록(清脾錄)』을 살펴보아야 한다. 『청비록』은 이덕무가 다른 사람의 한시를 해설하고 비평한 일종의 평론집으로, 여기에는 그가 평생 동안 추구했던 한시의 풍격(風格)과 미학의 진면목이 잘 드러나 있다.

그런데 『청비록』이라는 제목에 얽힌 이야기를 따라가다보면, 그가 얼마나 이 책에 혼신의 열정을 쏟았는지 알게 된다. 이덕무의 독서욕과 탐구열이 한시라고 예외일 리 없었다. 조선과 중국의 역대 한시는 물론 일본의 한시까지 두루 섭렵한 그에게 어떤 사람이 심각하게 질문을 던진다. "역대 시 중에서 어떤 것이 가장 좋습니까?" 이에 대한 그의 답변이 걸작이다. "꿀벌은 꿀을 만들 때 꽃을 가리지 않는 법입니다. 만약 꿀벌이 꽃을 가린다면 꿀을 만들지 못할 것입니다. 시를 짓는 것 역시 이와 다르지 않습니다. 하늘과 땅 사이의 영명한 기운은 옛날과 지금이 조금도 다르지 않습니다. 그러므로 그 빼어난 글귀를 채택하여 나의 창자를 씻고자 합니다." 다시 말해 시란 시대에 따라, 계절에 따라, 사람에 따라 각각 다르게 느껴질 수 있기 때문에 어떤 시가 좋고 나쁘다고 가려서는 안 된다는 것이다. 벌이 꿀을 만들 때 꽃을 가려서 취하지 않듯이 시 또한 어느 시대에 어떤 사람이 지었는가를 가려서는 안 되고, 단지 작자의 정신과 지기(志氣) 그리고 빼어난 구절만 채택하면 그만이라는 얘기다. 그렇게 하면 그 빼어난 글귀에서 나오는 맑은〔淸〕 기운으로 자신의 창자〔脾〕를 씻을 수 있다고 해서, 이덕무는 이 책의 제목을 '청비록'이라고 했다. 또한 이덕무는 당나라의 승려 관휴(貫休)의 시까지 인용해 가면서, 빼어난 시구나 마음을 울리는 문장을 만날 때 느끼는 환희를 이렇게 표현했다.

하늘과 땅에 서린 맑은 기운　乾坤有淸氣
시인의 창자 속에 스며드네　算入詩人脾
천 명이나 만 명의 사람 중에서　千人萬人中
한두 사람만 알 뿐이지　一人兩人知

— 『청비록』 1

실제 『청비록』에서 이덕무는 이름 높은 시인이나 훌륭한 문인의 한시 작품에서부터 어린아이나 나무꾼, 기녀(妓女)나 방류(旁流), 이름 모를 시골 노인이나 외국 사람들의 시까지 남녀노소 혹은 신분의 귀하고 천함과 높고 낮음을 가리지 않고 그 시구만 빼어나면 반드시 채집해 기록으로 남겼다.

나는 일찍이 이 시의 공평함에 대해 느낀 점이 있어서 매양 기녀와 방류와 부도(浮屠, 떠돌이 승려)와 어린아이의 시는 물론이고 외국 사람들이 읊은 시이더라도 세상에 드러내고 밝혀서 널리 알리려고 하였다. 다만 쉽게 얻을 수 없는 것이 애석하고 안타까울 뿐이다. 비록 난적(亂賊)의 부류나 비적(匪賊)의 무리라고 할지라도 그 문채가 사람의 마음을 움직인다면 즉

178

시 그 저술을 기록해두곤 하였다.

— 『청비록』 2, 〈유평국(劉平國)〉

예를 들면 이덕무는 한강변에 사는 이름도 모르는 아홉 살 어린아이의 시를 매우 걸출하다고 칭찬하는가 하면, 천한 노비 신분의 나무꾼 정포(鄭浦)에 얽힌 시화(詩話)를 자세히 소개하기도 했다.

갑신년(甲申年, 1764)에 어떤 사람이 호중(湖中)에 사는 아홉 살 어린아이의 시를 가져와서 내게 보여주었다. 그 시는 다음과 같다.

비 올 기미에 봄기운 절정으로 치닫고　雨氣冥冥春欲盡
끝없는 물가 꽃밭에 석양이 비껴 걸렸네　芳洲無限夕陽斜
사시사철 푸른 고목에선 쓸쓸히 꾀꼬리 울고　陰陰古木空黃鳥
또렷한 푸른 산엔 단지 몇 채의 민가뿐이네　歷歷靑山但數家

그 시의 필법(筆法) 역시 수려하고 걸출했다.

— 『청비록』 1, 〈아홉 살 어린아이의 시〔九歲兒詩〕〉

양근(陽根) 고을에 사는 나무꾼 봉운(鳳雲) 정포는 여씨(呂氏)라는 사람의 노비이다. 그런데 그 얼굴 생김새가 예스럽고 괴이하였다. 어렸을 적에 몇 권의 책을 읽었는데 능히 시인의 바탕을 두루 갖추었다. 일찍이 관청에서 배급해주는 쌀을 받으러 간 적이 있었다. 그런데 관청에서는 장부에 그 이름이 누락되어 있다면서 쌀을 배급해주지 않았다. 이로 말미암아 서글프고 우울한 마음에 관청의 누각에 기댄 채로 시 한 편을 읊었다.

산새는 나무꾼의 성(姓)을 알지 못하고　山禽不識樵夫姓
관청의 장부엔 야객(野客)의 이름이 없구나　郡籍曾無野客名
태창(太倉, 광흥창)의 곡식 한 톨도 나누기 어려운데　一粒難分太倉粟
높다란 누각에 홀로 기대 있자니 저녁 연기 피어오르네　高樓獨倚暮煙生

그 시가 마침내 입에서 입으로 흘러 전파되다가 군수의 귀에까지 들어갔
다. 군수는 도무지 믿을 수 없었다. 그래서 그를 불러서 시험 삼아 〈휘영
청 밝은 달 아래에서 빨래하며〔浣紗明月下〕〉라는 시제(時題)를 주고 시를
짓게 하였다. 정포는 즉석에서 시를 지었다. 그 시는 다음과 같다.

흰 돌은 반짝반짝, 달은 비단 비추고　白石磷磷月照紗
들녘 하늘은 물과 같고 물은 모래와 같네　野天如水水如沙
살짝 젖은 연꽃에 겨우 색깔 구분하고　輕沾○藕纔分色
어지럽게 겹친 노을 무늬 미처 꽃이 못 되었구나　亂疊霞紋未作花
교인(鮫人, 인어)의 소반에 진주 구슬, 눈물 아니고　不是鮫盤珠結淚
때마침 매미 날개에 이슬 맺힌 꽃이네　秖應蟬翼露凝華
동쪽 개울의 친구를 불러서 대접하니　招招且待東溪伴
버드나무 드리운 집에서 베틀 놀려 베를 다 짰구나　織罷春機垂柳家

군수는 크게 놀라서 즉시 쌀을 주라고 명령하였다. 마침내 그 명성이 널
리 퍼져서 사대부와 더불어 시를 수작(酬酢)하고 화답하였다. 지금까지 변
함없이 계속되고 있다. 그는 또한 〈동호절구(東湖絶句)〉에서 다음과 같이
읊었다.

동호의 봄 물빛은 쪽빛처럼 푸르고　東湖春水碧如藍

백조 두세 마리 또렷하게 보이네　白鳥分明見兩三

어기영차 노 젓는 한 목소리에 날아가버린 뒤　柔櫓一聲歸去後

해질녘 산빛만 쓸쓸히 물속 가득하구나　夕陽山色滿空潭

―『청비록』3,〈양근 고을의 나무꾼(楊根樵夫)〉

또한 동양위(東陽尉)라 불린 부마(駙馬) 신익성(申翊聖)의 노비들은 시를 잘해 화조(花鳥)를 능수능란하게 읊조린다고 하면서 찬사를 마다하지 않았다.

동양위가 거처하는 궁택(宮宅)의 노비 역시 시를 잘 지었다. 그의 시는 다음과 같다.

떨어진 나뭇잎은 바람 앞에 속삭이고　落葉風前語

차가운 꽃은 비 온 뒤에 훌쩍이네　寒花雨後啼

오늘 밤은 상사몽(相思夢)으로 지새우는데　相思今夜夢

작은 다락 서쪽은 달빛이 하얗구나　月白小樓西

최기남은 호가 귀곡(龜谷)으로 동양위의 궁노(宮奴)다. 그 역시 시집이 있다. 〈한식날 길을 가던 중에(寒食途中)〉라는 시는 다음과 같다.

샛바람 이슬비에 기다란 둑 지나가니　東風小雨過長堤

풀빛 자욱한 안개에 눈앞이 흐릿해지네　草色和煙望欲迷

한식날 북망산 아래 길에서　寒食北邙山下路

들까마귀 날다 백양나무에 앉아 훌쩍이네 野鳥飛上白楊啼

동양위 부자(父子)와 형제 그리고 조손(祖孫)은 문채와 풍채가 모두 뛰어나 재상에 올라도 부끄럽지 않을 만하였다. 그의 노비들 역시 시를 잘 지어서 꽃과 새를 거리낌 없이 읊조렸다.

— 『청비록』 2, 〈시기(詩妓)〉

심지어 역적이나 난적의 죄를 입고 처형당해 모두 꺼리고 피하는 사람이라 할지라도, 그 시가 기이하고 재치 넘치거나 또는 웅장하고 아름답다면 반드시 가려 뽑아 기록했다. 그리고 "사람이 문제가 있다고 해도 그의 시까지 폐기할 필요는 없다"는 남다른 비평을 하기도 했다.

이계는 효령대군의 후예로 호가 명고(鳴皐)이다. 매국(賣國) 역적의 죄를 입고 처형당했다. 참으로 난적(亂賊)의 부류이지만 그 시는 매우 기이하였다. 다음과 같은 시가 그렇다.

뜬구름은 절로 먼 산에 비 내리게 하는데 浮雲自作他山雨
저녁 햇빛은 문득 강 건너편에 무지개 만드네 返照俄成隔水虹

어찌 이렇게 재치 넘치는 생각을 하였을까! 윤휴 역시 난적의 부류이나 다음과 같은 시구는 웅장하고 아름답기 그지없다.

구름 갠 만 개의 나라에서 모두 달을 맞이하고 雲開萬國同看月
꽃 핀 천 개의 고을에서 모두 봄을 만끽하네 花發千村共得春

그러므로 사람이 나쁘다고 해서 그의 시까지 폐기할 필요는 없다

— 『청비록』 1, 〈이계와 윤휴(李烓尹鐫)〉

더욱이 이덕무는 당시 조선의 사대부와 문인들이 오랑캐라고 여겨 무시하고 깔보던 일본의 문필을 공정한 시각으로 비평한 최초의 지식인 중 한 사람이었다.

아아! 조선의 풍속은 협소하고 비루한 까닭에 꺼리거나 싫어해 회피하거나 숨기는 것들이 많다. 문명화가 된 지는 오래되었다고 말할 수 있지만 그 풍류(風流)와 문아(文雅)는 오히려 생각과 행동이 협소하거나 비루하지 않은 일본 사람들만 못하다. 그럼에도 스스로 교만에 빠져 다른 나라를 업신여기고 조롱한다. 나는 이러한 사실이 매우 안타깝다. 현천 원중거가 말하기를 "일본에는 총명하고 영특하고 뛰어난 사람이 많은 까닭에 진정(眞情)을 드러내고 심금(心襟)을 뚜렷하게 밝혀서 붓을 움직여 시문을 짓고 의론(議論)한 것이 모두 귀중하게 여길 만해 결코 버릴 수가 없다. 반면 우리나라 사람들은 일본을 오랑캐라고 무시하거나 업신여겨서 매양 재빨리 달리는 말에서 구경하듯 슬쩍 보고 난 후 그들을 나무라거나 헐뜯는 것만을 좋아한다"라고 하였다. 나는 일찍이 원중거의 이러한 말에 느낀 점이 있어서 다른 나라의 문자(文字)를 보기라도 하면 정성스럽게 간직하고 좋아하기를 마치 마음이 맞는 친구를 만난 것처럼 하지 않은 적이 없었다.

— 『청비록』 1, 〈겸가당(兼葭堂)〉

이덕무는 자신의 마음속에 스며들어 감동을 준다면 그 시를 지은 사람의 시대와 국적, 신분을 가리지 않고 공정하게 평가했다. 이러한 까닭에

『청비록』에는 조선과 중국은 물론 일본의 한시에 대한 시화와 품평도 자주 등장한다. 이전 시대의 여느 시화집(詩話集)과는 달리 동아시아 삼국의 역대 및 당대의 한시를 망라하고 있는 평론집으로, 아마도 한 권의 책에 동아시아 삼국의 한시에 얽힌 시화와 비평을 함께 기록한 것은 이 책이 최초가 아닐까 싶다. 다시 말해 이덕무에 이르러서야 비로소 동아시아 삼국의 문예비평사가 제대로, 새롭게 쓰였다고 말할 수 있는 것이다.

또한 『청비록』은 시 해설이나 시에 얽힌 이야기 위주로 기록된 이전의 시화집(詩話集)보다 훨씬 더 전문적인 방법을 채택해 한시의 시풍과 미학을 설명하거나 평가하고 있다. 그래서 유득공은 『청비록』 이전에는 이러한 전문적인 저서가 없었다고 극찬을 아끼지 않았다. 이덕무가 『청비록』에서 사용한 전문적인 한시 비평 방법은 모두 네 가지인데, 첫째가 변증(辨證), 둘째가 소해(疏解), 셋째가 품평(品評), 넷째가 기사(記事)다.

> 나는 성품상 시를 잘 짓지 못하면서도, 돌이켜보면 그 기예와 재주에 대해 이야기하는 것은 좋아하였다. 이에 한가로이 지내는 동안에도 일찍이 귀와 눈이 닿는 대로 고금의 시구를 손수 기록해 변증과 소해와 품평과 기사 등을 덧붙이곤 하였다. 비록 일정한 차례와 순서가 없어서 어지럽긴 하지만 항상 베개 속에 숨겨둔 채 다른 사람에게 보이지 않고 단지 마음속으로 즐거워할 뿐이다. 이에 『청비록』이라고 이름을 붙였다.
>
> ― 『청비록』 1

변증의 방법은 무엇인가? 그것은 한시의 주제나 소재 혹은 시어 등을 분별하거나 증명하는 것을 말한다. 예를 들면 한시 속의 지기(知己)와 지음(知音)은 시어가 분명이 다른 의미인데도 이를 혼동해 쓰는 것은 잘못이라고 지적하면서, 고사(古事)를 상고해 분별해놓는 식이다.

거문고 소리를 듣고 안다는 뜻의, 자신의 마음속까지 알아주는 친구 사이를 말하는 '지음'은 종자기(種子期)와 백아(伯牙)의 고사에서 비롯되었다. 또 우번(虞翻)은 말하기를 "한 번만이라도 지기(나를 알아주는 벗)를 얻고 난 후 죽는 것이 소원이다"라고 하였다. 사마천은 말하기를 "누구를 위해 할 것인가? 누구에게 들려줄 것인가?"라고 하였다. 모두 천고(千古)에 창자가 끊어질 만큼 서글픈 일이라고 할 만하다. 서첨(舒瞻)은 자가 운정(雲亭)으로 요양 사람이다. 청나라 건륭 4년(1739)에 진사(進士)가 되었다. 그의 시 중에 다음과 같은 시가 있다.

사람이 평생 얻기 어려운 것은 오직 지기이고　人生難得惟知己
천하에서 가장 큰 슬픔은 바로 이별이네　天下傷心是別離

장정석(蔣廷錫)이 고문연(顧文淵)의 『해속집(海粟集)』에 쓴 제사(題辭)는 다음과 같다.

낭묘(廊廟, 의정부)의 노래를 짓지 않고　不作廊廟歌
바로 소인(騷人, 시인과 문사)의 시문이라고 말하네　云是騷人詞
간담(肝膽)에 있는 말을 그대로 드러내고　寫出肝膽語
지기를 얻어 알아주기를 바라네　願得知己知
알아주는 지기를 얻지 못한다면　不得知己知
다른 사람의 조롱도 달게 받겠네　甘受他人嗤

임가기(林佳璣)는 자가 형자(衡者)이다. 그의 시 중에 다음과 같은 시가 있다.

전란을 겪은 뒤로 지기가 없고　千戈亂後無知己
타고 남은 붓과 먹은 고향에 있네　筆墨焚餘有故山

법약진(法若眞)은 자가 황석(黃石)이다. 그의 시는 다음과 같다.

옛날에는 지기가 있었다고 의논하면서　論古存知己
마음과 대화하다 반평생을 그르쳤네　談心誤半生

대체로 지음과 지기는 차이가 있다. 지기는 곧 지심(知心)과 서로 같다. 지음은 서로 문사(文詞)와 기예(技藝)를 알아주는 것일 뿐이다. 그러나 예전 사람들은 지음과 지기를 뒤섞어서 일컬었다. 내가 일찍이 이런 시를 지었다.

정녕 안목을 갖추고 천고를 감내하면　丁寧有眼堪千古
진귀하고 소중한 지음 단지 몇 사람뿐이네　珍重知音只數人

용촌(龍村) 임처사가 그 시를 보고 웃으면서 이렇게 말하였다. "지음이 몇 사람이나 된다면 그 숫자가 많은 것이다. 가히 복이 있는 사람이라고 말할 수 있다." 내가 "지음과 지기에는 분수가 있다"라고 대답하자 용촌은 고개를 끄덕였다.

— 『청비록』 3, 〈지기와 지음(知己知音)〉

그럼 소해란 무엇인가? 시를 풀이하거나 해석해 거기에 담긴 뜻과 의도를 밝혀내는 것을 말한다. 위(魏)나라 조조(曹操)의 아들이자 시인으로 큰 명성을 떨친 조식(曹植)이 지은 〈작부(雀賦)〉와 송나라의 범성대(范成大)가 참새에 대해 읊은 시에 담긴 뜻을 해석한 〈황작도에 쓰다(題黃雀圖)〉가 좋은 사례다.

나는 진사왕(陳思王) 조식의 〈작부(雀賦)〉를 좋아한다.

눈은 쪼갠 후추알 같고　眼如劈椒
머리는 작은 마늘통 같네　頭如顆蒜

이 구절의 오묘함과 절묘함을 좋아하여 베껴 쓰고, 손수 참새의 무쇠처럼 억센 다리를 그려서 그 모양을 시험해보았다. 강산(薑山) 이서구가 범성대의 시에 다음과 같이 썼다.

추위에 참새 떼 한데 모여 깃드는데　群雀歲寒保聚
두 마리 메추라기는 날 저물어도 돌아갈 줄 모르네　兩鶉日晏忘歸
들판 사이에 남긴 낟알 어찌 없겠냐만　草間豈無餘粒
거친 대지에는 바람 몰아치고 눈 흩날리네　刮地風號雪飛

이 시를 그림 옆에 써두었다. 이로 말미암아 이렇게 말했다. "참새 떼는 한데 모여 깃들면서 따뜻함과 편안함을 누리며 분수에 맞춰 스스로 즐거워한다. 두 마리 메추라기는 거칠고 엉성한 먹이를 구하려고 바람과 눈 속에서 괴롭게 고생하며 날이 다 저물도록 돌아갈 줄 모른다. 이것은 탐

욕이 지나쳐 그칠 줄 모르는 사람에게 비유한 시구이다. 사군자는 차라리
한데 모여 깃들면서 자기 몸을 보존하는 참새가 될지언정 지나친 욕심 때
문에 돌아갈 줄 모르는 메추라기는 되지 않아야 한다. 범성대 역시 반드
시 이러한 뜻을 갖고 시를 지었을 것이다."

— 『청비록』 1, 〈황작도에 쓰다〉

품평은 시의 좋거나 나쁜 것을 가려서 평가하는 것을 말한다. "우아하
다", "풍치(風致)가 탁월하다"는 등의 평어(評語)를 달아 비평한 응재(凝
齋) 이희지(李喜之)의 한시가 그렇다.

응재 이희지는 자가 사복(士復)이다. 그의 시는 물 흐르듯 걸림이 없으며
아름답고 우아하여 풍치 역시 탁월하다. 그의 시 〈강상잡영(江上雜詠)〉은
다음과 같다.

물가에 세운 집에 닭 울고 밤 지나 새벽을 맞으니　水舍鷄鳴夜向晨
버들가지 한들한들 강나루에 달 걸려 있네　柳梢風動月橫津
어부의 노랫소리 강 양쪽에서 들려올 뿐　漁歌只在江南北
온통 갈대꽃 사람 모습 보이지 않네　一色蘆花不見人

이 시를 부채와 벽 사이에 적어두지 않는 사람이 없을 정도였다. 그가 지
은 〈어부사(漁父詞)〉는 다음과 같다.

푸른빛 풀어놓은 봄 강에 새끼 오리 날아오르고　春江解綠鴨雛飛
신선하고 맑게 갠 대나무 숲에 햇빛 빛나네　竹樹新晴淨日輝

188

너나없이 오늘 아침 날씨 좋다 떠들어대며   爭道今朝天氣好
강 양편 나루터 들어오는 배 시험하네   津南津北試船歸

⟨행화절구(杏花絶句)⟩라는 시는 다음과 같다.

꽃이 떨어져도 꽃이 피어도 오직 병중(病中)인데   花落花開一病中
안개 낀 봄날 정오에 가랑비만 자욱하네   煙籠春晝雨濛濛
다정한 모습 쌍쌍이 나는 제비를 보니   多情獨有雙飛燕
담장 모퉁이 처마 머리에서 작은 꽃잎 밟네   墻角簷頭蹴小紅

또한 원나라의 시인으로 자가 백우(伯雨)인 장우(張雨)의 시 ⟨낙조(落照)⟩
에 차운(次韻)해 지은 시는 시대를 슬퍼하고 세속에 분개한 뜻이 있어서
충정과 진심이 담겨 있다. 그러므로 그 시대에 널리 퍼져 사람들이 입에
서 입으로 서로 전하곤 했다.

— 『청비록』 3, ⟨응재(凝齋)⟩

또한 이덕무는 고려 때 시인으로 명성 높은 이규보(李奎報)의 한시에 대
해서는 민첩하고 풍부하지만 기발하거나 간절한 풍취가 없고 심지어 조잡
하거나 산만하다고 혹평하기도 했다.

이규보는 자가 춘경(春卿)이고 호는 백운거사(白雲居士)로 황려(黃驪) 사
람이다. 아홉 살 때 이미 능숙하게 글을 지었다. …… 시문을 지을 때는
잠깐 사이에 100여 편을 지어 거대하고 광활하게 늘어놓고는 스스로 당
나라의 이백(李白)이라고 일컬었다. 당대 사람들이 그를 지목하여 '주필

(走筆) 이당백(李唐白)'이라고 말하였다. …… 그러나 그의 시에는 진실로 사람을 깜짝 놀라게 하는 기발하고 간절한 지취(志趣)가 전혀 없다. 거칠고 가볍고 어수선하여 걷잡을 수 없으니 그 명성이 실상에 꼭 맞는 것은 아니다. 오직 그 시작(詩作)이 민첩하고 신속하며 그 시가 넉넉하고 풍부한 까닭에 사람들이 모두 그를 공경하고 두렵게 여겼다. 하지만 그가 살아 있을 때에는 참으로 두려워했다고 하겠지만 죽고 난 후에는 별반 볼만한 것이 없었다. 일찍이 그는 옛 사람의 시를 비평하면서, "송나라의 매성유(梅聖兪)가 지은 시는 좋지 않다"고 하거나, 남북조 때의 시인 사령운(謝靈運)의 "연못에 봄풀이 돋아났네(池塘生春草)"라는 시 구절은 사람의 마음을 경동(警動)시킬 만한 것이 못 된다고 하였다. 그런데 당나라 시인 서응(徐凝)의 시 〈폭포(瀑布)〉에 대해서는 매우 절묘한 작품이라고 품평하였다. 이렇게 보면 그의 시성(詩性)이 아주 천박하고 졸렬했다는 사실을 알 수 있다. 그래서 용재(慵齋) 성현은 그의 시에 대해 "열고 닫는 것은 능숙했지만 단속하지는 못했다"라고 말했으나, 내가 보기에는 진실로 그 열고 닫는 것조차 찾을 수 없다. 이러한 까닭에 농암선생(農巖先生, 김창협)의 다음과 같은 말은 참으로 훌륭하다고 할 만하다. "근래 호곡(壺谷) 남용익이 편찬한 『기아집(箕雅集)』을 보았다. 여기에서는 이규보의 문장이 동국(東國)의 으뜸이라고 일컬어 놓았다. 내 생각에 이와 같은 논평은 특히 잘못된 것이다. 그 학식이 천박하고 볼품 없으며 기상은 용렬하고 저속할뿐더러 품격이 낮고 조잡하여 말이 자질구레하고 뜻은 얕고 좁다. 시험 삼아 그 시 몇 구절을 집어 들고 읽어보겠다. '사원에 가득한 송황(松篁)은 승려의 부귀이고 滿院松篁僧富貴 / 한 강의 안개와 달빛은 사원의 풍류로다 一江煙月寺風流 / 땅 위에 솟아난 대나무 뿌리는 용의 굽은 허리이고 竹根迸地龍腰曲 / 창문 앞 파초 잎은 봉황의 긴 꼬리로

190

다 蕉葉當牕鳳尾長 / 평평한 호수는 마음 비춘 달로 교묘히 도장 찍고 湖平巧印當心月 / 드넓은 포구는 입구로 드는 조수를 탐해 삼키네 浦闊貪吞入口潮' 이와 같은 시는 사람들 사이에서 모두 기발하고 절묘한 작품으로 회자되고 있지만, 지금에 와서 그 시들을 읽어보면 거의 시골 학동이 연습 삼아 지은 시와 같은 수준이다. 특히 백련초구(百聯鈔句)는 지금까지 300~400년이 흘렀건만 그 사이에 오히려 감히 어느 누구도 여기에 이의를 달지 않았으니, 진실로 풀리지 않은 일이다." 농암선생의 이러한 비평이야말로 종전의 비루함을 통쾌하게 씻어내는 말이다. 가히 천고(千古)에 탁월한 비평이라고 할 만하다.

—『청비록』 2, 〈이춘경(李春卿)〉

마지막으로 기사란 무엇인가? 시에 얽힌 사실을 보고 들은 그대로 기록하는 것을 말한다. 멀리 안남(安南, 지금의 베트남)에까지 시를 전파한 지봉 이수광의 일화를 소개한 〈지봉의 시가 먼 나라에까지 전파되다〔芝峯詩播遠國〕〉라는 글을 읽어보면, 기사가 무엇인지 알 수 있다.

만력(萬曆) 정유년(1597)에 지봉 이수광이 사신의 임무를 받아 명나라의 수도 북경에 갔을 때 안남(安南)의 사신을 만나 서로 시를 주고받았다. 여기에 이렇게 발문(跋文)을 지었다. "안남국은 북경에서 1만 3,000리나 떨어져 있다. 그 나라 왕의 본래 성(姓)은 막(莫)이었다. 그들이 여러 차례 반역했기 때문에 중국 조정에서 왕의 호칭을 고치고 도통사(都統使)로 삼았다. 그런데 이때에 와서 여씨(黎氏, 레 왕조)에게 멸망당했다. 그 사신은 곧 명나라에게 여씨를 책봉해달라고 청하는 임무를 받아 북경에 와서 옥하관(玉河館)에 머무르고 있었다. 사신의 성(姓)은 풍(馮)이고 이름은 극관(克寬)으로 호는 의재(毅齋)이다. 나이는 70세가 넘었고 그 외모가 매우 괴상하게 생겼다. 치아는 검고 머리는 풀어헤쳤는데 장옷을 입고 넓은 소매에 검은 빛이 나는 베를 머리에 쓰고 있었다. 그러나 정력은 오히려 건장하여 글을 읽고 책을 베끼는 일을 잠시도 쉬지 않았다. 조회(朝會) 때는 머리를 묶고 모자를 착용하고 나왔다. 시험 삼아 장구(長句)를 지어 보내자 곧바로 사신이 무릎을 치며 반드시 시문의 대가일 거라고 탄복했다. 또한 청하기를 '제게 『만수경하집(萬壽慶賀集)』이 있습니다. 감히 공에게 서문을 지어줄 것을 부탁드립니다'라고 하였다. 마침내 서문을 지어 그에게 주었다. 이에 그 사신이 백선향(白線香) 100매와 지향(脂香) 한 그릇을 나누어 보내왔다"(발문은 여기에서 멈추었다.) 이수광이 안남국의 사신에게 준 시를 지금 선별해 기록하면 다음과 같다.

만 리 머나먼 장려향(瘴癘鄉)에 와서　萬里來從瘴癘鄉

먼 곳에서 왔다며 거듭 통역해 군왕을 배알하네　遠憑重譯謁君王

한나라 때 새 구리 기둥 세워 책봉하니　提封漢代新銅柱

주나라에 공물을 바친 옛 월상국이네　貢獻周家舊越裳

산이 이상한 모양으로 돌출돼 코끼리 뼈 넉넉하고　山出異形饒象骨

땅은 영험한 기운 피어올라 용향(龍香)이 생산되네　地蒸靈氣產龍香

지금 중국의 신성한 황제를 만나서　即今中國逢神聖

천세(千歲)에 만나기 어려운 태평성세 누리네　千載風恬海不揚

듣자니 그대의 집 구진(九眞)에 있다고 하는데　聞君家在九眞居

물길과 산길 만여 리에 달하네　水驛山程萬里餘

의관도 다르고 제도도 다르다고 말하지 말고　休道衣冠殊制度

도리어 문자로 시서(詩書)를 함께 하네　却將文字共詩書

중국에 와 꿩을 바쳐 변방 오랑캐와 통하고   來國獻雉通蠻徼
포모(包茅)를 공물 삼아 코끼리 가마 타고 조회 왔네   貢爲包茅覲象輿
고개 돌려 염주(炎州) 바라보면 돌아갈 길 멀건만   回首炎州歸路遠
누가 있어 다시 지남거(指南車)를 만들겠나   有誰重作指南車

풍극관의 시 역시 선별해 기록하면 다음과 같다.

외국이 다 같이 예의의 나라에 귀의하니   異城同歸禮義鄕
금일 함께 만나 군왕 배알하니 기쁜 마음이네   喜逢今日共來王
추조(趨朝)와 접무(接武)에는 은나라의 관을 쓰고   趨朝接武殷冠冔
황제의 모습에서 순임금의 면류관과 의상을 보네   觀國瞻光舜冕裳
궁정의 연회에서 황제의 은택 누리고   宴饗在庭沾帝澤
돌아가는 길 소매 가득 천향(天香)의 향취 풍기네   歸來滿袖惹天香
오직 군자만이 진실로 군자를 알아보는데   惟君子識眞君子
요행히 시 가운데 한 번 드러내 칭찬을 얻었네   幸得詩中一表揚
오고 가고 다시 오고 가는 사이에 세월이 흘러   往往來來閱日居
객지에서 스무 개월에 다시 열흘을 더 머물렀네   客中二十又旬餘
이 몸 호위하는 건장한 노복은 오직 장검뿐이건만   衛身健僕惟長劍
깊게 사귄 어진 벗에게 옛 책이 있구나   交臂良朋有古書
극진히 맞이해 예의를 갖춰 서로 고무(鼓舞)하고   迎至禮行胥鼓舞
양기가 다시 자라나 이미 바탕을 이루었네   生陽氣復已權輿
길은 멀지만 말은 빠르니 서둘러 돌아가고   途長馬快遄歸早
사방의 짐이 무거워 바로 큰 수레인 줄 아네   任重方知是大車

조완벽(趙完璧)은 우리나라 진주(晉州) 사람으로 정유년(丁酉年, 1597)에 포로가 되어 왜국에 끌려갔다가 상선을 따라 안남국에 무릇 세 번이나 들어갔다. 안남국과 일본의 거리는 바닷길로 3만 7,000리다. 안남국에 문리후(文理侯) 정초라는 이가 있다. 그는 엄인(閹人, 환관)으로 일을 꾸미며 권력을 잡았는데 그 사치스러움과 화려함이 나라 안에서 제일이었다. 하루는 성대하게 잔치를 벌여놓고 조완벽을 초대한 다음 글을 하나 내보이면서 이렇게 말하였다. "이 글은 귀국의 이지봉(李芝峯)의 시이다" 조완벽이 그 글을 열람해보니 모두 고금의 명가(名家)들이 지은 시였다. 그런데 지봉 이수광의 시가 맨 첫 부분에 실려 있는데 주사(舟砂, 붉은 물감)로 잘된 곳에 비점(批點)을 찍어두기까지 하였다. 문리후 정초가 "산이 이상한 모양으로 돌출돼 상골(象骨, 코끼리 뼈) 넉넉하고〔山出異形饒象骨〕"라는 시 구절을 가리키면서 말하기를 "이 땅에 상산(象山, 코끼리 산)이 있기 때문에 더욱 기묘하다고 하겠다"라고 하였다. 또한 그곳의 유생(儒生)들 역시 모두 지봉 이수광의 시를 가려 뽑아 베껴 쓰고 독송(讀誦)하였다. 조완벽은 살아서 우리나라에 돌아온 뒤에 그와 같은 일을 사람들에게 전하였다.

— 『청비록』 4, 〈지봉의 시가 먼 나라에까지 전파되다〉

이덕무가 한시를 해설하고 비평하는 네 가지 방법 중 특히 주목할 만한 것은 품평이다. 그는 "청신(淸新, 맑고 새롭다)", "기묘(奇妙, 기이하고 오묘하다)", "정아(精雅, 정밀하고 우아하다)" 등 다른 사람의 한시를 읽고 느낀 그대로의 감정과 생각을 다양한 평어(評語)로 표현하는데, 바로 시에 대한 이러한 기준들이 훗날 비평가들에 의해 '기궤첨신'이라고 평가된 이덕무만의 독특하고 참신한 시풍과 미학을 형성하는 데 큰 영향을 끼쳤던 것이다.

평어, 한시의 미학

이제 이덕무가 『청비록』에 남긴 다양한 평어(評語)들을 통해 그가 평생 추구했던 한시의 미학을 추적해보자. 이덕무가 다른 사람의 한시를 읽을 때 가장 기뻐한 순간은 독창적인 표현과 참신한 시풍을 만났을 때였다. 그는 이 순간을 '청(淸)'과 '신(新)'이라는 평어로 나타냈는데, 곧 "청신(淸新)의 미학"이라고 할 수 있다. 그럼 청신의 미학이란 무엇인가? 그것은 맑고 새롭다는 뜻으로 자신의 느낌과 감정을 꾸미거나 다듬지 않고 자유롭게 표현하는 것이다. 앞서 이덕무가 말했던 가식적이거나 작위적이지 않은 '진정(眞情)의 발로(發露)'가 바로 그것이다. 그때야 비로소 시는 청신, 곧 맑고 새로운 향기를 내뿜는다.

아무리 좋은 시구라고 하더라도 만약 다른 사람의 시를 본뜨거나 모방했다면, 또한 거짓으로 꾸미거나 일부러 다듬었다면 그것은 가짜일 뿐이다. 그 시가 좋은가 나쁜가를 품평하기에 앞서서 반드시 갖추어야 할 진정한 덕목은 다른 시의 찌꺼기나 냄새가 묻지 않은 청신함, 그리고 자신의 감정과 생각을 속이거나 꾸미지 않는 진솔함이다. 먼저 이덕무는 고려 때 문인 박호(朴浩)의 시 두 구를 소개하면서, 그 생신(生新, 생생하고 새롭다)함이 우리나라 사람을 뛰어넘었다고 호평했다.

고려 때 사람 박호의 시는 다음과 같다.

새벽 조수 싸늘하게 고깃배 말뚝에 부서지고　鷄潮冷濺漁船枕
게 잡는 불빛, 섬 안 사찰 울타리에 비스듬히 비치네　蟹火斜連島寺籬

그 시가 정교하고 생신(生新)하니 우리나라 사람의 본색에서 벗어났다고 하겠다.

— 『청비록』 1, 〈새벽 조수의 게 잡는 불빛[鷄潮蟹火]〉

또한 정민교(鄭敏僑)의 시에 대해서는 모두 청신하고 선명해 전해줄 만하다고 평했다.

정민교는 자가 계통(季通)이다. 원암(院巖) 정내교(鄭來僑)의 아우이다. 『한천집(寒泉集)』에 실려 있는 그의 시들은 자못 청신하고 기발하며 빼어나다. 그 시는 아래와 같다.

꽃 너머 실바람 은자(隱者)의 안석(案席)에 불어오고　花外微風來隱几
버드나무 근처 저녁 해, 책에 비춰 글을 읽네　柳邊斜日照看書

첩첩산중엔 사람만 홀로 머무르고　亂山人獨宿
넓고 큰 바다엔 달만 외로이 걸려 있네　滄海月孤懸

노란 국화꽃 그림자 밭두렁에 달맞이할 때　黃花影畔時招月
흐르는 개울 소리 속에 앉아 글을 읽네　流水聲中坐讀書

높고 넓은 하늘, 기러기 달빛 가로질러 날고　天長雁橫月
차가운 밤 개울 소리만 산 울리네　寒夜水鳴山

여기저기 산, 대지에 가득하고　縱橫山滿地

쓸쓸히 내리는 비, 강을 울리네　蕭瑟雨鳴江

〈양촌을 출발하며[發楊村]〉라는 제목의 절구는 다음과 같다.

단풍잎 깊이 물든 들녘 다듬이질 소리 들려오고　紅葉深中野杵聲
차가운 개울가 나지막한 울타리 비껴있네　天寒水流短籬橫
사립문 앞 당도하자 이미 해질녘　柴門下馬斜陽裏
산국화(山菊花) 활짝 피어 절로 선명하네　山菊花開先自明

이러한 시는 모두 곱고 예뻐 사람들에게 전할 만하다.

　　　　　　　　　　　　　　　　　　— 『청비록』 2, 〈정민교〉

　다른 사람의 시구를 모으는 집구(集句)에 능숙했던 고려 시대 임유정(林惟正)의 『백가의집(百家衣集)』에 대해서는, 책의 시구들이 모두 너무 자연스레 조화를 이루어 조금도 꾸민 곳을 찾아볼 수 없다면서 마치 천의무봉(天衣無縫)과 같다고 하기도 했다.

　고려 때 임유정은 좋은 시구를 모으는 데 능숙했다. 『백가의집』에 실려 있는 시구는 다음과 같다.

꽃은 모르는 사람 맞아도 반갑게 웃네 (제기齊己)　花非識面迎人笑

풀은 이름 없어도 마음 가는 대로 사네 (이상은李商隱)　草不知名隨意生

노래하는 미녀 얼굴 옥(玉)과 같네 (이선李宣)　能歌姹女顔如玉

술 좋아하는 늙은이 취한 모양, 흡사 진창 같네 (구양수歐陽脩)

愛酒山翁醉似泥

비 개인 고갯마루 맑은 구름 솜털 모자 벗게 하네 (소식蘇軾)

嶺上晴雲披絮帽

물속 밝은 달 부도(浮圖)에 누워있네 (소식)　水中明月臥浮圖

자네에게 다시 권하노니, 이 한 잔의 술 (왕유王維)　勸君更進一盃酒

그대와 더불어 만고의 시름 씻어내네 (이백李白)　與爾同銷萬古愁

모두 마치 천의무봉과 같다. 유방선(柳方善)은 말하기를 "집구(集句)는
형공(荊公, 왕안석)도 어렵게 여겼다. 근세에 와서는 제주(祭酒) 임유정과
최보균이 모두 집구에 능숙하였다. 우리나라는 문헌과 서적이 아주 적다.
임유정과 최보균이 모은 시구 가운데는 보지 못하고 듣지 못한 사람들이
많다. 이러한 일은 매우 의심스럽다."

— 『청비록』 2, 〈임유정의 집구(林惟正集句)〉

그리고 천의무봉에 견줄 만큼 그 시가 지극히 자연스러우면서도 섬세하
고 오묘하다고 비평한 중국 진(晋)나라 때 시인 장재(張載)의 〈가을을 읊은
시[咏秋詩]〉에 대해서는 '천작(天作)'이라는 호칭까지 붙여주었다.

진나라 사람 장재의 〈가을을 읊은 시〉는 다음과 같다.

옥 같이 맑은 살결 손톱처럼 희고　玉肌隨爪素
입에선 뽀얀 입김 나와 화답하네　噓氣應口見
옷깃 바로잡고 가벼운 옷차림 생각하며　斂襟思輕衣
출입할 때 화려한 부채 잊어버리네　出入忘華扇

이 시는 초가을 정경을 지극히 섬세하고 지극히 오묘하게 묘사했다. 여기
에서 경의(輕衣)는 홑옷이 아니라 곧 가벼우면서 따뜻한 옷을 말한다. 지
금 만약 이름을 덮고 이 시를 과시하며 부유(腐儒)에게 보여준다면 반드
시 손을 흔들며 "이 시는 사람의 입에서 나온 것이지만 마땅히 하늘이 내
린 작품[天作]이라고 할 만하다. 그렇지 않고서야 이토록 정밀하고 교묘
할 수 없다."

— 『청비록』 2, 〈가을을 읊은 시〉

　현포(玄圃) 윤치(尹治)의 시는 아주 맑고 날카로워서 속된 것에서 벗어
났다면서, 그의 〈가을밤[秋夜]〉 시 네 구를 옮겨 기록해두고 아껴서 보기도
했다. 또한 계절에 딱 맞는 시구를 얻지 못해 안타까워하다가 이서구의 사
촌 동생 이중목(李仲牧)의 시 중에 4월에 꼭 걸맞은 시구를 만나고서는 마
치 천기(天氣)를 마주한 듯 기뻐했다.

　윤치는 자가 자정(子精)이고 호는 현포이다. 그의 시는 매우 맑고 날카로
워서 속된 것을 뽑아버렸다. 그가 지은 〈가을밤〉이라는 시는 다음과 같다.

황량한 언덕 고목 멀리 바람소리 들려오고   老樹荒岡響遠聞
깊은 밤 서리 만드느라 누런빛 구름 어지럽네   夜深霜意亂黃雲
물가의 갈대와 기러기 떼 마치 서로 말 주고받는 듯   蘆洲群雁如相語
차가운 봉우리에 걸린 달, 절반쯤 이지러졌네   月在寒峯缺半分

—『청비록』2, 〈현포〉

나는 일찍부터 4월의 따뜻하고 화창하며 녹음이 짙은 천기를 좋아했지만
아직 그 계절의 기운에 걸맞은 시구를 얻지 못하였다. 강산(薑山) 이서구
의 사촌동생인 이중목의 시에 다음과 같은 구절이 있다.

푸른 빛깔 나무 그늘 온 집안에 가득하고   綠陰渾舍得
노란 빛깔 꾀꼬리 사방에서 날아오르네   黃鳥四隣飛

이 어찌 4월의 천기가 아닌가. 달마다 시를 짓지 않는 사람은 없지만 그
시를 읽어보면 애초 어느 달을 가리켜 묘사한 것인지 가늠하기가 무척 어
렵다. 오직 이중목의 시는 '시의 월령(月令)'이라고 불러도 손색이 없다.

—『청비록』2, 〈4월의 천기(四月天氣)〉

심지어 자신의 동생인 이공무(李功懋)의 시 두 수를 소개할 때는 "내가
그 섬세하고 참신함을 매우 좋아하였다"면서, 비록 아랫사람이 지은 시라
고 할지라도 청신한 시를 만났을 때 느끼는 즐거운 마음을 숨기지 않았다.

가을꽃 향기, 낮은 울타리 바람에 보내고   秋花香送短籬風
단풍나무 오히려 푸르고 살구 잎은 붉구나   楓樹猶青杏葉紅

철새 기러기 한 쌍 연못 위로 울며 지나가고　賓雁雙鳴池上過

붉은 빛깔 물고기 놀라 달아나니 물줄기 영롱하네　朱魚驚走水玲瓏

이 시는 내 아우 공무가 가을날 귀록정(歸鹿亭)으로 친구를 찾아갔다가 지은 것이다. 일찍이 〈길을 가던 중[途中]〉이라는 시를 지었다.

말발굽은 서리 밟아 하얗고　馬蹄霜踏白

소뿔은 햇빛 맞아 붉구나　牛角日迎紅

낙엽 진 나무는 새의 몸 드러내고　樹脫禽身露

산 속 사립문은 안개 속에 잠겨 있네　山扉鎖霧中

그 시가 자못 섬세하고 참신하여 내가 매우 기뻐하였다.

— 『청비록』 3, 〈공무의 시(功懋詩)〉

『청비록』에서 청신의 미학과 더불어 자주 접할 수 있는 또 다른 한시의 미학은 '기묘(奇妙)의 미학'이다. 앞서 이덕무의 시풍과 미학이라고 소개한 기궤첨신 중 첨신(尖新)이 청신(淸新)과 가깝다면 기묘는 기궤(奇詭)와 유사하다고 할 수 있다. 기묘의 미학이란 '기이하고 오묘하다'는 뜻으로 평범하거나 속된 것을 초월해, 보통 사람이 도달할 수 없는 경지에 이른 시를 가리킨다. 예를 들면 달을 눈썹 같다고 하거나, 도화마(桃花馬, 흰털에 붉은 점이 있는 말)에 비유하여 복숭아꽃을 말(馬)과 같다고 한 시적 표현이 그렇다.

양(梁)나라 원제(元帝)가 지은 〈연가행(燕歌行)〉이라는 시는 다음과 같다.

황룡수(黃龍戌) 북쪽 꽃은 마치 비단 같고 黃龍戌北花如錦

현도성(玄菟城) 앞 달은 마치 눈썹 같네 玄菟城前月似蛾

남북조 때의 문인 유신(庾信)이 지은 〈연가행(燕歌行)〉은 다음과 같다.

복숭아꽃 얼굴빛 마치 말처럼 좋고 桃花顏色好如馬

느릅나무 잎, 새로 돋아 흡사 엽전처럼 솜씨 좋네 楡葉新開巧似錢

'아(蛾)'는 눈썹이고, 말에는 도화마가 있다. 이 때문에 비유를 취해 묘사

한 것인데 지극히 기이하다.

— 『청비록』 1, 〈달은 눈썹 같고 복숭아꽃은 말과 같다(月似蛾桃如馬)〉

　　명말청초(明末淸初) 때 사람으로 만촌(晩村)이라는 호를 가진 여유량(呂
留良)은 청나라를 끝까지 거부하다가 머리를 깎고 승려가 되었다. 그런데
그가 죽은 후 정주(靖州) 사람 증정(曾靜)이 여유량이 남긴 저서를 사상적
기반으로 삼아 반청(反淸) 운동을 벌였다. 이 때문에 1732년(옹정제 10) 여
유량은 부관참시(剖棺斬屍)를 당했고, 그의 저서는 모두 몰수 폐기되었으
며, 또 그의 책을 소지하거나 읽은 사람은 형벌에 처해진 문자옥(文字獄)
이 일어났다. 그런데 청나라에서 이미 금서(禁書)가 되어 구하기 어려울
뿐만 아니라 자칫 정치적 봉변을 당할 수도 있는 여유량의 저서를 조선의
사대부들은 온갖 노력을 다해 얻으려고 했던 모양이다. 왜 그랬을까? 이
덕무는 여유량의 시에 대해 "시의 품격으로 논한다면, 시재(詩才)가 절묘
할 뿐더러 멋스러움까지 넘쳐흐른다"고 비평하면서 그 까닭을 이렇게 설
명했다.

청나라 강희제 때 이미 『각미록(覺迷錄)』은 널리 퍼져 있었다. 그러나 여유량의 『만촌집(晚村集)』은 천하에 전해지지 않았다. 월곡(月谷) 오원(嗚瑗)이 청나라 연경에 들어갔을 때 남몰래 구해보려고 했지만 얻을 수 없었다. 선왕(先王, 영조) 계미년(1763)에 참판 유한소(兪漢蕭)가 또한 부사(副使)로 연경에 가서는 여유량의 문집을 구하려고 하였다. 그때 어떤 선비 한 사람이 『만촌시집(晚村詩集)』 초본 한 책을 갖고 은밀하게 사신 행렬이 묵고 있던 사신관으로 유한소를 찾아와 울면서 그 책을 전해주었다. 이로 말미암아 유한소가 그 책을 지니고 귀국한 후 선왕에게 바쳤다. 이때부터 사대부가에서 차츰 차츰 베껴두게 되었다. …… 그의 시 〈원림의 초가을[園林早秋]〉는 다음과 같다.

괴이하구나! 비스듬히 기운 벽에   可怪傾欹壁
쑥 담쟁이로 엮은 우리 견고하구나   堅牢仗薜蘿
가난한 집안엔 가을 일 적지만   貧家秋事少
부서진 가옥엔 밤소리 많구나   破屋夜聲多
비 그치자 한 마리 매미 희롱하고   雨斷一蟬弄
해 기울자 한 쌍의 나비 지나가네   日斜雙蝶過
근래 옛 친구의 서찰조차 끊어지니   故人書近絶
소식이 어떠한지 알 수가 없네   不識報如何

…… 그의 시 〈낚시하는 사람을 보면서[見釣者]〉는 다음과 같다.

늙은 어부 노란 갈대 뿌리에 지팡이 기대어   老漁倚杖黃蘆根
가늘게 부순 향료, 미끼에 섞어 낚싯줄 드리우네   細香和餌絲作綸

끝없는 봄날, 강물 아득한 어느 곳에　無邊春水杳何處

해질녘 연기 피어오르니 사람 있는 줄 아네　日暮煙生知有人

낚싯대 드리운 어부 종일토록 소득은 없고　持竿終日無所得

강 건너에선 백로가 물고기 잡아먹네　白鷺含魚隔江食

바람은 버들가지 쓸고 낚싯배로 불어오고　風掃楊枝入釣船

헛된 시름 가득해 복숭아꽃 얼굴빛 지우네　滿溪愁殺桃花色

내가 찾아가서 한 번 읊조리며 물어봐도　我來行吟一問之

늙은 어부 시를 몰라 한숨 쉬네　太息老漁不解詩

내 그대 마주해 아름다운 시구 찾는데　我向君身覓佳句

그대는 시 속에 앉아 스스로 알지 못하네　君坐詩中自不知

만약 시품으로 논하자면, 시를 짓는 재주가 절묘하고, 시의 맛이 넘쳐흐
른다고 하겠다.

— 『청비록』 2, 〈만촌집(晚村集)〉

일찍이 이덕무는 "시에는 소리와 색깔과 감정과 경계가 있다"는 독창적
인 시학을 주장한 바 있다. 특별히 그는 색깔에 관한 시적 감수성과 오묘
한 표현을 누구보다 중요하게 여겼다. '흑(黑)' 한 글자를 두고 각각 다르
게 표현한 네 시인을 한 곳에 모아 소개하면서 오묘하다고 한 이유 역시
여기서 찾을 수 있다.

당나라 때 시인 맹교(孟郊)의 시는 다음과 같다.

옛 친구 저 혼자 돌아가버리니　故人獨自歸

쓰디 쓴 눈물 가득 눈앞이 캄캄하네　苦淚滿眼黑

원나라의 사신이 지은 아래와 같은 시가 있다.

백주(白酒)는 사람 얼굴 붉게 하고　白酒紅人面

황금(黃金)은 관리 마음 검게 하네　黃金黑吏心

당나라 때 시인 잠삼(岑參)의 시 가운데 다음과 같은 시구가 있다.

비 지나갈 때엔 바람 머리 시커멓고　雨過風頭黑

구름 갤 때엔 햇발이 노랗구나　雲開日脚黃

당나라 때 시인 백거이(白居易)의 시는 아래와 같다.

하늘이 누렇더니 맹렬하게 폭풍의 근원 일어나고　天黃生颶母

검은 비 내리더니 단풍나무 고목에 혹이 자라나네　雨黑長楓人

여기 네 개의 시에서 묘사한 '흑' 자는 모두 오묘함을 갖추고 있다.

— 『청비록』 3, 〈흑〉

　이덕무가 아주 높게 평가한 중인(中人) 계급 시인으로는 단연 일본어 역
관(譯官) 이언진(李彦瑱)을 꼽을 수 있다. 이덕무가 당대 최고의 시인 중 한
사람이라고 평가한 혜환(惠寰) 이용휴(李用休)가 마음속으로 인정한 유일

한 제자가 이언진이었다고 할 정도로 시서(詩書)에 탁월했다. 어떤 사람이 이용휴에게 이언진의 재능을 묻자 이용휴가 손바닥으로 벽을 만지면서 "벽을 어떻게 걸을 수 있겠는가? 벽을 어떻게 건널 수 있겠는가? 이언진은 벽과 같은 사람이다"고 할 만큼, 이언진은 보통 사람으로서는 쉽게 도달할 수 없는 기묘한 시적 경지를 보여주었다.

이언진은 스스로 지은 또 다른 이름이 상조(湘藻)이고 자가 우상(虞裳)으로 역관이다. 그 성품이 지혜롭고 민첩할뿐더러 온갖 종류의 서적을 널리 읽었다. 기억력 또한 총명해 세상에 비교할 만한 사람이 없었다. 일찍이 혜환 이용휴에게 시를 배웠다. 마음으로 본받고 손으로 좇아 시의 오묘한 경지를 모두 얻었다. 혜환 이용휴는 무릇 비루함을 말끔히 씻어내고 별도로 기이함과 영험함을 갖추어 고금을 자유자재로 넘나들며 눈망울이 마치 달처럼 맑고 밝은 사람이었다. 그는 우리나라에서는 제대로 글을 쓰는 사람을 거의 한 사람도 찾아볼 수 없다고 하면서도 오직 이우상만은 마음속 깊이 인정해 서로 허물없이 가까이 지냈다. 어떤 사람이 이우상의 재주가 어떠한지 묻자 혜환 이용휴는 문득 손바닥으로 벽을 만지면서 "벽을 어떻게 걷거나 건널 수 있겠는가? 이우상은 벽과 같은 사람이다"라고 대답했다. 그는 일찍이 이우상의 시문집인 『송목관집(松穆館集)』의 서문에서 이렇게 말했다. "시문(詩文)은 다른 사람을 추종해 견해를 일으키는 사람도 있고, 자기 자신을 좇아 견해를 일으키는 사람도 있다. 다른 사람을 추종해 견해를 일으키는 사람은 그 비루함을 논할 가치도 없다. 그러나 자기 자신을 좇아 견해를 일으키는 사람도 고집과 편견에 혼탁해지지 않아야 참된 견해를 갖출 수 있다. 또한 반드시 참된 재능으로 부족한 곳을 보완한 다음에야 비로소 완성할 수 있다. 내가 그와 같은 사람을 구하려고 한 지가 여러 해 되었는데 우연찮게 송목관(松穆館)의 주인 이우상을 만나게 되었다. 이우상은 앞서 내가 말한 시문의 도리에 있어서 뛰어난 학식과 현묘한 생각으로 먹은 마치 금(金)처럼 날카롭고, 단련한 시구는 마치 단약(丹藥)과 같았다. 붓을 종이에 한번 찍으면 가히 전할 만한 작품이 나오곤 했다. 그러나 세상에 이름이 알려지는 것을 구하지 않았다. 세상에 자신을 알아줄 만한 사람이 없었기 때문이다. 또한 다른 사람에게 이기는 것을 구하지 않았다. 세상에 자신이 이겨야 할 사람이 없었기 때문이다. 오직 간혹 꺼내어 내게만 보이고 오히려 상자에 넣어 잠가둘 뿐이었다. 아아! 품계(品階)는 1품에 이른다고 하더라도 아침에 얻었다가 저녁에 평민으로 전락하기도 한다. 재물 역시 만금을 모은다고 하더라도 저녁에 잃어버리고 아침에 가난뱅이로 전락하기도 한다. 그렇지만 문인재자(文人才子)가 소유한 것은 한번 소유한 다음에는 비록 조물주라고 하더라도 어떻게 할 수가 없는 법이다. 이것이야말로 참다운 소유가 아닌가. 이우상은 이미 이와 같은 것을 얻어 가지고 있으니, 그 나머지 구구한 것들은 모두 물리치거나 떠나보내고 가슴속에 두지 말아야 옳다고 할 것이다"

— 『청비록』 3, 〈이우상〉

이덕무는 그의 시에 서린 기운에 대해 "낮은 곳에서 높은 곳으로 올라가며 모든 것을 갖추고 종합했지만 넘치지 않고, 그윽하고 기이하지만 치우치지 않았으며, 현실을 초월하지만 허황되지 않고, 규칙과 격식의 제약을 가했는데도 위축되지 않았다"고 하면서 조선에서는 이만한 사람을 찾아보기 어렵다고 비평했다. 더욱이 스물일곱의 젊은 나이에 요절한 것을 슬퍼하면서, "잘하면 만나볼 수도 있었다. 그런데 이언진이 병들어서 죽을 즈음에 나는 어머니의 초상(初喪)을 당했었다. 지금까지도 그를 만나보지 못한 것이 한스럽기 그지없다"면서 안타까운 마음을 감추지 못했다. 이덕무가 이토록 극찬한 이언진의 시를 소개하면 아래와 같다.

그의 시 〈스스로 읊다(自咏)〉는 다음과 같다.

천 사람의 안목을 나의 몸에 붙였으니   天人眼目寄吾身
비책과 영문의 진실과 거짓 분변하네   祕冊靈文辨贋眞
하나 일으켜 셋을 품으니 참으로 통쾌한 일   起一函三眞快事
스스로 문호를 개척하고 새로 일가를 만드네   自開門戶作家新

그 자부심을 가히 알 수 있다. …… 그의 〈창광절구(窓光絶句)〉라는 시는 다음과 같다.

거무스름한 창문 빛이 붉게 변하더니   窓光蒼黑變成紅
고갯마루 저녁노을 석양에 지네   嶺上殘霞落日烘
이 순간 기이한 절경 형용하려 하니   欲狀此時奇絶觀
복숭아꽃 숲 속 수정궁이구나   桃花林裏水晶宮

성대중은 말하기를 "이우상이 복숭아꽃 피는 시절 어느 날 늦은 오후에 삼청동 석벽(石壁) 아래 인가(人家)에서 숨을 거두었으니, 이 시야말로 그 예언이라고 하겠다"라고 하였다.

— 『청비록』 3, 〈이우상〉

또한 이덕무는 시인이 오묘한 경지를 만나면 자연스럽게 성정(性情)이 일어나고 음향(音響)이 조화를 이루게 된다면서, 당나라의 원진(元禛)과 여온(呂溫)의 시를 기록해놓았다. 그리고 덧붙이기를, 기묘한 시정(詩情)이 자연스럽게 일어나려면 술의 힘을 빌려야 할 때도 있다고 했다.

원진의 시는 다음과 같다.

호조(好鳥)는 그윽한 그늘에 많고　好鳥多息陰
새 대숲은 이미 그 소리를 들려주네　新篁已成響
발 걷자 햇살 비스듬히 들어오고　簾開斜照入
나무는 간들간들 아지랑이 위에 떠다니네　樹裊遊絲上
홑옷 걸치자 몹시 널찍해 헐렁하고　單衣頗寬綽
텅 빈 집은 다시 맑고 시원하네　虛室復淸敞
술 차려 놓고 친한 손님에게 대접하며　置酒奉親賓
원추리 심고 스스로 수양하네　樹萱自頤養

…… 여온이 요씨(姚氏)의 집에서 목욕하고 재차 주인에게 지어준 시는 다음과 같다.

새로이 목욕하고 가벼운 옷 걸치니　新浴振輕衣
집안 가득 달빛이 차갑네　滿堂寒月色
주인에겐 맛 좋은 술 있는데　主人有美酒
더구나 일찍부터 서로 아는 사이로구나　況是曾相識

절묘한 경치를 만나면 성정이 절로 올바르게 되므로 음향 또한 절로 조화롭게 된다. 그러나 이 두 시는 술이 아니었더라면 그 즐거운 뜻을 표현할 수 없었을 것이다. 내가 현천 원중거와 함께 한 자리에서 『논어』의 〈증점사슬장(曾點舍瑟章)〉을 말하면서 "기수(沂水)에서 목욕하고 무우(舞雩)에 올라 바람을 쐬는 것은 고금의 지극한 즐거움이지만 '술 주(酒)' 자를 얻어 도리를 말하지 않는 것은 한스럽다." 이에 현천 원중거가 웃으면서 이렇게 말했다. "술이 아니었다면 어찌 이렇듯 즐거운 경치를 도울 수 있었겠는가." 증점이 한 그 말은 특히 가식적인 언사일 뿐이다. 만약 진실로 밖으로 나가서 놀았다면 반드시 술병을 가지고 술통을 지닌 채 갔을 것이다.

— 『청비록』 3, 〈원진과 여온의 오묘한 경지(元昷妙境)〉

이덕무는 자신의 스승이자 벗이기도 한 연암 박지원이 이미 시의 품격이 오묘한 경지에 도달했으면서도 세상에 내놓으려 하지 않아 못내 아섭다는 심정을 고백하면서 두 마디의 짧은 시구를 적어놓기도 했다. 실제 박지원이 남긴 시문을 모아 엮은 『연암집』을 살펴보면 방대한 분량의 산문과 비교해 아주 적은 분량의 시만을 남겼다는 사실을 알 수 있다. 박지원이 왜 적은 분량의 시만을 남겼는가에 대해서는 정확히 알 수 없지만 박종채(朴宗采)가 아버지 박지원의 생애와 언행을 기록한 『과정록(過庭錄)』을 통해 유추해볼 수는 있다. "아버지가 남긴 시는 아주 적다. 고체시(古體詩)와 근체시(近體詩)를 모두 합한다고 해도 50수에 불과하다. 고체시는 오로지 한창려(韓昌黎, 한유)를 배웠을 따름이다. 그러나 그 시의 기이함과 험준함은 한창려를 뛰어넘었다. 시를 지을 때는 정경(情景)이 핍진하고 필력은 끝을 헤아릴 수 없었다. 율시와 절구 같은 여러 근체시에 이르러서는 항상 성률(聲律) 사이에 구속되어 가슴속의 하고 싶은 말들을 곧바로 쏟아내 표현할 수 없다

210

는 점을 병통으로 여겼다. 그런 까닭에 종종 시 한두 구절을 짓다가 그만두시곤 하셨다." 이 증언으로 미루어보면, 박지원은 한시의 형식과 격식이 자신이 드러내고자 하는 것들을 자유롭게 묘사하고 거침없이 표현하는 데 큰 장애가 된다고 생각했음을 알 수 있다. 한시는 산문과는 달리 백성들이 사용하는 구어체나 민가의 비속어를 담아내거나, 칠정의 감성을 거침없이 쏟아낼 수 없는 치명적인 결함이 있다고 본 것이다. 이러한 까닭인지 박지원이 남긴 시 중에는 내용과 문체 면에서 한시의 품위와 격식을 크게 거스르는 파격과 일탈의 시가 적지 않게 발견된다. 즉, 박지원은 자신의 마음속 하고 싶은 말들을 자유분방하게 쏟아내는 데에는 한시보다는 산문이 훨씬 더 유용하다고 여겼기 때문에 산문 작업에 전력을 쏟았고, 이로 인해 현저히 적은 분량의 한시만 남긴 것으로 보인다.

연암은 고문사(古文詞)에 있어서 재사(才思)가 가득 차서 넘쳐흐를뿐더러 고금을 뛰어넘어 통달했다. 일시에 평평하고 원대한 산수(山水)에다가 그윽하고 깊은 감회를 소통하고 분산시키는 듯한 그의 시는 송나라의 서화가 미불(米芾)의 방에 들어가고도 남음이 있다. 마음 가는 대로 행서(行書)와 해서(楷書)를 쓰기 시작하면 뛰어난 자태가 넘쳐나 기이하고 괴이한 모습이 세상 어떤 물건과도 비교할 수 없을 지경이었다. 일찍이 읊은 시에 다음과 같은 구절이 있다.

짙푸른 물 청명한 모래 외로운 섬에　水碧沙明島嶼孤
해오라기 신세 티끌 한 점 없구나　鷿鷉身世一塵無

그의 시품(詩品) 역시 오묘한 경지에 들었다는 사실을 알 수 있다. 다만 자랑하는 것을 꺼려서 그 시를 밖으로 잘 내놓지 않는다. 마치 송나라의 청백리 포용도(包龍圖, 포청천)가 웃으면 황하의 물이 맑아진다는 말에 비유할 만큼 많이 얻어볼 수가 없다. 이 때문에 함께하는 사람들이 매우 아쉽고 한스럽다. 일찍이 내게 오언고시(五言古詩)를 준 적도 있다. 문장을 논할 때는 매우 광대하고 광활하여 가히 볼 만하였다.

— 『청비록』 3, 〈연암(燕巖)〉

이덕무는 평양을 유람할 때 함구문(含毬門) 아래 사는 오생(嗚生)의 집에서 본 일본 사람의 시집 『난정집(蘭亭集)』을 읽어보고는, 그 시의 기위(奇偉)하고 웅건(雄建)함에 감탄하며 시 여러 편을 기록해두었다가 『청비록』에 옮겨 적었다. 그리고 그 시집의 저자인 다카노 이케이(高野惟馨)에 대한 자료를 찾아서, 그가 18세기 중반 일본에서 시명(詩名)과 문풍(文風)을 크게 떨친 대가였다는 사실을 알게 된다. 특히 이덕무는 다카노 이케이가 열일곱 살 어린 나이에 실명한 뒤 오직 시만을 좋아해 기묘한 경지에 올랐다는 이야기에 큰 감명을 받기도 했다.

내가 일찍이 평양을 유람할 때 함구문 아래 오생의 집에서 『난정집』을 본 적이 있는데, 일본 사람의 시였다. 그 시구가 기이하고 웅건(雄建)하여 눈 덮인 누각의 여향(餘響)을 느낄 수 있었다. 그중 〈한거(閑居)〉라는 시는 다음과 같다.

스스로 인간 세상 들어가서　自閱人間世
쓸쓸이 이 오동나무 의지했네　蕭然此據梧
처음에는 덩굴로 옷 만들어 입고　初衣裁薜荔

212

마음 편히 풀과 갈대 속에 숨어 살았네　高枕隱菰蘆

고향 땅과 다시 교류 잦아져도　故國交多改

나가나 숨나 늙으니 더욱 외로울 뿐　行藏老更孤

궁상스런 근심 글로 쓰려고 하다가　窮愁書欲著

붓대 잡고 거듭 머뭇거리며 망설이네　搦管重踟躕

〈병회(病懷)〉라는 시는 아래와 같다.

눈 멀고 오랫동안 몸 내팽개쳐　喪明身久棄

소갈병(消渴病) 늙은 몸 더욱 서럽네　病渴老逾哀

어찌하여 경술(經術)을 익히지 않고　豈學傳經術

헛되이 부재(賦才)만 생각했는가　空懷作賦才

풍진(風塵)은 눕지도 베지도 못하게 하고　風塵違伏枕

천지(天地)는 한 잔 술도 못 머금게 하네　天地靡含杯

동쪽으로 흐르는 물 절로 탄식하니　自嘆東流水

흘러 지나가면 다시 돌아오지 않네　滔滔逝不回

〈영대교(永代橋)〉라는 시는 다음과 같다.

강어귀 바라보니 바닷물과 다 통하고　江門望盡海潮通

무지개 모양 다리 짙푸른 하늘에 걸려 있네　橋勢如虹駕碧空

이틀 밤 머문 돛대 무리 큰 언덕에 매였는데　信宿群檣依巨岸

큰 배는 먼 바람 타고 바다로 흘러가네　朝宗大舸御長風

남쪽 바다 작고 큰 물결 하얗게 솟아오르고　南溟波浪兼天白

동쪽 끝 하늘 해를 토해 붉게 변했네   東極乾坤吐日紅
다시 생각하니 봉래산이 아마 이 땅인 듯   却憶蓬萊疑此地
몇 해나 돌을 몰아 진시황 공적 세웠던가   幾年驅石建秦功
— 『청비록』 1, 〈일본의 『난정집』〉

청신과 기묘의 미학 다음으로 『청비록』에 자주 등장하는 평어는 '정(精)'
과 '아(雅)'라고 할 수 있다. 『청비록』에서는 이 둘이 만나 '정아(精雅)의 미
학'을 탄생시켰다. 정아의 미학이란 정밀하고 우아하다는 뜻으로, 독특함,
참신함, 기묘함도 중요하지만 모름지기 시는 멋스러우면서도 격조가 있어
야 한다는 말이다. 따라서 청신의 미학이 시의 독창성을 가리킨다면, 기묘
의 미학은 시의 독특함을 표현하고, 아울러 정아의 미학은 시의 품격을 말
한다고 할 수 있다.
    먼저 이덕무는 가을 풍경을 아주 정밀하게 표현한 시 두 수를 소개하면
서, 당시 화가로 명성을 떨친 석치 정철조와 겸재 정선 그리고 현재(玄齋)
심사정(沈師正)의 절묘한 필치로 부채 머리에 그림으로 그려도 될 만하다
고 칭찬했다.

어떤 친구의 〈강 상류에서 잠깐 노닐며〔薄遊上游〕〉라는 시는 아래와 같다.

깊고 험한 산골, 가을 소리 나뭇잎 놀라고   絶峽秋聲驚木葉
온 강 가득한 달빛 양근(楊根) 내리비추네   滿江月色下楊根

이 시구가 사람들 사이에서 회자되었다. 여기에서 양근(楊根)은 군명(郡
名)이다. 일찍이 내가 다음과 같은 그의 시를 무척 좋아했다.

늦가을 나무 소리 들판으로 내달리고　晩木聲奔野

차가운 산 그림자 마을로 찾아드네　寒山影入村

맑은 갈매기 날아올라 물을 내려찍고　晴鷗飛點水

게으른 암소 누워서 먼 산 바라보네　倦犉臥看山

이 시는 아취(雅趣)가 있을뿐더러 이치가 담겨 있다. 또한 담백하다가 정

밀하기까지 하다. 석치겸현(石癡謙玄, 석치 정철조와 겸재 정선 그리고 현재

심사정)의 필치를 청해 부채 머리에 묘사해보고 싶을 지경이다.

— 『청비록』 2, 〈절협추성경목엽(絶峽秋聲驚木葉)〉

　농촌의 조그마한 풍경을 정밀하게 묘사한 윤암(綸菴) 이희경(李喜經)의

시는 짧지만 이덕무에게 매우 강렬한 인상을 남겼다. 이 시는 평소 조선의

진경을 정밀하게 묘사한 진경 시를 추구했던 이덕무의 마음에 쏙 드는 작

품이었다.

차가운 연기 무너진 집, 절굿공이 오르내리고　寒煙破屋杵頭出

해질녘 엉성한 울타리엔 도리깨 꼬리 나부끼네　落日疏籬耞尾翻

이것은 윤암 이희경이 지은 시로 농촌의 작은 풍경을 읊었다. 당나라의

시인이자 화가인 왕마힐(王摩詰)의 〈농작도(農作圖)〉 속에 넣어도 좋을

만큼 훌륭하다. 윤암 이희경의 사람됨이 정교하고 치밀하여 그 시가 모두

마음에 들어온다. 다만 많이 보지 못한 것이 한스러울 뿐이다.

— 『청비록』 3, 〈윤암(綸菴)〉

이덕무는 『청비록』에서 고려와 조선 그리고 중국의 여성 시인들에 대한 기록 또한 많이 남겼다. 이때 이덕무는 사대부가의 여성은 물론 기생, 여종 등 그 시가 기록으로 남길 만하면 신분을 가리지 않고 반드시 채택하는 공평한 시각을 보여주었다. 특히 여기에서 그는 시의 품격이 '아정(雅正, 우아하고 바르다)'한 세 명의 여성 시인이 남긴 시를 각각 한 수씩 기재했다.

내가 심덕잠이 소집(所輯)한 『별재집(別裁集)』을 읽어보고 매우 우아하고 올바른 세 규인(閨人)의 시를 얻었다. 지금 그들의 시 한 수(首) 씩을 각각 기재한다. 필착(畢著)은 자가 도문(韜文)으로 강남 흡현(歙縣) 사람이다. 곤산(崑山) 왕성개(王聖開)의 아내가 되었다. …… 그녀의 〈시골에 거처하며(村居)〉라는 시는 다음과 같다.

한가로운 거적문 물가 언덕에 이웃하고　席門閒傍水之涯
안빈(安貧)하는 남편은 집안일 돌보지 않네　夫壻安貧不作家
내일 밥 못 짓는다 한들 알게 무엇인가　明日斷炊何暇問
갈까마귀 부리 지니고 매화꽃을 심네　且携鴉觜種梅花

시정의(柴靜儀)는 자가 계한(季嫻)으로 절강 전당(錢塘) 사람이다. 심한가의 아내가 되었다. …… 그녀의 시 〈용제를 권면하다(勖用濟)〉는 다음과 같다.

그대 권세가들 보지 못했나 밤마다 잔치 벌이면서　君不見侯家夜夜朱筵開
남은 술 식은 고기 누구라도 조금 가엾게 여기던가　殘杯冷炙誰憐才

세 차례나 장안에 올라가도 뜻을 얻지 못해　長安三上不得意
쑥대머리 까만 얼굴 그대로 돌아오네　蓬頭鸎面仍歸來
오호라! 세상 인정 하루에도 천변(千變)하고　嗚呼世情日千變
가마 수레 고기반찬 사람마다 부러워하네　駕車食肉人爭美
글 읽고 거문고 타며 스스로 즐거워하니　讀書彈琴聊自娛
예로부터 어질고 밝은 선비 빈천(貧賤)에 능숙했네　古來哲士能貧賤

방원(龐畹)은 자가 소완(小宛)이고 강남 오강(鳴江) 사람이다. 시인 오장
(鳴鏘)의 아내가 되었다. 그녀의 시 〈쇄창잡사(瑣窓雜事)〉는 다음과 같다.

남편은 한평생 가난으로 세월 보냈지만　夫壻長貧老歲華
평생 명예 싫어해 세상 멀리하며 만족하네　生憎名字滿天涯
거적문에도 문득 한가로운 수레와 마차 있어　席門却有閒車馬
스스로 금비녀 뽑아 주막집에 맡겼네　自拔金釵付酒家

— 『청비록』 3, 〈규인아정(閨人雅正)〉

우아하면서도 무게와 깊이가 있는 진사(進士) 이광려(李匡呂)의 시 또한
빠뜨릴 수 없다. 이덕무는 그의 시를 소개하면서, 당시 사람들 몇몇이 "이
광려의 시가 당대 제일이다"라고 한 말까지 적어놓았다. 매화와 강변 풍
경을 묘사한 시에 나타나는 우아한 풍취를 높게 평가한 것이다.

진사 이광려는 자가 성재(聖載)다. 그의 시는 우아하고 장중하며 심오하
고 정결해 명성이 온 나라 안에 가득했다. 어떤 사람은 "그 시가 당대 제
일이다"라고 말한다. 그의 시 〈매화를 노래하며(咏梅)〉는 다음과 같다.

대나무 가지 드리우니 온 집안에 그림자 가득　滿戶影交脩竹枝

한밤중 남쪽 누각에 달이 뜰 시간이네　夜分南閣月生時

이 몸은 향기와 함께 머물며 동화되고　此身定與香全化

매화에 흠뻑 빠져 전연 알지 못했네　嗅遍梅花寂不知

그의 시 〈여강(驪江)〉은 아래와 같다.

하늘 멀리 나옹(懶翁)의 탑에　天遠懶翁塔

환주(環洲)는 마치 그림 같네　環洲如畫圖

한평생 잊을 수 없는 것은　一生未可忘

신륵사 앞 호수이지　神勒寺前湖

〈비 개인 자포에서〔紫浦雨後〕〉라는 시는 다음과 같다.

강가에 새벽 비 내리고　江上曉來雨

뱃길은 출발 늦어지네　江行發棹遲

아침 바람에 보리 빛 출렁이고　早風生麥色

맑은 햇살에 꽃가지 눈부시네　晴日泛花枝

배 안 말소리 귀에 익숙한데　舟語聲相識

이웃 배 돛 그림자 자주 옮겨가네　隣帆影屢移

닻줄 끌어주는 것 사양하지 말고　莫辭牽助纜

다 함께 상탄(上灘)으로 올라갈 때로구나　俱及上灘時

〈강행절구(江行絶句)〉라는 시는 다음과 같다.

비가 올 듯 캄캄해지니　黯黯欲成雨

바람도 따라서 비껴 부네　斜風兼倒吹

강 위엔 빗방울 점점이 보이는데　水上點初見

얼굴 젖는 줄은 아직 모르겠네　人顔露未知

언덕 양쪽 핀 꽃 기이하고　岸交異縣花

개울가 집 그윽한 운치 맑기만 하네　溪舍淸幽極

위아래 물가 맹꽁이 울음소리　上下黿潭曲

아름다운 마을 풍경 문득 앉아 쉬네　佳村輒坐息

번번이 인심 사납다고 말하지만　輒說人心惡

평생 이 말 괴이하게 여겼네　平生怪此言

오랜 세월 떠돌이로 산골짜기 다니며　峽行久爲客

주인 은혜 항상 부끄러워했으니　屢愧主人恩

햇볕에 베 말리니 울타리 환하고　曝布明籬落

서풍은 늦게까지 멎지를 않네　西風晩不絶

떠돌이의 마음 초목과 한 가지라　客心共草木

맑게 갠 기색 별스럽고 새롭네　新晴氣色別

— 『청비록』 3, 〈이진사(李進士)〉

참신하면서도 우아한 시풍을 동시에 간직한 소천(篠川) 김기장(金基長) 의 시 역시 이덕무에게 많은 영향을 끼쳤다. 이덕무는 그의 시에 대해 "당 대에 만약 주죽타(朱竹垞)가 있었다면 모두 『시종(詩綜)』 속에 편입시켰을 것이다. 그의 시는 적어도 최호(崔顥)와 백거이(白居易)의 시 아래에 있지는 않을 것이다"라면서 극찬을 아끼지 않았다. 여기에서 이덕무가 말한 주죽타는 청나라 사람 주이준(朱彝尊)인데, 그는 고문(古文)과 시사(詩詞)로 일가를 이루어 왕사진(王士禎)과 더불어 남북의 두 대가로 일컬어졌다. 또한 최호는 당나라 때 시인으로 그의 시 〈황학루(黃鶴樓)〉는 당나라 7언 율시 중에서 최고의 작품으로 평가받고 있다. 백거이는 이백(李白), 두보(杜甫)와 함께 당나라의 3대 시인으로 시성(詩聖)이라고까지 불린다.

좌랑(佐郎) 김기장은 자가 일원(一元) 호는 소천(篠川)이다. 일찍이 봉록(鳳麓) 김이곤과 함께 유람할 때 지은 시가 있다. 그 시가 매우 참신하고 우아하며 담백하고 총민하였다.

샛별은 포구 나무에 걸려 있고　明星生浦樹
찬 이슬은 농갓집에 내리네　涼露下田家

처마 깃든 참새에게 춥다는 말 듣고　樓雀聞寒語
돌아온 기러기에게 먼 곳에서 오는 마음 보네　歸雁見遠心

포구의 쓸쓸한 나무 낙엽 띄워 보내고　浦樹寒相送
강가의 엷은 구름 날지 않네　江雲薄不飛

강가 핀 꽃 또 지니 사람은 장차 늙고　江花又落人將老
산에 걸린 해 기우니 새가 다시 돌아오네　山日初斜鳥更還

작은 정원 봄철 대나무 가늘고　小園春竹細

평평한 들판 비 개자 꽃 피네　平野霽花開

실바람에 의자 기대 풀꽃 그림자 속에 앉고　微風隱几草花影

하루 종일 발 드리우고 꾀꼬리 소리 듣네　永日垂簾黃鳥聲

늦추위 대나무에 쌓인 눈, 바람 앞에 떨어지고　餘寒竹雪風前落

적막한 밤 바위에 걸린 구름, 달 아래 나타나네　靜夜巖雲月下生

암벽 속 샘은 오동나무 아래 자리 돌아 흐르고　巖泉繞席梧桐下

풀잎에 맺힌 이슬 귀뚜라미 옆 술통에 스며드네　草露侵樽蟋蟀邊

푸른 연꽃 적삼 해지니 시는 공연히 괴롭고　綠荷衫敗詩空苦

노란 국화 술잔 날아오르니 마음 잠깐 기쁘네　黃菊觴飛意暫歡

산골짜기 하늘 비 오지 않아 가을 꽃 피지 않고　峽天不雨秋花未

물나라 서리 많아 백로 잠들기 어렵네　水國多霜宿鷺難

강가 나무 안개 서려 새 날아오르기 어렵고　江樹餘霞飛鳥重

들녘 다리 물 넘쳐 건너는 사람 차갑네　野橋新水去人寒

능호(菱湖) 새벽달 날아오른 기러기 전송하고　菱湖曉月飛鷗送

화악(花岳) 가을 구름 떠나는 기러기 따라가네　花岳秋雲去雁隨

…… 〈야제(夜題)〉라는 시는 다음과 같다.

이슬 내린 풀밭에 펄럭펄럭 반딧불 한 마리 나는데   翻翻露草一螢飛
붉은 무궁화 앞 대나무, 사립문 가렸네   朱槿花前掩竹扉
몇 장의 파초 잎새에 오르락내리락   數了芭蕉高下葉
깊은 밤 밝은 달빛, 사람 옷에 뿌려지네   夜深明月灑人衣

〈흥에 겨워〔遣興〕〉라는 시는 다음과 같다.

엉성한 발(簾), 바둑 끝난 해질녘에   疏簾棋罷日斜時
의자에 기대 백거이 시 높이 읊조리네   隱几高吟白傳詩
꾀꼬리 우는 중에 사람은 반쯤 취해   黃鳥聲中人半醉
몇 장 파초 잎에 비 실실 내리네   芭蕉數葉雨絲絲

당대에 만약 주죽타(朱竹垞)가 있었다면 모두 『시종(詩綜)』 속에 편입시
켰을 것이다. 그의 시는 적어도 최호(崔顥)와 백거이(白居易)의 시 아래에
있지는 않을 것이다.

―『청비록』 4. 〈소천의 시(篠川詩)〉

특히 이덕무는 이전까지의 평론을 뒤집고 우리나라 역사에서 가장 손꼽
을 만한 시의 명가(名家)로 익재(益齋) 이재현(李齋賢)을 거론하면서 "그의
시는 화려하고 우아하여 우리나라의 고루하고 침체된 습관을 통쾌하게 탈
피하였다"고 비평했다. 20세기 초 김택영이 『신자하시집』에서 이재현을
우리나라 한시의 종조(宗祖)라고 평가했는데, 이덕무는 이보다 훨씬 앞서

익재 이재현의 시를 인정한 최초의 비평가였다고 하겠다.

사림(詞林, 문단)의 거공(鉅公, 거장)으로 항상 읍취헌(挹翠軒) 박은(朴誾)
을 추앙하여 시의 종주(宗主)로 삼고, 거슬러 올라가면 점필재 김종직을
추대하여 제일로 삼는다. 그런데 내가 일찍이 『익재집(益齋集)』을 읽어보
고 단연코 익재 이재현의 시를 이천 년 이래 우리나라의 명가(名家)로 삼
게 되었다. 그가 지은 시는 화려하고 아름다운 데다가 우아해서 우리나라
의 궁벽하고 꽉 막힌 습성을 통쾌하게 탈피하였다. 비록 그가 중국에 있
었다고 하더라도 원나라의 우집(虞集)과 양재(楊載)와 범팽(范椁)과 게혜
사(揭傒斯)의 경지에 들어가고도 남았을 것이다. 용재(慵齋) 성현의 이른
바 "익재 이재현은 노련하고 건장하지만 아름답고 우아하게 꾸미지는 못
하였다"는 말은 변할 수 없는 논평이 아니다. 익재의 시를 두고 아름답거
나 우아하게 꾸미지 못했다고 한다면 도대체 어떤 시를 아름답고 우아하
게 꾸몄다고 할 수 있겠는가? 요즘 세상 사람들은 왜 "익재, 익재" 하면
서 이재현을 시의 명가로 추앙하는지 그 까닭을 알지 못하니 슬픈 일이
다. …… 그의 〈배를 타고 아미산을 향해 가다(放舟向蛾眉)〉라는 시는 다
음과 같다.

추운 송아지 비에 내몰려 강가 주막으로 되돌아오고　雨催寒犢歸漁店
가벼운 갈매기 물결 타고 지나가는 배에 다가오네　波送輕鷗近客舟

…… 그의 시 〈길 위에서(路上)〉는 다음과 같다.

말 타고 가면서 〈촉도난(蜀道難)〉을 읊었는데　馬上行吟蜀道難

오늘 아침에야 비로소 진관(秦關)으로 들어가네   今朝始復入秦關

푸른 구름 저물 무렵 어부수(魚鳧水)를 멀리하고   碧雲暮隔魚鳧水

붉게 물든 숲, 가을 맞아 조서산(鳥鼠山)에 이어졌네   紅樹秋連鳥鼠山

문자는 더욱이 천고의 한을 더하는데   文字剩添千古恨

명리를 누가 일신의 한가함과 바꾸겠는가   利名誰博一身閑

사람으로 가장 기억나는 것은 안화(安和) 길에서   今人最憶安和路

대나무 지팡이에 짚신 신고 마음대로 왕래한 일이네   竹杖芒鞋自往還

…… 〈어촌의 저녁노을〔漁村落照〕〉이라는 시는 아래와 같다.

지는 해 간간이 먼 산봉우리 머금고   落日看看含遠岫

썰물은 슬피 울며 차가운 갯벌에 오르네   歸潮咽咽上寒汀

어부는 갈대꽃 눈 속으로 사라지고   漁人去入蘆花雪

몇 줄기 밥 짓는 연기 다시금 푸르네   數點炊煙晩更靑

…… 그의 시 〈소악부(小樂府)〉는 다음과 같다.

봄옷 벗어서 한쪽 어깨에 걸치고   脫脚春衣掛一肩

친구 불러서 채마밭에 들어가네   呼朋去入菜花田

동쪽과 서쪽 내달려 나비 쫓던 일들이   東馳西走追蝴蝶

어제 한 놀이처럼 오히려 뚜렷하네   昨日嬉遊尙宛然

이와 같은 시가 우리나라 사람의 문집 가운데 있기나 한가? 청나라의 시인 고사립(顧嗣立)은 『원백가시선(元百家詩選)』을 편찬했는데, 여기에 고려 사람의 시는 단 한 수도 없다. 그 까닭은 우리나라 사람의 시를 얻거나 보지 못했기 때문이다. 만약 『익재집』을 가져다가 고사립에게 주었다면 안남국왕(安南國王) 진익직(陳益稷)보다 그 순서가 위에 자리했을 것이라는 점은 구태여 말할 필요조차 없다.

— 『청비록』 3, 〈이익재(李益齋)〉

이덕무는 정아의 미학, 곧 멋스러우면서도 격조가 있는 시의 품격을 논할 때 특별히 대우(對偶)의 정교함과 명구(名句)의 세련됨을 아주 중요하게 다루었다. 대우는 대구(對句)나 대조(對照)처럼 시어가 짝을 이루도록 서로 나란히 놓아 조화미와 균형미를 추구하는 시의 작법이다. 예를 들면 금나라 원호문(元好問)의 문집인 『중주집(中州集)』에 나오는 시 〈와국보와 의군용〔蝸國步蟻軍容〕〉의 경우가 그렇다.

중국 금대(金代)의 시선집인 『중주집(中州集)』에 실려 있는 장징(張澄)의 시는 다음과 같다.

허물어진 벽에 달라붙은 달팽이는 국운(國運)이 간난하고 　壞壁粘蝸艱國步
황폐한 연못에 떠다니는 개미는 군용(軍容)을 잃었네 　荒池漂蟻失軍容

이 시는 그 대우가 정교하고 절묘하다.

— 『청비록』 1, 〈와국보와 의군용〉

또한 강산 이서구의 시에 나오는 "바람 소리 거문고 어지럽혀 새가 나무 쪼는 듯하고〔風籟亂琴禽啄木〕"라는 구절은 명나라 축지산(祝允明)의 시에 나오는 "미인이 깨진 기와 조각 위에서 춤을 추는 것과 같네〔如美人舞瓦 礫上〕"라는 구절과, "등잔 불빛 붓 요동시켜 말이 진창을 달리는 듯하네〔燈 花搖筆馬行泥〕"라는 구절을 원나라 조맹부(趙孟頫)의 시 "통쾌하게 내닫는 말이 질퍽질퍽한 진창 속을 달리는 것과 같네〔猶快馬行泥濘中〕"라는 구절 과 대조해 인용하면서, 이들 시 구절이 비유를 취한 묘사나 "마행니(馬行 泥)"와 같은 시어(詩語)에서 서로 조화와 균형을 잘 이루는 대우를 이룬다 는 점을 밝히고 있다.

바람 소리 거문고 소리 어지럽혀 새가 나무 쪼는 듯하고   風籟亂琴禽啄木
등잔 불빛 붓 요동시켜 말이 진창을 달리는 듯하네   燈花搖筆馬行泥

이 시구는 조문민의 "나쁜 붓으로 좋은 글을 짓는 것은 마치 통쾌하게 내
닫는 말이 질퍽질퍽한 진창 속을 달리는 것과 같다"는 말과, 그리고 축지
산의 "그림을 접는 부채에 그리는 것은 마치 미인이 깨진 기와 조각 위에
서 춤을 추는 것과 같다"는 말과 매우 잘 어울리는 대우를 이룬다.
— 『청비록』 1, 〈조문민과 축지산〔趙文敏祝枝山〕〉

명나라 때 시인 왕굉(王翃)과 이덕무와 시 동인(同人)이었던 박제가와
유금 그리고 이광지(李光地)의 오언절구와 칠언절구 속의 대우 또한 지극
히 정교하고 세련된 걸작들이다.

명나라 왕굉의 자는 개인(介人)이다. 그의 시는 대구(對句)가 매우 정교하
고 세련되었다. 그 시는 다음과 같다.

강산은 백하(白下) 보다 웅장하고　江山雄白下
인물은 황초(黃初) 때에 가깝네　人物近黃初

백사는 인일(人日)에 열지 않고　白社違人日
현관은 자운(子雲)에 문 닫았네　玄關閉子雲

서촉은 사마(司馬)의 격문으로 알려 내왕하고　西蜀喻通司馬檄
중산은 악양(樂羊)을 비방한 글 가득했네　中山謗滿樂羊書

박제가의 시 가운데 다음과 같은 시가 있다.

바닷가에는 반겨주는 사람 적고　海濱青眼少
세상에는 혁혁한 사람 발걸음 드무네　日下赫蹄疏

변일휴 또한 일찍이 '현빈(玄牝)'과 '혁제(赫蹄)'를 시어로 삼아 대우를 붙
였다.

시(詩)와 예(禮)는 선비의 바탕으로 전하고　詩禮傳儒素
누에와 길쌈은 여인의 공업으로 익히네　桑麻習女紅

유금의 시는 다음과 같다.

벽에는 최북(崔北)의 지두화(指頭畫) 보이고　壁看崔北指頭畫
책상에는 태서(泰西, 마테오 리치)의 면각도(面角圖)가 있네　案有泰西面角圖

최북은 자가 칠칠(七七)인데 화가이다. 유금은 일찍이 이마두(利瑪竇, 마테오 리치)의 기하술(幾何術)을 일삼아 지낸 까닭에 시에서 그렇게 묘사한 것이다. 용촌(榕村) 이광지의 시는 아래와 같다.

말의 골상은 구방인이고 　馬骨九方歅
양의 가죽은 백리해이네 　羊皮百里奚

모두 지극히 정교하고 공교롭다.

— 『청비록』 2, 〈대장정련(對仗精練)〉

이덕무가 수많은 시인들의 시 속에서 가려 뽑아 『청비록』에 기록해놓은 명구(名句)들 또한 대우(對偶)와 마찬가지로 조화와 균형의 미학을 고스란히 전한다. 이덕무는 '매탕(槑宕)'이라는 자호가 있을 만큼 '매화 미치광이'였다. 심지어 매화의 풍모와 아취를 언제 어느 곳에서든 즐기고 싶어서 밀랍으로 인조 매화를 만드는 방법인 「윤회매십전(輪回梅十箋)」을 직접 저술하기까지 했다. 그리고 자신이 창안한 인조 매화에 윤회매(輪回梅)라는 이름까지 붙이고 시까지 지어 바쳤다. 그는 이 시에서 윤회매라고 한 까닭을 "벌이 꽃을 채취하여 꿀을 만들고 꿀이 밀랍이 되었다가 다시 밀랍이 꽃이 되는 섭리가 마땅히 불가(佛家)의 윤회설(輪回說)이나 전생후생설(前生後生說)과 같기 때문이다"라고 밝혔다. 매화를 이토록 사랑한 이덕무였기 때문에 매화를 소재로 한 시를 보는 눈 또한 아주 까다로웠다. 그런데 그가 "쉽게 얻을 수 없는 훌륭한 작품"이라고 소개한 매화 시 한 편이 『청비록』에 실려 있다. 사천 이병연이 지은 이 시는 명구 중의 명구다.

봄바람 혼망한 꿈에 패옥(佩玉)을 두르고　春風魂夢回環珮

새벽달 깨끗한 마음 온 집안 가득하네　曉月精神滿屋樑

— 『청비록』 1, 〈사천의 매화시(槎川梅花詩)〉

또한 이덕무는 송나라의 처사 임포(林逋)가 매화를 읊으면서 당나라 때 시인 강위(江爲)의 시에서 두 글자를 기가 막히게 바꾸어 천고의 명구를 얻었다는 기록을 남기기도 했다.

맑고 얕은 물에 대나무 그림자 가로 비꼈고　竹影橫斜水淸淺

황혼녘 달에 계수나무 향기 떠다니네　桂香浮動月黃昏

송나라의 처사 임포가 매화를 읊으면서, 강위 시의 '죽(竹)'과 '계(桂)' 두 글자를 '소(疎)'와 '암(暗)'으로 바꾸었다. 이에 마침내 천고의 명구가 되었다.

— 『청비록』 1, 〈강위와 임포(江爲林逋)〉

더불어 동갑내기 친구였던 길옹(吉翁) 이형상(李亨祥)의 칠언절구 시의 두 구 역시 참으로 명구라고 소개하는가 하면, 응재(凝齋) 이희지(李喜之) 의 〈새벽에 양근을 떠나며(曉發楊根)〉라는 시에 대해서는 모두가 명구라고 할 만하다면서 감탄을 아끼지 않았다.

길옹 이형상은 나와 동성(同姓)에다가 동갑내기다. 젊었을 적 나와 더불 어 시를 짓곤 하였다. 그 가운데 다음과 같은 시가 있다.

누각 밖의 밤 끝없이 소나기 지나가는데   樓外夜過千嶂雨

꽃 앞 나그네 등불 밝혀 밤새워 글 읽네   花前客宿一燈書

진실로 명구라고 하겠다.

— 『청비록』 4, 〈이길옹〉

그의 시 〈새벽에 양근을 떠나며〉는 다음과 같다.

지나다니는 사람들이 서로 말 전하니   行者遞相語

쓸쓸한 새벽빛 속에 동이 트네   蕭蕭曙色中

골짜기 깊어 산은 더욱 짙푸르고   峽深山更綠

빈 봉우리에 햇살이 불그스름하네   峯缺日微紅

산마을 인가에 아침 연기 자욱하고   草屋人煙合

갈대꽃 기러기 행렬과 함께 하네   蘆花雁陣同

눈앞 가득 거룻배 떠나가니   輕舟滿眼去

나는 순풍(順風) 빌려가고 싶네   吾欲借帆風

또한 다음과 같은 시도 있다.

봄바람 불지 않아 복숭아꽃 가만있고   桃花不動春風定

백조 외로이 날아 먼 물결 잔잔하네   白鳥孤飛遠浪平

제비 늦게 오니 봄은 다시 떠나가고   燕子來遲春又去

복숭아꽃 다 떨어져 달빛만 허공에 걸렸네   桃花落盡月空縣

그 시가 모두 명구이다.

—『청비록』3, 〈응재(凝齋)〉

앞서 살펴보았던 청신(淸新)과 기묘(奇妙)와 정아(精雅)의 미학이 시의 내용이 담고 있는 미학이라고 한다면, 여기에서 소개한 대우(對偶)와 명구(名句)의 미학은 시의 형식에 걸맞은 미학을 가리키고 있다. 다시 말해 좋은 시란 내용과 형식 모두에서 시다운 미학을 갖추고 있어야 한다는 얘기다.

이제 이덕무가 『청비록』에 담은 한시의 미학을 정리해보자. 크게는 청신, 기묘, 정아 셋으로 나누어볼 수 있지만, 이밖에도 '광달(曠達)하다', '담박하다', '운치가 깊다', '웅장하고 화려하다', '공평박아(公平博雅)하다', '진실하고 심오하다', '날카롭다', '섬세하다', '고상하다', '시원시원하다', '정취가 한아하고 담백하다', '정신이 명랑하다', '막힘이 없다', '늠름하다', '쇄탈(灑脫)하다', '금회(襟懷)가 상쾌하다'는 등 수많은 평어를 통해, 한시의 시풍과 미학이 끝을 알 수 없을 만큼 다채롭다는 사실을 보여주고 있다. 다만 지면이 제한되어 있는 관계로 여기에 다 소개하지 못하는 것이 안타까울 뿐이다. 훗날 기회가 된다면 『청비록』에 실린 시들을 통해 한시의 미학에 관해 본격적으로 다뤄볼 생각이다.

한중일 삼국의 문예 경연장

『청비록』이 이전 시대의 시화집이나 비평집과 다른 가장 큰 특징 중 하나는 이덕무가 자신이 살았던 18세기 중후반 한중일 삼국의 한시들을 뽑아 소개하고 비평했다는 사실이다. 여기에서는 18세기 한중일의 문화사를 대표할 만한 인물들이 대거 등장한다. 이제 『청비록』의 기록을 통해 당시 삼국의 문예를 연결하는 중심에 이덕무와 그의 사우들인 북학파 혹은 백 탑파 사람들이 자리하고 있었다는 점을 살펴볼 것이다.

홍대용을 시작으로 해서 유금, 이덕무, 박제가, 박지원, 유득공에 이르 기까지 북학파의 핵심 멤버들은 대부분 청나라 연경을 방문했고 그곳에 서 당대 최고의 문사들과 교유했다. 그런데 이들 청나라의 문사 중에서 단 연 필자의 눈길을 사로잡는 사람은 이조원이다. 앞서 유득공의 숙부인 유 금이 이덕무, 박제가, 유득공, 이서구의 시집을 보자기에 싸가지고 연경을 찾아가 시평을 얻었던 바로 그 사람이다. 그는 이부원외랑(吏部員外郎)으 로 청나라 조정에 있을 때 이미 문장으로 세상을 울렸고, 관직을 버린 후 에는 음악과 기예를 즐겨 천하 사람들이 고상하게 여긴 문인이자 예술가 였다. 『청비록』에서는 먼저 유금이 이조원을 처음 만나 인연을 맺게 된 사 연과 함께 이별할 때 이조원이 준 이별시를 소개하고 있다.

정유년(丁酉年, 1776) 봄에 유금이 사은사(謝恩使)를 따라 연경에 들어갔 다. 탄소(彈素) 유금은 기사(奇士)여서 천하의 문장에 해박해 막힌 데가 없는 선비를 만나 교제를 맺으려고 했다. 일찍이 단문(端門) 밖에서 갱당 (羹堂) 이조원을 보고 그 용모와 행동거지가 매우 단아하다고 여긴 까닭 에 곧바로 그의 소매를 잡고 교류하기를 청하였다. 말이 통하지 않았으므 로 마침내 땅에 자신의 성명과 자(字)를 써서 보였다. 이조원은 한 번 보 고도 유금과 뜻이 맞아 교제를 맺고 그 이름과 자가 매우 기이하다고 칭 찬하였다. 이후 유금이 이조원의 집에 여러 차례에 걸쳐 방문하였다. 그 런데 그때마다 정성을 다해 극진히 대접하고 진실한 마음을 드러내 장자 (長者)의 풍모를 느낄 수 있었다. 유금의 조카 유득공의 〈별시(別詩)〉를 보고 나서는 크게 칭찬하며 상을 더해주었다. 이조원은 이별할 때 유금에게 다음과 같은 시를 지어서 주었다.

배 타고 바다 건너 날아오신 손님 있어　有客飛乘過海車
만나자마자 하늘 밖 현묘한 이치 담론했네　玄談天外乍逢初
스스로 배우지 못한 장진의 늙은이라 말하나　自言不學張津老
진홍색 천 머리에 쓰고 도가의 책을 읽네　絳帕蒙頭讀道書

평생 나름대로 생각과 분별 있어서　平生皮裏有陽秋
때로 우경(虞卿)처럼 저술할 근심 품었네　時抱虞卿著述愁
누가 나의 시 움켜잡고 이름을 해외에 전해서　誰把詩名傳海外
손님이 찾아와 『간운루집(看雲樓集)』 구해갈까　看雲樓集客來求

긴 적삼 넓은 소매 도읍(都邑)에서 빛나니　長衫廣袖九衢喧
괴이함과 어리석음 피해 잠시 수레 멈췄네　避怪多蒙暫駐軒
다른 날 편지 부쳐 조카 편에 전해주고　他日寄書傳小阮
기러기 편에 시 부쳐 함께 내게 보여주오　有詩付雁與吾看

추운 날씨 거센 바람 비단 바른 창문 두드리고　天寒風勁撲窓紗
반갑고 귀한 손님과 차 끓이며 마음속 토로하네　佳客論心細煮茶
다음 날 고국으로 돌아가려는 마음 붙잡을 수 없는데　日莫懷歸留不得
누가 장차 밝은 달 머나먼 땅에 붙이겠나　誰將明月托天涯

이로 말미암아 그가 광동(廣東)에 주고(主考, 주임 시험관)로 있을 때 『월

동황화집(粵東皇華集)』과 〈송하간서소조(松下看書小照)〉를 보내주었다.
아아! 중국 사람이 친구와 교제를 맺는 데 있어서 그 정성이 진실하고 말
에 믿음이 있는 것이 이와 같았다.

─『청비록』 4, 〈이우촌(李雨村)〉

이덕무는 이조원의 본가(本家)인 성원(醒園)이 연못과 무성한 대나무 숲
이 그윽한 경치를 이루고 아래로 잔강(潺江)을 굽어보는 명승지라고 말한
다. 그런데 성원을 떠올리며 자신의 뜻을 보여준 이조원의 시를 보면, 그
가 마치 나부끼는 꽃잎처럼 훨훨 멀리 날아가려는 생각을 가진 기이한 선
비였음을 알 수 있다고 했다.

거가산 아래 늙은 농부　車家山下老農夫
장안 열두 갈림길로 달려왔네　走上長安十二衢
고향 그리워 어젯밤 잠 못 이루고　昨夜鄕愁眠不得
일어나 등불 켜고 성원도(醒園圖) 바라보네　呼燈起看醒園圖

괴로운 마음 시달리던 시인 2월 날씨에　煩惱詩人二月天
장안에서 술 마시고 늦게까지 자네　長安買酒日高眠
조참(朝參)에 나태하다 괴상하다 하지 말고　不須怪我朝參懶
꿈속 성원 베갯머리에 찾아왔네　夢裏醒園祇枕邊

운룡산 옆 고향 초가집에　故山茅屋傍雲龍
새로운 시 부치려고 다시 봉한 곳 뜯었네　欲寄新詩再坼封
어린아이에게 말 부치니 담장 모퉁이 밖에　寄語兒童墻角外

다음 해에 몇 그루 소나무 더 심으려는가　明年添種幾株松

—『청비록』 4, 〈이우촌〉

　　또한 이조원이 지은 시와 저술한 책을 쌓으면 자신의 키와 비슷할 만큼 많은데, 그 시풍이 "힘차고 당당한 걸음걸이가 도약하고 내달려서 변폭(邊幅)이 펼치고 열려 한번 읽을 때마다 가슴이 후련할뿐더러 웅장하고 수려하며 광활하고 통달하여 그 끝을 헤아릴 수 없다"고 했다. 더욱이 이조원은 이부상서(吏部尙書)인 정진방(程晉芳), 편수관(編修官) 축덕린(祝德麟) 등과 시모임인 시금계(詩襟契)를 맺어 당대 문단을 주도했다. 이덕무는 이를 두고 "풍류의 멋을 상상할 수 있다"고 감탄했다. 특히 축덕린은 『고금도서집성』 만여 권이 조선으로 들어오는 데 결정적인 역할을 한 인물이기도 하다. 유금이 이조원과 맺은 인연이 축덕린으로까지 이어진 것이다. 또한 1778년 연행 때 이덕무와 박제가는 이조원의 아우인 중서사인(中書舍人) 이정원을 통해, 청나라 이부(吏部)의 벗이자 『사고전서』 편찬의 총책임자인 당대의 대학자 기윤(紀昀)은 물론 옹방강(翁方綱), 철보(鐵保) 등과 교제를 맺기도 했다. 옹방강은 박제가의 제자인 추사 김정희에게 문학적으로나 사상적으로 큰 영향을 끼치며 19세기 한중 지식인의 '인문학 네트워크'를 찬란하게 빛낸 대학자인데, 이 또한 이덕무와 박제가가 이때 옹방강과 맺은 교제가 계기가 되었다. 여하튼 이덕무는 이조원의 〈지당(芝塘, 축덕린의 호)에게 화답하다〔奉和芝塘〕〉와 〈백로주서원(白鷺洲書院)〉 그리고 〈매관 사람의 발란(撥亂)을 읊다〔梅關人撥亂〕〉를 소개하면서 모두 다 전송(傳誦)할 만한 걸작이라고 평했다.

　　〈지당에게 화답하다〉라는 시는 다음과 같다.

시구는 매번 가을빛 가운데 따라 얻어지고　得句每從秋色裏

글은 빗소리 속에서 많이 지어지지　著書多在雨聲中

세상의 나그네 꽃빛 속에 늙고　乾坤老客花光裏

고금의 사람들 버들 그림자 가운데 돌아오네　今古來人柳影中

처마 아래 풀빛 연기 밖에서 듬성듬성　一簷草色疏煙外

세 오솔길 이끼 흔적 빗속에서 푸르네　三逕苔痕細雨中

개밋둑에 적당히 푸른 줄 시렁 심고　螘垤種苽棚適翠

벌꿀에 약 찧어 몸의 찌꺼기 날려보내네　蜂糧搗藥牡揚塵

글 바쳤어도 망남자(妄男子)처럼 하지 말고*　獻書莫似妄男子

시 짓거든 바로 망시공(亡是公)처럼 해야 하네**　作賦須是亡是公

…… 〈백로주서원〉이라는 시는 아래와 같다.

한 숲의 초우(焦雨) 창문에 들이쳐 푸르고　一林蕉雨侵窓綠

네 모서리의 서등(書燈)은 물에 비춰 붉네　四面書燈映水紅

또한 〈매관 사람의 발란을 읊다〉라는 시는 다음과 같다.

높은 당나귀 등 위 승려 지팡이 예스러워　雲驢背上僧敲古

달빛 새는 삼수현(三水縣) 가에 깃들었네　月鳥栖邊三水縣

• 한 무제(武帝) 때 전천추(田千秋)가 아무 재능이나 공로 없이 글 한 편으로 승상이 된 일을 비판한 것.

•• 사마상여(司馬相如)의 〈상림부(上林賦)〉에 나오는 가공의 인물인 망시공이 군주의 근검절약을 비유로서 간한 것.

해질녘 사람은 천 개의 봉우리 밖에 있고　夕陽人在千峯外

비 오는 밤 원숭이는 만 그루 나무 서쪽에서 우네　夜雨猿啼萬樹西

— 『청비록』 4, 〈이우촌〉

이조원과 더불어 당대 청나라 문단을 대표할 만한 인물로는 홍대용이 연행 때 사귀었던 세 명의 청나라 선비 중 가장 나이가 어렸던 반정균을 꼽을 수 있다. 홍대용과의 만남 이후 반정균은 북학파와 청나라 지식인들 사이에 오고 간 친교의 중심에 있었던 사람이다. 이덕무는 그에 대해 "용모가 아름답고 시문의 재능이 기발했다. 더욱이 서예와 그림에도 모두 뛰어났다"고 극찬했다. 그리고 유금이 적어온 이조원의 집 벽 위에 붙어 있는 반정균의 〈정월 보름날 밤〉 시 한 수를 보고서는, 그 시가 매우 놀라울 정도로 맑고 아름답다고 비평했다.

사는 동안 정월 보름날 밤 몇 번이나 맞이했건만　人生幾元夕

오래도록 아직 황주 한 곳에만 머물러 있네　留滯尚皇州

달은 천 개의 산 사이에 숨어 있고　月是千山隔

별은 만 채의 집을 흐르고 있네　星仍萬戶流

쓸쓸한 등불 아래 고향 꿈꾸고　淅燈鄕國夢

맛없는 술 세시(歲時)마다 근심하네　魯酒歲時愁

높은 집 촛불 불빛만 깜박깜박　耿耿高堂燭

해마다 먼 곳 유람한 일 추억하네　頻年憶遠遊

— 『청비록』 3, 〈반추루(潘秋庫)〉

그런데 홍대용이 반정균 등 청나라 문사를 만날 때 동행했던 또 다른 조선 선비가 있었다. 병자호란 때 끝까지 청나라에 항복하는 것을 거부한 청음(淸陰) 김상헌(金尙憲)의 후손인 김평중(金平仲)이었다. 이때 김평중이 거처하는 양허당(養虛堂)이 비바람을 가릴 수 없다는 말을 듣고 반정균은 탄식하면서 다음과 같은 시를 읊었다.

> 요해(遼海)의 외롭고 가난한 선비　遼海孤貧士
> 기둥도 없는 쓸쓸한 오두막집에 사네　寒廬乏棟村
> 작은 집에 간신히 머물고 있을 뿐　艱辛留小築
> 깊고 큰 술잔 마음대로 못 마시네　跌宕欠深杯
> 시는 이미 하늘과 땅에 있건만　詩已存天地
> 사람은 오히려 풀숲에 누워 있네　人猶臥草莢
> 가을바람에 집 무너질까 걱정하나　秋風愁屋破
> 아직 도움 주지 못해 부끄럽네　愧未送資來

　　　　　　　　　　　　　　　　　　　　　—『청비록』 3, 〈반추루〉

머나 먼 이국에서 온 김평중과 몇 번 만나지 않았는데도, 마치 천년의 지기를 맺은 듯 마음속 깊은 곳에서 나오는 연민의 정을 느낄 수 있는 시다. 이덕무 시학의 본령인 '진정의 발로'란 바로 이러한 시를 두고 한 말일 것이다.

이덕무는 또한 홍대용이 청나라에 체류할 때 사귄 등사민(鄧師閔)이 조선에 보내온 곽집환(郭執桓)의 『회성원시집(繪聲園詩集)』을 읽어보고, 그 청허(淸虛)하고 쇄탈(灑脫)함에 감복한다. 그는 어떤 사람인가? 시화(詩畵)에 능한 문인이자 심덕잠(心德潛), 가낙택(賈洛澤) 등 명사와 여러 시인들을 모아 지원하며 당대 청나라 문단을 주도한 후견인이기도 했다. 이덕무는 곽집환의 시는 "모두 운치가 맑고 격조가 높다"면서, 그의 친구인 용문사(龍門師) 동산(東山)의 시평과 인물평을 그대로 기록으로 남길 만큼 큰 인상을 받았다.

〈옛 뜻을 읊다〔咏古意〕〉라는 시는 다음과 같다.

천 그루 만 그루 복숭아꽃 붉고　千樹萬樹桃花紅
높다란 누각에서 바라보니 봄 물결 잔잔하네　高樓一望春水平
이웃집 여자아이 비파 소리 좋아　隣家女兒琵琶好
담장 너머 속삭이는 소리 들릴 것 같네　隔墻如聞私語聲

…… 〈진문 서쪽 정자의 달밤을 생각하며〔懷津門西亭月夜〕〉라는 시는 다음과 같다.

향기 흩어지고 꽃 떨어진 작은 정원의 가을　香散花殘小院秋
서쪽 정자 처마 끝 달은 마치 갈고리 같네　西亭簷角月如鉤
북녘에서 오는 기러기 창공을 가로지르고　北來一雁橫空碧
그림자 동남쪽에서 떨어져 바닷물로 들어가네　影下東南入海流

…… 또한 다음과 같은 시구들도 있다.

차가운 달그림자 수척해지려 하고　影寒月欲瘦
고요한 국화 향기 사라지려 하네　香靜菊將闌

봄꽃 만발해 하나같이 아름다움 다투고　春花爛熳同爭艷
어여쁜 새 올망졸망 제각각 날아가네　好鳥參差各自飛

맑디 맑은 쓸쓸한 연기, 산 밖의 기러기　淡淡寒烟山外鴈
깊디 깊은 낙엽, 빗속의 등불　深深落葉雨中燈

구름 엷은 날 해는 정오(正午)인데　雲薄日亭午
바람 살랑거려 꽃잎 나부끼네　風微花片輕
새는 드넓고 파란 하늘로 들어가고　鳥入靑空闊
외로운 구름 한 조각 한가롭네　雲孤一片閒
높은 누각은 구름 위에 층층이　高閣層雲上
먼 산은 가랑비 속에 보이네　遙山細雨中

황학루(黃鶴樓)에는 고금의 꿈 공허하고　黃鶴樓空今古夢
낙매조(落梅調)는 강과 구름 사이로 들어가네　落梅調入水雲間

푸른 산에는 짙푸름이 쌓여가고　靑山積深翠
붉은 나무에는 연노랑이 드러나네　紅樹出微黃

이러한 시구 등은 모두 운치가 맑고 격조가 높다. 그의 친구 용문사 동산
이 서문을 짓고 이렇게 말하였다. "깨끗하고 탁 트이게 왔다가 거리낌이
나 얽매임 없이 마음 내키는 대로 떠나갔다. 드높은 기개는 칼을 뽑아 춤
을 추고 바람을 맞아 풍월을 읊조린다. 가볍고 어여쁘기는 떨어지는 한
잎 꽃 같고 떠오르는 한 조각 달과 같다" 또한 그의 인품에 대해서는 이렇

게 논했다. "성품은 마치 그윽한 난초와 같고, 성정은 마치 편안하게 노니는 학과 같다. 또한 복숭아꽃이 시냇물을 따라 흘러가다 맑게 돌아 절정으로 치닫는 것과 같다. 구름이 피어나고 안개 자욱해 맑고 그윽함이 사람의 마음에 꼭 들어맞는 것과 같다."

— 『청비록』 4, 〈곽봉규(郭封圭)〉

그렇다면 시인이자 비평가로 큰 족적을 남겼던 이덕무가 자신과 함께 활동한 당대 조선 시인으로는 누구를 손꼽았을까? 성호 이익의 조카이자 남인 명문가의 자제였음에도 기이한 행적과 문장으로 일세를 풍미했던 혜환거사(惠寰居士) 이용휴와 그의 아들 이가환이 단연 눈에 띈다. 이덕무는 이용휴의 시가 형식과 내용 모두에서 품격을 갖추었을 뿐만 아니라 독특한 경지를 이루었다고 평했다. 또한 고서를 널리 이용해 자구마다 근거가 있다고 했다.

숙은(塾隱)에게 부친 시는 다음과 같다.

시골 들녘 풍경 날로 향기롭고 꽃다워져　村郊景物日芳菲
소나무 그늘에 한가로이 앉아 변화의 기미 희롱하네　閑坐松陰玩化機
금빛 잠자리와 은빛 나비가　金色蜻蜓銀色蝶
꽃 따러 정원 속에서 마음대로 날아다니네　菜花園裏盡心飛

〈산골 집을 방문해서〔訪山家〕〉라는 시는 다음과 같다.

소나무 숲 다 지나자 길이 세 갈래　松林穿盡路三丫

언덕 가에 말 세워두고 이씨 집을 찾네   立馬坡邊訪李家

농부가 호미 들어 동북쪽을 가리키니   田父擧鋤東北指

작소촌(鵲巢村) 안 석류꽃 나타나네   鵲巢村裏露榴花

〈유감(有感)〉이라는 시는 다음과 같다.

산골 백성은 바다 어보(魚譜) 만들고   峽民譜海魚

한(漢) 지방 사람은 오(吳) 지방 죽순 그리네   漢客畫吳笋

그것을 본토 사람에게 보여주면   持示本土人

허리 잡고 웃지 않을 사람, 별로 없겠지   鮮不捧腹唖

— 『청비록』 4, 〈혜환(惠寰)〉

또한 〈역사를 읊다[咏史]〉라는 시와 황해도 장연의 임소(任所)로 부임 받아 떠나는 정사군(鄭使君)을 전송하는 시를 보면, 이용휴가 자연 풍경만 읊은 한가한 선비가 아니라 세상을 바꾸는 데 뜻을 두고 백성의 고통에 마음 아파하는 참다운 지식인이었다는 사실을 알 수 있다고 말한다.

〈역사를 읊다〉라는 시는 다음과 같다.

자못 예의와 법도를 닦을 줄 알고   頗知修儀度

또한 고금에도 통달했네   亦能通古今

허나 오직 바로 득실을 근심한 까닭에   惟是患得失

성명만 전할 뿐 마음은 전하지 못했네   傳姓不傳心

공광(孔光)을 가리키는 뜻이다.

글만 강의하는 것 참된 학문 아니니   徒講非眞學
군자는 수신(修身)을 귀하게 여기네   君子貴修身
신(新)나라 세운 왕망 찬양하기보다는   如其贊新莽
차라리 장사꾼 짐 신는 것이 낫지 않으랴   曷若載賈人

양웅(楊雄)을 가리키는 뜻이다.

……연강(淵康, 황해도 장연)의 부임지로 떠나는 정사군을 전송하면서 지
은 시는 다음과 같다.

피와 살이 사람의 몸 이루니   血肉所成軀
누구인들 고통 두렵지 않겠는가   誰不畏痛苦
자신이 병들면 침(鍼)조차 꺼리면서   我則病忌鍼
남을 때릴 때는 쉽게 그 숫자 더하는구나   杖人輒增數

이러한 시들을 읽어보면, 그가 단지 달과 이슬과 꽃과 새 등의 쓸모없는
글만 짓지 않았다는 사실을 알 수 있다.

— 『청비록』 4, 〈혜환〉

공광은 전한(前漢) 시대의 인물로 공자의 14대손이다. 공자의 자손답게
경학에 통달했던 공광은 오랫동안 고위 관직에 있었지만 자신의 제자들
을 한 사람도 천거하지 않았다고 한다. 또한 황제의 잘못을 지적하는 상소

를 올린 다음에는 반드시 그 초안을 없앴는데, 자신은 옳고 황제는 잘못되었다는 모습을 후세에 남기는 것을 신하된 자의 큰 죄로 여겼기 때문이다. 조정의 정사는 물론 궁궐 안의 나무 한 그루에 대해서조차 다른 사람에게 이렇다 저렇다 말하는 것을 꺼릴 정도로 언행이 신중하고 엄숙했다. 그러나 반고의 『한서(漢書)』 〈공광전(孔光傳)〉에서는 "선비의 의복을 갖추고 선왕(先王)의 말을 전한 것은 그 도량이 훌륭하다고 하겠지만, 봉록과 직위만은 끝까지 지키려고 했기 때문에 아첨한다고 손가락질을 받았다"고 기록되어 있다. 이용휴는 공광이 학자로서 고금의 이치에 밝았고 스승이자 관료 그리고 신하된 자로서 예의와 법도를 잘 지켰지만, 봉록과 직위의 이해관계에 얽매이는 바람에 높은 명성과 다르게 마음을 더럽힌 사실을 비판한 것이다.

양웅은 전한 시대의 학자이자 정치가로, 공광과 비슷한 시대를 산 인물이다. 그는 왕망(王莽)이 황위를 찬탈하고 신나라를 세울 때, 왕망의 공덕을 높이 칭찬하며 그 밑에서 벼슬하고 대부(大夫)가 된 까닭에 일신의 보전과 출세를 위해 지조 없이 권력에 아부한 전형적인 인물로 비난을 샀다. 이용휴는 왕망에게 빌붙어 입신출세한 양웅의 처신을 가리켜, 장사군의 짐을 싣는 잡부의 삶이 더 낫다며 비판한 것이다.

이덕무는 이용휴의 아들인 이가환에 대해서도 시의 정취가 한아(閑雅)하고 담백한 데다 정신이 명랑해 참으로 좋다고 평가하면서, 그 시를 많이 수집할 수 없는 것을 안타까워하기까지 했다. 여기서 이용휴와 이가환을 특히 눈여겨보는 까닭은, 이덕무, 박제가, 유득공, 이서구가 '기궤첨신'이라는 독특하고 참신한 시풍을 일으켰다고 비평한 김택영이 『자하신위시집(紫霞申緯詩集)』의 서문에서 이들 네 사람 외에 추가로 언급한 두 명이 바로 이용휴와 이가환 부자이기 때문이다. 즉, 이덕무는 김택영의 비평보다 100여 년 앞서 이용휴와 이가환의 시가 다른 어떤 시대 어떤 사람의 시와도 차별적인 독특한 경지에 오른 사실을 꿰뚫어보고 있었던 것이다. 비평가 이덕무의 탁월한 안목과 식견을 여기에서도 확인할 수 있다. 그가 『청비록』에 남긴 이가환의 시는 다음과 같다.

구름 일어나니 봄 하늘 흑빛　雲起春天黑
높이 뜬 꽃봉오리 바라볼수록 많구나　高花望更多
　　　　　　　　　　　— 『청비록』 2, 〈높이 뜬 꽃봉오리 바라볼수록 많구나〔高花望更多〕〉

　또한 『청비록』을 읽어보면, 이덕무가 자신과 평생을 함께한 시 동인 박제가, 유득공, 이서구의 시를 진심으로 좋아하고 마음속 깊이 존중했다는 사실을 알 수 있다. 이들은 서로에게 영향을 주고받으면서 자신들만의 독특한 시풍과 미학을 개척했다. 이덕무는 유득공의 시를 두고서는 "근세의 절품(絶品)"이라고 했고, 이서구에 대해서는 "소년 수재(秀才)"라고 했으며, 박제가에 대해서는 "근래에 보기 드문 재주"를 지녔다고 높이 평했다. 먼저 영재(泠齋) 유득공에 대한 비평을 살펴보자.

　영재 유득공의 시는 내가 생각할 때 근세의 절품이다. 그는 시재(詩才)가 뛰어나고 학문도 풍부해 갖추고 있지 않은 문체가 없을 정도다. 대가들의 시를 두루 보았는데, 모시(毛詩), 이소(離騷), 고가요(古歌謠), 한나라, 위나라, 육조(六朝), 당나라, 송나라, 금나라, 원나라, 명나라, 청나라에서부터 삼국(신라, 고구려, 백제)과 고려와 우리 조선은 물론 이웃한 일본에 이르기까지 좋은 시를 직접 고르고 뽑아서 기록하였다. 그 뽑아 기록한 시가 상자에 가득 차고도 모자라 넘쳐났지만 오히려 날로 부족하다고 생각했다. 재주가 오묘하고 절묘할 뿐만 아니라 시를 전문으로 삼은 것은 지금 세상에서는 비교할 만한 사람이 드물 지경이다.

— 『청비록』 4, 〈영재〉

특히 유득공이 홍대용과 유금이 청나라 문사들과 맺은 인연을 읊은 시는 이조원과 반정균도 감탄을 자아낼 만큼 훌륭한 문장이었다.

연푸른색과 진홍색 빛 2월이라　淺碧深紅二月時
꽃가루 날아다니고 꿈은 어수선하네　軟塵如粉夢如絲
항주의 재사(才士) 향조 반정균은　杭州才子潘香祖
애틋하고 아름다운 시구 흡사 남시(南施) 같네　可憐佳句似南施

이 시는 반정균의 〈도류화 족자에 적다[題桃柳小幅]〉라는 시를 인용해 읊은 것이다. 남시는 우산(愚山) 시윤장(施閏章)을 가리킨다.

시인으로는 바로 곽집환(郭執桓)이 있어서　有箇詩人郭執桓
담원(澹園)에서 함께 읊었던 시 우리나라에까지 널리 퍼졌네
澹園聯唱遍東韓
지금 삼 년이 지나도록 소식이 없어서　至今三載無消息
아득히 멀리 흐르는 분수(汾水) 쓸쓸히 꿈속에서 그리네　汾水悠悠入夢寒

이 시는 담헌 홍대용이 곽집환의 『회성원시집』에서 얻은 것을 인용해 읊은 것이다. 유금이 연경에 갔을 때 면주(綿州)에서 이부(吏部) 이조원을 만나서 이 시를 보여준 적이 있다. 시를 본 이조원은 크게 칭찬하는 말을

덧붙여 이렇게 말했다. "이것이야말로 진실로 문봉(文鳳)이다" 그리고 이내 벽에 붙여놓았다. 반정균 역시 이 시를 보고 칭찬하면서 추천하기를 마다하지 않았다. 더욱이 자신의 시가 흡사 남시와 같다는 말에 기뻐하며 손수 시를 베껴서 가져갔다.

— 『청비록』 4, 〈영재〉

이덕무는 유득공의 아름다운 시들이 모두 맑아 세속에 물들지 않았을뿐더러 때로는 처절하고 비장한 느낌마저 있어서 그 사람됨을 상상할 수 있다고 했다. 또 문장이 문약(文弱)하여 마치 처녀 같고 시가 때때로 애절한데, 혹시 마음속에 격정이 넘쳤기 때문이 아닐까 하고 짐작하기도 했다. 유득공의 시가 "세속에 물들지 않았다"거나 "마치 처녀와 같다"는 비평은 이덕무가 평소 추구했던 시의 미학인 '영처의 시학'과도 맞닿아 있다.

영재 유득공의 아름다운 시구들을 찾아보면 다음과 같다.

한가로운 꽃 절로 떨어지는 것 많건만　閒花多自落
바람결 나비 도리어 마음대로 날아다니네　風蝶竟分飛

흘러가는 물에 크게 한숨짓고　水流長太息
활짝 피는 꽃에 절로 깊이 신음하네　花發自沈吟

저녁 물결에 꽃 잠기니 붉고　晩浪涵花紫
봄빛은 달 솟아오르니 노랗네　春光湧月黃

묵은 안개 키 작은 풀에 흘러들고　舊煙流短草
남은 빗방울 높은 가지에 비치네　殘雨映高枝

봉우리는 빗방울 거세질 때 푸르고　峯靑雨黑際
어부의 머리는 장작불 타오를 때 희네　漁白樵紅時

안개 자욱한 집에선 시의(詩意) 담백하고　煙屋澹詩意
비오는 누각에선 글 읽는 소리 잠기네　雨樓沈讀聲

조강(祖江)의 비에 돛대 반쯤 젖었고　帆身半濕祖江雨
손돌바람에 깃발 완전히 기울었네　幡脚全斜孫石風

갈대꽃 깊숙한 항구 물고기 서너 마리　蘆花曲港,魚三四
부들 잎 쓸쓸한 연못 기러기 형제　蒲葉寒塘雁弟兄

……〈가을날 강산 이서구에게 주다〔秋日贈薑山〕〉라는 시는 다음과 같다.

세속에 불우한 처지 세월은 빠른데　落拓塵間歲月催
높이 올라 시 지어 재사라 할 만하네　登高能賦足云才
남아의 앞날 가소로운데　男兒可笑前頭事
어찌 오늘 한 손에 술잔 없겠는가　今日胡無右手杯
원헌의 행가(行歌)는 병이 아니고　原憲行歌非病也
동방의 연구(聯句)도 거의 궁색했네　東方聯句幾窮哉
두 명의 시인 가을 창가 아래 마주하고　兩詩人對秋窓下

가을 소식 쓸쓸한데 흰 기러기 날아오네   霜信蕭蕭白雁來

강산 이서구는 서얼 출신인 이덕무, 박제가, 유득공과는 다르게 명문 양
반가의 적자였다. 북학파 지식인 중 가장 나이가 어린 축에 속했는데, 이
덕무와는 무려 13살의 나이차가 있었다. 그러나 이들은 신분이나 나이와
상관없이 문학적 동인이자 사상적 동지로 더불어 살았다. 『청비록』의 기
록만 보더라도, 이덕무가 제자뻘에 해당하는 이서구를 문학과 사상을 함
께하는 벗으로 얼마나 잘 대우했는지 쉽게 알 수 있다. 신분이나 나이에
대한 차별 없이 친교를 맺고 삶을 함께한 것은 고금을 막론하고 오늘날까
지 거의 찾아보기 힘든 북학파 혹은 백탑파 지식인들의 큰 특징 중 하나
다. 앞서 이들의 관계를 사제 관계가 아니라 사우 관계로 표현한 까닭 역
시 여기에 있다.

강산 이서구는 스물 안팎의 젊은 수재로 견문과 학식이 날로 풍부해지고
있다. 시는 전적으로 경서와 역사서에 근거해 지었다. 전서(篆書)와 주문
(籒文)과 팔분(八分)과 예서(隸書)로 빼어난 기품을 드러내고 꽃과 나무
와 새와 짐승의 그림으로 탁월한 재주를 이루었다. 성령(性靈)으로 운용
하고 감식(鑑識)으로 뜻을 깨달아서 예스럽고 담백하며 그윽하고 정결한
데다가 고상하고 뚜렷하며 여유롭고 심오하다. 내가 일찍이 감탄하면서
말하기를 "전범(典範)과 체재(體裁)는 마치 왕어양(王漁洋)과 같고, 박식
(博識)과 아취(雅趣)는 마치 주죽타(朱竹坨)와 같다. 내가 강산 이서구에
대해서는 결점을 찾아 지적할 수 없다"라고 하였다. 영재 유득공과 초정
박제가 역시 마땅히 나의 견해를 확고부동한 진리로 여길 것이다. 그의

시들은 다음과 같다.

풀빛 밝아 나비 날고　草光明去蜨
비췻빛 숲 새가 깃들었네　林翠膩棲禽

높은 나는 새 검푸른 강 드넓고　高鳥滄江闊
외로운 돛배 종일토록 한가롭네　孤帆盡日閒

푸른 산에는 말 느리게 가고　青山遲去馬
향기로운 풀밭에서 돌아오는 배 바라보네　芳草望回舟

부평초 깊으니 멈춰선 백로 다리 짧고　萍深停鷺短
연꽃 떨어지니 물속에서 노는 고기 향기롭네　蓮落游魚香

물가에서 잠드니 한기 서로 스며들고　水宿寒相聚
인가에 안개 끼니 냉기 아직 가시지 않네　人煙冷未收

나무 어여뻐 엷은 그림자 생겨나고　樹妍生薄影
꽃 맑아 쌀쌀한 기운 사라지네　花澹了輕寒

비 내린 나무 빛 날카롭게 흐르고　雨樹光流利
바람 향내 기운 번잡하고 울적하네　風香氣鬱煩

이웃집 가난해 일찍부터 꽃 팔러 가고　隣寠賣花早

어린아이 게을러 그림 청하러 더디 오네　僮頑乞畫遲

사람이 서 있자니 가을 산이 조그마하고　人立秋山小
돛단배 돌아오자 새벽 강이 기다랗네　帆歸曉水長

아지랑이 사라지자 다리 밑동 드러나고　靄潽橋根出
조수가 물러가자 노 그림자 옮겨가네　潮歸棹影移

베개와 자리에 은하수 드리우고　明河垂枕席
가을밤 달은 도서(圖書)에 비추네　涼月鑑圖書

글 읽는 적막한 창가 봄새 속삭이고　書窓晝寂春禽語
차 끓는 아궁이 연기 자욱해 가랑비 날리네　茶竈煙深細雨飛

엷은 붉은색 약초 섬돌 아래 숨어 있고　微紅藥草藏階足
희디흰 배꽃 지붕 머리에 드러났네　廻白梨花表屋頭

가을 오자 붓과 벼루에 벌레 소리 스며들고　秋來筆硯虫聲徹
서리 내리자 의관(衣冠)에 국화 향기 짙어지네　霜後衣冠菊氣濃

푸른 산 그림자 돛단배 서너 번 맴돌다 쫓아가고　靑山影逐帆三轉
비췻빛 버드나무 그늘 집 한 번 나누어 덮었네　翠柳陰藏屋一分

고기 잡는 어량(魚梁) 밤 등불 찬비 맞고 돌아오는데　魚梁夜火歸寒雨

바닷게 굴, 가을 안개 새벽 서리 맞고 잡아오네   蟹窟秋煙拾早霜

서풍 부는 옛 성곽 소와 양 내려오고   西風古郭牛羊下
해질녘 황폐한 마을 호랑이와 표범 날뛰네   落日荒村虎豹橫

— 『청비록』 4, 〈강산(薑山)〉

이덕무는 여기서 소개하는 이서구의 시 하나하나가 모두 불후의 역작으로 세상에 전해질 것이라면서, 자신과 이서구가 10년 동안 한 마을에 살면서 지칠 줄 모르고 담론을 나누었으나 단 한 번도 의견이 어긋난 적이 없다고까지 했다. 그는 이서구가 자신과 나눈 사우의 정을 읊은 시를 다음과 같이 소개하기도 했다.

고요하게 청담(淸談)하며 촛불 켜고 교제하니   穩藉淸談秉燭遊
당시 강좌의 명사 유파(流派) 충분히 이루었네   當時江左足名流
같은 족보 다른 갈래 도성 남쪽에서 제사지내고   二宗同譜城南社
10년 동안 장북(漳洞) 주변에서 서로 이웃해 살았네   十載相隣漳北周
나는 고인(故人, 이덕무)의 비문에 후기 남기고 싶지만   我欲故人碑後記
누가 나같이 구차한 선비 전기(傳記) 속에 실어줄까   誰從貧士傳中收
이런 날은 강호에 장차 돌아가 은거하고   江湖此日將歸隱
그대 위해 이내 낚싯배 한 척 남겨두네   爲爾仍添一釣舟

— 『청비록』 4, 〈강산〉

그러나 이덕무가 평생 누구보다 절친한 관계를 유지했던 사람을 한 명 꼽는다면 단연 박제가를 들 수 있다. 예부터 선비들은 자신을 알아주는 사람과 사귀는 일을 인생의 가장 큰 행운으로 여겼다. 이덕무와 박제가의 사이가 그랬다. 이덕무는 일찍이 박제가가 자신에게 부친 시를 소개하면서, 서로 깊이 알아주는 마음에 감격했던 사연을 기록으로 남겼다.

> 문 닫아걸고 삼십 년 동안   閉門三十載
> 옷에 먼지 쌓이는 줄 알지 못했네   衣塵集不知
> 책 가운데 세계(世界) 있으니   書中有世界
> 외로이 웃고 문득 미간 펴네   孤笑忽伸眉
> 높고 귀함은 고상한 성품에 걸맞고   繁華配高性
> 글재주는 곧은 자태와 합치하네   文藻合貞姿
> 옛적 현인과 군자 명예와 절개 두려워하여   前修愼名節
> 어렸을 적부터 평생 동안 굶주림을 참네   少忍百年飢

나 또한 서로 알아주는 깊은 마음에 감동하였다. 앞서 말했던 사리(詞理)가 명백하다는 것이 허언이 아니었다.

— 『청비록』 4, 〈초정(楚亭)〉

그렇다면 이덕무는 박제가의 시에 대해서는 어떤 비평을 남겼을까? 박제가는 북학파 지식인 중에서 가장 급진적인 주장을 펼쳤던 사회 개혁가였다. 그는 항상 세상을 크게 개혁하겠다는 마음을 품고 다녔는데, 이 때문에 그의 시에는 "기운이 강하고", "사리가 명백하고", "기상이 장렬하며", "말과 생각이 기이하고 웅장하여" 아무도 당해낼 수 없는 힘이 서려 있다. 초정(楚亭)이라는 박제가의 호 역시 전국시대 최강대국 진(秦)나라에 맞서 나라를 지킬 부국강병책을 건의했다가 간신들의 중상모략으로 쫓겨나 충심과 결백을 증명하기 위해 강물에 몸을 던져 생을 마감한 굴원의 〈초사(楚詞, 이소離騷)〉라는 시에 담긴 뜻을 좇아 지은 것이다. 그만큼 박제가는 당시 개혁과 변화를 거부하는 조선의 참담한 현실 앞에서 굴원이 그랬던 것처럼 비분강개했던 지사(志士) 중의 지사였다.

초정 박제가의 시는 재주가 빼어나고 기운이 굳셀뿐더러 사리(詞理)가 명백하다. 또한 사실을 기록하는 데 능숙하였다. …… 나와 더불어 문예를 담론하면 낮이 지나고 밤이 새도록 멈출 줄 모르고 끝없이 대화가 이어졌는데 조금의 어긋남도 없이 서로 뜻이 맞았다. 그의 시는 웅대한 곳은 기개가 장렬하고, 섬세한 곳은 아름답고 절묘하다. 붓을 쥐고 글씨를 쓰면 기이하여 당해낼 사람이 없을 정도였다. 역시 근래에 보기 힘든 재사라고 하겠다. 그의 시구들은 다음과 같다.

나는 온종일 외로이 읊건만　孤吟吾盡日
새들은 즐겁게 서로를 부르네　相命鳥欣時

거미줄에는 물방울무늬 고르고　遊絲勻水纈
떨어진 붉은 꽃잎 흙냄새 향기롭네　紅雨合泥香

조그마한 연적엔 샘 소리 역력하고　小碩泉聲歷
빈 신발엔 국화 그림자 어렸네　空鞋菊影窺

흰 바위 산골짜기 천천히 거닐다가　消搖白石磵
푸른 소나무 뿌리에 마주 앉았네　耦坐青松根

천 리 떨어진 벗 생각에 잠깐 수레 세우고　千里思朋須命駕

만 명의 사람 바다처럼 많은데 홀로 사립문 닫았네　萬人如海獨關扉

계절의 순서 평등하니 지루하고　節序平分如此晚

갈림길만 헤아릴 수 없이 많아 앞날이 서글프네　路歧無數自前悲

매화 같은 사람 임화정(林和靖, 북송 때 시인)에 비교하고　梅花人比林和靖

눈 개인 산 마치 조대년(趙大年, 북송 때 화가)과 같네　雪霽山如趙大年

먼 데 있는 물 종횡으로 흐르는데 사람은 홀로 떠나고　遠水縱橫人獨去

들녘 버려진 밭 소슬한데 길은 희미하게 나뉘었네　野田蕭瑟路微分

가을 밭 감나무 잎에 야사 초록(抄錄)하고　柿葉秋田抄野史

흙집 관솔불 밝혀 주자(朱子)의 글 외우네　松明土室誦朱文

집안 식솔 다 데리고 세속 밖에서 노닐 때도　盡攜家室遊方外

홀로 경서 품고 밤중까지 앉아 있었네　獨抱遺經坐夜分

긴 물결 띠 이룬 기러기 외딴 언덕에 떠다니고　長波帶雁漂孤岸

차가운 비 사람 따라 멀리 떨어진 마을에 당도했네　寒雨隨人到遠村

이와 같은 시는 모두 세속의 티끌을 통쾌하게 벗어던지고 절묘한 경지에
들어선 것이다. 대개 그의 인품이 강개해 고인을 사모하고 중국을 선망했
기 때문에 남달리 뛰어나고 거리낌이 없어서 말의 기이함과 생각의 웅장

함이 이와 같았다.

— 『청비록』 4, 〈초정〉

이덕무는 '성유리관가가생(聖琉璃館呵呵生)'이라는 희한한 자호(自號)을 가진 변일휴(邊日休)의 시도 무척 좋아했다. 이덕무보다 한 살 많았던 변일휴는 백탑파 시인들과 두텁게 친분을 쌓은 사이였다. 이덕무는 그가 지은 시가 저속함을 초탈했다고 평했다. 박제가와 함께 한산도에 들어가 임진왜란 때를 생각하며 왜적을 꾸짖은 시는 모두 "호기롭고 웅장"하고, 치천(穉川) 박상홍(朴相洪)과 담담정(淡淡亭) 호수에서 뱃놀이를 하면서 지은 시는 "옛사람의 시보다 무엇이 모자라겠는가?" 하고 반문할 정도로 그 가치를 높게 평가했다.

일찍이 나그네가 되어 통제영(統制營)을 유람할 적에 〈두룡포대장가(頭龍浦大將歌)〉를 지었다. 정유년(丁酉年, 1777)에 다시 박제가와 더불어 누선(樓船)을 타고 유람할 때에는 한산도에 들어가서 술을 마시다가 탄식하며 읊조렸다. 당시 지은 시는 모두 호기롭고 웅장하다.

모래 언덕 떠다니는 도깨비불 모두 오랑캐 귀신　沙頭走燐皆蠻鬼
숲속 흐르는 붉은 빛 바로 수루(戍樓)　木末流丹卽戍樓

다음 해 봄 영중(營中)에서 죽었다. 아! 슬프다. 일찍이 치천 박상홍과 담담정 호수에서 배를 타고 놀면서 다음과 같은 시를 지었다.

큰 강은 마치 발묵(潑墨, 먹물이 번져 퍼짐)과 같고　大江如潑墨

봄비는 금천(黔川)에 가득하네 春雨滿黔川

오늘 은행나무 저와 같고 今日杏如許

우리들 역시 그러하겠지 吾曹猶復然

술잔과 접시 물결 위에 흔들리고 杯盤驚浪上

붓과 벼루 구름가에 어지럽네 筆硯亂雲邊

어떤 것도 가볍게 보고 짓지 않기를 莫作等閒視

잠깐 동안에 백 년을 마주하리니 霎時當百年

이처럼 좋은 시는 옛 사람의 시보다 무엇이 모자라겠는가.

— 『청비록』 3, 〈변일민(邊逸民)〉

　이제 마지막으로 18세기 일본의 문단과 시인들에 대한 글을 살펴보자. 당시 일본의 문사들과 북학파 지식인의 '교류'에 가교 역할을 한 사람은 이덕무와 사돈 지간이었던 현천 원중거와 청성 성대중이었다. 그런데 일본 문단에 관한 이덕무의 기록들을 뒤적이다보면 아주 흥미로운 인물 한 사람과 마주하게 된다. 바로 이덕무가 목세숙(木世肅) 혹은 목홍공(木弘恭)이라고 소개하고 있는, 이름은 공공(孔恭)이고, 자는 세숙(世肅)이며, 호가 홍공(弘恭), 당호(堂號)가 겸가당(蒹葭堂)인 기무라 겐카도(木村蒹葭堂)다. 그의 이름은 『청비록』은 물론이고 『이목구심서』와 「천애지기서」 등에서 찾아볼 수 있는데 오사카의 부상(富商)이자 겸가당(蒹葭堂)의 주인으로 18세기 일본의 문인과 화가 등 문화예술가들을 지원한 최고의 후견인이었다. 특히 그가 나니와 강가에 세운 겸가당은 18세기 중반 일본을 대표하는 지식인과 예술가가 모이는 문화의 요람이자 보고였다.

　1736년 오사카에서 태어난 기무라 겐카도는 1802년 나이 67세로 세상을 떠났다. 1741년에 태어나 1793년에 세상을 떠난 이덕무나, 1737년에 태어나 1805년에 사망한 박지원과 거의 동시대를 산 인물인 셈이다. 그는 양조업과 임대업을 겸한 오사카 상인의 맏아들로 태어나, 나이 열여덟 때 교토(京都)의 저명한 유학자 가타야마 홋카이(片山北海)의 문하에 들어가 학문을 익혔으며, 스물셋이 된 1758년 일종의 시문 모임이자 독서 모임인 겸가당회(蒹葭堂會)를 결성했다. 이후 한 달에 한 번 정기적으로 겸가당에 모여 서책을 읽고 시문을 짓는 활동을 7년 동안 지속하다가, 1765년 스승 가타야마 홋카이가 1년 전에 결성한 혼돈사(混沌社)에 합류하게 되면서 겸가당회를 확대 발전시켰다. 겸가당회와 혼돈사는 기무라 겐카도의 학문 및 문화예술 활동의 중심적인 공간이었다. 이 모임은 학자는 물론이고 의사, 무사, 상인, 승려 등 신분 질서에 얽매이지 않은 다양한 계층의 신흥 지식인으로 이루어진 오사카의 문인과 문화예술인 그룹이라는 큰 특징을 띠고 있었다. 가타야마 홋카이가 이 모임의 정신적 맹주였다면, 기무라 겐카도는 이 모임을 실질적으로 후원하고 운영하는 역할을 했다. 특히 겸가당회와 혼돈사가 18세기 일본의 학문 및 문화예술에서 중요한 까닭은 이들이 나가사키를 통해 들어온 외국 즉 중국과 서양의 문물과 문화를 교토와 에도(江戶)는 물론이고 일본 전역으로 전파 확산하는 중개자로서의 역할을 담당했다는 점이다. 이러한 역할은 조선과 일본의 문화 교류에서도 예외가 아니었다. 이후 자세하게 밝히겠지만, 1764년 일본에 간 조선통신사 일행과의 문화교류에서 중심에 있었던 인물 역시 다름 아닌 기무라 겐카도와 그가 주도한 겸가당회였다. 부산대 사학과의 김동철 교수는 일본인 학자 다카하시 히로미(高橋博巳)의 최근 연구를 소개하면서, 조선통신사-기무라 겐카도-북학파로 연결되는 교류의 네트워크를 '동아시아 문예공화국'이라고 표현하기까지 했다. 기무라 겐카도는 18세기 동아시아 삼국의 지식인 간의 교유와 문화 교류를 상징하는 대표적인 인물인 셈이다.

목홍공(기무라 겐카도)은 자가 세숙으로 일본 대판(오사카)의 상인이다. 낭
화강(나니와 강)가에 거주하면서 술장사를 해 큰 부자가 되었다. 날마다
가객(佳客)들을 초대해 시를 짓고 술잔을 나누며 지냈다. 서책을 3만 권
이나 구입해 소장하고 한 해에 손님 접대에 쓰는 비용만 수천 금에 달하
였다. 축현(筑縣)에서부터 에도(지금의 도쿄)에 이르기까지 수천 리에 걸
쳐 선비라면 현명하지 못한 자나 어리석고 못난 자라도 모두 목홍공을 칭
찬했다. 또한 상선(商船)에 부탁하여 중국 선비들의 시 몇 편을 얻어다가
자신이 거처하는 곳의 벽에 걸어놓았다. 낭화강가에 겸가당을 세웠는데
억새꽃과 갈대 잎이 어우러져 파란 물결이 아름답기 그지없었다. 바람이
불면 비파를 타는 것 같은 소리가 들려왔다. 안개비 속에 돛대와 거룻배
가 끝이 없어 보이는 수평선 사이를 오고 가는 풍경 또한 볼 만했다. 목홍
공은 축상(筑常), 정왕(淨王), 합리(合離), 복상수(福尚修), 갈장(葛張), 강
원봉(罡元鳳), 편유(片猷) 등의 무리와 어울려 겸가당 위에서 아취(雅趣)
있는 모임을 가졌다.

— 『청비록』 1, 〈겸가당〉

겐카도와 겸가당에 모인 일본의 문인들은 1764년 조선통신사의 일원으
로 일본을 찾은 성대중과 조우한다. 당시 성대중은 겐카도를 비롯한 일본
문인들과의 만남을 기념하기 위해 〈겸가당아집도(蒹葭堂雅集圖)〉를 청했는
데, 이때 겐카도는 비단에다가 손수 그림을 그려 두루마리를 만들었다. 그
리고 그 끝에 여러 사람이 각각 시 한 수씩을 썼다. 성대중이 일본에서 가
져온 〈겸가당아집도〉를 본 이덕무는 그림과 글씨가 모두 일품이라고 높게

칭찬했다. 그리고 그 그림에 시를 쓴 사람은 여럿이지만 지금 남아 있는 것은 갈장(葛張)의 시와 축상(筑常)의 서문뿐이라고 『청비록』에 기록했다.

천추(千秋)의 교우(交友) 문장에 있고　千秋會友有文章
꽃밭 약초 난간 옛 초당에서　花圃藥欄舊草堂
향로 술 응대함은 사마의 자랑함과 같네　壚酒應同司馬賣
집안의 서책은 업후의 장서만 못하지 않고　家書不讓鄴侯藏
엷은 구름 담로(淡路)엔 갈매기 많은데　微雲淡路鷗千點
성근 빗줄기 낭화강엔 기러기 수없이 날아다니네　疎雨浪華鴈數行
호수와 바다 헤엄쳐 건너는 사람 몇이나 될까　湖海洳游人幾在
겸가당 건너 포구에서 돛단배 노래하네　蒹葭隔浦歌帆檣

축상이 서문에서 이렇게 말했다. "겸가당에 모이는 까닭은 문장이 같기 때문이다. 하지만 그 사람들은 각각 뜻이 다르고 그 도(道) 역시 같지 않다. 그러나 능히 서로 흡족해하고 즐거워하며 유유자적한 것이 어찌 우리 무리가 문장만 같기 때문이겠는가! 대체로 다른 것은 어그러지기 쉽지만 목홍공이 온화함으로 능히 조화를 이루었다. 같은 것은 시류를 따르기 쉽지만 목홍공이 예의로 능히 가지런히 하였다. 이것이 우리 무리가 겸가당에서 모임을 갖는 이유이다. 목홍공은 이미 예의가 있고 더불어 온화함을 갖추고 있기 때문에 문사(文士)와 유자(儒者)와 운사(韻士)들과 교제를 맺고 엮어서 한 고을과 한 나라에 그치지 않고 사해(四海)에 이르기까지 겸가당 위에서 이 사람을 칭찬하지 않는 사람을 찾을 수 없다. 목홍공의 벗 사귐이 또한 넉넉하고 왕성하지 아니한가! 지금 마침 조선의 여러 분들이 동쪽에 이르자 목홍공은 예의를 갖추고 사신관(使臣館) 안으로 찾아가 만나 뵈었다. 이때 조선에서 온 여러 분들이 마치 서로 잘 아는 옛 친구를 만난 것처럼 목홍공을 기쁘게 맞이하였다. 급기야 장차 조선으로 돌아가려고 할 적에는 용연(龍淵) 성공(成公)이 사람을 시켜 목홍공에게 〈겸가아집도(兼葭雅集圖)〉를 만들자고 청하였다. 목홍공과 함께 한 우리 무리들은 제각각 두루마리 말미에 '이 겸가아집도를 가지고 조선으로 돌아가서 만리 멀리 떨어져 있는 우리들을 보듯이 해주십시오'라고 적었다. 아아! 성공의 마음이 겸가당에 몸을 두고 있는 우리들과 어찌 다르겠는가! 그렇다면 목홍공이 벗을 사귀는 것은 한 고을 한 나라에 머물지 않고 진실로 온 천하에 이르렀다고 할 만하다. 지금 목홍공이 어떻게 이역만리 밖의 사람들과 교제를 맺게 되었는가? 오직 국가에서 높이 공경하고 존중하는 대빈(大賓)을 대접하는 것은 엄숙한 일이지만 그 사사로운 만남에 이르러서도 매우 기뻐하였기 때문이다. 생각해보건대 목홍공와 함께 우리 무리들이 그렇게 한 것이다. 비록 목홍공이 예의가 있고 또한 온화함을 갖추고 있다고 하더라도 진실로 국가에서 그렇게 하도록 여건을 허락하지 않았다면 이와 같이 될 수 있었겠는가? 나의 문장은 그 도가 아니지만 또한 성공이 오히려 목홍공과 똑같은 시각으로 보아주었다. 이역만리 밖의 사람들과 교제를 맺게 된 감동을 마음속에만 답답하게 간직하고 밖으로 드러내지 않을 수가 없어서 이 〈겸가아집도〉를 만들고 뒤에 서문을 적는다."

— 『청비록』 1, 〈겸가당〉

여기서 이덕무는 갈장의 시와 축상의 서문만 남아 있다고 했지만, 실제 『이목구심서』에는 그 외에도 합리(合離), 복상수(福尙修), 강원봉(罡元鳳), 석정왕(釋淨王), 편유(片猷) 그리고 겸가당의 주인 목홍공의 시까지 기록되어 있다. 축상은 승려이지만 전고(典故)에 밝고 성품도 침착해 옛사람의 풍취가 있다고 했고, 축상의 제자인 정왕은 사람됨이 맑고 초탈하다고 했으며, 합리 역시 기이한 재주를 가진 문사라고 칭찬했다. 그러나 그들이 남긴 시문에 대해서는 "비록 고루함을 벗지는 못했지만 먼 지역 사람들의 풍류가 사랑스럽다"고 해, 그들 모임의 풍취는 아름답지만 시의 품격은 그다지 높지 않다고 비평했다. 다만 글씨는 모두 산뜻하고 그림 또한 속된 기운을 벗어나 예사롭지 않은 솜씨라며 감탄을 아끼지 않았다.

하곡(河曲) 합리의 시

천 리 마을 온통 물인데　千里鄕爲水
누가 경치 오(吳)나라와 비슷하다 말하나　誰言景似吳
풍성하고 넉넉한 집 많은가 적은가　殷富家多少
풍류 아는 나그네 있는가 없는가　風流客有無
단지 봄 새벽에 술 마실 뿐인데　只是春晨飮
계회(契會)의 그림은 어떠한가?　何如稧會圖
배를 돌려 좋은 일 전해주는데　回舟傳好事
사람은 오히려 갈대밭에 있네　人尙在菰蘆

영산(映山) 복상수의 시

모두 함께 모신 자리 풍월(風月) 아름다워　俱陪風月勝
시 짓는 붓 몇 번이나 노닐었는가　賦筆幾爲遊
이름 높은 경치 갈대 예스럽고　名境兼葭古
작은 정원 새와 짐승 그윽하네　小園鳥禽幽

차가운 마름 한쪽 물에 떠 있고　寒藻偏依水

향기로운 꽃 반쯤 누각에 들어갔네　芳花半入樓

어찌 쇠나 돌처럼 단단한 교제 알겠나　那知金石契

옥으로 장식한 금(琴) 즐거움 끝이 없네　瑤琴樂未休

호수와 바다 서로 만난 벗인데　相逢湖海侶

미친 척하는 태도 나의 소탈함이네　狂態任吾疏

사람은 삼춘주(三春酒)에 취하고　人醉三春酒

집에는 만 권의 서책 간직했네　家藏萬卷書

누각 휘감은 산 빛 수려하고　繞樓山色秀

물 움켜쥐자 달빛 공허하네　掬水月光虛

초은시(招隱詩) 짓는 것 어렵지 않아　招隱非難賦

그윽한 정 본래 여운이 있네　幽情本有餘

격범(隔凡) 강원봉의 시

한줄기 물 넘친 후 봄이고　一水春漲後

갈대밭 작은 배 묶여 있네　蒹葭繫小艭

누구인들 오래전 아는 얼굴 아니겠는가　人誰非舊識

계절은 절로 새로운 곡조 드러내네　時自出新腔

밤비 개자 바다 보이고　夜雨晴觀海

새벽 꽃 모이자 강을 덮었네　晨花聚覆江

이 와중에 큰 술잔 허락하니　此中許深酌

두 항아리 세 항아리 거뜬히 마시겠네　可倒二三缸

지암(芝菴) 석정왕의 시

높다란 당(堂) 항상 벗들 모이지만　高堂常會友

하물며 봄볕 따뜻한 날 불렀음에라　況召向陽春

바다 새벽 구름 안개 휘감았고　海曙雲霞繞

꽃 피자 새와 짐승 모여드네　花開禽鳥臻

도학(道學)의 유파 우리 무리 용납하는데　道流容我輩

문아(文雅)한 선비 저 사람에 속하네　文雅屬伊人

막역한 사이 평생 좋으니　莫逆平生好

어찌 주인과 손님을 묻겠는가　何須問主賓

원림(園林)의 더딘 해 길게 늘려　園林遲日永

이야기와 웃음 그칠 줄 모르네　談笑無偏餘

좌석에 앉아 탁자 연이어 베풀고　座上連陳榻

문 앞에 여거(呂車) 나란히 서 있네　門前併呂車

겨울에는 역사서를 즐겨 익힐 만하고　三冬堪用史

대유산(大酉山) 소유산(小酉山)은 서책 간직하기 마땅하네　二酉足藏書

서쪽 창문 아래 싫지 않아　不厭西窓下

촛불 쥐고 오히려 머무네　還留秉燭初

목홍공의 시

개천 굽이진 곳에 조그마한 당(堂)　小堂掘江曲

몇 해나 서로 함께 배회했던가　幾載共相羊

비녀장 뽑아 항상 잔 가득 술 마시고　投轄常浮白

문장 평론하며 날마다 누렇게 종이 펼쳤네   論文日攤黃

누가 친구 맺어 오고 갈 줄 알랴   誰知結交地

어릴 적 모이는 곳 마음에 두지 않네   不屑少年場

맹약(盟約)한 모임 이와 같이 자리하는데   盟社如斯在

어찌 간략함과 경망함을 근심하겠는가   何愁簡且狂

북해(北海) 편유의 시

겸가당 위 낭화강의 봄   蒹葭堂上浪華春

한 조각 춘정(春情) 그림 속에 새롭네   一片春心畵裏新

누가 한없는 홍취 거슬러 돌아가 알리   誰識溯回何限興

은근히 이방인에게 적어 부치네   慇懃寫寄異邦人

— 『이목구심서』 5

원중거와 일본 문사들의 만남과 그들 사이에 시로 맺어진 인연은 『청비록』의 「청령국시선(蜻蛉國詩選)」에 자세하게 남아 있다. 1763년(영조 39) 조선통신사의 서기로 일본에 간 원중거는 '노선생(老先生)'이라 불리며 일본 문사들의 존경을 받았다. 당시 일본에서 시문에 능한 사람들은 대개 의관(醫官)이나 승려들이었는데, 합리(合離), 정잠(井潛), 나파사증(那波師曾), 부야의윤(富野義胤)과 강전씨(岡田氏) 형제들이 특히 뛰어났다. 원중거는 이들과 깊이 사귀고 수많은 증별시(贈別詩)를 주고받았다. 일본의 문사들은 그 증별시들을 모아 책 두 권으로 엮은 다음 조선으로 돌아가는 원중거에게 주었다.

이서구는 원중거가 조선으로 가져온 이 증별시집에서 다시 67수를 가려 뽑아 『청령국시선』이라 이름 붙였고, 유득공이 시선집(詩選集)에 서문을 썼다. 여기서 그는 일본 문사들의 "훌륭한 시는 삼당(三唐)에 비길 만하고, 훌륭하지 못한 시도 명나라의 왕사진이나 이반룡과 맞먹을 만하다. 오랑캐의 조잡한 소리를 크게 혁신시켰으므로 칭찬할 점이 많다"고 평했다.

이덕무는 이서구가 엮은 『청령국시선』에서 다시 자신의 마음에 드는 시의 수(首)와 구(句)를 조금 뽑아서 『청비록』에 남겼다. 그런데 이덕무는 별도로 자신의 비평을 달지 않고 유득공의 『청령국시선』 서문의 비평을 그대로 실었다. 아마도 유득공이 한 일본 시 비평에 대해 크게 공감했기 때문이 아닐까 싶다.

합리는 자가 여왕(麗王)이고 호는 두남(斗南)이다. 그의 시 〈원노선생이 낭화강 배 안에서 보내준 운에 화답하다〔奉和元老先生浪華舟中見寄韻〕〉는 다음과 같다.

배 타고 함께 따라 떠나지는 못하지만　縱不同舟去
일찍이 마차 모는 어자(御者)의 명예 헤아렸네　曾推御李名
파도 바람 막혀 다시 만나기 어렵지만　風波難再會
벽옥처럼 둥근 달 양쪽을 맑게 비추네　璧月得雙清
강가에는 갈대 가득한데　河渚蒹葭滿
저물녘 구름에 두견새 우네　暮雲杜宇鳴
용문을 바라보니 끝없이 아득해　龍門望縹緲
노 두드리며 돌아갈 길 가리키네　鼓棹指歸程

강전의생(岡田宜生)은 자가 정지(挺之)고 호는 신천(新川)이다. 현천 원

266

중거가 우리나라로 돌아오려고 할 때 시를 짓고 이별의 소회를 묘사하였다. 그 시는 다음과 같다.

꽃무늬 도포 비단 띠 참비(驂騑) 모는 수레이니　花袍縷帶擁驂騑
나라 안의 뛰어난 선비 그대 같은 사람 세상에 드무네　國士如君世所稀
일본에 들어올 때 떠오르는 붉은 해를 엿보는데　入界時窺紅日出
고향 땅 바라보니 오직 떠다니는 흰 구름만 보이네　望鄕惟見白雲飛
객주에서 섣달을 보내고 아득히 눈발을 뚫고　客舟經臘遙衝雪
역관에서 봄을 맞아 비로소 옷을 갈아입네　驛館逢春始換衣
여기서 길 떠나 강호성(江湖城) 멀지 않아 보이고　此去江城看不遠
때마침 부는 동풍(東風) 좋아 무성한 화초 속을 거니네　東風正好踏芳非

…… 강전유주(岡田惟周)는 자가 중임(仲任)이고 호는 대학(大壑)이다. 의생(宜生)의 아우로, 살펴보건대 유주(惟周)의 당시 나이 열넷이었다. 그의 시 〈조선으로 돌아가는 현천 원선생을 전송하며[奉送玄川元先生故朝鮮]〉는 다음과 같다.

사신의 명 받들고 사이좋게 지내려고 와서　奉使來修好
강산 만여 리 떠나왔네　江山萬里餘
고국 그리워 우는 말 더욱 재촉하니　易催嘶馬感
거위와 교환한 글 얻기 어렵네　難得換鵞書
송별연 장막 복숭아꽃 떨어지고　祖帳桃花落
돌아가는 길가 버들 잎 늘어섰네　歸程柳葉舒
흰 구름 가는 곳마다 따라오니　白雲隨處在

뚫어지게 바라보는 그 뜻 어떠한지   凝望意何如

수옥원태(守屋元泰)는 자가 백형(伯亨)이다. 그의 시는 아래와 같다.

남쪽 포구 안개 낀 듯 봄풀은 푸르고   南浦如煙春草碧
동녘 바람 비 몰아 들꽃 향기롭네   東風引雨野花香

궁전명(宮田明)은 자가 자고(子高)이고 호는 금봉(金峯)이다. 그의 시는
다음과 같다.

타향에 비 지나가자 숲 속 꽃 시들고   他鄕雨過林花老
여관에 구름 날자 바닷속 달 붉네   旅館雲翻海日紅

정민경(井敏卿)은 자가 구지(求之)이다. 그의 시는 아래와 같다.

나그네 가는 길 봄빛 향기로운 풀 가득한데   客路春光芳草滿
하늘 끝 밤빛 사성(使星) 걸려 있네   天涯夜色使星懸

나파사증(那波師曾)의 시는 다음과 같다.

울타리 촌락 매화 바람 뒤 헤엄치고   蘺落梅花風後水
교외 들녘 풀빛 비온 뒤 짙푸르네   郊原草色雨餘煙

강전의생의 시는 다음과 같다.

늦은 봄 큰 언덕에서 놀다가 餘春遊大坡
해질녘 장문(長門)으로 향하네 落日向長門

원충(源忠)은 자가 순신(純臣)이고 호는 곽산(霍山)이다. 그의 시는 다음
과 같다.

손님 돌아간 밝은 달밤 客歸明月夜
꿈 깨자 하늘엔 흰 구름 夢覺白雲天

일찍이 듣건대 강전의생은 원운(源雲)에게 가르침을 받았다고 한다. 그
시가 일본의 명가(名家)라고 한다.

— 『청비록』 4, 「청령국시선(蜻蛉國詩選)」

이렇듯 『청비록』에는 마치 경연이라도 하듯 18세기 한중일 최고 문사들
의 한시가 나란히 소개되어 있다. 그렇다면 이덕무는 당시 삼국의 문예 수
준을 어떻게 보았을까? 그는 청나라가 비록 오랑캐인 여진족에 의해 건국
되었지만 이미 중국을 지배한 지 100여 년이 지나 문예 수준에서 최고 전
성기를 구가하고 있다고 보았다.

한편, 이덕무와 백탑시사의 시인들은 중국의 역대 한시를 두루 섭렵하
면서도, 박지원의 평처럼 '조선의 국풍' 즉 조선의 진경(眞景)과 고유한 정
취가 담긴 시풍을 추구했다. 그들은 유금이 청나라에 가서 이조원과 반정
균으로부터 "시학(詩學)이 아직 망하지 않았음에 감탄했다"거나 "독창적
인 시풍을 열었다"는 비평을 받아 온 이후에는 더욱 자신감에 넘쳐 조선
의 문예가 청나라와 어깨를 나란히 할 만하다 여겼다.

또한 일본에 대해서는 중국과 조선의 한시를 모방하거나 본뜨는 고루함을 아직 벗지 못한 면도 있지만, 문아(文雅)가 성대하고 한시의 전성기였던 삼당(三唐)에 비길 만한 시 또한 갖추고 있어서 그 문예 수준이 나날이 성장하고 있다는 사실을 인정했다. 그러나 전반적으로는 아직 오랑캐의 풍속을 벗어난 지 오래되지 않아 아직 청나라나 조선의 문예에 비교할 만한 수준은 아니라고 보았다.

다만 조선과 청에 비교해 볼 때 일본의 문예 수준에 대한 이덕무의 비평은 온당하거나 공정해보이지 않는다. 이덕무가 채록한 일본의 한시가 조선과 청나라의 한시에 비해 그 분량이 턱없이 적기 때문이다. 다시 말해 그는 조선과 청의 한시만큼 일본의 한시를 많이 보지 못했다. 『청비록』에는 1764년 조선통신사 일행으로 일본에 다녀온 원중거나 성대중이 가져온 것 이외의 시는 별반 소개된 것이 없다. 고작해야 다카노 이케이의 『난정집』에 실려 있는 시 몇 편이 있을 뿐이다.

특히 이때를 마지막으로 일본 본토에 다녀온 조선통신사 일행은 더 이상 없었기 때문에 일본의 한시를 구해보기는 더욱 어려웠을 것이다. 따라서 『청비록』에서 이덕무가 일본의 문예 수준에 대해 비평한 것은 자신이 직접 본 일부 문인들의 수준에 대한 평가일 뿐, 일본의 전체 문예 수준에 대한 온당하고 공정한 비평이라고 할 수는 없다. 당시 일본에는 17세기 후반 마쓰오 바쇼(松尾芭蕉)가 출현한 이후, 한시 외에 일본만의 독특한 시 문화라고 할 수 있는 하이쿠(俳句)가 크게 성행하고 있었지만, 이에 대해 이덕무가 조금이라도 알고 있었다는 흔적은 그의 저술 어느 곳에서도 찾아볼 수 없다.

이러한 까닭에 비록 이덕무가 당대 조선의 지식인들에 비해 상대적으로 일본의 학문과 문화 예술에 대해 개방적이고 공정한 입장을 견지하려고 했다는 사실을 인정하더라도, 그 역시 여전히 정보의 절대 부족 속에서 '오랑캐'라는 편견을 일부 가진 채 일본을 바라봤다는 평가에서 완전히 자유로울 수는 없다.

제2부

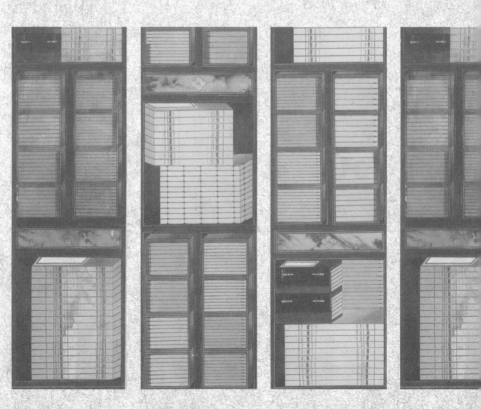

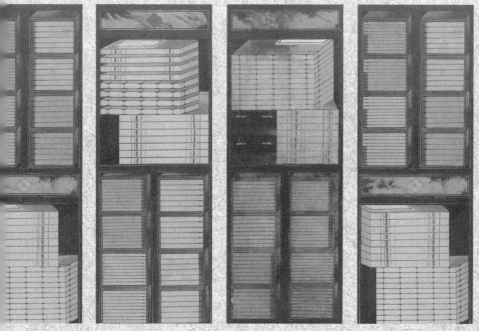

끊임없는 호기심과
탐구 정신

제5장

조선의 풍속과 문화의 재발견

김홍도, 〈고누 놀이〉, 18세기 후반, 국립중앙박물관 소장.

"중국 중심적 사고방식에서 탈피한 '조선 고유의 것'은 아무래도 유학에 익숙하고 성리학에 길들여진 양반 사대부가의 문화보다는 민중들의 생활 속 문화와 풍습에 훨씬 더 뿌리 깊게 자리하고 있을 수밖에 없었다."

서해 중북부 풍속과 역사 기행

앞서 조선의 18세기를 진경 시대라 부른다고 했다. 진경 시대란 조선적인 것, 즉 조선의 고유한 색과 멋을 재발견하는 문예사조가 큰 흐름을 이룬 것으로, 처음에는 조선의 산천을 화폭에 담는 진경산수화에서 출발했다. 그러나 오래지 않아 조선의 진경은 자연의 산천보다는 사람들이 살아가는 실제 모습에서 더욱 잘 드러난다는 깨달음에 이르게 된다. 조선적인 것, 곧 조선의 고유한 색과 멋은 조선 사람들의 풍속과 문화에서 가장 잘 드러나기 때문이다. 이러한 사실은 겸재 정선의 진경산수화가 단원 김홍도와 혜원 신윤복의 풍속화로 발전해가는 궤적을 보면 알 수 있다.

따라서 18세기는 중화의 문화와 문물에 대한 관념적 모방과 숭상 탓에 잃어버렸던 조선 고유의 풍속과 문화를 재발견하는 시대이기도 했다.『발해고(渤海考)』를 저술해 잊힌 발해의 역사를 복원한 유득공은 "제 나라의 역사를 모르는 것을 군자는 부끄럽게 여겼다"고 밝혔다. 이 말은 풍속과 문화에도 그대로 적용된다. 역사와 마찬가지로 제 나라의 풍속과 문화를 모른다는 것은 곧 자신의 뿌리를 모른다는 것과 다름없기 때문이다.

필자는 이덕무의 삶을 관통하는 키워드로 독서와 기록, 그리고 호기심과 탐구를 자신 있게 꼽겠다. 이 키워드들은 이덕무가 조선의 풍속과 문화를 재발견하는 데에서도 유감없이 발휘되었다. 이덕무는 나이 스물여덟 때 「서해여언(西海旅言)」이라 제목 붙인 여행기를 썼다. 그런데 이 글은 단순한 여행 기록이 아니라 개성과 해주(海州)와 장연(長淵) 일대에 이르는 서해 중북부 지방의 독특한 풍속과 역사 문화를 고찰하고 기록한 일종의 풍속 역사서였다. 스스로 "내 나이가 너무 젊어서 문밖 500~600리를 나가 본 것은 이때가 평생 처음이었다"고 말한 것처럼 이 여행은 그에게 아주 낯선 것이었는데, 또한 미처 채비를 갖출 새도 없이 급작스럽게 떠나야 했던 먼 여정이기도 했다. 이덕무는 그 이유를 「서해여언」의 첫머리에 이렇게 적어놓았다.

> 나의 종자서(從姊婿, 사촌 여동생의 남편) 유언장(兪彦鏘)이 조니진(助泥鎭)의 만호(萬戶, 종4품의 무관)가 되었다. 종매(從妹, 사촌 여동생)도 그를 따라갔다. 그런데 시아버지인 판윤(判尹)의 상(喪)을 당하였다. 나의 숙모가 울면서 찾아와 이렇게 말했다. "빨리 말을 달려 누이동생을 데려와 주게." 내가 감히 거절할 수 없었다.
>
> ―「서해여언」

그런데 시아버지 상을 당한 사촌 여동생을 데려오는 이 특별하고 숨 가쁜 여정에서도 이덕무는 자신이 거쳐간 곳의 풍속과 역사에 대한 호기심과 탐구 그리고 기록을 한순간도 소홀히 하지 않는다. 한양에서 황해도 장연의 조니진, 다시 조니진에서 한양을 오고 가는 20일 동안 보고, 묻고, 듣고, 겪은 일들을 기록해 한 권의 책을 만든 것이다. 당시 이덕무는 "이불한 채, 행낭 하나, 붓과 벼루와 먹 각각 하나, 종이 5장, 돈 500냥"을 지닌 채 이 여정을 시작했다. 10월 초4일에 한양을 떠나 서북쪽으로 방향을 잡은 이덕무가 가장 먼저 마주한 곳은 벽제점(碧蹄店, 지금의 경기도 고양시 소재)이다. 그는 이곳에서 하룻밤을 묵는데, 함께 잠자리를 하게 된 황해도 금천(金川)의 배장수에게서 벽제라는 이름의 유래와 독특한 풍속을 듣고 바로 기록한다. 그것은 "벽제 풍속은 집집마다 우물이 있다. 옛날에 벽사(甓寺)가 있었는데 그것이 사실과 다르게 잘못 전해져서 벽제가 되었다"는 말이다. 그냥 듣고 지나칠 수 있는 말조차 그 지방의 특색을 보여주는 것이라면 반드시 기록으로 남기는 모습을, 이덕무는 이 여정의 시작에서부터 보여주고 있다.

다음 날 새벽 임진강을 건너 개성에 들른 이덕무는 고려왕조 500년의 역사적 흔적들을 하나하나 더듬어나간다. 한양에서 개성으로 갈 때 반드시 거쳐야 하는 임진강에 이르러서는 공민왕과 신우(辛禑, 우왕)에 관한 고사를 떠올린다.

임진강의 근원은 함경도 안변부의 경계에서 시작된다. 강물은 서쪽으로 흘러 바다로 들어간다. 고려 공민왕 10년에 홍건적이 침입해왔다. 공민왕이 복주(福州, 경북 안동)로 급히 몸을 피해 가다가 임진강에 이르자 고개를 돌려서 목은 이색에게 말하였다. "풍경이 이와 같으니 경 등은 마땅히 연구(聯句)를 짓는 것이 좋겠소." 비록 그 난리 통에도 왕은 풍류의 여유를 즐겼다고 할 수 있겠지만, 생각해보건대 이색은 한 번쯤 미간을 찌푸렸을 것이다. 신우가 병진년에 자신의 생모인 반야를 이곳 임진강에 던져 죽였다. 그래서일까? 강 빛이 쓸쓸하고 적막하며 지금까지도 원기가 서려 있다.

— 「서해여언」

또 개성에 들어가서는 한양과 같은 듯 다른 물색을 풍기는 가옥의 모양새와 사람들의 꾸밈새 그리고 저잣거리의 시끌벅적한 모습에 눈길을 빼앗긴다.

가옥은 모두 약한 기둥에 작은 처마가 담장에 붙어 있다. 담장은 대들보와 이어져 있다. 큰 주춧돌과 긴 섬돌이 놓여 있고 문에는 돌다리가 놓여 있었다. 돌다리 옆으로는 띄엄띄엄 사모석(紗帽石)이 있다. 모두 옛적 공경(公卿)의 가옥이다. …… 잘록한 허리에 말이 빠른 시골 아낙네는 흰 머리동이를 쓰고 옥색 저고리를 동이고 다리에는 행전을 두르고 있었다. 간들거리는 고운 명주의 낭자 댕기는 마치 닭의 긴 꼬리와 같고, 한들거리며 걷는 모습은 마치 무당과 같았다. 남자들은 얼굴을 짙고 섬세하게 꾸미고 깨끗한 신발과 버선을 신었다. 하늘을 향해 배를 내밀고 어깨를 들썩이거나 자신의 그림자를 돌아보면서 스스로 뽐내고 걸었다. 이들은 대개 망국(고려)을 섬기고 새로운 왕조에 저항한 백성의 후예들로, 사방으로 통하는 도회지에 살면서 재물을 목숨처럼 여기고 사람들을 분간하기 위해서는 부득이하게 진실성 없이 얼굴빛을 거짓으로 꾸미지 않을 수 없었을 것이다. 남문 안팎의 여염집과 저잣거리는 한양 도성의 서문과 비교해도 부족함이 없을 정도였다. 시장 아낙네의 죽 파는 소리는 마치 개를 부르는 소리와 같고, 어린아이들의 담배 파는 소리는 마치 울음소리와 같이 처량해 가슴이 아팠다. 사람들은 모두 "여염집이나 저잣거리의 풍경은 다 한양에서 배워 봤다"고 말한다. 그러나 지난날 한양 역시 개성을 모방해 세워졌다는 사실은 모르고 있다.

— 「서해여언」

개성은 고려의 도읍지였던 만큼 수많은 유적을 지녔지만, 그중에서도 궁궐터인 만월대(滿月臺)는 빼놓을 수 없는 역사적 공간이다. 이덕무는 이날 해질 무렵 말을 객점에다 매어두고 걸어서 남문으로 들어가 만월대를 찾는다. 이때 그는 만월대 서쪽의 우뚝한 언덕에 올라 주춧돌 위에서 서성거리다가, 멀리 고구려에서부터 고려를 거쳐 현재의 자신 그리고 미래의 누군가에 이르기까지 천 년이 넘는 기나긴 시간이 하나로 응축되어, 순간 정지하는 듯한 소회를 느낀다. 역사란 사라지는 것이 있으면 태어나는 것이 있고 태어나는 것이 있으면 사라지는 것이 있게 마련이다. 그러나 그 역사의 시간적 공간적 기억을 공유하는 사람들은 결국 모두 하나의 끈으로 이어져 있다. 마치 한 나무의 수많은 가지와 잎과 열매가 그 시간과 공간을 달리해 흥망성쇠를 거듭하지만 결국 하나의 뿌리에서 갈라져 나온 것처럼 말이다.

만월대는 옛날 고구려의 부소갑군(扶蘇岬郡)이다. 군이 되었을 당시에는 훗날 고려의 태조 왕건이 이 언덕에 주춧돌을 세워 대궐을 지을 줄 어찌 알았겠는가? 또한 주춧돌을 세울 당시에는 500년 후에 나라가 망해 주춧돌 위의 기둥이 차디찬 잿더미로 변할 줄 어찌 알았겠는가? 더욱이 그로부터 300여 년이 지난 겨울철 어느 날 해질녘에 내가 홀로 이 주춧돌 위에 서서 그 옛날을 애도할 줄 어찌 알았겠는가? 역시 이후 어느 해에 내가 다시 이 주춧돌 위에 서게 될지 어찌 알겠는가? 다시 300여 년이 지난 어느 겨울철 해질녘에 나와 같은 사람이 있어 홀로 이 주춧돌 위에 서 있을지 어찌 알겠는가? 또한 몇 백 몇 천 년이 흐른 후 이 주춧돌이 사라져 누구 집의 섬돌로 변할지 어찌 알겠는가?

— 「서해여언」

개성에서 하룻밤을 묵은 이덕무는 고려 때 최고로 번성했던 예성강의 포구 벽란진(碧瀾津)에서 아침밥을 먹고 황해도 연안성(延安城)에 들어선다. 이덕무는 이곳에서 연성대첩비를 둘러보고 임진왜란 때 500명으로 왜군 3,000명을 물리친 이정암(李廷馣)을 추모한다. 그리고 연안의 특산물인 학을 언급하면서 아취(雅趣), 즉 고상한 취미 때문에 신세를 망친 벼슬아치들을 조롱한다.

연안의 산물 가운데 학이 있다. 밭두렁과 들녘 웅덩이에 총총히 무리지어 다니며 소리 내어 울기도 하고 훨훨 날기도 한다. 옛 이야기에서는 옥당(玉堂, 홍문관)의 학은 배천(白川) 지방에서 조정에 올린 공물이라고 하였다. 예전에 여러 학사들이 배천에 격문을 보내 한 쌍의 학을 요청하였다. 배천군의 수령 모씨가 이 요청을 거절했다가 곧바로 파직당하였다. 그때 전라병사(全羅兵使) 이모는 월출산을 유람하였다는 이유로 관직에서 물러났다. 또한 한성주부(漢城注簿) 이모는 숙직하는 관청에서 손님과 바둑을 두었다는 이유로 파면당하였다. 이러한 일은 모두 고상한 취미나 취향 때문에 일어났다고 할 수 있다.

— 「서해여언」

연안과 배천은 서해를 끼고 서로 마주보고 있는 고을이다. 이덕무는 이곳을 지나 해주에 도착해 하룻밤을 묵는다. 해주에서는 특이하게도 대도(大盜)이면서 의적이었던 임꺽정(林巨正)에 관한 민간의 풍설을 옮겨 기록으로 남겼다.

해주 북쪽에 마치 사발을 엎어놓은 듯한 형상의 산이 있다. 산의 높이는 스무 길이나 되고 정상에는 돈대(墩臺)가 있다. 옛날 큰 도적 임꺽정이 이

산을 본거지 삼아 자기 무리를 풀어 지나가는 사람들을 겁박해 가진 것을 털었다. 그리고 그들 가운데 붉은팥 20말을 짊어지고 곧장 돈대에 오르는 사람은 자기 무리로 삼고, 그렇게 하지 못한 사람은 재물만 탈취하고 보내주었다.

—「서해여언」

해주를 떠난 이덕무는 장연과의 경계에 자리하고 있는 광탄(廣灘)을 건너 애정촌(艾井村)에서 또 하루를 묵는다. 그 이전에 아침밥을 먹던 오목천(梧木川)의 점원에게 길을 묻다가, "오늘 밤 애정촌에서 자면 내일은 조니포진(助泥浦鎮)에 도착할 수 있습니다"라는 반가운 대답을 듣는다. 또한 다른 사람에게서 애정이 장연군이며, 장연 사람들은 불법(佛法)을 숭상해서 손님 접대를 잘하는 풍속이 있다는 말을 듣게 된다. 이 말에 이덕무가 웃으면서 예전에 순지(蓴池) 고을의 백성들이 둔전의 별장(別將, 정7품의 무관)을 생매장한 사건을 언급하자, 그는 손사래를 치면서 그곳 백성만은 풍속이 사나워 장연 사람들이 매우 부끄러워한다면서 절대 의심하지 말라고 거듭 강조한다. 그리고 얼마 지나지 않아 이덕무는 '손님 접대를 잘한다'는 장연의 풍속을 직접 체험한다. 해질녘 추위에 떨던 이덕무와 마부가 애정촌을 찾는 길을 묻자, 홀로 길을 가던 한 선비가 손님 접대를 잘한다는 정씨 성을 가진 사람의 집을 가르쳐주었기 때문이다. 이에 이덕무는 자신이 몸소 겪은 장연의 손님 접대 풍속을 아주 상세하게 기록해 그들의 후의에 보답했다.

그리하여 그곳으로 가 말에서 내려 느릅나무 사이에 두었다. 밭두렁에는 콩깍지가 쌓여 있고, 어린아이 두 명이 빗자루로 쓸고 있었다. 한 선비가 창가에 기대어 있다가 전관(氈冠) 차림을 하고 마루로 올라와 길게 인사하였다. 두 아들이 선비 옆에 서 있었다. 등불을 밝혀 얼굴을 본 다음 선비는 계집종에게 빨리 밥을 짓고 말에게는 꼴과 콩을 가져다주라고 명하였다. 나를 따라온 종에게도 따뜻한 방을 내어주었다. 이 모든 것이 분에 넘치는 환대였다. 이에 내가 금전으로 보답하겠다고 세 번이나 청하였으나 세 번 모두 사양하였다. 그러면서 말하기를 "순지 고을의 사납고 난폭한 백성들이 별장을 매장해 살해한 사건 때문에 나라 사람 모두가 장연의 백성들을 모조리 매장시켜야 한다고 말합니다. 이러한 일은 오직 농서(隴西) 지방의 수치일 뿐입니다. 제가 비록 어리석고 둔하지만 차마 어떻게 돈을 받겠습니까?"라고 하였다.

— 「서해여언」

포은 정몽주의 후예라고 자신을 소개한 선비는 다음 날 새벽녘 길을 떠나는 이덕무에게 흰 죽까지 내주며 끝까지 훈훈한 장연의 풍속을 보여주었다. 다시 길을 떠난 이덕무는 바위 구멍에서 솟은 샘물이 돌아 흘러 우물을 이루는데 그 물맛이 차서 이름을 한천(寒泉)이라고 한 곳에서 아침밥을 먹는다. 그리고 큰 바다를 끼고 가다가 저녁 때 차유현(車踰峴)에 도착해 산골짜기로 10여 리를 갔다. 이 와중에 어린 소나무와 키 작은 상수리나무가 청색과 황색으로 조화를 이뤄 맹수들이 살기에 적당하다는 생각이 들어 묘한 기분에 사로잡힌다. 그리고 언젠가 들은 민간에 전해오는 호랑이를 물리치는 묘결(妙訣)을 떠올린다.

나는 일찍이 호랑이가 사람을 잡아먹을 때는 머리를 땅에 늘어뜨렸다가 하늘을 향해 두 발을 들고 일어선다고 들었다. 그런데 호랑이의 배가 하얗게 완전히 드러나는 순간 몽둥이로 가슴을 힘껏 찌르면 쓰러질 듯 버티다가 두 번 다시 위세를 부리지 못하고 슬금슬금 멀리 도망간다고 한다. 이것이 바로 호랑이를 만났을 때 물리칠 수 있는 묘결이다.

— 「서해여언」

이덕무는 길 가운데 버려져 있는 길이가 한 자쯤 되는 수레 말뚝의 끝을 칼로 뾰족하게 해 마치 호랑이를 대한 듯 가만히 손을 놀려 연습하는 장난을 친다. 그러다 뜻밖에 인가를 만나 길을 물어 남쪽으로 나아갔다. 긴 산은 동쪽으로 뻗어 있고 큰 바다는 서쪽으로 흐르는데, 가운데 넓은 평야가 있어 창창하고 망망했다. 갑자기 거센 바람이 불어치고 저녁 비가 쏟아지는데, 멀리 밥 짓는 연기를 발견하고 말을 달려 남쪽으로 향해 가자 바로 조니진이었다. 이때가 10월 초9일로 한양을 떠난 지 닷새째 되는 날이었다. 이날부터 다시 한양으로 떠나는 17일까지 무려 7일 동안, 이덕무는 조니진에 머물면서 장산(長山, 황해도 장연군의 일원) 이곳저곳을 둘러보고 민가의 풍속을 채록했다. 조니진은 서해의 해안 방어를 위해 장산에 설치한 군영으로 처음에는 별장이 지휘를 맡다가 숙종 때 처음으로 만호를 책임자로 변경해 그 지위를 승격시킨 곳이다. 이덕무는 자신의 사촌 매제가 지휘하고 있는 조니진의 풍경을 이렇게 적고 있다.

조니진은 옛날에는 별장이 관할하던 곳이다. 숙종 신묘년(1711)에 처음으로 만호를 두었다. 장산 70리가 곧바로 바닷속으로 들어가 다리미 자루 모양을 이루고 있다. 이곳을 장산곶이라고 부른다. 곶이란 육지가 바닷속으로 들어간 곳을 말한다. 장산곶에서 10리 정도 떨어진 곳에 오차포(吳叉浦)라고 부르는 진(鎭)이 있다.

— 「서해여언」

장산과 장산곶은 한반도 육지의 최서단에 자리하고 있는 곳으로, 예부터 여러 가지 전설과 설화가 전해오는 유서 깊은 고장이다. 또 이곳은 남과 북이 분단된 오늘날 남쪽 땅에서 육안으로 확인할 수 있는 몇 안 되는 장소이기도 하다. 남쪽을 기준으로 최북단에 자리하고 있는 백령도(白翎島)에서 바다 너머로 볼 수 있기 때문이다. 여하튼 저녁 무렵 조니진에 도착해 하룻밤을 묵은 이덕무는 다음 날 곧장 장산의 독특한 장례 풍속과 방언을 눈여겨보고 기록으로 남겨둔다. 또한 자신이 그동안 거쳐온 여정에서 보고 들은 연안과 개성과 장연 등 서해 중북부 지방의 이동 및 운송수단, 의복, 농사, 음식 등의 풍속들을 조목조목 기록으로 남긴다.

광탄 이북의 풍속은 소를 이용한 수레를 사용한다. 그래서 길 양쪽에 수레바퀴 자국이 마치 대나무 홈통처럼 남아 있다. 사람이 소에 걸터앉아 쌍 끌채를 밟고서 고삐를 잡아 몬다. 그렇게 하지 않으면 끌채가 뜨고 수레짐받이가 뒤로 넘어져 수레에 실은 짐이 떨어지기 때문이다. 그러나 소는 힘들다. 수레 위에 가끔 짚을 짜서 난간을 만들고 아낙네가 아기를 안거나 치마로 머리를 덮고 이불을 등에 두른 채 가곤 한다. 연안 서쪽 지방은 여자들이 모두 푸른색의 머릿수건에 짙푸른색 치마를 입고 있다. 개성의 서쪽 지방에서는 곡식 타작을 밭 가운데에서 한다. 연안의 서쪽 지방에서는 논밭을 경작하거나 수레를 끌 때 소 두 마리를 이용한다. 장연에서는 밭에 분뇨를 뿌리지 않는다. 벼 줄기는 갈대와 같다. 무를 콩밭 사이에다 심어서 잎은 둥그렇게 포개어 감고 뿌리가 단단해 호미 끝으로 땅을 깊이 파 캐낸다. 김치를 담그면 이로 씹기 힘들고 국을 끓여도 맛이 떫다고 한다.

— 「서해여언」

이러한 기록들 중에는 흥미로운 것이 많은데, 특히 재미있는 것은 오늘날까지 일상생활에서 자주 사용되고 있는 '황당하다'는 말의 연원이 이곳과 깊게 관련 있다는 사실이다.

4월에 바람이 잠잠할 때 황당선(荒唐船)이 와서 육지에서는 방풍을 캐고 바다에서는 해삼을 잡는다. 8월에 바람이 거세어지면 비로소 되돌아간다. 더러 팔구 척에서 십여 척의 황당선이 떼를 지어 몰려오기도 한다. 배 한 척에는 보통 70~80명이 타고 있고, 큰 배에는 100여 명까지 타고 있다. 초도(椒島)와 조니진과 오차포와 백령도 사이 해역에서 출몰한다. '황당'이란 무슨 말인가? 의심스럽다는 뜻이다. 혹 '의선(疑船)'이라고 부르기도 한다. 모두 중국의 등주(登州)와 내주(萊州)에 속하는 해도(海島)의 백성들로 사납고 포악하며 날쌔고 재빠르다. 물고기를 식량 삼고 배를 집 삼아 살아가는 자들이다.

—「서해여언」

이덕무는 조니진에서 머문 지 사흘째 되는 날 바닷가 사봉(沙峰)을 유람한다. 사봉은 바닷가의 모래가 바람에 밀려 모래 산이 된 것이다. 그는 이 사봉이 세상에서 가장 작고 깨끗한 모래라고 말했다. 높이 80척가량 되는 사봉의 정상에 오른 이덕무는 서쪽으로 대해(大海)를 바라본다. 다음 날에는 나그네의 시름을 달래기 위해 조니진과는 서북으로 20리 거리에 있는 금사사(金沙寺)를 유람한다. 이곳은 율곡 이이와 봉래(蓬萊) 양사언(楊士彦)을 비롯한 여러 명현들이 들러 시를 남긴 것으로도 유명하다. 금사사는 바닷가의 요해처에 자리하고 있어서 승장이 승병 200명을 거느리고 번갈아 파수하면서 해안 방어를 하는 곳이다. 특히 이곳 바닷가에는 박지원이 『열하일기』에서 요동 벌판을 보면서 한바탕 통곡하기 좋은 곳이라고 언급한 조선의 두 장소 중 한 곳인 금사(金沙)가 있다. 박지원은 "금강산 비로봉에 올라 동해를 바라봄에 한바탕 울 적당한 장소가 될 것이고, 황해도 장연의 금사에 가도 한바탕 울 장소가 될 것"이라고 했다. 그런데 이덕무는 온 나라 안에 명성이 자자한 금사보다는 아무도 알아보지 못한 조니진의 사봉에 더 눈길이 간다고 말한다. 아마도 전날 사봉에 올라 큰 바다를 바라보며 느낀 호연지기(浩然之氣) 때문이었을 것이다. 조니진에서 머문 지 닷새째 되는 14일에는 바다 가운데로 200리 거리에 있는 소청도(小靑島)와 대청도(大靑島)의 역사 유물과 장산 근처의 고구려 유적에 대해 듣고 기록했다.

바다 가운데로 200리 떨어진 곳에 두 개의 섬이 있다. 소청도와 대청도가 그것이다. 대청도의 한가운데에는 옛 궁전 터가 있다. 바야흐로 꽃이 만 발하고 옛 주춧돌이 남아 있는데 조각이 선명하기 그지없다. 봄철에는 이름난 꽃과 기이한 풀들이 온 천지에 향기를 퍼뜨리며 피고 자란다. 원나라의 순제(順帝)가 지은 궁전으로 그의 태자가 살았다고 한다. 옛 전설에 따르면 장산에 중국 사람들이 와서 거처했다고 한다. 옛터가 아주 뚜렷하게 남아 있어 가끔 그림이 그려져 있는 도자기 조각이 나오기도 하고, 장마가 물러간 후에는 가끔 은 항아리가 드러나기도 한다. 또한 장산 아래에 호족현(狐足縣)의 오래된 터가 있다. 아마도 고구려 때 설치한 마을이 아닌가 싶다.

— 「서해여언」

여행을 시작한 지 닷새째 되던 14일부터 내린 비는 16일까지 계속되어 이덕무는 사흘 동안 꼼짝없이 조니진 안에 머물러야 했다. 그동안 그는 여인들의 출산과 육아에 관한 장산의 특이한 풍속과 음식 문화에 대해 알아본다.

장산의 풍속은 산부(産婦)가 아기를 낳은 후 열이 심하면 마을에 사는 부인들이 모두 나와 마치 불을 끄듯이 물을 길어 나른다. 큰 바가지에 구멍을 뚫고 아픈 사람의 정수리나 가슴에 얹어둔다. 하루 종일 밤을 새워가면서 연거푸 냉수를 부으면 병이 낫는다. 또한 분만 즉시 큰 사발로 냉수한 그릇을 마시면 산후병이 아주 사라진다고 한다. 평안도와 함경도 등지에도 역시 이와 같은 풍속이 있다. 갓난아이가 태어난 즉시 다리를 거꾸로 잡고 물그릇에 담그면 그 아이가 건강하게 자라고 늙을 때까지 병에 걸리지 않는다고 한다.

황벽(黃蘗)의 열매는 둥글고 검은 모양이 마치 산포도와 같다. 맛이 아주 쓰다. 그러므로 꿀을 발라서 먹으면 가래 천식이 없어진다. 수수로 엿을 만들어 산초 가루 한 수저를 타서 매일 같이 몇 차례씩 복용하면 또한 가래 천식이 낫는다. 수수는 세상에서 말하는 당미(唐米)이고, 당(餳, 엿)은 바로 흑탕(黑湯, 조청)이다. 곽란(癨亂, 구토와 설사)에는 새우젓국을 복용하고, 습창(濕瘡, 종기나 부스럼)에는 술지게미가 좋다고 전해온다.

— 「서해여언」

또한 장님과 벙어리에 관한 장산의 재미난 민간 설화를 듣고 채록하기도 했다.

장산의 어떤 장님에게 벙어리 친구가 있었다. 어느 날 장님이 밥을 먹고 있는데 벙어리가 밥에 국을 쏟고, 간장에 젓갈을 섞고, 나물과 김치와 고

기구이의 위치를 모두 바꾸었다. 밥 한 숟가락을 떠서 먹던 장님은 코를 부여잡고 미간을 찌푸리며 젓가락을 내던지고 크게 놀라 자리에서 벌떡 일어나 토하려고 하였다. 벙어리는 그 상황을 설명하고 싶었지만 끝내 말을 하지 못하고 몸을 빙글빙글 돌려가며 크게 웃었다. 어찌나 크게 웃었던지 입고 있던 옷과 걸치고 있던 허리띠까지 모두 따라 웃고 있는 것처럼 보일 정도였다. 그러나 그 웃음소리는 홀로 들을 뿐 누구에게도 들리지 않았다. 나는 눈과 혀를 갖고 있는 사람이지만 장님과 벙어리의 기이함을 모두 지니고 있다고 하겠다. 그러나 장님은 벙어리에게 속은 셈이니 천하에서 가장 불쌍한 사람으로 장님보다 더한 이가 없다. 호중(湖中)의 어떤 부인이 중풍으로 온몸을 움직이지 못하게 되었다. 손으로 잡을 수도 없고, 발로 걸을 수도 없고, 입으로 소리를 낼 수도 없었다. 단지 눈만 반짝반짝 생기가 돌 뿐이었다. 마시고 먹고 똥 누고 오줌 싸는 일을 거의 20년 동안 다른 사람에게 의지하였다. 어느 더운 여름날 그 부인이 여러 젊은 아낙네들과 목욕을 하였다. 그러다가 한 젊은 아낙네가 물동이를 그 부인 앞에다 두고 차가운 물을 등에 끼얹자 차가운 감각이 느껴졌던지 문득 느린 어조로 "어찌 이렇게 차가운가"라고 하였다. 그리고 혀뿌리를 편리하게 굴려서 예전처럼 말을 하였다. 그 부인이 말하기를 "다른 사람이 와서 내게 밥을 주면 먹다가 그 남은 밥을 방에 두는데 고양이가 와서 제멋대로 먹어치웠다. 그런데 사람들은 어린아이가 훔쳐 먹었다고 생각해 회초리로 종아리를 아주 심하게 때리곤 했다. 나는 고양이가 먹었다는 사실을 분명하게 알고 있지만 입이 있어도 해명할 수 없었다. 때로는 고양이가 먹다 남은 밥을 주어도 물리칠 수 없었다"라고 하였다. 그렇다면 눈이 있어도 말을 하지 못한 것이니 도리어 장님보다 못하다고 하겠다.

— 「서해여언」

그다음 날인 17일, 이덕무는 드디어 조니진을 떠나 한양으로 돌아가는 길에 오른다. 청석리(靑石里)와 광탄점(廣灘店)와 금광천(金光川)에서 각각 하룻밤을 묵고 20일에는 마침내 해주 서문점(西門店)에 도착했다. 이렇듯 숨차게 달려가는 여정 중에도 전날 금광천에서 잘 때 그는 장승(長丞)과 주막(酒幕) 등 몇몇 방언들의 변천 과정을 자세히 살펴 기록으로 남겼다.

마을 간의 거리를 표시하기 위해 흙과 돌을 쌓아올린 '후자(堠子)'는 옛날 10리 간격으로 세운 장정(長亭)과 5리 간격으로 세운 단정(短亭)이다. 오늘날 그 말이 잘못 전해져서 장승이 되었다가 혹은 장생(長栍)이 되고, 혹은 장성(長性)이 되었다. '점(店)'은 주막이다. 그런데 술을 뜻하는 '주(酒)'와 숯을 뜻하는 '탄(炭)'의 방언이 비슷해 잘못 전해지다가 이내 탄막(炭幕)이 되어버렸다. 심지어 관청의 문헌에서까지 탄막이라 부르고 있다. 길가에 돌무더기가 쌓여 있고 나무가 빽빽하게 들어서 있고 깃발이 나풀거리는 곳을 세상 풍속에서는 '선왕당(船王堂)'이라고 말한다. 이것은 '성황사(城隍祠)'가 잘못 전해진 말이다.

— 「서해여언」

특히 해주에 도착한 날 이덕무는 조니진으로 갈 때 시간에 쫓겨 미처 보지 못했던 역사 고적을 하나하나 찾아 나섰다. 주막의 주인 여자가 쌀을 씻을 때 밥 짓는 틈을 타서 홀로 시가를 거닐다가 남문 밖으로 가서 진암(晉菴)의 축성비를 읽고, 곧바로 남루(南樓)에 올라 사방을 둘러보았다. 그리고 해주 사람 우명장(禹命長)이 남긴 고각(古閣)과 큰 비(碑)를 보고서, 그와 왕실의 역사적인 인연을 떠올린다.

계사년(癸巳年, 1593)에 선조대왕이 의주로부터 한양으로 돌아오다가 해주에서 잠시 행차를 멈추고 머물렀다. 그때 원종대왕(元宗大王, 선조의 다섯째 아들)이 우명장의 집에 머무시다가 인조대왕을 낳으셨다.

해주를 떠난 이덕무는 연안-개성-파주를 거쳐 마침내 24일 해질 무렵 집에 돌아온다. 그리고 방에 편안히 누워 지난 20일 동안 겪었던 일들을 생각하며, "선천(先天) 같이 아득하다가도, 전생(前生) 같이 또렷하기도 하다"는 소회를 밝히며 글을 마무리했다. 그는 이 기록을 한 권의 책으로 엮어 주변 사람들에게 보여주었는데, 그중 어떤 사람이 명나라의 명문장가 왕사임(王思任)이 천목산(天目山)을 유람하고 지은 글과 같다고 극찬했다. 또한 「서해여언」은 18세기에 대유행한 소품문의 한 장르인 유기소품(遊記小品)의 걸작이기도 하다. 지금은 갈 수 없는 북녘 땅이지만 이덕무의 「서해여언」을 통해서나마 서해 중북부 지방의 풍속과 역사 유적을 생생하게 느껴볼 수 있지 않은가!

의식주와 고유 명절

「서해여언」에서 보여준 민간의 풍속에 관한 이덕무의 호기심 어린 기록은 특정 지역에 국한된 것이 아니었다. 민간의 생활과 관련해 예부터 전승되어온 풍속과 풍습을 민속(民俗)이라고 한다. 이것은 음식, 의복, 주거, 놀이, 신앙, 설화는 물론 생활 도구나 용품에 이르기까지 사람들의 일상적인 삶 전반을 아우른다. 민속은 달리 표현하면 민간 문화유산이자 생활사라 할 수 있는데, 우리 주변에 너무 가까이 있는 일상적인 것이어서 그 가치를 간과하거나 소홀히 여기기 쉽다. 그러나 역사와 마찬가지로 우리의 과거와 현재와 미래를 알기 위해서 반드시 알아야 할 것이 바로 민속이기도 하다. 이덕무는 『이목구심서』에서 "대저 우리들은 조선국 사람이다. 언어, 음악, 의복, 풍속, 법제는 한결같이 우리나라를 따라야 한다. 만약 여기에서 벗어나 세상의 습속을 어기려고 하면 망령된 사람이거나 미친 사람일 따름이다"라고 했다. 때문에 그는 조선 전역의 민속을 탐구하고 기록해 『청장관전서』 이곳저곳에 남겨놓았다. 그의 벗 유득공 역시 한양의 세시 풍속을 자세히 연구해 『경도잡지(京都雜誌)』라는 책을 남겼는데, 이 책은 조선의 세시 풍속을 일목요연하게 정리한 최초의 개인 저작으로 높이 평가된다. 이처럼 이덕무와 그의 벗들은 민간에 흩어져 있는 조선의 민속을 찾아내 기록으로 남기는 문화 작업에 큰 공력을 쏟았다. 왜 그랬을까? 군자는 자기 나라의 역사를 모르는 것을 부끄럽게 생각했다는 이치와 마찬가지로, 자신이 속한 사회의 민속을 모르는 것 또한 부끄러운 일로 여겼기 때문이다.

먼저 조선의 음식 문화에 관한 기록부터 살펴보자. 음식은 한 나라나 지역의 풍토나 기후와 밀접하게 관련이 있어서 그 풍속의 고유한 특성을 가장 잘 보여준다. 『청장관전서』의 음식에 관한 기록 중 무엇보다 흥미로운 것은 『영처시고』, 『이목구심서』, 『사소절』 등에 언급된 '하돈(河豚)'에 관한 대목들이다. 하돈은 직역하면 '강의 돼지'다. 이것은 부풀어 오른 모양이 마치 돼지를 닮았다고 해서 붙여진 복어의 별칭으로, 옛날엔 한강과 임진강 하류 지역에서 많이 잡혔던 어종 가운데 하나였다. 유득공의 『경도잡지』 〈주식(酒食)〉편에 보면 "복숭아꽃이 다 떨어지기 전에 하돈 국을 끓여 먹는다. 그 독을 꺼려 기피하는 사람들은 하돈을 대신하여 독미어(禿尾魚, 숭어)를 끓여서 먹는다"고 했다. 이덕무 또한 『이목구심서』에서 어떤 사람의 말을 인용해 "하돈은 본래 독이 없고, 눈에 나비 모양의 벌레가 있다.

더러 입이나 꼬리에 붙어 있기도 하여 사람의 눈에 쉽게 띄지 않는다. 그런데 이것이 사람을 죽인다. 또한 그 알에 가장 많은 독이 있다. 그러므로 이 두 가지를 떼어내고 먹으면 독에 생명을 잃지 않을뿐더러 매우 맛이 좋다"고 적었다. 한양의 대표적인 풍속 가운데 하나로 입에 오르내릴 만큼 하돈(복어)은 인기 많은 음식이었던 모양이다. 그러나 이 음식은 맛이 있는 만큼 독성 또한 강력했다. 그래서 이덕무는 시까지 지어 맛에 취해 목숨을 잃는 사람들의 어리석음을 질타하기도 했다.

"천지는 지극히 큰 것이라 / 하늘이 부여한 물건 또한 많아 / 조물주 역시 모르는 물건 있네 / 물속에는 독어(毒魚)가 머물고 / 비늘 있는 동물 족속 삼백여섯 가지네 / 너희와 같은 무리 이미 없거늘 / 사악함이 모여 있고 / 독기로 뭉쳐 있고 / 이빨은 억세고 날카롭고 / 노기 띤 배는 둥글게 부풀었고 / 비늘도 없고 아가미도 없고 / 몸뚱이 위에는 가시가 돋쳐 있네 / 하돈 맛에 마음이 흐려진 자들의 말은 / 맛으로는 천하제일이라고 고집하네 / 비린내 가시도록 가마솥에 푹 삶아 / 후춧가루로 간 맞추고 다시 기름으로 맛을 내면 / 육지로 치자면 쇠고기 맛보다 낫고 / 바다로 치자면 방어 맛을 넘어서네 / 사람들은 모두 하돈 보고 기뻐하지만 / 나만 홀로 근심하며 바라보네 / 아아! 슬프다 세상 사람들이여! / 목구멍에 부드럽다고 기뻐하지 말라 / 두려워라, 재앙이 많고도 크구나! / 두려워라, 해로움이 유독 심하구나! / 사람의 삶은 하늘과 땅 사이에서 / 마치 물이 흘러가듯 빠르다네 / 아아! 백 년도 못 사는 인생은 / 좋게 죽어도 오히려 서글픈데 / 어찌하여 독이 든 물건을 삼켜서 / 가슴에 창과 칼을 꽂아두려 하는가 / 비록 잠깐의 기쁨이야 있겠지만 / 결국에는 목숨만 버리고 마는 것을 / 옆 사람은 오히려 말리거늘 / 제 한 몸 어찌 그렇게 함부로 하나 / 비교하자면 소인(小人)

을 좋아하는 것은 / 그 말이 달콤하고 부드러워 즐겁기 때문이네 / 마치 달콤한 말만 듣는 무리와 같이 맛에 취해 / 정작 제 한 몸 망친다는 걸 깨닫지 못하듯이 / 바라건대 고기 잡는 어부들은 내 말 좀 들어보소 / 하돈 잡을 생각 아예 하지 마라 / 하돈 역시 삶을 얻고 / 사람 또한 목숨 연장하니 / 아아! 슬프구나, 세상 사람들이여 / 내 말 돌이켜 생각하기 바라네 / 하돈을 소인에게 비교하니 / 어찌 기쁜 마음 드러내어 하돈을 바라볼까 / 내 세상 사람들 깨우치려고 / 시를 읊고 노래로 만들었네."

— 『영처시고』 1, 〈하돈탄(河豚歎)〉

복국은 오늘날에도 많은 사람들이 즐겨 먹는 인기 음식이다. 그만큼 복어의 풍미가 뛰어나기 때문이다. 그러나 반드시 복어의 독을 깨끗이 처리할 수 있는 자격을 갖춘 사람이 요리해야 한다. 그럼에도 심심찮게 해를 입는 사람이 오늘날에도 있는데, 하물며 복어를 다루는 전문적인 요리 방법을 구경조차 못했을 조선 시대 사람들이 독을 제대로 제거할 수 있었겠는가? 복어를 먹고 목숨을 잃는 사람이 허다했을 것이다. 그런데도 한번 복어의 맛에 취한 사람들은 목숨을 잃을 위험을 무릅쓰면서까지 하돈탕을 먹을 수밖에 없었던 모양이다. 이덕무는 이렇게 죽을 위험을 감수하면서까지 복어를 탐식하는 풍속은 추하고 탐욕스럽다고 여겼기 때문에 기록으로 남겼던 것이다.

복어를 즐겨 먹는 민간의 풍속이 맛에 취한 탐욕이라면, 설날 먹는 떡국은 '한난(寒暖)에 잘 상하지도 않고 오래 먹을 수 있을 뿐 아니라 조촐하고 깨끗한 모양새가 좋은' 아름다운 음식 문화다. 이덕무는 여기에 '첨세병(添歲餅, 나이를 한 살 더 먹는 떡)'이라는 재미난 이름을 붙여 한 해를 시작하는 설날에 떡국을 먹는 조선의 아름다운 풍속을 시로 읊었다.

천만 번 방아질에 하얀빛이 동그라니   千杵萬椎雪色團

신선의 부엌 속 저 금단과 비교할 만하네   也能仙竈比金丹

해마다 새로 나이 더하는 것 싫어서   偏憎歲歲添新齒

슬퍼서 한탄하네! 나는 이제 먹고 싶지 않네   怊悵吾今不欲餐

— 『영처시고』 1, 〈첨세병〉

또한 이덕무의 백과사전적 지식 노트라고 할 수 있는 『앙엽기』에 적혀 있는 '소주(燒酒)'의 유래 또한 우리 술 문화의 시원을 알 수 있어서 흥미롭다. 또한 중국과 태국의 소주는 물론 양주의 일종인 아란타(阿難陀, 네덜란드)의 소주와 당시에는 일본에 속하지 않은 독립국이었던 유구국과 일본 남부 사쓰마주(薩摩州)의 소주까지 다양한 정보를 비교해 기록하고 있다.

의방(醫方)에서는 소주가 원나라 때 생겨났다고 한다. 그러나 송나라 때 전석(田錫)이 말하기를 "'섬라주(暹羅酒, 태국의 술)'는 소주를 두 차례 반복해 내린 것이다"라고 하였다. 그러므로 소주는 원나라 때 생겨난 것이 아니다. 또한 당나라 때 검남소춘(劍南燒春)이 있었다. 송나라 때보다 앞서 이미 소주가 있었던 것이다. 우리나라에는 두 차례 되풀이해 내리는 술이 있다. 그 이름을 '환소주(還燒酒)'라고 한다. 역시 섬라주를 만드는 방법과 같다. 아란타의 소주는 '아랄길주(阿剌吉酒)'라고 부른다. 유구(琉球, 오키나와)와 살마주(薩摩州, 사쓰마주)의 소주는 '포성주(泡盛酒)'라고 부른다.

— 『앙엽기』 1, 〈소주〉

음식 문화가 풍속의 다양한 맛을 보여준다면, 의복 문화는 풍속의 다채로운 멋과 색깔을 보여준다고 할 수 있다. 그러나 의복은 사람의 기본 생활을 구성하고 있는 의식주 가운데 가장 변화가 심하고 변동이 잦아 그 원형과 유래를 찾기가 쉽지 않다. 이러한 까닭에 의복 문화는 각종 문헌과 서적을 뒤져 사물과 일의 기원을 증명하는 한편 민간에서 보고 듣고 겪은 지식과 정보를 수집하고 분석하는 이덕무의 고증 혹은 변증, 그리고 실증의 방법이 제일 빛을 발하는 곳이기도 하다. 예를 들어보자. 유득공은 『경도잡지』 〈건복(巾服)〉편에서 "사대부들은 평소 거처할 때 대개 복건(服巾), 방관(方冠), 정자관(程子冠), 동파관(東坡冠)을 쓴다. 조정의 관리들은 당건(唐巾, 탕건)을 쓴다. 그러나 바깥에 나갈 때에는 모두 갓을 쓰고 당혜(唐鞋), 운혜(雲鞋)를 갖추어 신는다"고 했다. 여기에서는 당시 사대부의 의관을 기술해놓았을 뿐, 그것의 기원과 유래 혹은 변천사에 대한 기록은 찾아보기 어렵다. 그런데 『앙엽기』를 보면, 이덕무는 이들 사대부의 의관 가운데 갓이 평소 갖춰 입던 일상적 의관이 아니라 비가 올 때만 쓰던 특별한 용구라는 것을 밝히고, 이것이 외출할 때 반드시 챙겨야 할 평상복으로 변형되면서 발생한 갖가지 폐단에 대해 역설한다. 이때 그는 자신이 직접 보고 듣고 겪은 정보와 사실들을 기록으로 남기는 실증의 방법을 사용한다.

갓의 폐단은 말로 다 할 수 없다. 나룻배가 바람을 만나면 옆으로 기우뚱하거나 빙 돌게 된다. 이 순간 조그마한 배안에서 황급히 일어나다보면 갓양태의 끝이 다른 사람의 이마를 찌르게 된다. 또한 비좁은 상에서 함께 식사할 때 갓양태의 끝이 다른 사람의 눈을 다치게 한다. 더욱이 여러 사람이 모여 있는 곳에서는 난장이가 갓 쓴 것처럼 민망하기 그지없다. 이와 같은 일은 오히려 사소하다. 만약 들판에 나갔다가 비를 맞거나 바람을 맞닥뜨리면 갓모자는 좁고 갓양태는 넓고 지투(紙套)는 뻣뻣하여 바람이 그 사이로 들어와 펄럭이는 소리가 마치 벼락 치는 소리와 같고, 위로는 갓이 말려서 사방으로 제멋대로 펄럭인다. 비가 와 급히 갓끈을 단단히 동여매면 끊어질 듯 말 듯 팽팽해져서 턱과 귀가 모두 당겨 올라가 주름이 잡히고 상투와 수염을 뽑으려고 한다. 유의(油衣, 비옷)는 치마와 같이 머리에 두르고 손으로 잡는데, 바야흐로 비가 때리고 바람이 몰아치면 갓이 멋대로 이리저리 펄럭여 어쩔 수 없이 끈을 풀어 손으로 갓의 좌우를 붙잡아야 한다. 그러면 빗물이 넓은 소매 속으로 들어와 도저히 무거워 들 수조차 없게 된다. …… 역관들이 연경에 들어갈 때 광활한 요동 벌판에서 비를 만나기라도 하면 갓양태는 파손되거나 달아나버리는 바람에 단지 갓모자만 쓴 채로 길을 가곤 한다. 그러면 중국 사람들은 우리나라 풍속에 또한 이러한 관(冠)이 있을 것이라고 생각해 대수롭지 않게 본다. 그러나 동행한 우리나라 사람은 모두 조롱하거나 비웃는다. 그렇지만 어디에서 갓을 사겠는가? 매양 요동 벌판을 지나가는 사람들을 보건대, 비를 만나면 갓 위에 씌울 것이 없는 사람은 갓양태가 빠져나가거나 부서질까봐 두려워하여 풀을 뜯어 갓양태 아래에 테를 만들어 가린다. 더욱이 갓을 벗어 겨드랑이에 끼고 한손으로 상투를 잡고 허둥지둥 달려간다. 대개 갓 하나의 값은 300냥에서 400냥이다. 이러한 까닭에 마치 자신의 목숨처럼 갓을 보호하느라 궁색하게 피하고 구차하게 처신하는 것이 하나같이 극에 달했다고 하겠다.

— 『앙엽기』 8, 〈갓의 폐단(笠弊)〉

갓의 원형과 변천사 그리고 현재의 세태까지 살펴본 다음 이덕무는 갓의 개조에 관한 구체적인 안을 제시해 의복의 실용성을 획기적으로 개선하고자 했다. 이 대목에서는 풍속에서도 이용후생을 강조하는 그의 실용적인 지식관을 엿볼 수 있다.

지금 갓의 제도는 점점 더 높아지고 넓어지고 있다. 갓을 쓰면 아담한 운
치가 없고 균형도 맞지 않아 볼품이 없다. 속담에 이런 말이 있다. "갓이
지나치게 크면 천하장사 항우라도 끙끙대고, 갓이 망가지면 명망 높은 학
자라도 낭패를 당한다." 조정에서 영을 내려 일체 금지하고 별도로 관건
(冠巾)을 제작해 반포하되 등급을 정해 위엄을 갖춰야 한다. 다만 작은 갓
을 만들어 말을 타는 사람과 길을 걷는 사람이 밤길을 갈 때 머리에 쓰거
나, 비를 막고 햇볕을 가리는 도구로 사용하는 것은 괜찮다. 그 제도는 큰
모자는 머리를 덮을 수 있어야 한다. 모자의 꼭대기는 반드시 지금의 갓
처럼 평평하지 않아도 된다. 만약 자를 수 있으면 잘라서 또한 반드시 전
립(氈笠)처럼 뾰족하지 않아도 된다. 다만 갓모자의 둘레는 조금 낮추고,
갓양태는 날카롭지 않게 한다. 베 2자 5푼이면 충분하다. 갓끈은 넓되 반
드시 길게 할 필요가 없다.

— 『앙엽기』 8, 〈갓은 개조해야 한다(笠當改造)〉

아울러 이덕무는 각 지방의 풍설을 수집하다가 남명(南冥) 조식(曺植)과
관련된 경상남도 진주(晉州)와 단성(丹城) 지역의 유별난 의복 풍속을 듣
고 기록으로 남기기도 했다.

남명 조식은 매우 검약해서 처음엔 거친 베옷을 입고 화려하게 꾸미지 않
은 소박한 말을 타고 들녘에 나가곤 하였다. 그런데 어느 날 말을 타고 가
다가 장사꾼과 서로 길을 비키라고 다투게 되었다. 장사꾼은 남명을 떠밀
어 말에서 떨어뜨리고 심하게 욕을 퍼부은 다음 가버렸다. 남명은 탄식하

며 이렇게 말하였다. "사군자가 옷차림이 허술하고 검소하니 장사꾼조차 업신여기는구나." 이때부터 화려한 옷을 입고 좋은 말을 타고 다녔다. 게다가 굳세고 건장한 종복을 데리고 다녔다. 사람들은 모두 길을 양보하고 감히 곁눈으로 흘겨보지도 못하였다. 그러자 남명은 다시 탄식하며 이렇게 말하였다. "사군자가 겉모습을 갖추고 꾸미기를 응당 이와 같이 해야 하는구나." 그 이후로 지나치게 사치한다는 말을 듣게 되었다. 지금에 와서도 진주와 단성 사람들이 옷차림을 성대하게 하고 말을 화려하게 꾸미는 것은 대개 남명으로부터 전해온 풍속이라고 한다."

— 『한죽당섭필(寒竹堂涉筆)』 상, 〈조남명(曺南冥)〉

음식과 의복이 사람의 기본 생활을 구성하면서도 한 나라 혹은 지방의 고유하고 독특한 맛과 멋을 보여준다면, 세시 풍속은 근대 이전 사회의 중심축이었던 농경문화와 깊은 관련을 맺고 있다. 세시 풍속은 한 해의 정월 초하루부터 섣달 그믐날까지 특정 날짜와 관련한 모든 풍습을 일컫는 말로, 음식, 의복, 놀이, 민간 신앙 등이 한데 어우러진 잔치 한마당이자 민속의 향연이라 할 수 있다. 특히 농경 사회에서는 휴가와 놀이를 통해 노동의 활력을 재충전하는 중요하고 의미 있는 행사이기도 했고, 토속 신에 대한 제의를 통해 길흉화복을 기원하는 자리이기도 했다. 먼저 정월 초하루(설날)에 관한 이덕무의 소회부터 살펴보자. 그는 특이하게도 설날이 한 가지 쾌활한 일 외에는 무려 일곱 가지나 기쁘지 않은 일이 있다고 했다.

정월 초하루에는 겨울의 큰 추위가 여전히 위세를 부려 사람이 제대로 기운을 펼 수가 없다. 매년 이것이 한스럽다. 사람이 반드시 나이를 한 살 더하고 점점 늙어 주름살이 늘어가니 또한 슬프다. 서로 만나 좋은 말을 나누지만 속된 기운만 가득해 맑은 사람은 들으려고 하지 않는다. 쌀을 동냥하는 화상(和尚)은 그 목소리가 사나워 가증스럽기만 하다. 어른들은 더러 새 옷으로 단장하고 자못 자랑스럽게 여겨서 먼지 하나라도 옷에 묻으면 입으로 불고 손으로 털며 호들갑을 떤다. 이러한 무리는 케케묵은 사람일 뿐이어서 눈여겨볼 필요도 없다. 집집마다 양쪽 사립문에 재앙을 막는 부적으로 울지(尉遲)를 그려 붙였지만 조금도 귀신의 풍채를 갖추지 못했으니 한탄스럽다. 사대부가에서는 소를 잡아서 사람마다 붉은 소고기를 지니고 왔다 갔다 하는 모습이 마치 군대의 깃발과 같다. 이때 굶주린 솔개가 아래로 내려와서 고기를 가로채간다. 이것이 가장 좋지 않은 일이다. 무릇 정월 초하루는 외면에 국한시켜 본다면 비록 해가 새롭고 달이 새롭고 날이 새롭지만 풍습은 조금도 새로울 것이 없다. 단지 부모님이 건강하고 편안하며, 형제가 화평하고 기뻐하며 색동옷을 입고 서로 어울려 춤추며 밝은 등잔과 따뜻한 술잔을 나누는 연회 앞에서 오래 건강하기를 바라는 것만은 천하의 지극한 즐거움이라고 할 만하다.

— 『이목구심서』 1

이덕무가 기쁘지 않다고 말한 일곱 가지는 아마도 습속에 젖어 겉치레에 치우칠 뿐인 정월 초하루의 풍속을 풍자한 듯싶다. 그러나 깨끗한 옷과 밝은 등잔과 따뜻한 술을 두고 부모형제가 한 자리에 모여 함께 음식을 먹고 한 해의 건강과 안녕을 비는 풍속만은 천하의 지극한 즐거움이라고 말하면서 설날의 진정한 의미를 되새김한다. 또한 이덕무는 이날 한 해 동안 묵혀놓은 머리터럭을 불로 태워 마음을 정화하는 의식을 이렇게 소개하고 있다.

어린아이를 시켜 1년 동안 머리를 빗다가 모아놓은 경대(鏡臺) 속의 묵은 머리카락을 검시해보면 한 사람에게서 빠진 머리카락이 거의 한 말이나 된다. 서로 엉켜있는 머리카락은 사람으로 하여금 번뇌가 일어나게 한다. 마당 가운데 쌓아놓고 불을 질러 태우자 동쪽으로 내달리고 서쪽으로 달아나 불기운이 왕성하여 잠깐 동안에 허무하게 차가운 재가 되어버렸다. 번뇌에 휩싸여 괴로웠던 생각도 마치 옛적 깊은 못처럼 고요하게 가라앉았다.

— 『이목구심서』 1

정월 초하루가 지나고 맞이하는 첫 세시는 정월 대보름이다. 이날은 남녀노소를 불문하고 성 안의 큰 다리 위에서 노는 모습이 일대 장관을 이루었다. 이덕무는 이러한 풍속을 '답교(踏橋)' 곧 다리 밟기라고 불렀다. 답교는 다리 병(脚病)을 미리 막겠다는 예방책이기도 했는데, 당시 조선은 물론 중국의 연경에서도 쉽게 찾아볼 수 있는 풍속이었다.

정월 보름날 밤 우리나라 남녀들은 성 안의 큰 다리 위에서 노닐며 돌아다닌다. 이를 가리켜 답교라고 부른다. 이날 답교놀이를 하지 않으면 반드시 다리 병을 앓게 된다고 한다. 이 역시 연경의 풍속이다. 『제경경물략(帝京景物略)』(명나라 완평宛平 사람 우혁정이 담원춘 및 유통과 함께 저술한 책)에서는 "대보름날 밤에는 부녀자들이 서로 무리 지어 걸어 다닌다. 질병이 사라진다고 해서 주백병(走百病, 온갖 병을 달아나게 만드는 것)이라 부른다. 또한 주교(走橋)라고도 부른다."고 하였다.

— 『앙엽기』 1, 〈주교(走橋)〉

유득공은 『경도잡지』의 〈상원(上元)〉편에서 "달이 떠오른 후 도성 사람들은 모두 종가(鐘街, 지금의 종각)로 나와 종소리를 듣고 흩어져서 여러 '다리[橋]'를 밟고 다닌다. 그렇게 하면 '다리 병'이 낫는다고 말한다. 대광통교(大廣通橋)와 소광통교(小廣通橋) 그리고 수표교가 가장 인기가 있다. 이날은 관례에 따라 야간 통행금지를 해제하기 때문에 도성 안이 인파(人波)로 넘쳐나는데, 피리를 불고 북을 치며 돌아다니며 노느라 떠들썩하다"고 기록하고 있다. 지금의 서울 종각과 청계천 일대에 종소리를 듣고 다리 밟기를 하기 위해 수많은 사람들이 모여 왁자지껄 떠들고 노니는 모습을 쉽게 연상해볼 수 있다. 이곳 부근에 모여 살았던 이덕무와 그 벗들도 이 대보름날 행사에 참여해 즐거운 날을 보냈을 것이다. 실제 이덕무의 시 구절에서도 이날을 이렇게 노래했다.

집집마다 다리 근처로 나가　家家橋畔出
한산주(漢山州)가 온통 시끌벅적하네　閬咽漢山州
대지에는 봄기운이 막 감돌고　大地春初到
중천에는 달이 환하게 흐르네　中天月正流
마음에는 쓸쓸이 옛 시 떠오르고　藏心空舊詠
머리 들어 바라보니 시름뿐　矯首只間愁
함께 걸었던 옥하로(玉河路)에서　聯袂玉河路
누구와 더불어 노니는지 알 수 없네　不知誰共遊

— 『아정유고』 3, 〈정월 대보름날 밤에 사인 추루의 운에 답하다[上元夜次秋庫舍人韻]〉

음력 5월 5일은 단오(端吾)로 수릿날이라고도 한다. 이날은 수레바퀴 모양의 떡을 만들어 먹고, 부녀자들은 창포물에 머리를 감고 세수하는 풍속이 전해온다. 유득공은 『경도잡지』에서 "민가에서는 단오를 속명(俗名)으로 수릿날[戌衣日]이라고 부른다. '술의(戌衣)'는 우리나라 말로 하면 '수레[車]'를 가리킨다. 이날은 쑥으로 그 형상이 '수레바퀴[車輪]' 모양과 같은 떡을 만들어 먹는다. 이러한 까닭에 수릿날이라고 부르는 것이다. …… 어린 여자아이들은 붉은 색과 푸른색의 새 옷을 입고 창포탕(菖蒲湯)으로 얼굴을 씻는다"라고 적고 있다. 멀고 먼 함경남도 영흥(永興)의 철옹성(鐵甕城)을 유람하던 박제가가 부쳐온 장편의 시를 보던 어느 단옷날 이덕무는 감회에 젖어 그날의 풍취를 시로 옮겨 새겼다. 단옷날의 풍경이 잘 묘사되어 있는 시다.

오월 오일 단옷날 청음관(靑飮館)에서　五月五日靑飮館
시냇가 버들 바람 불어 가슴 활짝 펼치네　溝柳風來午襟散
어여쁜 새부리 앵두 머금은 듯 붉고　好鳥吻紅櫻桃含
계집아이 땋은 머리 창포에 감아 향기롭네　嬌兒髻香菖蒲綰
　　　— 『아정유고』 1, 〈단옷날 감회가 있던 중 초정(楚亭, 박제가)이 철옹성을 유람하면서
　　　　　　　장편의 시를 부쳐오다[端午日有懷楚亭生遊鐵甕城寄長篇]〉 중에서

중추절(仲秋節)은 음력 8월 15일로 추석 혹은 한가위다. 설날과 더불어 양대 명절인데, 이날은 무엇보다 조상신에 대한 감사제의 성격을 띠고 있다. 그래서인지 이덕무는 조상에게 성묘하는 이날의 풍경을 시로 읊어 생동감 있게 보여주고 있다.

늦게 태어나 할아버지 얼굴 보기 어려워　生晩難承祖考顏
추석날 눈물 글썽이며 두 번 절하네　中秋再拜泣潸潸

정성과 공경은 기껏 못난 손자의 슬픔만 달래줄 뿐　虔誠庶慰孱孫慟
서리 이슬 내린 빈산 차마 발길 못 돌리네　霜露空山不忍還
　　　　　　　— 『영처시고』 2, 〈추석날 판교 선영을 배알하면서(中秋日謁板橋阡)〉

　또한 한가윗날 보름달을 보며 소원을 비는 달맞이 풍속을 이렇게 노래
하기도 했다. 1년에 한 번밖에 볼 수 없는 달이라 더욱 특별해, 보고 또 보
고 다시 보며 써내려간 만월 잡감(雜感)이다.

단정하게 비추는 한가위 달　端正中秋月
아름답고 어여쁘게 푸른 하늘에 걸려 있구나　妍妍掛碧天
맑은 빛은 천 리 밖까지 똑같지만　淸光千里共
차가운 그림자는 온전하게 둥근 모양　寒影十分圓
즐거운 달구경도 오늘 밤 뿐　賞玩唯今夜
다시 보고 즐기려면 한 해가 걸리네　看遊復隔年
하늘과 땅은 은빛 일색　乾坤銀一色
행여 서산(西山)에 떨어질까 근심하네　常恐落西邊

한가위에는 구름길 깨끗해　中秋雲路淨
동그란 바퀴 같은 달 휘영청 밝네　皎皎一輪圓
흥겨운 마음 붓 끝에 옮길 뿐　逸興只輸筆
달 보고 탐내봤자 한 푼도 들지 않네　耽看不用錢
발 뚫고 든 달빛 산산이 부서지고　穿簾光瑣碎
집에 든 달그림자 곱고 또 어여쁘네　入戶影妍娟
보고 또 보고 다시 보며 감상하니　遮莫須臾玩

일 년이 지나야 오늘밤이기 때문이네   今宵隔一年

— 『영처시고』 1, 〈중추월 2수(中秋月二首)〉

중추절과 동짓날 사이에 자리하고 있는 세시는 중양절(重陽節)이다. 중양절은 중구절(重九節)이라고도 부르는데, 그 까닭은 9가 두 번 겹치는 음력 9월 9일이기 때문이다. 유득공은 『경도잡지』에서 이날은 "국화를 따다가 떡을 만들어 먹는다. 3월 삼짇날 만들어 먹는 진달래 떡과 같다. 이것 역시 화전(花煎)이라고 부른다"고 간단하게 소개하고 있다. 그런데 이덕무가 노래한 중양절의 시를 보면, 이날은 "떡 본 김에 제사 지낸다"는 우리 속담처럼 떡은 물론 술잔 또한 기울이곤 했던 모양이다. 이덕무가 중양절에 박제가와 함께 술잔을 나누면서 강가 주변의 정경을 읊은 시를 보면 이러한 사실을 미루어 짐작할 수 있다.

마당 흙은 말라 기와 같고   場土乾如瓦
가로 길쭉한 말구유에   橫長馬槽腹
휙휙 깃 소리 내며   拍拍生羽音
머리 위로 볏단이 날아다니네   頭邊飛禾束
강 따라 나부끼는 말 등에는   聯翩江馬背
두 섬의 연안 소금 실려 있네   二石延安鹽
강가 밭에 무 풍년 들어   渚田豊菔蓄
올해 겨울 김장 참 값싸겠네   今冬菹眞廉
비에 헐린 담은 누구의 집인가   誰家雨壞垣
어린 단풍나무 반드르르 어여쁘네   穉楓姸膩膩
온통 푸른 빛 속에서 눈이 번쩍 뜨인 것은   眼醒蔥蒨中

붉은 밀랍 종이와 비슷하기 때문이네 爲似紅蠟紙

국화는 옮겨 심어도 뿌리는 몰라 菊移根不覺

아침에 봉오리 낮 되면 꽃피네 朝蕾午敷英

중양절에 마시는 술잔 연이으니 點綴重陽飮

노란빛 배 속에 스며 향기가 나네 黃輝沁胃馨

—『아정유고』 1, 〈중양절 마포에서 재선과 함께(九日麻浦同在先)〉 중에서

중양절 다음에 오는 '동지(冬至)'는 오늘날까지도 전해오는, 팥죽을 쑤어먹는 풍속이 있다. 이 풍속을 유득공은『경도잡지』에서 "팥죽을 쑬 때는 찹쌀가루로 새알 모양을 만들어서 죽에 넣는데, 이때 꿀을 타서 먹는다. 이날 팥죽을 문짝에 뿌려 나쁜 기운을 물리친다"고 밝히고 있다. 팥죽이 특별히 사악한 기운이나 악한 귀신을 물리치는 벽사(辟邪)의 뜻을 지니고 있었음을 알 수 있다. 동짓날 밤에 친구를 기다리다가 지은 "팥 삶는 파란 연기 저문 숲에 서렸는데 / 빈 뜰에 서성대며 그대 오길 기다렸네"라는 시 구절이나 타향에서 동짓날을 맞이하자 동생들과 함께 팥죽 먹던 정겨운 모습을 떠올리는 시를 보고 있자면, '동짓날은 팥죽'이라는 풍속이 얼마나 우리의 삶 깊숙이 뿌리내려 있었는지 알 수 있다.

타향에서『주역』을 읽다가 동짓날인 줄 알고 至日它鄕讀易知

새벽에 독서할 등불 공명사(孔明祠)에 부탁하네 書燈晨乞孔明祠

옛날 강 옆 살던 집은 동짓날 밤에 昔年江舍陽生夜

팥죽 함께 먹으며 헤어지지 않았네 荳粥同嘗不別離

—『영처시고』 2, 〈동짓날 내제를 떠올리며(至日憶内弟)〉

동지가 지나면 마지막 세시로 제석(除夕), 곧 섣달 그믐날이 찾아온다. 『경도잡지』에서는 이날에 "온 집 안에 등불을 켜놓는다. 외양간은 물론 뒷간까지도 각각 하나의 등잔불을 켜놓는다. 그리고 밤새도록 잠을 자지 않는데, 이것을 '수세(守歲)'라고 한다. 민가의 속담에서는 제야(除夜)에 잠을 자면 두 눈썹이 센다고 하기 때문에, 어린아이들은 이날 잠이 들면 눈썹이 세지나 않을까 매우 두려워한다"고 했다. 이덕무는 〈세시잡영(歲時雜詠)〉에서 이날 한양의 밤 풍경을 이렇게 시로 옮겨놓았다.

한양의 8만 가구 부엌에는　漢陽八萬廚
칸칸마다 등불을 밝혔네　間間燈燈白
기쁜 징조를 이 밤에 증명하는데　喜花驗此宵
활활 타오르는 불똥은 누구의 집인가　繁爐知誰宅

— 『영처시고』 2, 〈세시잡영〉 중에서

아울러 묵은해를 보내고 새해를 맞이하면서 악귀를 쫓고 선한 귀신은 불러들이는 신맞이 풍속을 시로 남겨놓기도 했다.

강 언덕에 쌓인 눈 다 녹고 벼루도 얼지 않고　雪斂江干硯不氷
노래 속 산초나무 꽃은 따스한 향기 엉겼네　椒花欲頌暖香凝
상(床) 머리에 귀신 그려 문에 붙이고　床頭描鬼將添戶
사당과 마을 안에는 모두 신맞이 등을 걸었네　社裏賽神盡揭燈

— 『영처시고』 1, 〈제야에 전목재의 운에 답하다(除夜次錢牧齋韻)〉 중에서

해마다 만나는 섣달 그믐날　年年逢除日

오늘 밤 다시 섣달 그믐날　除日又今宵

세월은 어찌 이리 빠른지　日月何太駛

슬프구나! 진실로 즐겁지 않네　惆悵自無聊

귀신 모시는 사당의 북소리 둥둥　祠神鼓鼕鼕

제사 올리는 부엌의 등불 빛 아득하네　祭竈燈迢迢

— 『영처시고』 2, 〈섣달 그믐날 석여에게 주다〔除日次贈錫汝〕〉 중에서

섣달 그믐날부터 정월 초하루까지 널뛰기와 윷놀이를 하면서 즐겨 노는 아이들의 모습은 오늘날 우리에게도 아주 낯익은 풍경이다.

두 딸은 마치 오리처럼 가벼이　二女輕如鳧

널판 끝에서 오르락내리락　低仰白板頭

쟁그랑쟁그랑 패옥 소리 무성하고　裊裊繁鳴佩

번갈아 높이 누각에 오르네　箇箇高出樓

작은 아이들은 붉은 싸리나무 잘라서　小兒刲赤杻

윷을 흉내 내 만들어 던지네　擬作骰子投

모와 윷이 나오면 기뻐하고　四仰四俯歡

도나 걸이 나오면 슬퍼하네　一白三紅愁

— 『영처시고』 2, 〈세시잡영〉 중에서

박지원이 이덕무의 시를 가리켜 '조선의 시' 혹은 '조선의 국풍'이라고 말했던 것처럼, 세시에 따라 천변만화하는 조선의 풍경과 민속이 그의 시 곳곳에 잘 묘사되어 있다.

풍수지리와 민간신앙에서 민담과 설화까지

이제 민간 신앙에 대한 이덕무의 기록 유산을 살펴보자. 민간 신앙은 종교와는 다르게 은밀하게 혹은 공공연하게 민간에 전승되어 온 전통적인 신앙 체계를 말한다. 여기에는 토속 신, 무속, 미신 그리고 각종 금기 등이 광범위하게 포함되어 있다. 특히 민간 신앙은 재물, 출세, 질병, 수명, 궁합, 재앙, 벽사, 제액(除厄, 액막이) 등 길흉화복과 관련한 사람들의 욕망을 적나라하게 보여주고 있어서 풍속의 감추어진 속살을 볼 수 있게 해준다.

이광규가 기록한 〈선고부군의 유사〉에 보면, 이덕무가 "중이나 무당 따위를 엄하게 금해 집안에 출입하지 못하도록 하였다. 더욱이 점이나 풍수지리와 같은 말은 아예 믿지 않았다. 평생 단 한 차례도 술가(術家)와 더불어 관상이니 운명이니 하는 따위의 말을 나눈 적이 없었다"라고 적혀 있다. 그러나 자신의 신념과는 다르게 민간의 삶과 풍속을 그대로 기록해 후대 사람들이 제대로 알 수 있도록 하기 위해서였는지, 그는 개인적인 호불호를 떠나 민간신앙의 기원과 변천사에 대한 글을 적지 않게 남겨놓았다. 기록 유산으로서의 가치가 발하는 곳이 바로 이 지점이다. 예를 들면, 이덕무는 우리나라 무당이 쌀을 던져서 길흉을 가리는 일의 유래를 살피기 위해, 거란족이 세운 요나라의 역사서인 『요사(遼史)』까지 뒤져 증거를 찾아내고 기록으로 남겨놓았다.

우리나라의 무녀는 흰쌀을 소반 가운데 쌓아놓고 그 쌀을 조금 집어던진다. 그리고 입으로 주문을 외고 손가락 끝으로 그 쌀을 분별해 스스로 길흉을 알 수 있다고 말한다. 이러한 풍속 역시 유래가 있다. 『요사』에 보면 "정월 초하루에 임금이 창문 사이에서 미단(米團)을 던져 홀수를 얻게 되면 이롭지 않다고 여겼다"고 기록되어 있다. 이 미단이 분단(粉團)의 종류가 아닌지 모르겠다.

— 『앙엽기』 3, 〈무녀가 쌀을 던져 길흉을 가리는 일(巫女擲米)〉

또한 주사(硃砂)를 사용하여 '적(䶅)'이라는 글자를 써서 방 문설주에 붙이는 벽사의 풍속에 대해서는 『정자통(正字通)』을 참조해 그 기원을 밝히기도 했다. 여기에서 '적'은 '부적'을 뜻한다.

우리나라의 풍속에 주사로 '적'이라는 글자를 써서 방의 문설주에 붙인다. 하지만 그 뜻을 알 수 없었다. 장자열의 『정자통』에 이와 관련한 자세한 기록이 있다. 그곳에는 이렇게 적혀 있다. "구주(舊註, 살펴보건대 구주는 바로 『자휘字彙』를 가리킨다)에 적(䶅)의 소리는 적(積)이다. 서로 전하기를 사람이 죽으면 귀신이 된다. 그런데 사람은 귀신을 보면 무서워한다. 귀신은 죽으면 적이 되는데, 귀신은 적을 보면 두려워한다. 만약 이 적이라는 글자를 전서(篆書)로 쓴 다음 문설주 위에 붙이면 온갖 귀신들이 멀리 떠나게 된다. 하지만 그러한 설이 어디에서 나왔는지 알지 못하겠다." 상고해보건대, 적(䶅)은 소리가 천(賤)이다. 세상에서는 이것을 사악한 기운을 내쫓는 부적을 뜻하는 '벽사부(辟邪符)'라고 하면서, 적을 귀신의 이름으로 삼고 있다. 『유양잡조(酉陽雜俎)』에서는 "세상의 풍속에서는 문설주 위에 호랑이의 머리를 그려놓고 적이라는 글자를 써 붙인다. 그리고 음부귀신(陰符鬼神)의 이름을 일컬어 학질과 돌림병을 소멸시킬 수 있다"고 하였다.

— 『앙엽기』 3, 〈부적(䶅)〉

더불어 우리나라 무당이 신에게 빌 때 젓가락으로 고로(栲栳, 대나 버들로 만든 광주리)를 긁어 그 노랫가락의 박자를 맞추는 것은 여진의 풍속에서 유래한다고 밝혔다. 아울러 민가에서 구렁이나 족제비를 '업'이라 부르면서 귀하게 모시는 풍속을 『사보(蛇譜)』의 기록을 증거로 삼아 자세하게 적기도 했다. '업'을 한 집안의 길흉화복이나 흥망성쇠와 연결 짓는 풍속은 지금도 전통 한옥에 살고 있는 사람들에게 남아 전해오고 있다.

세상에서 전하기를 "부잣집의 곳간 속에는 반드시 구렁이 혹은 족제비가 있다. 그것을 업이라고 이른다. 사람들이 때마다 흰 쌀죽을 바치고 마치 신처럼 받든다"고 한다. 나는 이러한 설이 아주 괴이하다고 생각해왔다. 그런데 『사보』를 살펴보았더니, "빛깔이 약간 노랗고 사이사이에 푸른빛을 띠고 있다. 배는 하얗고 혀는 붉으며 이빨은 검다. 길이는 불과 4~5척이다. 사람이 사는 집의 곳간 밑에 굴을 뚫고 살면 반드시 곡식이 몇 갑절이나 더 들어온다. 그러한 까닭에 '부귀사(富貴蛇)'라고 부른다. 섣달 그믐날 밤에 반드시 술과 고기를 차려놓고 향불과 등잔을 설치해 제사를 드린다"라고 기록되어 있었다. 이에 비로소 세상 사람들이 말하는 이른바 '업'을 알게 되었다. 또한 마치 망아지와 비슷한 것이 있는데 '구업(駒業)'이라고 부른다고 들었다. 그것이 무엇인지는 알지 못하겠다. 그러나 업이 달아나기라도 하면 그 집 역시 망하게 된다고 한다.

—『이목구심서』 6

풍수지리는 음덕(蔭德, 조상의 덕)으로 길흉화복을 가늠할 수 있다는 속설과 믿음 때문에 예부터 민간의 삶과 죽음 그리고 행복과 불행에 아주 깊숙이 관계하고 있는 대표적인 풍속이라고 할 수 있다. 특히 조상의 묏자리를 잘 잡아서 큰 부자가 되거나 크게 출세하려는 사람들이 많아서 이로 인해 웃지 못할 사건들이 빈번하게 일어나곤 했다. 이와 관련한 이덕무의 기록은 일종의 풍속 고발이라고 할 수 있다.

> 옛날 어느 감여가(堪輿家, 묘 자리를 잡아주는 풍수가)가 어떤 어리석은 자제를 유혹했다. 손가락으로 어느 언덕을 가리키면서 "이곳은 돼지 주둥이의 형세다"라고 말했다. 다시 앞에 있는 작은 바위를 손가락으로 가리키면서 "이곳은 돼지의 똥이 쌓이는 형세다. 돼지 주둥이에 장사 지내면 말로 다할 수 없을 정도의 부자가 될 것이다"라고 말했다. 그 말을 듣고 그 어리석은 자제는 과연 그의 부모를 그곳에 장사 지냈다. 아아! 세상 사람들이 단지 부자가 되기만을 바라는 마음에 또한 술가들의 말에 현혹당한다. 그러나 오히려 조상을 욕보이는 부끄러운 짓이라는 사실을 돌아보지 않는다.
>
> ─『이목구심서』 2

풍수지리의 폐단을 누구보다 잘 알고 있던 이덕무는 나라와 시대마다 다른 장묘 풍속이 존재한다는 것을 강조하면서, 조상의 묫자리를 빌어서 부귀와 출세를 바라는 사람들의 어리석음을 강하게 질타했다.

> 이미 천문이 있으면 지리가 있는 것은 당연하다. 후세에 이르러 음양가들이 나타나 세상 사람들을 어지럽게 홀려서 지리의 바른 이치가 거의 없어져버렸다. 더욱이 조상의 분묘를 파헤쳐 요행히 자손의 부귀를 바라는 것에까지 이르렀다. 이러한 일이 어찌 올바른 도리이겠는가. 비유하자면 나무를 심어 열매를 맺게 되면, 그 종자가 다른 나무가 되어 끊임없이 생존하

는 것과 같다. 최초의 종자 나무가 끝없이 서로 전해 말라죽어 사라지는 것을 방지한다. 어찌 서로 감응하는 기운이 있다고 하겠는가. 효자와 자손이 조상의 육신과 넋을 안장할 때는 다만 바람이 없고 햇볕이 잘 드는 마른 땅을 취해 모셔야 할 따름이다. 여기에서 그치지 않고 화복의 설에 현혹되면 수없이 무덤을 파헤치고 옮기느라 조상의 육신과 넋을 다시 환한 햇빛 아래 드러내 보이게 된다. 오랑캐의 장례 풍속에 수장과 화장이 있다. 그런데 그 자손 중에도 역시 빈천한 사람과 부귀한 사람이 있다. 또한 비록 중화 사람이라고 할지라도 더러 시신을 물속에 장사 지내거나 불에 태우는 경우도 있다. 그러나 그 자손들 역시 장군이 되고 재상이 된다. 여기에서 어떻게 명당 운운하며 용맥(龍脈)이니 사성(砂星)이니 하는 따위를 따져볼 수 있겠는가. 풍수가들은 화산(靴山)과 모봉(帽峯)의 자리에 무덤을 쓰면 자손이 부귀영화를 누린다는 설이 있다고 말한다. 그러나 화산이니 모봉이니 하는 따위의 말과 설은 후세에 만들어낸 것에 불과하다. 어찌 천지자연의 원기가 최초로 나누어질 때 생긴 산과 관련이 있다고 하겠는가.

— 『이목구심서』 4

전통 사회에서 사람의 일생 가운데 가장 큰 비중을 차지하는 것은 사례(四禮), 즉 관혼상제(冠婚喪祭)였다. 이 때문에 이덕무는 그릇된 장묘 풍속을 간과하지 않고 풍수가들이 끼치는 사회적 해악을 경계한 것이다. 이와 비슷하게 이덕무는 혼인 풍속 중 오늘날 우리들에게 익숙한 광경인 신랑을 거꾸로 매달고 발바닥을 몽둥이로 때리는 이른바 '족장' 또한 매우 비루한 습속이라고 꾸짖었다.

『포박자(抱朴子)』에서는 "세상 풍속에 신부를 재미 삼아 놀리는 법이 있다. 여러 사람이 모여서 추잡한 말로 묻고 빨리 대답하라고 재촉하면서 혹은 회초리로 종아리를 때리거나 발을 묶어 거꾸로 매달기도 한다. 결국 피가 흐르고 팔다리가 꺾이는 흉한 꼴을 겪기에 이르고 만다"고 하였다. 양신(楊愼)이 지은 『단연록(丹鉛錄)』을 보면 "오늘날에도 이러한 풍속이 세상에 아직 남아 있다. 신부를 맞이하는 집에서 새 사위가 몸을 피해 숨기라도 하면 남자들이 무리지어 다투듯 장난치며 신부를 희롱한다. 이것을 가리켜 학친(謔親)이라고 부른다. 혹은 치마를 걷어올리고 피부를 바늘로 찌르고 버선을 벗긴 다음 발바닥을 때린다"고 적혀 있다. 이러한 풍속은 마치 우리나라에서 신랑을 괴롭히고 놀리는 것과 비슷하다. 신랑의 발을 거꾸로 매달아 발바닥을 몽둥이로 때린다. 이것을 '족장'이라고 부르는데 혹은 죽음에 이르는 사람도 있으니 비루한 풍습이라고 하겠다. 신부를 괴롭히고 희롱하는 것은 더욱 추잡한 짓이다.

—『이목구심서』 6

이덕무의 지식 탐구와 정보에 대한 열정의 근간에는 다름 아닌 '이용후생' 정신이 있었다. 이는 민간의 생활 도구나 기구 및 용품 등을 탐구하거나 기록할 때 그대로 나타났다. 이덕무는 1773년(영조 49) 윤3월 봄 박지원, 유득공과 함께 평양을 유람했다. 이때 그는 민간의 일상생활에 유용한 물건을 자세히 살펴보면 '자의(字義)' 아닌 것이 없다면서, 황해도 서흥(瑞興)의 농부들이 사용하는 농기구의 편리함과 효용성을 소개한다.

윤3월 28일, 서흥에서 점심을 먹고 영파루(映波樓)에 올랐다. 영파루는 용천관(龍泉館)의 문루이다. 영파루 앞에는 긴 하천이 흐르고 있었다. 물은 깨끗하고 맑았다. 이장(李樟)의 집에서 술을 마셨다. 논배미의 한쪽 가에 물을 풀 때 사용하는 기구가 있는데 '두레'라고 불렀다. 나무 3개를 세워서 끝을 동여맸다. 장두(長頭)를 아래에 매달았다. 장두에는 자루가 있었다. 이 자루를 잡고 위로 올렸다 아래로 내렸다 하면 물이 힘차게 논으로 들어갔다. 그 모양이 마치 나무를 길게 파서 만든 오줌통인 '호하두(戶下斗)'와 비슷했다. 일명 '용골(龍骨)'이다. 세상에서는 '용두(龍斗)'라고도 불렀다. 우물의 난간은 혹은 나무로 만들고 혹은 푸른 돌로 만들었다. 양쪽 머리를 빙 둘러 깎아서 서로 맞춘 모양이 '정(井)' 자의 형상과 유사했다. 대개 '정'의 글자 형상은 중앙이 오목하게 파인 모양을 취한 것이 아니라 우물의 난간 모양을 취한 것이다.

— 『간본 아정유고』, 〈계사년 봄 유람기(癸巳春遊記)〉

편리하고 쓸모 있는 생활도구에 대한 이덕무의 관심은 넓고 큰 책상과 두껍고 무거운 서책을 선호하는 당시 사대부가의 습속에 대한 개선책으로까지 이어졌다.

책장은 가볍고 얇아도 나쁘지 않다. 그런데 우리나라의 풍속은 크고 넓거나 두껍고 무거운 것을 좋은 재료로 여긴다. 그렇다면 옛날에 사용한 죽간이나 목찰을 쓸 것이지 왜 종이를 쓰는가? 손으로 직접 베껴 쓴 『강목(綱目)』은 말 한 마리에 싣기도 힘들 뿐만 아니라, 면지에 쓴 『시경』, 『서경』, 『예기』, 『악기』, 『역경』, 『춘추』, 『논어』 칠경(七經)은 좁은 방에는 다 들어가지도 않고, 책 한 권이 어린아이가 들 수 없을 정도로 크다. 아침에 표지를 장식한 책이 저녁에는 벌써 약주머니가 되어 있고, 어제 갖게 된 책이 오늘은 벽지가 되어 있다. 책이 당하는 재앙을 어찌 말로 다 할 수 있겠는가? 커다란 끈을 거문고 줄처럼 질기게 해 다섯 개의 구멍을 뚫어 묶는다. 또 책의 양 표지에는 풀을 발라 붙여서 가죽처럼 견고하게 만든다. 이것은 여러 세대를 거쳐 전해져도 손상되지 않도록 하기 위해서지만, 곧 먹이 묻고 기름에 더럽혀져 오래가지 못한다. 사람들은 항상 "당나라 책은 찢어지기 쉽다"고 말한다. 그러나 예전에 중국의 어린아이가 공경스러운 마음으로 책을 다루는 것을 보았는데, 『논어』 상하권과 『맹자』 상하권을 아침저녁으로 펴들고 읽어도 책은 항상 새 책 같았다. 어린아이가 이러한데 어른들은 말해 무엇하겠는가? 그러므로 책의 수명은 사람이 주의해서 다루는가 거칠게 다루는가에 달려 있는 것이지 책장의 얇고 두꺼운 것에 달린 것은 아니다. 인쇄할 종이의 크기를 대중소로 나누어 정한 다음 종이 생산지와 제지 공장의 장인에게 나누어준다. 그리고 종이를 아주 얇고 희게 한 후 인쇄하면, 제본한 책의 가장자리를 가지런하게 베고 남은 종이 부스러기가 지나치게 많이 나오는 폐단은 사라질 것이다. 제지(蹄紙)란 제본한 책의 세 부분을 잘라낸 것을 말한다. 세 부분을 잘라내고 남은 종이에 대한 이익은 제본하는 직공에게 돌아가는데, 하늘이 주신 소중한 물건을 낭비하는 짓이라고 할 수 있다. 또 제본이 크면 무게가 많이 나가게 되고 책값이 비싸진다. 책값이 비싸면 인쇄물의 보급이 제대로 되지 않고, 그런 까닭에 읽거나 소장하는 데 큰 어려움을 겪는다. 하물며 독서를 즐거워하지 않거나 부지런히 책을 읽지 않는 사람에게는 오죽하랴?

— 『앙엽기』 8, 〈책장이 가볍고 얇은 것(册葉輕薄)〉

또한 한해살이 풀인 '어저귀(㪍作爲)'를 자세히 소개하면서 주변에서 쉽게 구할 수 있고 민생에 아주 이로운 물건인데도 유용하게 쓸 줄 모르는 사람들의 어리석음을 질타하는 한편, 관청에서 보다 적극적으로 나서서 백성들에게 사용을 장려할 것을 주문하기도 했다. 이용후생을 위해서는 외국의 풍속과 제도를 적극적으로 참고하고 도입해 활용했던 북학 사상의 단면을 엿볼 수 있다.

'맹(薴)'은 '경(檾)' 혹은 '경(緀)'과 같다. 우리나라에서는 속명이 '어저귀' 이다. 『예서(禮書)』에서 이른바 "칡이 없는 고을에서는 어저귀를 사용한 다"고 한 것이 바로 그것이다. 우리나라 곳곳에서 자라지만, 백성의 생활 에 유용한 물건인 줄 알지 못한다. 중국에서는 일상생활에서 유용하게 쓰 는 크고 작은 노끈과 새끼는 모두 이 물건으로 만든다. 질기기로는 비록 다 자란 삼보다 조금 못하지만, 마치 말의 꼬리와 같이 하얗고 습기에 잘 견디며 깨끗하고 깔끔한 것이 다시없이 좋다. 중국 사람들은 집을 지을 때 어저귀 털을 유회(油灰)와 뒤섞은 다음 기둥에 두껍게 바른다. 그리고 그것이 마른 뒤에 숫돌로 매끄럽게 다듬고 베로 묶어서 주사(硃砂)를 바 른다. 이렇게 하면 비록 오랜 시간 장맛비와 햇볕에 노출되어도 떨어지거 나 썩지 않는다. 또한 어저귀의 털을 풀과 혼합하여 모직물의 일종인 모 전(毛氈)처럼 한 뒤 길이와 넓이를 반 장(丈)쯤 되도록 만들어서 벽에 걸 어놓는다. 그리고 신발이 떨어지면 즉시 칼로 베어서 신발 밑바닥에 대고 신는다. …… 어저귀의 열매는 검은 색에 점액이 많다. 그 종류가 많아서 구황(救荒)하는데 유용하다. 고을의 수령된 자는 백성들에게 적극 장려하 여 촌락의 울타리나 밭 사이에 심도록 해야 할 것이다. 그렇게 한다면 거 기에서 얻는 이로움이 적지 않을 것이다.

— 『앙엽기』 8, 〈맹(薴)〉

아울러 옛 문헌을 뒤져서 사대부가의 생활필수품이라고 할 수 있는 문방사우 중 하나인 벼루를 직접 만드는 방법까지 자세하게 연구해 기록으로 남기기까지 했다. 풍속과 지식의 실용성을 중시하는 이덕무의 철학을 다시 한번 엿볼 수 있는 사례라고 하겠다. 주변에서 어렵지 않게 구할 수 있는 진흙을 재료로 삼아 만들 수 있는 벼루, 곧 징니연(澄泥硯)이 바로 그 것이다.

> 여종옥(呂種玉)이 저술한 『언청(言鯖)』에 징니연을 만드는 방법이 실려 있다. 포대에 진흙을 가득 채워서 물속에 담가 흔들어 곱고 가는 흙만 남게 한다. 물을 빼 조금 말린 뒤 황단(黃丹, 산화연)에 넣어 날려보낸다. 호두 기름을 부어 마치 밀가루를 치대어 국수를 만드는 방법과 같이 한 다음 벼루 모양의 틀에 넣어 압축한다. 그것이 굳어서 단단해지면 약한 그늘에 말린 후 예리한 칼로 깎아 햇볕에 말린다. 그런 다음 볏짚으로 싸서 황소의 똥과 함께 불에 묻어둔다. 하루 밤낮이 지난 후 묵랍(墨臘)에 넣고 미초(米醋)를 채워서 다섯 번 내지 일곱 번 찐다. 그렇게 하면 진액(津液)을 머금게 되어 찌면 찔수록 더욱 먹과 같이 검어진다. 진흙으로 만든 벼루지만 돌로 만든 벼루보다 못하지 않다.
>
> — 『앙엽기』 8, 〈징니연〉

민생 혹은 농경에 꼭 필요한 도구나 기구에 대한 지적 관심은 이덕무의 특기라고 할 수 있는 고증과 변증의 방법이 더해져 더욱 빛을 발한다. 이러한 지적 탐구는 민속 혹은 풍속의 역사를 그 뿌리에서부터 재발견하는 흥미로운 작업이다. 전통 사회에서 가장 중요한 운송 수단이자 경작 도구였던 말과 소에 관한 기록이 대표적인 경우다. 말굽쇠 혹은 말편자에 관한 그의 글을 살펴보자.

말굽에 박는 못을 우리나라에서는 바로 말편자라고 일컫는다. 그런데 이 말이 어느 때부터 시작되었는지 알 수 없다. 세상에서 전하는 말에 따르면, 문숙공(文肅公) 윤관이 최초로 만들었다고 한다. 어떤 사람은 임경업 장군이 처음 제작했다고 말하기도 한다. 중국에서도 역시 그 기원과 연유를 알지 못한다.『마경(馬經)』에서는 "이목(李牧)이 처음 말굽에 못을 박고 또한 코를 뚫었다. 그리고 백기(白起)가 처음 말의 불알을 깠다"고 하였다. 이와 같은 말 역시 믿을 만한 것이 못 된다. 상고해보면,『오대사(伍代史)』의 부록 〈사이(四夷)〉에서는 "진(晉)나라 천복(天福) 3년에 우전국 왕 이성천이 마계영을 사신으로 파견해 공물을 보내왔다. 진나라가 공봉관 장광업 등을 보내 이성천을 왕으로 책봉하였다. 사신이 양주(涼州)로부터 서쪽으로 500리를 가다가 감주(甘州)에 이르러 마침내 사막을 건넜다. 사막에는 물이 없었다. 말에 물을 싣고 가는데 감주 사람이 진나라 사신에게 나무로 말굽을 만드는 방법을 가르쳐주었다. 나무에는 네 개의 구멍이 있으므로 말굽에도 역시 네 개의 구멍을 뚫은 다음 꿰맸다. 낙타의 굽은 털가죽으로 둘러싸여 있기 때문에 사막을 그냥 건널 수 있다"라고 하였다. 아마도 나무 굽쇠가 곧 말굽에 편자를 박을 때 쓰는 징 곧 '제정(蹄釘)'의 시초인 것으로 보인다.『흑달유사(黑韃遺事)』에는 "말굽이 닳아 얇아지면 말이 돌을 겁낸다. 이럴 때는 철엽(鐵葉)을 대거나 혹은 나무판자를 사용한다. 이것을 가리켜 굽쇠라고 부른다"라고 하였다. 여기에서 철엽이라는 말이 처음 발견된다. 명나라의 고린(顧璘)이라는 사람이 산국(山國)으로 가는 장사도(張司徒)를 전송하면서 다음과 같은 노래를 읊었다. "전남(滇南) 가는 외길 구름 위에 서려 있고 / 영창(永昌)은 우뚝 솟아 다시 서쪽을 바라보네 / 말굽에 쇠를 박아도 오히려 건너지 못하는데 / 절뚝대는 행인은 어찌 지나갈까" 또한 손분(孫賁)은 운남악(雲南樂)에서 이렇게 노래했다. "위태로운 줄다리 계곡에 걸쳐 있고 돌길은 가파르니 / 부락의 말굽에는 모두 쇠를 대었네" 『원우집(元虞集)』에 있는 조장군(曹將軍)의 마시(馬詩)에서는 다음과 같이 읊었다. "높은 가을바람 옥문관 서쪽에서 부는데 / 배철(踣鐵)하고 돌아오는 아침, 십만 마리 말이로다 / 어린아이는 당시 제일 좋은 말 한 필을 얻었으니 / 소릉(昭陵)의 비바람 부는 밤에 말울음 들려오네" 배철은 아마도 쇠로 말굽을 꿰매는 '함철(緘鐵)'이나 쇠를 말굽에 대는 '관철(灌鐵)'과 같은 말인 듯하다. 그런데 자전(字典)을 살펴보니, '배(踣)' 자는 '엎어져 넘어지다'는 뜻의 '강부(僵仆)' 이외에 다른 뜻은 찾아볼 수 없었다. '배철'은 혹시 당시 방언인 '착철(著鐵, 말굽에 쇠를 붙이다)'을 말하는 것인가? 대개 말굽쇠는 중국 서남 지역 오랑캐의 풍속에서 시작되었다가 중국 역시 사용하게 된 것이다. 이른바 '변자(邊子)'라는 것은 '철엽(鐵葉)'의 네 구멍으로 하나의 발굽에 좌우 각각 못이 하나씩으로 모두 8개이다. 방언에서는 '다갈(多竭)'이라고 부른다. 머리는 층이 져 있고 옆으로는 뾰족한데 굽 옆으로 삐져나오면 두드려 박는다. 우리나라에는 말의 네 다리를 묶은 다음 하늘을 향하게 하고 칼로 굽의 면을 깎은 다음 못을 박는다. 중국에서는 말을 세워두고 먼저 끌로 말의 굽 가장자리를 가지런하게 다듬은 다음 굽을 들어 무릎에 얹고 못을 꿰맨다. 성호 이익이 "말굽쇠는 마땅히 제잠(蹄鐕)이라 불러야 한다"고 하였다. 여기에서 잠(鐕)은 곧 정(釘, 못)이다. 『역어류해(譯語類解)』에는 마각시(馬脚匙)라고 했다. 이 말은 중국에서 일컫는 이름이다. 일본 사람은 말굽에 풀로 만든 짚신을 신긴다. 우리나라에서는 겨울이 되면 소의 굽에 짚신을 신긴다. 이렇게 하면 30리는 견디며 간다.

— 『앙엽기』 6, 〈말굽쇠[馬脚澁]〉

또한 앞서 소개했던 유득공의 『경도잡지』에서도 모두 19가지의 풍속을 소개하고 있다. 이들 중에는 한양의 놀이와 구경거리에 관한 풍속이 이렇게 기록되어 있다.

> 필운대(弼雲臺)의 살구꽃, 북둔(北屯)의 복사꽃, 홍인문(興仁門, 동대문) 밖의 버들, 천연정(天然亭)의 연꽃, 삼청동과 탕춘대(蕩春臺)의 수석(水石). 이곳으로 시가를 읊으며 술잔을 기울이는 풍류객들이 모두 모여들었다. 도성의 둘레는 40리다. 하루 동안 두루 유람하면서 성 안팎의 꽃과 버들을 감상하는 것을 제일가는 놀이와 구경으로 여겼다.
>
> ― 유득공, 「경도잡지」, 〈유상(遊賞)〉

이덕무는 유득공, 박제가 등과 이 장소들을 찾아 시 모임을 갖고 아름다운 풍속과 풍경을 자신의 시에 담았다. 먼저 봄날 필운대를 찾아 한양을 가득 덮은 꽃을 구경하는 풍류를 즐겨보자. 인왕산 쪽에서 바라보는 서촌, 북악, 궁궐 그리고 북촌의 풍경을 한눈에 담아볼 수 있다.

> 구름 개인 서쪽 성곽에 봄 옷 차려입고 거니니　晴雲西郭試春衣
> 눈에 아른대는 아지랑이 백 길이나 날아오르네　眼纈遊絲百丈飛
> 연일 해 저물도록 늦어지는 것 사양 말라　連日莫辭成晼晚
> 꽃 피어 이 놀이 얼마나 행복한가　是遊何幸及芳菲
> 물고기 비늘 같은 만 채의 가옥에 꽃향기 피어오르고　魚鱗萬屋蒸花氣
> 연꽃처럼 솟아 있는 세 봉우리 햇무리를 품었네　蓮朶三峯抱日暉
> 경복궁의 땅 밝아 백조가 날아오르니　景福地明翔白鳥
> 내 마음 너희와 더불어 노닐며 모든 걸 잊었네　吾心遙與爾忘機

322

　또한 이덕무는 늦여름과 초가을 사이 어느 날에는 유득공, 박제가, 서상수, 유금 등 백탑의 시 동인 일곱 사람과 삼청동에 모여 놀면서 그곳의 정취를 노래하기도 했다.

살랑살랑 까마귀 옻나무　瑟瑟鴉舅樹

연못 안에 돌 쌓아 심었구나　疊石池裏栽

차가운 가을빛 거꾸로 비추고　倒寫秋暉淨

연못 물빛 나무 위로 올라오네　池光上樹來

농염한 잎사귀 쥐 발자국 찍혀　濃葉鼠疋點

기울어진 돌 엉클어진 삼 가닥처럼 주름졌네　仄石亂麻皴

먼 하늘 아름다운 비단 되어　遙空爲熟絹

백묘법(白描法) 붓끝마다 진짜구나　白描筆筆眞

동쪽과 북쪽과 서쪽 세 모퉁이　卯子酉三隅

온통 샘과 돌과 나무　純是泉石樹

만약 눈앞의 산 깎는다면　若劐眼界山

응당 두모포(豆毛浦)가 보일 텐데　應見豆毛浦

물놀이하는 아이들 오리와 경쟁하니　泅兒賽鳧兒

조그만 물웅덩이 흙탕물만 가득하네　斛水斗泥爛

잠자리 희롱하며 머리 위로 날아　蜻蜓弄頭翅

왔다갔다 상투를 스쳐가네　時掠出沒丱

돌의 기운 이곳에 모여　石氣之所鍾
나무는 수척하나 샘은 향기롭네　樹癯而泉馨
가을날 선비의 붓 더욱 굳세져　秋士筆倍勁
그 음운 지극히 깊고 맑구나　其音盡泓渟

곳간 저 너머로 눈길 보내자　送目倉屋頭
가을 구름 무리지어 피어오르네　秋雲朵皆亞
비늘구름 사이로 푸른 하늘　蟆青鱗鱗裏
문득 떠오른 시심(詩心) 어여쁘네　詩心忽裊娜

옷과 신 풀 향기 풍기고　草香生衣履
나무 그림자 수염 스쳐가네　樹影度鬢鬚
머나먼 백악 갈 수 없어　白岳遙難即
멍하니 붉은 난간에 앉아 있네　紅欄坐著吾

여름 끝과 초가을이 만나는 때　夏尾秋頭接
며칠째 산뜻하고 맑은 날　新晴才數日
해질녘 회화나무에 매미 한 마리　一蟬涼槐多
시원스레 모인 일곱 사람　脩然作者七

아래 점포에는 참외 내기　下舍鬪青瓜
위 단(壇)에는 칠궁 활쏘기　上壇抃漆弓

중간 누각에는 아무 일 없지만   中閣無所事

일은 달라도 처지 도리어 같네   事殊境却同

—『아정유고』1, 〈칠석 이튿날 서여오·유연옥·운옥·혜보·윤경지·박재선과 함께 삼청동 읍청
정에서 놀다가 짓다(七夕翌日徐汝五柳連玉運玉惠甫尹景止朴在先同遊三淸洞挹淸亭)〉9수

『경도잡지』에서 소개하고 있는 한양의 풍속 가운데에는 '발합(鵓鴿)', 즉
비둘기에 관한 항목이 있는데, 이 글을 보면 당시 비둘기를 기르는 일이 사
람들 사이에 하나의 풍속으로 자리 잡을 만큼 성행했다는 사실을 알 수 있
다. 심지어 유득공은 비둘기에 관한 모든 정보를 수집해『발합경』이라는 책
까지 저술했다. 이때 비둘기 기르는 일 못지않게 성행했던 민간 풍속을 꼽
으라면, 맹금류를 길들여 사냥 때 이용하는 놀이를 들 수 있다. 이덕무는 이
풍속을 추적하면서 각 지방에 따라 각각 다르게 부르는 맹금, 즉 사나운 새
의 명칭들을 하나하나 자세하게 기록으로 남겼다. 보라매, 송골매, 해동청,
독수리, 가막수리, 육덕위, 난춘, 조골, 방달이, 결의, 도령태, 구진의, 발남
박, 작응, 마분략 등 매와 수리와 관련한 방언이 이렇게 많았나 싶어 크게
놀랄 만큼 그 고증과 채록이 치밀하고 정교하다. 이 기록은 훗날 유득공이
『고운당필기(古芸堂筆記)』에서 조선의 독특한 풍속으로 다시 소개할 정도
로 독보적인 것이었다. 만약 매사냥에 관한 전통 풍속을 발굴 복원하고자
한다면 반드시 참고로 삼아야 할 기록이다.

  맹금의 종류는 아주 많다. 지금 그 지방 풍속에서 부르는 이름을 기록한
다. 그 해에 알에서 깨어난 매를 길들이면 보라매라고 부른다. 보라라는
말은 방언으로 담홍색(淡紅色)이다. 그 매의 깃털 색깔이 엷기 때문에 그
렇게 일컫는다. 산에서 오랫동안 산 매를 산진(山陳)이라고 부른다. 집에

서 오랫동안 길들인 매는 수진(手陳)이라고 부른다. 또한 매 가운데 가장 걸출하고 깃털 빛깔이 하얀 매를 송골(松骨)이라 하고, 깃털 빛깔이 푸른 매를 해동청(海東靑)이라 부른다. 수리(鷲) 중에 몸집이 작고 매와 비슷한 놈을 독술이(獨戌伊, 독수리)라고 부른다. 수리 중에 몸집이 크고 노루와 사슴을 잡을 수 있는 놈을 가막술이(伽漠戌伊, 가막수리)라고 부른다. 가막은 방언으로 검다는 뜻이다. 외모는 수리와 비슷하지만 능히 호랑이를 잡을 수 있는 매를 육덕위(六德威)라고 부른다. 그 모습이 웅장하고 거대해 사람도 업고 날아갈 수 있다. 육덕위는 호랑이를 보면 즉시 호랑이의 머리에 앉아 그 눈동자를 쪼아댄다. 매와 비슷하지만 양 날개가 길고 날카로운 놈을 난춘(蘭春)이라고 부른다. 난춘은 자신의 날개로 끌어당겨 오리와 기러기를 죽이고 다른 매까지 죽일 수 있다. 매와 비슷하면서 눈동자가 검은 놈을 조골(鵰鶻)이라고 부르는데 매도 잡을 수 있다. 매와 흡사하면서 가슴이 붉은 빛이고 등은 흰 빛이며 눈동자가 검은 놈을 방달이(方達伊)라고 부르는데 매도 죽일 수 있다. 매와 비슷하지만 몸집이 작고 깃이 날카로우면서 다리가 긴 놈을 결의(決義)라고 부르는데 능히 수리를 잡을 수 있다. 즉 이른바 새매(鷂)라고 부르는 수리이다. 겉으로 보기에는 결의와 흡사하고 또한 비둘기와 비슷하면서 눈동자가 검은 놈을 도령태(盜鈴馱)라고 부르는데 수리를 사로잡을 수 있다. 도령태와 유사하고 참새를 잡을 수 있는 놈을 구진의(句陳義)라고 부르고 또한 발남박(孛南朴)이라고도 부른다. 장차 바람이 불려고 하면 곧바로 반쯤 공중으로 치솟아 천천히 비행하며 아래로 내려오지 않는다. 발남이라는 방언은 '바람'으로 곧 신풍(晨風, 새매)을 말한다. 결의와 비슷하고 부리가 옆으로 벌어져 마치 칼로 새긴 것과 같은 놈을 작응(雀鷹)이라고 부르는데 참새를 사로잡을 수 있다. 매와 흡사하고 꼬리 안쪽에 흰 깃털이 있는 놈을 마분략(馬糞

掠)이라고 부르는데 역시 참새를 잡을 수 있다.

—『한죽당섭필(寒竹堂涉筆)』상, 〈사나운 새의 종류(鷙鳥種類)〉

이덕무는 민간에 구전되어 오는 민담, 전설, 신화 등 설화의 채록 또한 게을리하지 않았다. 설화가 비록 꾸며졌거나 과장되었다고 하더라도 그 이야기 속에는 민간의 생활 세계와 풍습의 이면이 담겨 있기 때문이다. 『앙엽기』,『이목구심서』,『한죽당섭필』등에는 그가 보고 들은 전국 곳곳의 수많은 설화들이 기록되어 있다. 먼저 지리산 속 못에 사는 가사어(袈裟魚)라는 물고기에 얽힌 민담을 살펴보자. 가사어는 백두산 천지에 산다는 괴물처럼 사람이 접근하기 힘든, 영험하고 신비로운 곳에 사는 전설 속의 물고기였을까? 아니면 비록 구하기는 어렵지만 실재하는 물고기였을까? 기록을 보면 이덕무는 가사어의 존재를 믿었던 모양이다.

지리산 속에 못이 있다. 못 위에는 소나무가 빽빽이 늘어서 있다. 소나무의 그림자가 항상 못 속에 드리워져 있다. 그 못 속에 사는 물고기는 여러 빛깔의 아름다운 무늬가 있는데 마치 중이 입는 가사(袈裟)와 같아 보였다. 그래서 이름을 가사어라고 부른다. 대개 못 속 소나무 그림자가 변화해서 그렇게 된 것이라고 한다. 그러나 가사어는 구하기가 매우 어렵다. 그 물고기를 잡아서 삶아 먹으면 무병장수하게 된다고 한다.

—『이목구심서』 2

도깨비 방죽을 둘러싼 전라북도 임실현의 전설은 불가사의하거나 이해하기 힘든 일을 신비로운 존재나 힘에 의지해 해석하려는 전근대 사람들의 사고방식을 읽을 수 있다. 또한 사람과 도깨비와 귀신이 공존한다는 사실을 당연시했던 당시의 민간신앙 역시 알 수 있다.

임실현 오원(吳原) 고을에 도깨비 방죽이 있다. 세상 사람들이 말하기를 마부원군(馬府院君)이 가난하고 신분이 미천할 때 어느 날 들녘 개울로 고기를 낚으러 갔다가 괴이한 돌 하나를 주웠다고 한다. 그 돌은 오색이 영롱해 집으로 가져와 보물처럼 고이 숨겨두었다. 그런데 밤중에 도깨비 수만 명이 와서 엎드려 애걸하면서 이렇게 말했다. "귀왕(鬼王)이 증표인 부(符)를 잃어버렸는데, 족하(足下)께서 그것을 얻으셨습니다. 바라건대 속히 돌려주십시오." 이에 마부원군이 "어떤 물건이 부란 것입니까?"라고 물었다. 도깨비는 "족하께서 아까 개울에서 주운 괴이한 돌이 바로 그것입니다"라고 대답했다. 그러나 마부원군은 시간이 길어질수록 오히려 괴이한 돌을 돌려주는 것을 허락하지 않았다. 초조해진 도깨비는 이렇게 말했다. "족하께서 만약 하시고자 하는 일이 있다면 오로지 명령하는 대로 화급히 서둘러 원하시는 것을 이룰 수 있도록 하겠습니다." 이에 마부원군은 "당신들이 만약 하룻밤 사이에 돌로 우리 오원 고을을 지나가는 큰 개울에 방죽을 쌓는다면 부를 돌려주겠습니다"라고 하였다. 그러자 도깨비들은 그렇게 하겠다고 한 다음 물러갔다. 다음 날 아침 큰 개울에 가보니 수많은 돌을 첩첩히 쌓아 놓았는데 마치 먹줄로 긋고 자른 듯이 정확하고 치밀했다. 그날 밤 도깨비 무리가 모두 모여들었다. 마부원군이 마침내 석부를 돌려주었다. 또한 노란 콩 한 말을 볶은 다음 도깨비들의 노고를 위로하면서 각각 하나씩 나누어주며 먹게 하였다. 그런데 마지막에 콩 한 개가 부족하여 한 도깨비만이 홀로 콩을 먹지 못하고 말았다. 그 도깨비는 섭섭한 마음에 원망을 하면서 떠나버렸다. 이로 인하여 그 도깨비가 방죽 중간의 돌 수 척가량을 뽑아버리며 훼방을 놓았다. 마부원군이 결국 돌을 모아서 그 구멍을 메웠다. 해마다 장마가 졌으나 지금까지 400년이 다 되도록 방죽은 무너지지 않고 오히려 새로 쌓은 듯 튼튼하다. 오직 후세 사람들이 메운 곳만은 메우면 무너지고 또 메우면 무너지곤 하였다. 대개 이 방죽은 임실과 남원에 큰 이로움을 주고 있다. 농사짓는 데 필요한 물을 댈 수 있는 농토만 수천 경(頃)이나 된다. 이 이야기 속의 주인공은 다름 아닌 개국공신 마천목(馬天牧)인 것으로 보인다.

— 『한죽당섭필』 상, 〈도깨비 방죽〔魍魎防築〕〉

또한 평양에 소재하는 기린굴(麒麟窟)과 고구려의 시조 동명성왕(東明聖王)에 얽힌 이야기는 마치 신화와 역사의 경계선에 서 있는 듯해 설화 읽는 재미를 한층 더 증폭시켜준다.

평양의 영명사(永明寺) 안에는 굴이 하나 있다. 시험 삼아 그 굴 안에 들어가보면 좌우가 모두 석축(石築)으로 되어 있다. 그 길이가 거의 일 장(丈)이고 넓이는 예닐곱 자가량 되었다. 굴 위에 역시 돌로 덮고, 그 돌 위는 언덕으로 되어 있다. 굴은 아주 길어서 서쪽을 향해 60보 내지 70보를 가면 어둡고 컴컴해져 앞을 분간할 수 없다. 사람을 시켜 횃불을 켜고 굴 안으로 더 깊이 들어가면 공기가 희박한 탓에 횃불이 꺼져버려 할 수 없이 돌아서곤 했다. 세상에서는 고구려의 시조인 동명왕이 기린을 타고 하늘로 올라간 곳으로 전해오고 있다. 이로 인하여 기린굴이라고 부른다. 내가 직접 이곳에 가서 보니 마치 얼음을 저장하는 빙고와 같은 모습이었다. 『후한서(後漢書)』를 살펴보면 "그 나라의 동쪽에 거대한 굴이 있는데 수신(襚神)이라고 부른다. 10월에 하늘에 영고제(迎鼓祭)를 지낸다"라고 적혀 있다. 『당서(唐書)』에서는 "나라의 왼편에 거대한 굴이 있는데 신수

(神檖)라고 부른다. 10월에 왕이 친히 제사지낸다"라고 하였다. 이들 기록에 있는 거대한 굴은 마땅히 이 기린굴이다. 그러나 이 굴이 어느 왕 때 비롯되었고 어떤 신을 모셨는지는 알 수가 없다. 더욱이 이 굴은 혹시 동명왕의 무덤이 아닌가 의심스럽기도 하다. 만약 굴의 막다른 곳까지 깊이 탐색할 수 있다면 증험할 수 있을 것이다."

—『이목구심서』 6

민속의 세계는 이렇듯 다양하다. 이를 오늘날 우리가 알 수 있게 된 것은 이덕무 같은 이들이 당시 대다수 지식인들이 무시하거나 소홀히 다룬 민속의 가치를 깨닫고 재발견했기에 가능했던 일이다. 이덕무가 기록으로 남긴 민속의 풍경은 오늘날까지 전해오는 것도 있고 사라져버린 것도 있지만, 어떤 경우에도 그의 기록을 읽다보면 마치 진흙 속에 묻혀 있는 진주를 발견하듯 우리 삶 속에 깃들어 있는 민속의 참모습을 알 수 있게 된다.

사대부가의 생활문화

『사소절(士小節)』은 이덕무가 저술한 수많은 책 중에서도 가장 심혈을 기울인 책이다. 글자 뜻 그대로 '사대부가의 작은 예절'에 대해 적어놓은 책인데, 대개 "~하지 마라"는 경계의 말과 "~해야 한다"는 교훈의 글로 구성되어 있다. 이덕무는 이 책에 사대부가의 규범과 관습을 담고자 했는데, 이는 흥미롭게도 18세기 당시 사대부가의 일상생활의 문화와 풍속을 고스란히 노출시켜 우리에게 알려주고 있다. 이덕무는 비록 반쪽짜리 양반밖에 안 되는 서얼 출신이었지만, 자신이 조선의 제2대 임금 정종(定宗)의 열다섯째 아들 무림군(茂林君)의 후손이라는 긍지를 지니고 살았다. 앞서 소개한 「서해여언」에도, 장연에서 하룻밤 신세를 진 정씨(鄭氏) 성의 주인이 자신을 '포은 정몽주의 후예'라고 소개하자 이덕무는 스스로를 '후릉(厚陵, 정종의 능호)의 후예'라고 할 만큼 자부심이 높았다는 기록이 있다. 여하튼 이덕무는 신분의 귀천을 떠나 수많은 사람들과 교류했지만 그 자신의 삶과 주변 환경은, 크게 보아 사대부가의 세계와 생활에서 크게 벗어나지 않았다. 더욱이 그는 한양에서 태어나 성장했고 벼슬에 나아가 지방의 관직을 맡거나 여행을 다닌 시기를 제외하고는 평생토록 한양을 떠난 적이 없는 전형적인 한양 사람이었다. 『사소절』을 보면, 이덕무가 얼마나 사대부가의 삶을 체득하고 있었으며, 또한 당시 사대부가 특히 한양 사대부가의 생활문화와 풍속을 속속들이 꿰뚫고 있었는가를 어렵지 않게 알 수 있다.

『사소절』을 어떤 사람들은 '선비의 작은 예절'이라고 해석하는데, 이것은 잘못이다. 왜냐하면 이덕무는 이 책에서 남자는 물론이고 부녀자와 어린아이에 이르기까지 사대부가 사람들의 예절들을 조목조목 언급하고 있기 때문이다. 특히 이 책의 부제(副題)를 살펴보면 이 책이 '사대부가의 작은 예절'임을 더욱 확실하게 알 수 있다. 이 책은 크게 세 부분으로 구성되어 있는데, '사전(士典)'과 '부의(婦儀)'와 '동규(童規)'가 바로 그것이다. 사전은 '선비의 전범(典範)'이고, 부의는 '부녀자의 예의'이며, 동규는 '어린아이의 규범'이다. 그럼 이제 이덕무가 남겨놓은 18세기 사대부가의 풍속과 생활문화 속으로 들어가 보자.

『사소절』의 첫 머리를 장식하고 있는 사대부가의 습속은 언어에 관한 것이다. 여기에서 이덕무는 개인적 습관부터 사회적 풍속까지 당시의 언어 습속을 자세하게 밝혀놓았다. 먼저 이덕무는 저속한 말이나 별명을 지어 부르며 다른 사람을 희롱하는 사회 풍속부터 제대로 바로잡아야 한다고 주장한다.

저속한 말을 삼가 입 밖에 내지 말라. 예를 들면 요즘 세상의 천박하고 경솔한 자들이 학자들을 일컬어 '궤(跪, 꿇어앉다)'라고 한다. 이것은 학자들이 무릎을 꿇고 앉아 있는 자세를 조롱하는 말이다. 또한 무인(武人)들을 일컬어 '약(躍, 뛰다)'이라고 한다. 이것은 발로 뛰며 활을 쏘는 행동을 조롱하는 말이다.

— 「사소절」, 「사전(土典)」 1, 〈언어(言語)〉

별명을 지어 다른 사람을 지목하는 것은 매우 경박한 풍속이다. 이를테면 당나라 때 사람인 정헐후(鄭歇後)에 빗대어 농담과 해학을 즐기는 사람을 '정헐후'라고 놀린다거나, 명나라 때 사람인 진야파(陳也罷)에 빗대어 성품이 너그러워 이래도 좋고 저래도 좋다고 하는 사람을 '진야파'라고 비웃는 따위가 그렇다.

— 「사소절」, 「사전」 4, 〈교접(交接)〉

또한 천한 물건이나 악한 사람에 빗대어 사람들에게 화를 내거나 책망하는 습속 역시 마땅히 사라져야 한다고 지적했다.

다른 사람에게 "이놈, 저놈"이라고 하거나 "이 물건, 저 물건"이라고 부르지 말라. 아무리 비루하고 천박한 자라고 할지라도 화가 난다고 해서 "도적놈"이라고 하거나 "개돼지"라고 하거나 "원수 놈"이라는 말을 입에 담지 말라. 더욱이 함부로 "죽일 놈"이라거나 "왜 죽지 않고 살아 있느냐!"라고 나무라지 말라.

— 『사소절』, 「사전」 1, 〈언어〉

화가 난다고 다른 사람을 책망할 때 눈이나 입이나 머리나 얼굴이나 걸음 걸이나 말소리를 지적해 꾸짖어서는 안 된다. 또한 도적이나 귀신이나 도깨비나 오랑캐나 독사나 여우나 늑대나 개나 돼지 등 천한 짐승이나 악한 사람에 비유해서는 안 된다. 『예기』에 이런 말이 있다. "다른 사람을 비유할 때는 반드시 동류(同類)로 해야 한다."

— 『사소절』, 「사전」 5, 〈어하(御下)〉

일이 자신의 뜻대로 되지 않는다고 해서 화를 벌컥 내며 "나는 죽어야 한다"느니, "저 사람을 죽여야 한다"느니, "하늘이 폭삭 무너져버려야 한다"느니, "나라가 깡그리 망해야 한다"느니, "떠돌아다니며 빌어먹는다"느니 하는 따위의 말을 함부로 내뱉어서는 안 된다는 경계의 말에서는 이덕무가 살던 18세기 당시나 오늘날의 언어 습속이 크게 다르지 않다는 사실에 웃음이 나오기도 한다. 부녀자들 역시 마찬가지다.

무릇 말을 할 때 "죽는다"거나 "죽이겠다"라고 하는 여인은 착하고 상서로운 부인이 아니다. 우는 것을 좋아하고 웃는 것이 교묘한 여인은 정숙한 부인이 아니다.

— 『사소절』, 「부의(婦儀)」 1, 〈언어〉

아울러 그는 사람들을 만나거나 혹은 모였을 때 삼가야 하는 16가지 종류의 말들을 열거했다. 하나하나 살펴보면 다음과 같다.

① 조해(嘲諧, 조롱과 농담) ② 박혁(博奕, 장기와 바둑) ③ 여색(女色, 여자의 용모나 몸매) ④ 주식(酒食, 술과 음식) ⑤ 과환승침(科宦昇沈, 벼슬아치의 출세와 몰락) ⑥ 가벌고하(家閥高下, 가문의 높고 낮음) ⑦ 말과 나귀와 가택(家宅)과 패도(佩刀)와 부채 장식품 등의 값어치 ⑧ 창기(娼妓)나 악공(樂工)의 이름과 얼굴과 재주 ⑨ 음설(淫媟, 음란하고 추잡한 말) ⑩ 패란(悖亂, 도리에 어긋난 패악한 생각과 행동) ⑪ 탄망(誕妄, 허망하고 망령된 말) ⑫ 기산(譏訕, 남을 헐뜯는 말) ⑬ 기사(機詐, 거짓으로 일을 꾸며 속이는 일) ⑭ 가혹(苛酷, 잔인하고 혹독한 말) ⑮ 과장(誇張, 지나치게 떠벌리는 말) ⑯ 원한(怨恨, 원망과 신세 한탄).

— 『사소절』, 「사전」 1, 〈언어〉

사대부가의 언어 습속을 이토록 자세히 밝힌 까닭은 '입은 재앙을 부르는 문이고, 혀는 목을 베는 칼'이라는 속담처럼, 사람에게 찾아오는 재앙은 수천수만 가지 중에서도 말로 인해 오는 재앙이 가장 가혹하다고 여겼기 때문이다.

언어 습속을 통해 말실수와 재앙을 경계한 이덕무는 다음으로 사대부가의 행동거지를 언급한다. 여기에서 특히 흥미로운 대목은 사대부가 길을 걸을 때 취해야 할 몸가짐과 발걸음과 옷매무새에 대한 기록이다.

큰길을 갈 때는 반드시 가장자리로 걸어라. 길 한가운데로 걷다가 수레나 말을 이리저리 피하지 말라. 빠르게 걷거나, 너무 천천히 걷거나, 팔을 흔들거나, 옷소매를 드리우거나, 등을 굽히거나, 가슴을 내밀거나, 머리를 이리저리 돌리고 어떤 곳을 가리키거나, 오른쪽과 왼쪽으로 흘끗흘끗 보거나, 느릿느릿 신을 끌고 뒤축을 흔들거나, 어지럽게 발을 오르락내리락하거나, 머리를 위나 아래로 흔들지 말라. 해가 언제 뜨고 언제 지는지 잘 살펴서 자신의 걸음걸이를 혹은 빠르게 혹은 천천히 하라.

　　　　　　　　　　　　　　　　　— 『사소절』, 「사전」 2, 〈동지(動止)〉

또한 『사소절』에 등장하는 음식과 관련된 예절을 살펴보면, 당시 사대 부가에서 즐겨 먹고 자주 찾던 음식뿐만 아니라 음식을 둘러싼 금기(禁忌) 또한 들여다볼 수 있다. 여기서 무엇보다 먼저 눈길을 끄는 대목은 여러 가지 종류의 젓갈을 먹는 방법이다.

　새우젓이나 굴젓 혹은 조기젓과 전어젓 또는 육장(肉醬)은 모두 발효한
　음식으로 그 냄새가 맛을 이루고 있다. 그래서 비록 자신은 즐긴다고 해
　도 다른 사람과 함께 밥을 먹을 때는 만약 그가 싫어한다면 먹지 말아야
　한다. 더불어 물에 말은 밥과 함께 마구 먹어서도 안 된다.

　　　　　　　　　　　　　　　　　— 『사소절』, 「사전」 1, 〈복식(服食)〉

이 글을 보면 18세기 당시에도 젓갈 문화가 매우 발달해 있었고 사대부 가에서 이 음식을 아주 즐겨 먹었다는 사실을 알 수 있다. 그밖에도 『사소 절』에는 회(膾), 건육(乾肉), 건어(乾魚), 어포(魚脯), 떡, 고깃국, 국수, 게 장, 쇠갈비, 소의 간과 천엽 그리고 콩팥 회(膾), 상추와 취나물과 김 등의 쌈, 참외와 수박, 무와 배와 밤, 콩죽과 팥죽, 김치, 간장, 박나물과 콩나물, 만두와 증편과 전병, 생선이나 고기 굽는 석쇠 등 당시 사대부가의 음식 문화의 다채로움을 알려주는 자료들이 쏟아져 나온다.

다른 사람과 함께 회를 먹을 때는 개장(芥醬, 겨자장)을 많이 먹어서는 안

된다. 재채기를 하거나 눈물을 흘릴 수 있기 때문이다. 또한 무청(蕪菁, 순무)을 많이 먹지 말라. 다른 사람을 향해 트림을 할 수 있기 때문이다. …… 말린 고기와 말린 생선은 자꾸 냄새를 맡아서는 안 된다. …… 소의 간이나 천엽 혹은 콩팥 등을 날것 그대로 마구 먹어서 밥에 대한 식욕을 떨어뜨려서는 안 된다. …… 기름기가 있는 고깃국은 숟가락으로 떠서 먹어야 한다. 김치나 젓갈 혹은 밥을 말은 물에 숟가락을 휘저어서 고기 기름이 엉겨 뜨게 해서는 안 된다. …… 국으로 끓인 물고기를 숟가락이나 젓가락으로 뒤적뒤적해 뭉개지 마라. 국수를 먹을 때는 입에 어지럽게 남아 있는 면 가닥을 물에 떨어뜨리지 마라. …… 상추나 취나물 혹은 해태(海苔, 김) 등으로 밥을 싸 먹을 때는 손바닥에 바로 놓고 싸지 마라. …… 쌈을 쌀 때 순서는 반드시 먼저 숟가락으로 밥을 둥그렇게 뭉친 다음 그릇 위에 가로놓는다. 그리고 젓가락으로 쌈 두 세 잎을 집어서 둥그렇게 뭉쳐놓은 밥 위에 가지런하게 덮은 다음 비로소 숟가락을 들어 입에 넣고 바로 장(醬)을 찍어서 먹는다. 또한 한입에 넣을 수 없을 만큼 크게 쌈을 싸 먹느라 볼이 튀어나와 보기 싫게 해서는 안 된다. 물고기나 고기를 먹을 때는 먹다 남은 뼈를 빨거나 씹지 마라. 꿩의 다리를 씹어 꺾어 먹어서도 안 된다. 자칫 뼈가 목을 찌를 수 있기 때문이다. 쇠갈비를 이로 씹어서 자르지 마라. 뭉개져 물이 튈 수 있기 때문이다. 또한 게 껍질에 밥을 비벼서 먹지 마라. 조잡한 짓이다. …… 밥과 국이 아무리 뜨거워도 입으로 후후 불지 마라. 콩죽이나 팥죽은 숟가락으로 저어서 묽어지게 하지 마라. 만약 김치가 한 입에 먹을 수 없을 만큼 크다고 해도 입으로 씹어 잘라 먹고 남은 김치 쪼가리를 다시 그 자리에 놓아서는 안 된다. 밥상에 따로 두었다가 끝까지 남기지 말고 먹어라.

— 『사소절』, 「사전」 1, 〈복식〉

또한 각각 다른 음식 재료를 다루고 음식 맛을 낼 때 주의해야 할 사항을 하나씩 짚고 있는데, 당시 사대부가의 부엌 풍경을 들여다보듯 흥미롭다.

무릇 생선이나 고기를 구울 때는 젓가락을 사용하고 맨손으로 뒤집지 마라. 비록 손에 생선이나 고기가 묻더라도 입으로 빨아 먹어서는 안 된다. 달고, 짜고, 쓰고, 시고, 매운 다섯 가지 맛을 조미(調味)할 때는 반드시 숟가락으로 떠서 한 번만 맛을 보아야 한다. 자꾸 숟가락으로 휘젓거나 입으로 후룩후룩 소리 내며 먹어서는 안 된다. …… 닭을 잡을 때 간혹 털을 다 뽑지 않거나, 생선을 손질할 때 비늘을 다 긁어내지 않거나, 밥에 그을음을 묻히거나, 술에 먼지가 떨어지게 해서는 안 된다. …… 만두는 지나치게 크게 만들어서는 안 된다. 인절미는 무르게 만들어서는 안 된다. 증병(蒸餠)은 너무 시게 만들어서는 안 된다. 전병(煎餠)은 너무 짜게 만들어서는 안 된다. 술을 따뜻하게 데울 때는 너무 뜨겁게 끓여서는 안 된다. 술의 성질을 파괴하기 때문이다. 술을 거를 때는 물을 지나치게 많이 타서는 안 된다.

— 「사소절」, 「부의」 1, 〈복식〉

아울러 음식을 만들 때 부엌 도구들을 어떻게 간수하고 관리해야 하는가에 대해서까지 언급하고 있는데, 이 부분에 이르면 이덕무가 사대부가 부녀자의 문화와 풍속에도 얼마나 정통했는지 새삼 깨닫게 된다.

고기를 구울 때 사용하는 석쇠는 반드시 깊숙한 곳에 보관해야 한다. 먼지나 티끌이 기름에 묻어서는 안 되기 때문이다. 만약 그냥 내팽겨둔 채 간수하지 않게 되면 개나 고양이가 반드시 핥을 것이다. 불결하기가 이루

말할 수 없을 텐데 장차 어떻게 어른을 봉양하고 조상에게 제사지낼 때 사용할 수 있겠는가? …… 그러므로 도마와 밥상을 깨끗하게 관리해야 한다. 솥과 가마 역시 말끔하게 닦아야 한다. 눈은 밝게 하고 손은 민첩하게 놀려야 한다. 삼가 공경하고 부지런하게 음식 대접하는 일에 정성을 다해야 한다.

— 『사소절』, 「부의」 1, 〈복식〉

사대부가의 음식 문화를 살펴볼 때 더욱 흥미를 끄는 부분은 앞서 이덕무가 특별히 금기해야 할 음식이라고 언급한 하돈(복어)이 재등장하고 있다는 점이다. 이덕무는 할아버지의 유훈이라고까지 강조하며 자손들에게 하돈 먹는 것을 경계하도록 했다. 당시 조선에서 하돈이 얼마나 유행했는가를 다시 확인할 수 있다.

하돈(복어)은 먹어서는 안 된다는 것을 자손들에게 유훈으로 남겨 경계해야 한다. 세상의 습속에 오염되기 쉽기 때문이다. 설사 하돈을 먹고 죽지 않는 사람이 있다고 해도, 그것은 요행히 죽음을 모면한 것일 뿐이다.

— 『사소절』, 「사전」 1, 〈복식〉

돌아가신 할아버지 부사공(府使公)의 유훈에 "백운대(白雲臺, 북한산 봉우리)에 오르지 말고, 하돈탕을 먹지 말라"는 말씀이 있다. 나의 집안 어른들은 그 유훈을 삼가 지켰다. 내 형제들 역시 이 유훈을 지키고 있다. 이 두 가지 유훈으로 미루어보건대, 위험한 곳에 발을 디뎌서는 안 되고, 먹는 것으로 목숨을 바꾸어서는 안 된다.

— 『사소절』, 「사전」 2, 〈근신(謹愼)〉

또한 그는 음식에 관한 잘못된 사대부가의 풍속에 대한 날카로운 비판 역시 빼놓지 않았다. 음식을 과시욕과 허세의 수단으로 삼는 '장반(長盤)'과 '가공(加供)'의 두 가지 풍속을 절대 엄금해야 한다고 지적한다.

세상 풍속에 딸을 시집보낼 때 반드시 음식을 아주 풍성하고 사치스럽게 차려서 사위의 집에 보내 잔치를 베풀게 한다. 이러한 풍습을 '장반'이라고 부르는데, 집안 친척들과 빈객들에게 풍성하고 사치스러운 음식을 과시한다. 사위의 집에 제사가 있는 날에는 반드시 큰 그릇에 떡을 높이 쌓고 큰 항아리에 술을 가득 채워 보내어 제사상 아래에 차려놓는다. 이러한 풍습을 '가공'이라고 부르는데, 이러한 음식들을 갖추어 보내지 못하는 것을 부끄럽게 여긴다. 이 두 가지 일은 모두 천박하고 경솔한 풍습일 따름이다. 사위의 집안에서는 마땅히 이러한 일들을 엄격하게 금지해야 할 것이다. 그런데 어찌 차마 술과 음식을 차려오라고 독촉하고 책망할 수 있겠는가?

— 『사소절』, 「부의」1, 〈복식〉

이러한 연장선상에서 이덕무는 과거 시험을 볼 때 게나 낙지를 먹지 않는 풍속 또한 속된 사람들이나 하는 짓이라고 비판했다.

속된 선비들은 과거 시험을 볼 때 게를 먹지 않는다. 게를 뜻하는 '해(蟹)'자가 떨어진다는 뜻의 '해(解)'자와 소리가 같아서, 해산(解散) 곧 과거 시험에 떨어져서 뿔뿔이 흩어지는 것을 꺼리기 때문이다. 또한 장거(長舉, 낙지)도 먹지 않는다. 장거의 속명은 '낙제(落蹄)'다. 그 소리가 과거에 떨어진다는 뜻의 '낙제(落第)'와 비슷하다고 해서 싫어하는 것이다.

— 『사소절』, 「사전」1, 〈복식〉

사대부가의 풍모와 품격을 따질 때 가장 중요하게 여겼던 가치 중의 하나는 '봉제사(奉祭祀) 접빈객(接賓客)'이었다. 사대부가의 정신세계를 지배했던 유학은 예(禮)의 학문이라고 할 만큼 예절을 중요하게 여겼다. 따라서 제사를 받들고 손님을 접대하는 일은 사대부가의 생활문화에서 큰 중심축을 이루고 있었다. 특히 제사 음식을 준비하고 제사상을 차리는 일은 부녀자들의 역할이 컸기 때문인지, 이덕무는 「부의」편에 〈제사(祭祀)〉라는 항목을 따로 적어 "제사 의식을 밝게 익혀, 제사상에 음식을 차릴 때 그 차례를 잃지 않아야 하고, 그 의식을 책에 적어서 여자를 가르쳐야 한다"고 밝혔다.

제사 음식은 당연히 정성을 다해 마련해야 하지만 분수에 맞게 차려야 한다. 그러나 이덕무가 살던 당시의 풍습은 제사 음식을 풍성하고 사치스럽게 갖추고 친척들은 물론 이웃 사람들에게까지 음식을 나누어주는 것을 큰 미덕으로 여겼던 모양이다. 이 때문에 빚을 내서 제사 음식을 장만하느라 가산이 파탄에 이르는 사대부가 사람들이 적지 않았다. 이덕무는 이러한 제사 풍습이야말로 조상을 잘 모시는 것이 아니라 오히려 조상을 부끄럽게 만드는 불효라고 질타했다.

요즘 세상 부인들은 제사 음식을 풍성하게 차리지 못하면 큰 수치로 여긴다. 무릇 제사 음식을 분별할 때는 반드시 먼저 집안 친척들과 이웃 사람들과 넉넉하게 나누어 먹을 것을 계산한다. 그래서 집안 형편이 부족하면 반드시 돈을 빌려서 음식을 장만한다. 결국 빚쟁이가 돈을 갚으라고 독촉하면서, "돈을 빌려 조상에게 제사를 지내고 불경하게도 즉시 갚지 않으니, 어찌 그렇게 불효를 저지르는가?"라고 욕설을 퍼붓는다. 아아! 이러한 일은 진실로 불효라고 하겠다. 무릇 제사를 사치스럽게 지내느라 집안이 파산하는 자가 있는데, 그것이 어찌 조상의 뜻이겠는가?

— 『사소절』, 「부의」 2, 〈제사〉

그럼 제사는 어떻게 지내야 하는가? 이덕무는 "깨끗한 재계(齋戒)를 힘쓰고 슬픈 정성을 다하는 것"만이 사대부가의 참된 제사 문화라고 하면서, 이렇게만 한다면 '한 그릇의 쌀밥과 한 그릇의 나물국'이라도 조상을 만족시킬 수 있다고 했다.

대개 제사란 몸과 마음을 정결하게 하는 데 힘쓰고 정성을 다해 애도하는 것이다. 진실로 이렇게 한다면, 한 그릇의 쌀밥과 한 사발의 나물국만으로도 족히 조상을 모실 수 있다. 그러나 이렇게 하지 않는다면, 비록 진수성찬과 온갖 종류의 술을 차려놓는다고 해도 단지 다른 사람의 눈에 띄도록 자랑하기 위한 것일 뿐 정성스러운 마음은 없다고 할 것이다. 이러한 까닭에 군자의 제사는 집안 형편에 맞게 있으면 있는 대로 없으면 없는 대로 정성을 다해 차릴 뿐 그 가난함과 부유함을 따지지 않는다.

— 『사소절』, 「부의」 2, 〈제사〉

또한 미신에 현혹되어 제사를 지내지 않거나, 제사를 지내는 대신 잡귀에게 기양(祈禳)하는 이른바 신사(神祀)나 송경(誦經)의 풍습을 지적하면서, 사대부가라면 부끄러워하고 마땅히 바로잡아야 할 일이라고 나무라기도 한다.

세속의 부인들은 재앙을 두려워하거나 꺼리는 마음 탓에 쉽게 미신에 현혹된다. 그래서 이웃집에 전염성 열병이나 홍역이라도 발생하면 불결하다면서 제사를 지내지 않는다. 심지어 집안사람 중 누군가 사소한 병만 앓아도 즉시 돌림병이라거나 홍역이라고 호들갑을 떨어 일부러 제사를 지내지 않는다. 가장 역시 부인의 말을 믿고서는 그 행동을 금지하지 않는다. 더욱이 제사는 잘 지내지 않으면서 잡귀에게는 재앙을 물리치고 복을 달라고 기원한다. 이것을 '신사'라고 부른다. 장구와 피리와 징을 요란하게 울려대고 무녀는 펄쩍펄쩍 뛰어다니며 온갖 독설로 호통치고 꾸짖는다. 그러면 부인들은 무릎을 꿇고 기어 다니면서 손을 비벼대며 목숨을 구걸하고 많은 돈과 비단을 바치며 어리석게도 귀신의 은혜를 입었다고 말한다. 가장은 이러한 부인들의 행동을 금지하지 못한 채 바깥채에 물러나 조용하게 있으면서 부끄러워할 줄 모른다. 슬픈 일일 따름이다. 간혹 또한 점을 치고 독경을 하는 남자 맹인(판수)을 맞아 주문을 외곤 한다. 이것을 '송경'이라고 부른다. 북을 두드리고 어지럽게 큰 소리를 지르며 사람들의 성명과 잡귀의 온갖 이름들을 요란하게 마구 불러댄다. 무릇 이러한 일 등은 반드시 요망한 여종이나 간사한 노파가 부인들을 유혹하거나 인도하여 이처럼 난잡하게 된 경우가 많다. 집안의 법도를 바로 잡고자 한다면 먼저 이와 같은 무리들을 다스려야 한다.

― 「사소절」, 「부의」 2, 〈제사〉

이렇듯 음식의 풍성함보다는 마음의 정성이 더 중요하다는 봉제사의 정신은 접빈객에서도 다르지 않다.

대저 다른 사람을 만나서 대화할 때는 먼저 그 사람의 안부를 묻고, 그 다음에는 그 부모의 안부를 묻고, 그다음에는 최근 하는 일이 어떠한지 묻고, 그다음에는 생활 상태가 어떠한지 묻는다. 또한 그 사람에 따라 다음

차례로 물을 만한 일이 있으면 묻는다. 세상에서 간혹 어떤 사람은 자신보다 나이가 적거나 신분과 지위가 낮은 사람을 만나면 일체 안부 인사를 하지 않고 한 가지 일도 묻지 않는다. 이러한 사람은 교만하거나 몰인정한 자일 것이다.

— 『사소절』, 「사전」 4, 〈교접(交接)〉

이제 구체적인 상황에 따라 손님이 자신을 찾아왔을 때 어떻게 대해야 하는가에 대한 이덕무의 예절 지침을 알아보자. 여기에서는 유명한 사람이나 부귀한 손님이 자신을 찾아온 일을 영광으로 여겨 자랑하지도 않을 뿐더러 구걸하러 온 걸인조차도 내 집을 찾아온 손님으로 대접하는 접빈객의 진정한 가치를 깨달을 수 있다.

우연찮게 다른 사람의 집에 가 있을 때 집안사람이 와서 손님이 찾아왔다고 전하면 비록 하던 일이 있더라도 손을 놓고 즉시 일어나서 집으로 돌아와 손님을 만나야 한다. 집안의 자제와 노비들에게 만약 손님이 찾아오면 반드시 곧바로 통보하도록 해야 한다. 주인이 집에 없다고 속이지 못하도록 항상 가르쳐야 한다. 만약 집안으로 들어갔는데 손님이 왔다는 말을 듣게 되면 비록 일이 있다고 해도 관두고 즉시 나와 맞아야 한다. 만약 식사 중에 아직 밥을 반도 먹지 않았는데 손님이 찾아오면 남은 밥을 그대로 두고 나와야 한다. 시간을 지체해서 손님이 이러지도 저러지도 못하는 일이 없게 해야 한다. 장차 내가 무슨 일을 하려고 할 때 손님이 오랜 시간 앉아 있다고 하더라도 얼굴에 싫어하는 기색을 보여서는 안 된다. 자신이 무슨 일을 하려고 한다고 솔직하게 말하면 손님은 당연히 사양하고 물러갈 것이다. 명망 높은 선비나 귀한 손님이 우연히 길을 가다가 자신의 집을 찾거나 혹은 서찰을 보내 안부를 물어온다고 해도 그러한 일을 다른 사람에게 자랑 삼아 말하거나 영광으로 여겨서는 안 된다. …… 걸인이 찾아와 구걸할 때는 먼저 천하다고 멸시하는 마음을 억제하고 가련하게 여겨 도움을 줄 수 있는 한 도와주어야 한다. 만약 도와줄 물건이 아무것도 없다면 마땅히 부드러운 말로 사과하고 보내야 한다.

— 『사소절』, 「사전」 4, 〈교접〉

신분 사회였던 조선에서 복식은 사대부가의 외양을 갖추기 위한 필수 불가결한 조건이었다. 도포, 버선, 적삼, 대님, 허리띠, 복건, 망건, 갓에 이르기까지 선비는 어느 것 하나 허투루 해서는 안 되고, 아무리 날씨가 덥고 춥더라도 옷매무새를 함부로 고쳐서는 안 되었다. 외양이 제대로 갖춰지지 않았다는 것은 사회적으로는 아랫사람에게 권위와 체통을 잃는 것이요, 개인적으로는 내면이 바로 서지 않았다고 여겨졌기 때문이다.

날씨가 아무리 춥다고 해도 짧은 저고리를 상의에 겹입어서는 안 된다. 날씨가 아무리 덥다고 해도 옷깃을 풀어헤쳐서는 안 된다. 짧은 적삼만 입고 있어도 안 되고, 바지 끝자락을 걷어올려 정강이를 드러내서도 안 된다. 버선을 꿰맬 때는 틀어지게 해서는 안 된다. 바지 끝을 동여매는 대님은 느슨해서는 안 된다. 적삼에는 헝겊을 달되 길게 해서는 안 된다. 삿갓에는 끈을 매되 넓게 해서는 안 된다. 무릇 허리띠를 맬 때는 가슴 위로 올려 매서는 안 된다. 또한 배꼽 아래까지 내려 매서도 안 된다. 지나치게 졸라매거나 느슨하게 매도 안 된다. 긴 허리띠를 반드시 적당한 길이로 접어서 두 가닥을 드리워 끝마무리를 맺는다.

— 『사소절』, 「사전」 1, 〈복식〉

특히 선비의 복식 중 흥미를 끄는 것은 망건과 갓인데, 앞에서도 살펴보았듯이 이덕무는 조선의 독특한 문화라고 할 수 있는 망건과 갓에 깊은 관심을 갖고 있었다. 그래서인지 갓에 대해서는 아주 세세한 부분까지 그 착용 방법을 언급한다. 이것은 아마도 선비의 복식 중 갓과 관련한 시비가 유독 많았기 때문이 아닐까? 먼저 갓의 끈은 넓게 해서는 안 된다. 둘째, 망건은 머리털을 싸매기만 하면 되므로, 바짝 졸라매어 이마에 눌린 흔적이 남게 해서는 안 되고, 느슨하게 매서 귀밑털이 흐트러지게 보여서도 안된다. 또한 눈썹을 덮어 눌러서도 안 되고 눈꼬리가 위로 치켜들도록 해서도 안 된다. 셋째, 선비의 머리 위에는 아무리 바쁘고 피곤하다고 하더라도 잠시라도 갓을 벗어두어서는 안 된다. 다만 감옥에 갇힌 죄수나 상(喪)을 당해 머리털을 풀어헤친 사람은 갓을 쓰지 않아도 된다. 넷째, 갓을 앞으로 푹 눌러쓰고 갓 밑으로 남의 기색을 흘기거나 살펴서는 안 된다. 다섯째, 갓을 뒤로 젖혀 쓰지도 말고, 갓끈을 움켜잡아 매거나 흐트러지게 매서도 안 되고 귀 밑으로 내려오게 매서도 안 된다. 여섯째, 죽영(竹纓, 대로 만든 갓끈)을 드리우는 것은 시골에서는 마땅하지만 도시에서는 삼가야 한다. 복건에 갓을 겹쳐 쓰는 것은 편리하지만 문밖을 나서는 것은 곤란하다. 집에 있을 때 역시 그렇게 하지 않는 것이 좋다.

그렇다면 사대부가 부녀자의 복식은 어땠을까? 당시에는 신분 차별 못지않게 남녀 구별이 분명했던 만큼 부녀자의 복식은 더 까다롭고 엄격한 격식을 갖추어야 했다. 그러나 복식은 사대부가의 품격을 갖추는 데 만족할 뿐 애써 아름답게 용모를 꾸미려고 하거나 화려하게 장식하려고 해서는 안 된다는 것이 이덕무의 소신이었다.

요즘 세속 부녀자의 의복은 저고리가 지나치게 짧고 좁을 뿐만 아니라 치

마는 너무 길고 넓다. 그 옷차림새가 요망하다고 하겠다. 옷깃을 좁게 자른 적삼이나 폭을 팽팽하게 붙인 치마 또한 요망스러운 옷차림새이다. 일찍이 어른들이 하는 말을 들어보니, 예전에는 부녀자의 옷을 풍성하게 만들었기 때문에 시집올 때 입던 옷을 죽은 후 시신을 소렴(小殮)할 때 또한 사용할 수 있었다고 한다. 살아 있는 사람과 죽은 사람, 늙은 사람과 젊은 사람의 체격은 크고 작은 차이가 있어서 똑같지 않다. 그러한 까닭에 예전에는 옷이 짧거나 좁지 않았다는 사실을 미루어 알 수 있다. 그런데 요즘의 의복은 그렇지가 않다. 시험 삼아 새로 만든 옷을 입어보았다. 그랬더니 소매는 팔을 집어넣기가 몹시 어렵고, 한 번이라도 팔을 구부리게 되면 솔기(옷의 부분과 부분을 맞대고 꿰맨 선)가 터져버렸다. 간신히 옷을 입었다고 하더라도 심한 경우에는 팔에 피가 제대로 통하지 않아 팔이 퉁퉁 부어오르는 바람에 옷을 벗기조차 어렵게 되었다. 이에 소매를 쩨고 겨우 옷을 벗을 수 있었다. 어찌 요망한 옷이라고 하지 않겠는가?

— 『사소절』, 「부의」 1, 〈복식〉

이 기록을 보면 사대부가 남자들이 세속의 유행과 멋에 따라 아름답거나 매혹적으로 보이려고 복장을 몸에 꼭 맞추거나 착착 감기도록 입도록 처첩에게 권하는 것이 당시 유행이었던 모양이다. 이덕무는 이것은 창기(娼妓)들의 자태일 뿐인데, 세속 남자들이 매혹되어 그 요사스러움을 깨닫지 못한다고 개탄했다.

또한 이덕무는 사대부가 부녀자들 사이에서 마치 경쟁하듯이 유행했던 변체(辮髢), 즉 머리를 높게 장식하고 화려하게 꾸미는 가발 또한 몽고의 풍속일 뿐인데도, 그 사치를 숭상하여 많은 돈을 낭비하는 것도 모자라 목숨까지 잃는 부귀한 사대부가의 어리석음을 고발하기도 한다.

가발인 변체는 옛날 몽고(몽골)의 유풍이다. 요즘 부녀자들은 비록 어쩔 수 없이 세상 풍속을 따른다고 하더라도 사치를 부려서는 안 된다. 부귀한 집안에서는 변체에 들이는 비용이 무려 7만 내지 8만 냥에 이른다고 한다. 변체를 둥그렇게 포개어 감고 비스듬하게 빙빙 돌려서 마치 말이 떨어지는 모양을 만든 다음 거기에다가 웅황판(雄黃版, 웅황으로 만든 얇은 조각)과 법랑잠(法琅簪, 법랑으로 만든 비녀)과 진주수(珍珠繻, 진주로 만든 머리 장식품)로 호화롭게 장식한다. 그 무게가 견디기 힘들 만큼 무거워 거의 지탱할 수 없을 지경이다. 그럼에도 불구하고 가장이란 작자들은 변체를 금지하지 못하고 있어서 부녀자들은 더욱 사치를 부리느라 행여 더 크게 하지 못할까 봐 걱정한다. 근래에 어느 부잣집의 며느리가 이제 겨우 나이 열셋인데 변체를 어찌나 높고 무겁게 올렸던지 시아버지가 방에 들어오자 급하게 일어나다가 변체의 무게에 눌려서 목뼈가 부러져 목숨을 잃었다고 한다. 사치가 사람을 죽였다고 하겠다.

— 『사소절』, 「부의」 1, 〈복식〉

같은 맥락에서 이덕무는 사대부가 남자들이 공들여 가꾸는 요망한 옷차림과 용모 역시 크게 꾸짖었다. 이덕무가 꾸짖은 요망한 옷차림은 '착착지의(窄窄之衣)'와 '첨첨지말(尖尖之襪)'와 '은초백고(銀鞘帛袴)'이고, 요망한 용모란 '쇄빈(刷鬢)'과 '섭미(鑷眉)'다. 우리말로 옮기자면 몸에 꽉 끼는 옷과 뾰족한 버선으로 제비처럼 날렵하게 입고 은장식의 칼집과 비단 바지로 장식하는 옷차림새를 말하고, 구레나룻을 잘 깎고 다듬는 것과 눈썹을 족집게로 뽑아 곱게 다듬는 것으로 용모를 가꾸는 일을 가리킨다. 이덕무는 이러한 사람들을 일러 '인요(人妖)' 곧 요사스러운 인간이라면서 사대부가 남자들이 절대 본받아서는 안 될 행동이라고 비난하고 있지만, 재미

있게도 우리는 이덕무의 글을 통해 18세기 중반 조선의 선비들이 어떻게 멋을 부리고 장식을 꾸며 용모를 가꾸었는지를 알 수 있다.

또한 이덕무는 입신출세할 목적으로 관상을 바꾸는 선비들의 습속을 비속하고 누추한 짓에 불과하다며 신랄하게 질타했다. 여기에서도 우리는 당시 사람들이 어떤 관상을 선호했고 또 어떤 방식으로 얼굴을 '성형'하려고 했는지 생생하게 엿볼 수 있다. 당시 사대부가 사람들은 이마가 약간 벗겨진 대머리 상을 입신출세할 관상으로 보았다.

세상에서는 이마의 머리카락이 일찍 벗겨지는 대머리를 입신출세하는 상으로 여긴다. 그래서 머리카락이 빨리 벗겨지지 않는 것을 걱정하여 망건을 맬 때 반드시 바짝 졸라매어 빨리 벗겨지기를 소망한다. 심지어 족집게를 사용해 머리카락을 일부러 뽑기까지 한다. 더욱이 늙어서 이마가 벗겨져 머리카락이 없으면 삿갓을 제대로 쓰지 못할까 미리 염려하여 정수리의 머리카락을 깎아둔다. 반드시 늙고 쇠약해졌을 때 사용하려고 대비하는 것이다.

— 「사소절」, 「사전」 2, 〈동지〉

이밖에도 『사소절』에는 사대부가의 생활문화와 풍속을 엿볼 수 있는 수많은 사례들이 등장한다. 다만 여기서 모두 소개하기는 어려울 듯하고, 담배, 무속, 호칭, 혼사, 놀이 문화 등 흥미를 끌 만한 몇 가지 사례들을 살펴보기로 한다. 먼저 담배를 살펴보면, 이덕무가 살던 시대는 담배가 조선에 들어온 지 이미 150여 년 가까이 지나 크게 유행하고 있었지만, 오늘날 우리가 알고 있는 것과 같은 담배 문화는 아직 정착되지 않았다. 이 때문인지 『사소절』을 보면, 기호품에 불과한 담배에 관한 경계의 말이 사대부가의 선비는 물론 부녀자와 어린아이 심지어 노복에 이르기까지 유달리 많은 분량을 차지하고 있다.

근세에 들어와 사대부들은 집안사람을 제대로 단속하거나 바로잡지 못한다. 그래서 손님이 집에 찾아와도 노복이 그냥 걸터앉은 채로 담뱃대를 머금고 있으면서 곧바로 주인에게 알리지 않고 거만하게 말을 내뱉곤 한다.

— 『사소절』, 「사전」 5, 〈어하〉

민가의 부모들은 어린 자녀에게 담배 피우는 법을 가르친다고 한다. …… 담배를 즐기는 사람들은 걸핏하면 "담배를 피우면 반드시 기생충과 가래를 없앨 수 있다"고 말한다. 내가 일찍부터 살펴보았지만 담배를 즐겨 피우는 사람들 역시 기생충과 가래 때문에 고생하였다. 나는 일생토록 담배를 가까이 하지 않았다. 그러나 지금까지 기생충과 가래 때문에 고생한 적이 없다. …… 빈객을 접대할 때 어린 자녀를 시켜 담뱃불을 붙여서 가져다주게 해서는 안 된다. 이러한 일이 자꾸 반복되어 익숙해지면 담배를 즐겨 피우게 될까 두렵기 때문이다.

— 『사소절』, 「사전」 5, 〈사물(事物)〉

담배를 피워 연기를 내뿜는 짓은 부녀자의 덕을 크게 해칠 뿐만 아니라 정결한 습관이 아니다. 담배 냄새가 오래도록 몸 안팎에 배게 되면 입에서 흐르는 침조차 제대로 수습하지 못하기 때문이다. 더욱이 담배 가루가 음식에 일단 떨어지기라도 하면 이미 조리해놓은 음식을 모두 버려야 한다. 어떻게 부녀자가 가까이할 물건이라고 하겠는가?

— 『사소절』, 「부의」 2, 〈사물〉

어린아이가 담배를 피우는 것은 아름다운 품행이 아니다. 담배는 골수를 태우고 혈기를 마르게 한다. 독한 진액은 책을 더럽히며 남은 불씨는 의복을 태운다. 더욱이 입에 담뱃대를 물고 서로 시시덕거리며 다투다가 입술이 터지고 이를 부러뜨리기도 한다. 심지어 머리를 부딪치고 목구멍을 찌르기까지 한다. 어찌 두려워하지 않겠는가?

— 『사소절』, 「동규(童規)」 3, 〈사물〉

사대부가에서 숭상한 학문은 당연히 유학이다. 따라서 그들이 신앙하는 대상 역시 유학의 가르침에서 크게 벗어나지 않았을 것 같지만 전혀 그렇지 않았다. 그들은 무당과 점술가, 음양가 혹은 풍수가 등의 말에 현혹되어 길흉화복을 따지고, 집안사람이 병에 걸리면 의원을 찾기보다는 무당의 말을 믿고 따르거나 갖가지 미신의 힘을 맹신하는 모습도 보인다. 앞서 말했듯이 이덕무는 이러한 행태를 두고 사대부가의 수치라고 맹비난했다.

담명(談命, 사주풀이), 석자(析字, 글자풀이), 관상, 감여(堪輿, 풍수지리) 따위를 일삼는 부류는 본래 마음이 한쪽으로 기울어져 있기 때문에 상서롭지 못한 자들이다. 세상 사람들을 우롱해 홀리고 요사스러운 말을 장황하게 늘어놓아 속이니, 사군자는 이런 부류를 멀리 물리쳐야 한다. 어찌 그 술수에 빠져들어 그 말을 따르고 믿겠는가? …… 여럿이 모여 꿈을 말하면서 길하다거나 흉하다거나 하며 화복(禍福)을 따지는 짓은 진실로 사람의 운명을 알지 못하는 자이다. 구기(拘忌)와 화복과 사설(邪說)에 마음이 흔들려 자주 이름이나 자(字)를 고쳐서는 안 된다.

— 『사소절』, 「사전」 5, 〈사물〉

집안사람이 병이 나면 무당과 판수가 "이미 사망한 아무개 조상 때문에 그렇다"라는 말에 홀려 마음을 빼앗긴 나머지 반드시 그들에게 푸닥거리를 하게 한다. 그 집안사람들을 업신여기고 욕보이며 불경한 짓을 아무 거리낌 없이 행한다. 더욱이 조상의 무덤을 파헤치는 자까지 있다. 이러한 일은 저주하고 무고(巫蠱)하는 요망하고 사악한 징조일 뿐이다.

— 「사소절」, 「부의」 2, 〈사물〉

혼사와 관련한 사대부가 문화 중 '신랑의 다리를 매달아 함부로 때리고 무례한 말을 마구 하며 술과 음식을 강제로 내놓으라고 요구하는 일'은 앞서 살펴본 민간의 풍속과 크게 다르지 않았음을 알 수 있다. 또한 사대부가의 부녀자가 혼인 연회에 참석할 때 다른 사람의 화장이나 의복과 장식품의 값을 두고 이러쿵저러쿵하지 말라는 이덕무의 훈계를 듣고 있자면, 예나 지금이나 사람들의 관심사는 별반 다르지 않았다는 사실에 웃음이 나온다.

무릇 혼인 잔치에 갔을 때는 부끄러워해서는 안 되고, 교만을 떨어서는 안 되고, 게으름을 피워서는 안 되고, 제멋대로 행동해서는 안 되고, 아첨해서는 안 되고, 부러워해서도 안 된다. 또한 이를 드러내고 웃어서도 안 되고, 손을 이리저리 흔들며 말해서도 안 된다. 떡이나 고기를 함부로 먹어서도 안 된다. 머리를 푹 숙이고 마치 근심이 있는 것처럼 해서도 안 되고, 엄숙한 표정을 지어 마치 화가 난 것처럼 보여서는 안 되고, 자리를 넘나들며 어지럽게 걸어다녀서도 안 된다. 그리고 특정 사람을 가리켜 화장이 짙다거나 엷다거나 평가해서는 안 되고, 다른 사람의 장식품이나 의복의 값어치가 높고 낮은지를 물어서도 안 된다. 입을 다른 사람의 귀에

대고 소곤소곤 말해서는 안 되고, 눈을 옆으로 뜨고 흘깃흘깃 쳐다보아서
도 안 된다.

—『사소절』,「부의」1,〈동지〉

이덕무는「동규(童規)」즉 '어린아이의 규범'에서는 무엇보다 사대부가
의 어린아이들이 쉽게 빠져들 수 있는 놀이나 도박에 대해 강력한 경계의
말을 남겼다. 그렇다면 당시 사대부가의 어린아이들이 중독되어 글공부를
놓아버릴 정도로 재미를 느꼈던 놀이는 대체 무엇이었을까? 그 놀이들은
장기와 바둑을 시작으로 쌍륙(雙陸), 골패(骨牌), 지패(紙牌), 윷놀이, 의전
(意錢), 종정도(從政圖), 척석구(擲石毬), 팔도행성(八道行城), 연 날리기, 풍
차(風車, 팔랑개비), 집비둘기 기르기, 투계(鬪鷄) 등 아주 다양했다. 쌍륙은
일종의 주사위 놀이로 15개의 말을 가지고 2개의 주사위를 굴려서 나오는
숫자에 따라 말을 진격시켜 먼저 목적지에 들어가면 이긴다. 주사위의 숫
자가 모두 6이 나오면 이길 확률이 높다고 해서 쌍륙이라고 불렀다고 한
다. 골패는 짐승의 뼈나 뿔, 상아 등으로 만든 놀이 도구로 32조각이 한 벌
이다. 여기에 여러 가지 숫자나 모양을 뚫고 그에 따라 패를 맞춘다. 놀이
는 물론 도박 도구로 많이 사용되었다. 지패는 이른바 투전(投錢) 혹은 투
전(鬪牋)이라고 하는 도박을 말한다. 의전은 일종의 돈치기 놀이로 땅에
구멍을 파서 동전을 넣어둔 다음 일정한 거리를 정해놓고 다른 동전을 던
져서 돈을 맞히면 따먹는다. 종정도는 승경도(陞卿圖)와 같은 것으로 널따
란 종이에 벼슬 이름을 품계에 따라 적어놓고 알이나 주사위 등을 던져서
나온 숫자에 따라 말을 이동시켜 승진과 좌천을 겨룬다. 최고 관등인 영의
정에 먼저 오른 사람이 이긴다. 척석구는 돌로 공기를 만들어 던지며 노는
놀이로 지금의 공기놀이다.

부녀자들이 즐겨 하던 놀이 역시 등장하는데 산대(山臺), 철괘(鐵枴), 만석(曼碩), 윷놀이, 쌍륙치기, 유객주(留客珠), 유객환(留客環) 등이다. 산대는 가면극 놀이고, 철괘는 추악한 얼굴에 다리를 절어 항상 지팡이에 발을 걸고 다녔다는 이씨(李氏) 성의 귀신을 흉내 내는 놀이이며, 만석은 명기 황진이에게 매혹당해 신세를 망친 개성 대흥사의 승려 만석을 희롱하고 조롱하는 놀이다. 유객주는 한쪽 끈의 고리에 있는 구슬을 다른 쪽 끈의 고리로 옮기며 노는 놀이 도구고, 유객환은 여러 개의 고리를 꿰었다 뺐다 하며 노는 놀이 도구다. 손님을 머무르게 하는 구슬 또는 고리라는 뜻에서 알 수 있듯이, 집에 손님이 찾아왔을 때 이 놀이 도구를 주어 음식이 다 될 때까지 시간을 보내도록 한 데서 유래한 놀이다. 이러한 것들은 모두 18세기 사대부가 사람들의 놀이와 여가 문화를 들여다 볼 수 있는 흥미로운 기록이다.

그러나 무엇보다 『사소절』을 살펴볼 때 놓쳐서는 안 될 핵심은 이 글 전체를 관통하고 있는 예절에 대한 이덕무의 철학이다. 여기서 이덕무는 사대부가의 뼛속 깊이 박혀 있는 신분 차별과 성차별의 제도와 문화에 강력한 경종을 울렸다. 그는 먼저 적서(嫡庶) 차별은 오랑캐의 풍습일 뿐이기 때문에 마땅히 없애져야 할 악습이라고 했다.

서족(庶族)이라고 해서 멸시하거나 업신여기는 것은 바로 오랑캐의 풍속일 뿐이다. 비록 서출이라고 해도 선조(先祖)의 시각에서 보자면 모두 똑같은 자손인데 업신여겨서야 되겠는가? 심한 경우 어린아이들이 머리가 백발이 된 할아버지나 아저씨뻘의 항렬을 희롱하고 때리기까지 한다. 어찌 돌이켜 반성할 일이 아니겠는가?

— 『사소절』, 「사전」 3, 〈인륜〉

또한 첩은 비록 적처(嫡妻)에 비해서는 천한 사람이지만, 남편을 편안하게 하므로 사대부가의 부녀자들이 첩을 업신여기고 학대하는 것은 잘못된 처사라고 힐난했다. 또 사대부가의 남자들이 첩을 두는 것을 제한적으로만 허용해야 한다고 주장했다. 즉 처가 아들을 낳지 못하거나, 폐질이나 죄가 있어서 헤어졌거나 죽거나 해서 음식을 주관할 자가 없는 경우인데, 벼슬이 높은 자 외에는 단지 여색을 탐하는 처사일 뿐이므로 첩을 두도록 허용해서는 안 된다고 했다. 아울러 사대부가의 노비는 물론 같은 마을에 사는 미천한 신분의 사람을 자신의 감정이나 기분에 따라 함부로 대해서는 안 된다고 경고하기도 했다.

같은 마을에 사는 신분이 미천한 사람을 한순간 사소한 분노로 인해 묶어놓고 구타해서는 안 된다. 작게는 몸에 상처를 내고 크게는 목숨을 잃게 만든다. 그 경중에 따라 죄와 벌이 즉시 뒤따를 것이다. 한순간의 분노로 말미암아 평생 지울 수 없는 잘못을 저지른다면 어찌 한심한 자가 아니겠는가? 우리나라의 사대부들은 세력이 막강하고 걸핏하면 명분을 빙자해 그러한 악습을 일삼기 때문에 고치기가 어렵다. 거만과 교만을 떨며 잘난체 하기만 하는 것은 스스로 치욕과 재앙을 불러들이는 일이라는 점을 절대 명심해야 한다.

— 『사소절』, 「사전」 5, 〈어하〉

실제 박지원이 쓴 「예덕선생전(穢德先生傳)」이라는 글을 보면, 이덕무가 종본탑(宗本塔, 백탑) 동쪽에 사는 마을 안의 똥을 치는 엄(嚴)씨 성을 가진 천민과 진실한 교제를 나누는 벗으로 지낸 이야기가 자세하게 소개되어 있다. 이렇게 본다면, 『사소절』은 단지 신분에 대한 예절이 아닌 인간에 대한 예절의 철학을 담고 있다고 볼 수 있다. 신분과 계층에 구애받지 않는 사람과 사람 간의 진정성 있는 관계야말로 이덕무가 추구하는 인간에 대한 예절의 참 모습이었던 것이다.

마지막으로 꼭 짚고 넘어가야 할 대목은 그가 체면과 체통을 앞세워 생업을 멀리하고 농상공(農商工)을 천시하는 사대부가의 문화와 사고방식을 혁신하려는 시도를 『사소절』을 통해 보여주었다는 사실이다.

> 농사짓고, 나무하고, 고기 잡고, 가축을 기르는 일은 사람이면 마땅히 평생토록 해야 할 본업이다. 목수가 하는 일, 미장이가 하는 일, 대장장이가 하는 일, 옹기장이가 하는 일에서부터 새끼를 꼬는 일, 짚신을 삼는 일, 그물을 뜨는 일, 발을 엮는 일, 먹과 붓을 만드는 일, 의복을 재단하는 일, 책을 매는 일, 술을 빚는 일, 밥을 짓는 일에 이르기까지 무릇 일상생활에 필요하고 유용한 일이다. 효제(孝悌)와 윤상(倫常)으로서 아울러 시행하여 폐지할 수 없는 일은 각자의 재주와 능력에 따라 배우고 익히는 것이 옳다. 독서하고 수행하는 중에도 한가한 틈을 이용해 틈틈이 배우고 익혀야 한다. 하찮고 보잘것없는 재주나 기술에 불과하다고 가볍게 여기거나 업신여겨서는 안 된다.
>
> — 『사소절』, 「사전」 5, 〈사물〉

사대부라도 자신의 능력과 재주에 따라 농업, 수산, 축산은 물론 물품을 만드는 공업에 종사해야 한다는 주장이다. 더욱이 사대부가의 부녀자들에게는 시장을 찾아가 상업 활동에 나서야 한다고까지 했다. 사농공상의 신분 질서를 금과옥조로 여겼던 당시 사회의 기준에서 볼 때, 신분 질서의 근본을 뒤흔드는 경천동지할 만한 주장이라고 하지 않을 수 없다.

사대부의 아내라고 해도 가난하거나 생활이 궁핍하면 생업을 경영하는
것 역시 불가한 일이 아니다. 길쌈을 하거나 누에를 치는 일은 원래 부녀
자의 본업이다. 여기에다가 닭이나 오리 등의 가축을 기르는 일, 장(醬)과
식초와 술과 기름을 판매하는 일, 대추와 밤과 감과 귤과 석류 등을 잘 저
장해두었다가 값을 잘 받게 될 때 내다 파는 일, 홍화(紅花)와 자초(紫草)
와 단목(丹木)과 황벽(黃蘗)과 검금(黔金)과 남정(藍靛) 등을 쌓아두었다
가 거래하는 일 역시 부업 삼아 해볼 만하다. 또한 도홍색, 분홍색, 송화
색(松花色), 황색, 유록색(油綠色), 초록색, 하늘색, 청색, 작두자색(雀頭
紫色), 은색, 옥색 등의 여러 가지 염색법을 배워서 알아둔다면 생계에 도
움이 되는데서 그치지 않을 것이다. 이 역시 부녀자가 경영해야 할 일의
하나이다.

— 『사소절』, 「부의」 2, 〈사물〉

이덕무의 주장은 박제가가 『북학의』 상고(商賈) 편에서 밝힌 뜻과 일맥
상통한다. 이 글에서 박제가는 사대부라고 할지라도 거리낌 없이 시장에
출입하고 물건을 거래하는 청나라의 풍속을 소개한다. 그러면서 밥을 빌
어먹을망정 장터에 나가 물품을 사고팔거나 기술을 갖춰 먹고사는 일을
부끄럽게 여기며, 자신의 신분과 지위만 자랑스럽게 떠들며 거들먹거리는
조선의 사대부를 장터의 장사꾼보다 못한 존재라고 신랄하게 비판한다.
오히려 신분과 체면 따위의 허울을 벗어버리고 상공업 활동에 나서 스스
로 생계를 도모하는 것이 당당하고 떳떳한 행동이라는 것이다. 이덕무와
박제가의 주장은 사대부가 사람들이 상공인으로 변하는 일이 조선을 개혁
하는 첫 단추라고 여겼던 북학파의 사상을 잘 보여주는 장면이다. 만약 그
들의 주장처럼 지배층인 사대부가 사람들이 스스로 나서 상공인으로 변화

하는 위로부터의 개혁이 이루어졌다면, 조선은 그로부터 한 세기가 채 지나지 않아 밀어닥친 근대의 거센 파고를 훨씬 더 주체적이고 능동적으로 맞이할 수 있지 않았을까?

한양의 속담과 방언

조선은 말과 문자가 일치하지 않았다. 양반 관료와 사대부 지식인의 전유물이었던 한자(漢字)는 민중의 말을 모두 담지 못했기 때문이다. 민중의 말을 담지 못한다는 것은 그들의 삶과 생활의 참모습을 제대로 담을 수 없다는 얘기다. 민중의 삶과 생활을 제대로 담으려면 무엇보다 먼저 그들의 말을 알아야 한다. 특히 속담과 방언은 문화와 역사가 응축되어 있기 때문에 특정 시대나 지역 민중의 독특하고 고유한 삶과 생활을 제대로 이해할 수 있는 중요한 지표가 된다. 18세기에 등장한 새로운 유형의 지식인들은 이전 시대에는 볼 수 없었던 작업, 즉 민중의 말을 문자에 담고자 하는 혁신적인 시도를 했다. 이익의 「백언해(百諺解)」와 이덕무의 「열상방언(洌上方言)」 그리고 정약용의 「이담속찬(耳談續纂)」 등이 바로 그것이다. 이렇듯 민중의 말을 문자로 옮겨 그들의 삶과 생활의 참모습을 담아야 하는 새로운 언어 철학의 필요성은 이익의 〈백언해 발문(百諺解跋)〉에 잘 표현되어 있다.

속담은 상스럽고 저속한 말이다. 부녀자나 어린아이들의 입에서 만들어져 민가와 백성들 사이에서 유행한다. 그러나 사람의 감정을 살피고 사물의 이치를 징험하여 골수 깊이 파고들어가 털끝처럼 미세한 곳까지 헤아려 밝히는 점이 있다. 그렇지 않다면 어떻게 이처럼 서민들 사이에 널리 퍼져 유행하고 또한 오래도록 사라지지 않고 전해질 수 있단 말인가? 『시경』에서 말하기를 "나무꾼에게도 물어보라"라고 하였다. 나무꾼이 하는 말이란 본래 경전의 뜻을 끌어대거나 화려하게 꾸며서 귀를 기쁘게 하거나 마음을 즐겁게 할 만한 것이 없다. 그럼에도 불구하고 나무꾼의 말을 채록하였으니, 어찌 민가와 백성들 사이에서 실제로 일어나는 일과 맞아떨어지기 때문이 아니겠는가! 경전에 보면 "사람은 자기 자식 악한 줄 모르고, 자기 밭의 곡식 자라는 줄 모른다"라는 종류의 속담이 있다. 귀중하게 여겨 책상 위에 올려놓고 후세 사람들에게 전파하였으니, 이것이 바로 나무꾼에게 물어본 증거라고 하겠다. 이 속담에 따라 집안일을 처리하고 나라의 정치를 조처(措處)하였으니 반드시 없어서는 안 될 것이다. 진실로 그 말을 보태고 늘려서 도움이 된다면, 어찌 옛날과 지금 또는 성스러움과 어리석음의 구별을 두겠는가! 그러므로 속담은 절대 없어지지 않을 것이 분명하다. 일찍이 나는 마을 우물가에서 듣고 길을 가다가 들은 속담이 있으면 그때마다 즉시 그 자리에서 기록해두었다. 그러다가 한 시대의 속담이 세월이 흐름에 따라 혹시 그 가리키는 뜻이 혼동되지 않을까 하는 생각이 들어 걱정이 되었다. 이에 몇 마디 말을 덧붙여서 속담에 담긴 뜻을 해석해놓았다. 그리고 여기에다가 「백언해」라는 제목을 붙였다. 이때 백(百)이란 '큰 숫자'를 의미한다.

— 이익, 『성호전집(星湖全集)』, 〈백언해 발문〉

속담이란 여자나 어린아이 혹은 나무꾼과 같은 '민중'의 입에서 나와 유행하고 전해져 온 비속한 말이다. 그러나 그 속에는 민중의 실제 삶과 풍습이 잘 나타나 있기 때문에 작게는 집안일에서부터 크게는 나랏일에 이르기까지 없어서는 안 될 귀중한 가치를 지니고 있다는 얘기다. 일찍이 성호 이익의 글을 탐독했던 이덕무는 민중의 실제 삶과 생활이 담겨있는 속담을 기록하는 일의 중요성을 어렵지 않게 깨우쳤을 것이다. 특히 이덕무는 한양 토박이답게 '열상(洌上, 한강 주변)' 즉 한양 민중들 사이에서 유행하는 속담을 채록하는 데 큰 관심을 두었다. 그 결과 탄생한 것이 한양의 속담 모음집이라고 할 수 있는 「열상방언」이다. 더욱이 성호 이익은 '뒷골목에서 듣거나 길가다 들은 속담'을 단순히 문자로 옮겨 기록하는 것에 그쳤지만, 이덕무는 속담의 기록과 더불어 그 속뜻까지 알기 쉽게 해설해놓았다. 이 때문에 200여 년이라는 시간적 간극을 뛰어넘어 오늘날에도 당시 속담이 백성들 사이에서 어떤 뜻과 용도(쓰임새)로 사용되었는지 알 수 있다.

이덕무가 채록한 속담들이 민중의 언어이자 삶의 모습이라는 사실과 그것들에 어떤 뜻이 담겨 쓰였는가는 박지원이 저술한 민중의 전기(傳記)들을 통해 더 잘 알 수 있다. 이덕무가 채록한 99가지 속담 중 '술잔 잡은 팔목 밖으로 굽지 않는다'와 '기술 익히자 눈에 백태 낀다' 혹은 '태수(太守)되자 턱 빠진다'는 박지원이 지은 〈마장전(馬駔傳)〉과 〈광문자전(廣文者傳)〉에 등장하는 속담과 동일한 뜻으로 사용되고 있기 때문이다. 먼저 〈마장전〉을 통해 당시 한양에 살았던 기인(奇人) 송욱(宋旭)이 청계천의 광통교 위에서 거지나 광대로 추정되는 조탑타(趙闒拖)와 장덕홍(張德弘)을 만나 '벗을 사귀는 일'에 관해 나눈 대화에 쓰인 속담부터 살펴보자.

탑타가 말하였다. "내가 아침나절에 일어나 바가지를 두드리며 구걸하러 가다가 포목전에 들어갔더니 마침 포목을 거래하려고 가게로 올라오는 사람이 있었습니다. 그는 포목을 골라서 핥아보기도 하고 허공에 비쳐보기도 했습니다. 그런데 포목의 값은 입에 올리지 않고 주인에게 먼저 부르라고 사양하더군요. 그러면서 나중에는 서로 포목은 까마득히 잊어버리고 포목 주인은 갑자기 먼 산을 바라보며 '구름이 나왔다'고 읊조리는가 하면, 포목을 사러 온 손님은 뒷짐을 진 채 산책하듯 걸어 다니며 벽에 걸려 있는 그림만 보더군요." 이에 송욱이 말하였다. "너는 사람이 사귀는 태도만 보았지 사귀는 도리는 보지 못하였구나." 그러자 덕홍이 말하였다. "꼭두각시놀이에 장막을 드리우는 까닭은 노끈을 당겨 인형을 조종하기 위해서입니다." 송욱이 말하였다. "너 또한 사귀는 겉모습만 보았지 사귀는 도리는 보지 못하였구나. 무릇 군자가 사람을 사귀는 데에는 세 가지 방법이 있고, 그 근거로 삼은 곳에는 다섯 가지가 있다. 나는 그중 한 가지도 할 줄 아는 것이 없다. 그러한 까닭에 서른이 다 되도록 여태껏 친구 하나가 없다. 비록 그러하지만 나는 사람 사귀는 도리에 대해서는 예전에 남몰래 들은 적이 있다. 팔이 바깥으로 펴지지 않는 것은 술잔을 잡고 있기 때문이다."

— 박지원, 『연암집』, 〈마장전〉

여기에서 "팔이 밖으로 펴지지 않는 것은 술잔을 잡았기 때문이다"와 「열상방언」에 나오는 "술잔 잡은 팔목 밖으로 굽지 않는다"는 속담은 모두 인정(人情)이 후하면 억지로 물리치지 못한다는 뜻을 담고 있다. 즉 술잔 잡은 팔목이 자연히 안으로 들이 굽히는 것처럼 사람을 사귈 때 인정을 두텁게 하면 결코 멀리할 수 없다는 것이다.

또한 거지 출신으로 한양 저잣거리에서 큰 유명세를 떨쳤던 광문(廣文)이 왈짜패인 검계(劍契)의 일원으로 무력을 행사하며 크게 위세를 누렸던 표철주(表鐵柱)를 만나 좋았던 옛 시절을 회상하며 나눈 대화가 등장하는 〈광문자전〉에도 어김없이 속담 한 구절이 나온다.

광문이 표철주에게 말하였다. "너도 이제 늙었군. 어찌 먹고 사나?" 표철주가 말하였다. "집이 가난하여 가옥을 사고파는 일을 다리 놓는 거간꾼이 되었네." 광문이 말하였다. "너는 이제 궁색함은 벗었구나. 아아! 옛날 너의 집 재산이 거만(巨萬)이나 되었지. 그 시절 너를 '황금투구'라고 불렀는데, 지금 그 투구는 어디에 있는가?" 표철주가 말하였다. "이제 와서야 나는 세상 물정을 알게 되었네." 그러자 광문이 껄껄 웃으면서 말했다. "너의 꼴이 마치 기술을 배우고 나자 눈이 어두워졌다고 할 만하구나" 광문이 그 후 어떻게 세상을 마쳤는지는 알 수 없다.

— 박지원, 『연암집』, 〈광문자전〉

'재주를 다 배우고 나니 눈이 어둡다'는 속담은 복이 없다는 뜻으로, 갑자기 장님이 되어서 애써 배운 기술이 헛것이 되었다는 뜻이다. 「열상방언」에 나오는 속담인 '기술 익히자 눈에 백태 낀다'나 '태수(太守) 되자 턱 빠진다'와 속뜻이 같다.

이외에도 「열상방언」에는 당시 한양 백성들의 삶과 풍습을 잘 보여주는 흥미로운 속담들이 곳곳에 등장한다. "두부 먹다가 이 빠진다"는 속담은 부드러운 음식인 두부를 마음 놓고 먹다가 이가 빠질 수도 있다는 말로 재앙과 난리는 소홀히 여기는 데에서 일어난다는 뜻을 담고 있다. "메밀떡 놓고 양장구 친다"는 속담은 서로 어울리지 않는 일을 하려 하는 사람의 어리석음을 조롱할 때 사용한다. 아주 검소한 음식인 메밀떡을 차려놓고 사치스럽게도 장구를 둘씩이나 치게 하는 일은 전혀 어울리지 않는다는 뜻이다. 이덕무는 당시 가난한 사람이 분수에 맞지 않게 처첩을 거느리는 것을 비유할 때 쓰는 속담이라고 소개한다.

또한 아무리 천하고 보잘것없는 일이라고 하더라도 반드시 뜻밖의 이로움이 따라온다는 뜻을 지니고 있는 "직업이 빨래질이면 발뒤꿈치는 깨끗하다"는 속담 역시 재미있다. "배고픈 호랑이 고자 가리지 않는다"는 속담은 지식인들처럼 유려하게 말을 꾸미지 않고 자신의 속마음을 거리낌 없이 드러낼 줄 아는 민중의 언어문화를 고스란히 보여주고 있다. 이 속담은 일이 긴급한 지경에 이르면 이것저것 따질 겨를이 없다는 뜻을 담고 있다. "행수(行首)라 높여 부르면서 부려먹네"라는 속담 역시 당대 풍습을 잘 나타내고 있다. 행수는 당시 사람을 존칭해 불렀던 어휘다. 따라서 이 속담은 겉으로는 높여 부르면서 상대를 기분 좋게 만들어놓고 오히려 은근하게 일을 부려먹는 것을 꼬집은 말이다. 짚신, 물레, 꼭두각시, 신사(神祀), 형방(刑房) 등 백성들의 생활상에 빗대 유행한 속담 역시 눈여겨볼 만하다.

"짚신 머리에 국화 방울 단다〔藁鞋頭 菊花毯〕."
서로 어울리지 않을 때 일컫는 말이다. 짚신이란 지극히 누추한 물건인데 꽃 방울을 달아 단장한다면 너무 어울리지 않는다.

"나쁜 일은 물레와 같다〔不好事 紡車似〕."
나쁜 일에 대한 응보는 돌고 돌아서 마치 물레가 돌아가는 모습과 비슷하다는 말이다.

"꼭두각시 묶은 끈 끊어졌다〔偎儡面 牽絲斷〕."
몸과 마음을 기댈 곳을 잃게 되면 어떻게 할 수가 없다는 말이다. 실이 있어야 꼭두각시를 움직인다. 실이 끊어졌으니 조용할 수밖에 없다.

"신사(神祀) 지낸 뒤 부질없이 장구 친다〔神祀後 浪鳴缶〕."

아무런 쓸모도 없는 일을 한다는 말이다. 귀신을 보낸 지 이미 오래되었는데 오히려 장구를 친다. 다 끝난 후에 어찌하겠다는 것인가?

"하필 간 곳이 형방 집이다〔偶然去 刑房處〕."
죄는 교묘한 방법으로 모면할 수 없다는 말이다. 죄를 짓고 도망 다니는 자가 알지 못하고 형방의 집으로 들어간 꼴이다.

— 「열상방언」

이러한 속담들은 이덕무가 민중의 생활과 밀접한 관계를 맺고 그 속에서 만들어져 전해온 속담들을 채록하는 데 힘썼다는 증거다. 「열상방언」에는 이외에도 200여 년의 시간을 뛰어넘어 오늘날까지도 여전히 사용되고 있는 속담들이 다수 기록되어 있다. 자기의 능력을 잘 따져보고 일을 벌려야 한다는 뜻으로 사용되는 "누울 자리보고 다리 뻗는다"는 속담은 "이불을 헤아려서 발 뻗는다"는 속담으로 「열상방언」의 첫머리를 장식하고 있다. 이밖에 오늘날에도 그 속뜻을 쉽게 알 수 있는 속담을 소개해보겠다.

"호랑이 없는 계곡에서 토끼가 선생 노릇 한다〔谷無虎 先生兔〕."
군자가 몰락하면 소인이 뜻을 얻게 된다는 말이다. 호랑이가 없는 계곡에서 교활한 토끼가 깡충깡충 뛰어다니며 스스로 선생이라고 한다.

"급하게 먹는 밥 목구멍에 걸린다〔急噉飯 塞喉管〕."
일이란 지나치게 빨리 이루려고 하면 반드시 실패하게 된다는 말이다.

"내 콧물이 석자나 늘어졌다〔吾鼻涕 三尺曳〕."

내 몸도 돌보지 못하는데 어느 경황에 후손을 돌보겠는가. 내 콧물도 닦아내지 못하고 있는데 어느 틈에 다른 사람의 눈물을 닦아줄 수 있겠느냐는 말이다.

"깊은 물속은 알아도 사람 마음속은 알 수 없다〔測水深 昧人心〕."

알 수 없는 것이 사람이라는 말이다. 물속은 아무리 깊어도 오히려 측량할 수 있다. 하지만 사람의 마음속은 측량할 수 없다.

"불면 날아갈까 두렵고 쥐면 깨질까 두렵다〔吹恐飛 執恐虧〕."

사랑하는 마음이 지극하다는 말이다.

"말 타자마자 종놈 부리려고 한다〔馬纔騎 欲奴隨〕."

사람의 욕심은 쉽게 자라서 분수를 지키기가 어렵다는 말이다. 말이 없을 때는 온통 말을 구할 생각만 하다가, 이제 말이 생기자 앞에서 말을 잡을 종놈 구할 생각을 한다.

"열 번 찍어 안 넘어가는 나무 없다〔十斫木 無不折〕."

오랜 세월 질투하면 버텨내지 못한다는 말이다. "천 명의 사람이 쳐다보면 병이 없어도 저절로 죽는다"고 한 옛 속담이 이와 같은 말이다.

"고슴도치도 제 새끼 털은 예쁘다고 말한다〔蝟愛子 謂毛美〕."

자기 자식의 나쁜 점을 알지 못한다는 말이다.

"내 딸이 예뻐야 좋은 사위도 고른다〔吾女娟 擇壻賢〕."
자신이 지닌 것이 좋아야 원하는 것과 서로 어울릴 수 있다는 말이다.

"수염이 석 자라도 먹어야 영감이다〔三尺髯 食令監〕."
음식이 소중하다는 말이다. 영감(令監)은 존칭이다. 수염이 석 자라도 먹고 난 다음에야 어른 대접을 받을 수 있다.

"닭 쫓던 개 지붕 쳐다본다〔狗逐鷄 屋只睇〕."
일이 잘못되어 계면쩍게 되었다는 말이다. 달리는 놈이 나는 놈을 쫓으면 나는 놈은 지붕 위로 올라가버린다. 그러면 달리는 놈은 어찌할 도리가 없게 되고 만다.

"흥정은 붙이고 싸움은 말린다〔勸買賣 鬪則解〕."
좋은 일은 서로 권해 이루어지도록 하고, 나쁜 일은 서로 풀게 해 화평하게 만든다는 말이다.

"모로 가도 서울만 가면 된다〔橫步行 好去京〕."
길은 다르지만 도착하는 곳은 같다는 말이다. 비록 옆으로 가고 또 넘어가더라도 서울에만 들어오면 된다는 말이다.

"음지가 양지 되고 양지가 음지 된다〔陰地轉 陽地變〕."
세상일은 돌고 돈다는 말이다. 추운 음지도 따뜻한 양지로 변할 수 있다.

—「열상방언」

또한 이덕무는 속담과 방언을 통해 지방 민중들의 삶과 풍습을 제대로 알 필요성과 중요성을 크게 강조했다. 여기서는 이덕무가 지방 관리로 파견됐을 때 직접 겪은 경험이 큰 역할을 했다.

지방을 다스리는 수령이 방언을 익히면 그 지방의 속사정에 능통할 수 있다. 내가 처음 사근역(沙斤驛)에 부임했을 때 아전이나 하인들의 말을 여러 번 들어도 도대체 알아들을 수가 없었다. 그 까닭은 그들의 말이 신라 때부터 전해오는 방언이었기 때문이다. 또한 내가 말을 해도 아전과 하인들이 제대로 알아듣지 못했다. 그래서 어긋나고 잘못되는 일들이 많았다. 얼마 지나지 않아 나도 자못 방언을 배워 익힐 수 있게 되었고, 마침내 백성들을 대할 때 방언을 사용하게 되었다. 어느 날 환곡을 거둬 창고에 들일 때 내가 시험 삼아 관청의 하인들에게 분부하기를 "거치(居穉)가 완전하지 않으면 반드시 나락(羅落)에 물이 샐 것이다. 청이(請伊)로 까부른 다음 사창귀(沙暢歸)로 단단하게 묶어서 정지간(丁支間)에 들여놓아라"라고 하였다. 당시 때마침 한양에서 온 손님이 자리에 앉아 있다가 입을 가리고 웃으면서 "도대체 무슨 말입니까?"라고 물었다. 이에 내가 하나하나 풀이해 가르쳐주었다. "거치(居穉)는 곡식 섬을 말하고, 나락(羅落)은 벼를 말하고, 청이(請伊)는 벼를 까부르는 키를 말하고, 사창귀(沙暢歸)는 짚으로 엮은 새끼를 말하고, 정지간(丁支間)은 창고를 말한다."

— 『한죽당섭필』 하, 〈신라 방언(新羅方言)〉

사근역(沙斤驛)은 경상남도 함양(咸陽)에 있는 곳이다. 이덕무는 나이 42세가 되는 1781년(정조 5) 12월 27일에 사근역 찰방에 임명되어서, 이듬해 2월 그곳에 부임했다. 방언을 익히면 지방 백성들의 속사정을 깊이 헤아릴 수 있다는 이덕무의 생각은 당시 '공채(公債)의 폐단'으로 고통을 겪고 있던 사근역 백성들의 민원을 해결하는 데 있어 크게 빛을 발하기도 했다.

사근역에 부임했을 때, 오랜 세월 공채로 매년 이익을 취해 관청의 비용으로 쓰고 있었다. 이로 인해 날마다 가난한 백성들을 들볶아서 도저히 살아갈 수가 없는 형편이었다. 선군(先君)께서 사근역의 찰방이 되자 감영(監營)에 공채의 폐단과 백성의 고충을 알려서 이를 혁파하셨다.

— 이광규, 「간본 아정유고」, 〈선고부군의 유사〉

이러한 까닭에 이덕무는 속담과 더불어 방언을 채록하는 일을 게을리하지 않았다. 더욱이 일본의 언어와 중국의 문헌을 고찰하면서 우리나라 방언과 비교하기까지 하였다.

일본 사람은 바다 가운데 모래톱을 '서(嶼, 작은 섬)'라고 말한다. 또한 '서(嶼)'와 모양이 비슷하지만 더 작고 풀과 나무가 있는 곳을 '섬(苫)'이라고 부른다. 그리고 마치 모양이 '섬'과 같지만 순전히 돌로만 된 곳을 '초(礁)'라고 말한다. 대개 '섬'이란 곡식을 담는 짚 가마니이다. '도서(島嶼, 크고 작은 섬들)'가 물 위에 솟아나와 있는 모양이 마치 곡식 섬이 땅 위에 우뚝 쌓여 있는 모습과 같기 때문에 우리나라 방언에서도 또한 '도서'를 '섬'이라고 일컫는다. 『대명일통지(大明一統志)』에는 "조선의 전주 바다 가운데 섬이 많은데, 대월서(大月嶼)와 소월서(小月嶼)와 보살섬(菩薩苫)과 자운섬(紫雲苫)과 빈랑초(檳榔礁) 등이 있다"라고 기록되어 있다.

— 『앙엽기』 6, 〈도서를 섬이라 한다(島嶼訓苫)〉

또한 이덕무는 방언 채록을 통해 조선이 유학의 나라로 그 가르침에 따라 백성을 교화한 지 오래되었지만, 민간의 말 속에는 여전히 불교가 성행했던 삼국시대와 고려 때의 유풍이 뿌리 깊게 남아 전해온다는 사실을 깨우치기도 했다.

우리나라의 풍속은 삼국 시대부터 고려 때에 이르기까지 불교를 숭상하였다. 이러한 까닭에 방언에는 종종 범어(梵語)가 있다. 범어의 '마도사남(摩兗舍喃)'은 '인(人)'을 말한다. 우리나라의 방언에서 '인'을 '사람'이라고 부르는 것은 '사남(舍喃)'과 소리가 서로 비슷하다. 마라(摩羅)는 '만(鬘)'을 말한다. 우리나라의 방언에서 '수(首)'를 '마리'라고 하니, '만(鬘)'은 곧 '수발(首髮, 머리카락)'이다. 또한 '아마(阿摩)'는 '여(女)'를 말한다. 우리나라 방언에서는 '모(母)'를 '어마'라고 부른다. 북도(北道) 사람들은 여인을 곧바로 '어미'라고 말한다. '보타(普陁)'는 '해(海)'를 말한다. 우리나라 방언에서는 '해(海)'를 '바다'라고 부른다. 이러한 것들은 대강만 말했을 따름이다.

— 『앙엽기』 4, 〈우리나라에는 범어가 많다[東國多梵語]〉

이덕무는 방언에서 부자(富者)를 장자(長者)라고 하거나 두타(頭陀, 승려)를 거사(居士)라고 부르는 이유 역시 불교의 경전에 뿌리를 두고 있다고 밝혔다. 이덕무가 방언 채록과 연구를 위해 당시 지식인들이 배척한 불교에 관한 지식까지 두루 섭렵했음을 알 수 있다.

우리나라에서는 부자를 일컬어 장자라고 부른다. 『능엄경(楞嚴經)』 주(注)에 보면 "천축(天竺)에서는 막대한 재물을 쌓은 사람을 장자라고 한다"고 적혀 있다. 그리고 우리나라에서는 두타를 거사라고 부른다.『능엄경』주에 보면 "은거하면서 뜻을 구하고 의로움을 행하며 도(道)에 통달한 사람을 거사라고 한다"고 적혀 있다. 또한 유학의 경전인『예기』와 제자백가서인『한비자』에서도 위와 같은 사례를 찾아볼 수 있다.

— 『앙엽기』 4, 〈장자와 거사(長者居士)〉

이덕무는 속담과 방언을 기록하고 연구해 당시 민중의 실제 삶 속에 깃든 풍속과 문화를 이해하려고 했다. 그것은 그가 조선의 풍속과 문화를 재발견하는 지적 탐구의 주요 대상으로 사대부가의 문화는 물론 민중의 생활상 역시 깊이 통찰하고 있었다는 사실을 다시 한번 확인시켜준다. 그가 민중의 생활에 관심을 가진 것은 두 가지 차원에서 이해할 수 있다. 하나가 경학과 성리학 일변도의 학문과 지식에서 탈피해 자기 주변의 모든 것을—심지어 꽃과 새와 벌레, 개와 나귀와 서리와 성애 등의 사소하고 보잘것없고 하찮은 것들조차—지식 탐구와 정보 검색의 대상으로 삼았던 백과사전적(혹은 박물학적) 학문 추구 경향에 있다면, 다른 하나는 화이론적 세계관에 입각한 중국 중심적인 사고방식에서 탈피해 '조선적인 것'이 지닌 가치와 의미에 대한 인식의 대전환에 있었다. '조선 고유의 것'은 아무래도 유학에 익숙하고 성리학에 길들여진 양반 사대부가의 문화보다는 민중들의 생활 속 문화와 풍습에 훨씬 더 뿌리 깊게 자리하고 있을 수밖에 없었다.

제6장

북학의 높은 뜻을 세우다

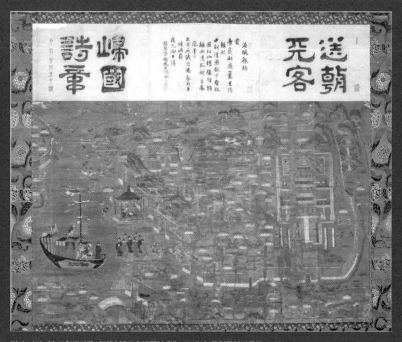

작가 미상, 〈송조천객귀국시장(送朝天客歸國詩章)〉, 17세기, 국립중앙박물관 소장.

•

"북학파 지식인들은 초강대국 청나라를 업신여기고 배척하는 풍조가 조선을 더욱 궁색하고 누추하게 만드는 근본 원인이라 여겼다. 조선을 크게 개혁해 부국안민의 나라로 만들 수만 있다면, 비록 오랑캐라고 하더라도 찾아가서 스승으로 섬기고 배워야 한다는 것이 북학파의 큰 뜻이었다."

오랑캐를 스승 삼는 큰 뜻

담헌 홍대용과 연암 박지원을 필두로 청나라를 통해 외부 선진 문물과 제도 그리고 과학기술을 받아들여 조선의 개혁과 부국안민을 도모하는 학문을 추구한 지식인 그룹을 북학파라고 한다. 특히 박지원은 북학파의 실질적 리더로서 이덕무, 박제가, 유득공 등과 각별한 사우(師友) 관계를 형성해 북학 사상과 사회 개혁론을 펼쳤다. 이러한 사실은 박종채가 아버지 박지원의 언행과 가르침을 기록한『과정록』에 자세하게 나타나 있다.

아버지께서는 타고난 성품과 자질이 호탕하고 고매하였다. 그래서 행여 명예나 이익에 몸과 마음을 더럽히지나 않을까 항상 경계하고 삼가셨다. 중년에 과거 시험장에 나가는 것을 그만두자 교유하는 사람들 또한 간소해졌다. 오직 담헌 홍대용과 석치 정철조와 강산 이서구가 수시로 서로 오고 갔고, 이덕무와 박제가와 유득공이 항상 따라서 어울렸다.

담헌 홍대용은 아버지보다 여섯 살 많았는데 학식이 정밀하고 심오했다. 담헌공 역시 아버지처럼 과거 시험을 위한 공부를 그만둔 채 한가롭게 지내셨다. 담헌공은 아버지와 더불어 도의(道義)의 교제를 맺었는데, 두 분은 서로를 가장 친하고 독실한 벗으로 생각했다. 그러나 두 분은 서로 공경하여 말하거나 부를 때 마치 처음 교제를 맺었을 때와 같이 했다. 아버지는 항상 우리나라의 사대부들이 대부분 이용(利用)과 후생(厚生), 경제(經濟)와 명물(名物) 등의 학문을 소홀하게 여긴 탓에 그릇된 지식을 답습하는 일이 많아 그 학문이 매우 거칠고 우둔한 것을 병통으로 생각하였다. 담헌공이 평소 변함없이 간직하고 있던 의견 또한 이와 같았다.

이에 두 분은 서로 만날 때마다 며칠을 함께 머무르며 위로는 고금의 치란(治亂)과 흥망의 연고(緣故)에서부터 옛사람의 출처(出處)와 절의, 제도의 연혁, 농업과 공업의 이로움과 병통, 재산과 재물을 관리하는 방법과 더불어 지리, 국방, 천문, 음악, 법률뿐만 아니라 나아가 초목이나 조수(鳥獸), 육서(六書, 상형象形 · 지사指事 · 회의會意 · 형성形聲 · 전주轉注 · 가차假借 등의 문자학)와 산학(算學)에 이르기까지 구멍을 꿰뚫어 동여매거나 논의를 하지 않는 것이 없었다. 모두 기록하거나 외울 만했다.

석치 정철조는 문예와 교양이 높고 뛰어난 기예를 갖추었다. 무릇 기계로 움직이는 여러 가지 기구를 마음속으로 연구하고 손수 제작하였다. 무거운 물체를 들어올리는 데 사용하는 기구인 인중(引重), 무거운 물건을 높은 곳으로 들어올려 나르는 데 사용하는 기구인 승고(升高), 회전하는 장치를 단 기계 방아인 마전(磨轉), 물을 길어올리는 데 사용하는 기구인 수취(水取) 같은 것들이다. 모두 옛날의 제도와 방법을 모방해 지금에 맞게 시험하여 세상의 용도에 도움이 되고자 한 것이다.

이덕무와 유득공과 박제가는 모두 학식이 깊고 넓으며 풍부한 견문을 갖춘 선비들이었다. 매양 고증할 일이 있기라도 하면 말이 끝나기가 무섭게 변증을 쏟아냈다. 이들은 아버지에게 오직 삼가고 깍듯이 예의를 다했다. 매번 모일 때마다 담론을 할 때면 등잔불을 밝히고 밤을 꼬박 지새워도 시간 가는 줄 모를 만큼 빠져들곤 하였다. 이서구는 나이는 제일 어렸지만 재주가 빼어나고 기상이 높은 데다가 성품이 침착하고 조용하며 식견과 도량까지 갖추고 있었다. 이 때문에 아버지께서 그를 매우 아끼셨

다. 집안의 늙은 청지기나 하인들이 이따금 그때의 일을 말하곤 하는데,
들을 만한 일이 아주 많다.

— 박종채, 『과정록』

이때 이덕무는 선배이자 스승 그룹인 홍대용과 박지원, 그리고 후배이
자 제자 그룹인 유득공과 박제가의 관계를 끈끈히 연결해주는 북학파의
중추 역할을 했다. 그러나 안타깝게도 당시 조선의 벼슬아치나 대다수 지
식인들은 북학파의 사상과 개혁론을 받아들이기는커녕 이해조차 하려 들
지 않았다. 그들은 좁고 구석진 조선에 갇힌 채 소중화(小中華)라 자부하
며 청나라를 비롯한 외부세계를 오랑캐라고 멸시하고 배척했다. 그들이
볼 때 청나라는 오랑캐인 여진족이 세운 야만국에 불과했다. 그들은 "오
늘날 중국을 통치하는 자들은 오랑캐다. 그들에게 학문을 배운다는 것이
부끄럽다"고 여겼다. 더욱이 멸망한 명나라에 대한 춘추의리(春秋義理)와
병자호란의 치욕을 씻는다는 북벌론에 사로잡혀 최고의 전성기를 구가하
고 있던 청나라의 현실을 철저하게 외면했다.

심지어 그들은 예전 명나라에 사신으로 다녀온 사행록(使行錄)에는 천
자를 배알한다는 뜻의 『조천록(朝天錄)』이라고 이름 붙이고 가문의 영광으
로 떠받들었던 반면, 청나라에 사신으로 가는 일은 오랑캐에게 머리를 조
아리는 수치라고 여겨 서로 기피하면서 그 사행록에는 단지 연경(燕京, 북
경)을 다녀왔다는 뜻으로 『연행록(燕行錄)』이라고 이름 붙였다.

이러한 까닭에 조선의 지배 계층인 사대부들은 당시 외부 세계의 거대
한 변화와 혁신을 알지도 보지도 못했다. 박지원은 이와 같은 참담한 현실
을 개탄하며 『열하일기』 「일신수필」에서 청나라에 다녀온 조선의 벼슬아
치나 지식인들을 크게 세 가지 부류로 나누고 그 어리석고 무지몽매함을

질타했다. 먼저 조선의 선비들 중에서 가장 학식이 높다는 사람들은 대개 이렇게 말한다. "황제조차 머리를 깎은 오랑캐일 뿐이고 오랑캐는 짐승과 다름없는데, 더 이상 무엇을 보고 논한단 말인가?" 그들은 청나라를 볼 것이라고는 아무것도 없는 미개한 야만족의 나라로 멸시하고 배척했다.

두 번째 부류의 사람들은 청나라에서 북벌의 의지만을 다지고 돌아왔다. "10만의 군사만 얻을 수 있다면 산해관으로 쳐들어가 오랑캐인 청나라를 중원에서 몰아낸 다음, 비로소 중국을 논하겠다."

박지원은 이 두 부류의 사람들이 나라와 백성에게 전혀 도움이 되지 않는다고 단정했다. 오히려 그는 "천하를 위해 일하는 사람은 진실로 백성에게 이롭고 나라에 도움이 된다면 그 법과 제도가 비록 오랑캐에게서 나왔다고 하더라도 이를 거두어서 본받아 배우는 것"이야말로 올바른 방법이라고 주장했다.

북학파 지식인들은 18세기 중후반 강희제, 옹정제, 건륭제의 융성기를 거치면서 세계 제일의 경제력과 군사력, 선진 문명과 과학기술까지 보유한 초강대국인 청나라를 업신여기고 배척하는 풍조가 조선을 더욱 궁색하고 누추하게 만드는 근본 원인이라 여겼다. 조선을 크게 개혁해 부국안민의 나라로 만들 수만 있다면, 비록 오랑캐라고 하더라도 찾아가서 스승으로 섬기고 배워야 한다는 것이 이덕무를 비롯한 북학파의 큰 뜻이었다.

이렇듯 '북학'에 큰 뜻을 세웠던 이덕무 등은 당시 보통 지식인들과는 다르게 반드시 청나라를 찾아가 그들의 선진 문물과 제도, 과학기술을 직접 보고 배우려고 했다. 박지원은 연행(燕行)에 대한 강렬한 열망을 이렇게 표현하기까지 했다.

진실로 법이 훌륭하고 제도가 아름답다면 비록 오랑캐라고 하더라도 찾아가서 스승으로 섬기고 배워야 한다. 하물며 청나라는 그 규모가 광활하고 거대하며, 사상은 정확하고 치밀하고, 제작은 심오하고 원대한데다, 문장은 찬란하게 빛나고 있다. 더군다나 고대 중국의 하(夏)나라와 은(殷)나라, 주(周)나라의 삼대 이래로 한나라와 당나라와 송나라와 명나라의 고유한 문물과 제도를 간직하고 있지 않은가? …… 시험 삼아 『북학의』를 펼쳐보았는데 내가 쓴 일록(日錄,『열하일기』)의 내용과 조금도 어긋난 것이 없었다. 마치 한 사람의 손에서 나온 것처럼 보였다. 이러한 점이 진실로 박제가가 내게 자신의 책을 보여준 까닭이며, 또한 내가 기쁘고 반가운 마음으로 사흘 밤낮을 쉬지 않고 읽으면서도 싫증이 나지 않았던 이유이다. 아! 단지 우리 두 사람이 직접 가서 눈으로 보고 난 다음에 알게 된 것이겠는가? 진실로 일찍부터 비 내리는 지붕 밑에서 또한 눈 오는 처마 아래에서 연구하고, 술잔을 쥐고 등잔불이 가물거리는 틈에 서로 손바닥을 쳐가면서 나누던 이야기들을 한번 눈으로 직접 확인했을 뿐이다.

— 박지원, 『북학의』,〈서문〉

북학파 그룹의 지식인들 가운데 연행의 기회를 가장 먼저 잡은 사람은 홍대용이었다. 홍대용은 자신의 숙부인 홍억(洪檍)을 수행해 1765년(영조 41) 11월부터 다음해 4월까지 청나라를 다녀왔다. 그는 그때의 경험을 바탕으로 『을병연행록(乙丙燕行錄)』과 『연기(燕記)』라는 저서까지 썼다. 이덕무와 박제가는 그런 홍대용의 뒤를 이어 청나라에 간 북학파 지식인이었다. 홍대용의 연행으로부터 13년 뒤인 1778년(정조 2) 3월, 이덕무의 나이 서른여덟, 그리고 박제가의 나이 스물아홉 때의 일이다. 북학파 지식인들에게 연행은 단순한 여행이 아니라 일찍이 자신들이 부지런히 공부하고 연구한 북학의 큰 뜻을 직접 눈으로 보고 몸으로 체험하기 위한 과정이었다. 이 때문에 이덕무와 박제가의 연행 소식에 박지원을 비롯한 여러 북학파 지식인들은 마치 자기 일이라도 되는 양, 출발 전날 밤을 지새우면서까지 담소를 나누며 함께 가슴 설레어 했다.

나와 박제가는 항상 중국에 한번 가보고 싶었지만 뜻을 미처 이루지 못하고 있었다. 이때에 이르러 초재(蕉齋) 심염조(沈念祖)가 사은진주사(謝恩陳奏使)의 서장관(書狀官)이 되었다. 그는 나와 친분이 있는 사이여서 내가 함께 가기를 요청했다. 박제가 역시 사신단의 수장인 정사(正使) 채제공을 따라 중국에 들어가게 되었다. 옷소매와 말고삐를 나란히 한 채 산을 넘고 물을 건너 만 리 길을 여행하는 것은 친구 간에 운치 있는 일이 될 만하다. 또한 사내대장부로 태어나 천하를 두루 돌아보고자 하는 뜻에도 어울리는 일이다. 중국으로 떠나기 전날 밤에 연암 박지원과 강산 이서구와 집안 조카 광석이 내 집에 모여서 대화를 나누다가 헤어졌는데, 닭이 우는 새벽녘에야 파하였다.

— 『입연기(入燕記)』 상, 〈무술년(戊戌年, 1778) 3월 17일〉

꼬박 밤을 새우며 아침을 맞이한 이덕무와 박제가는 아침밥을 먹고 말을 타고 떠나는 길에 서상수를 방문했다. 그리고 연행의 시작점인 홍제원(弘濟院)까지 다시 찾아온 박지원, 유득공 등과 함께 술을 나누며 잠깐이지만 석별의 정을 나누기까지 한다.

아침밥을 먹은 후 말을 타고 지나가던 길에 서상수의 집을 방문하였다. 박제가와 함께 홍제원에 이르러 동쪽 언덕 금잔디 위에 앉아 있었다. 그런데 박지원, 박제도, 유곤, 유득공, 이유동, 윤가기와 감찰(監察) 원경진, 첨지(僉知) 원명술, 홍병선, 홍유섭, 원호문, 조수범, 조카 광석과 광선, 김계상, 윤소기, 어린 아들 중구, 동자(童子) 이규성, 학동(學童) 최상미 등이 모두 찾아와서 이별의 인사를 하였다. 또한 술을 가지고 와서 마시라고 권하는 사람도 있었다. 오후 4시경 모두 손을 잡고 말을 끝맺지 못한 채 머뭇거리면서 작별을 슬퍼하고 탄식하였다. 나도 서글픈 마음에 차마 출발하지 못하다가 이내 마음을 다잡고 말에 올라탔다. 어린 아들이 말 머리에서 절을 하는데 눈에서는 눈물이 주룩주룩 흘러내리고 있었다. 그 모습을 보던 내 눈에서도 미처 깨닫지 못하는 사이에 눈물이 아롱거렸다. 그래서 일부러 뒤돌아보지 않은 채 빠르게 말을 몰아 내달렸다.

— 『입연기』 상, 〈무술년(戊戌年, 1778) 3월 17일〉

마치 일생의 큰 행사를 치르는 잔치 마당이 연상되지 않은가? 북학의 큰 포부를 품고 평생의 꿈이었던 청나라를 향해 떠나는 길이었으니, 가는 사람이나 마중하는 사람이나 그 설레는 마음이 오죽했겠는가? 어쨌든 3월 17일 홍제원을 출발한 이덕무 일행은 5월 15일 마침내 연경에 도착했다. 무려 57일간의 기나긴 여정 끝에 연경으로 들어서는 관문인 조양문(朝陽門, 성의 동문)에 당도한 이덕무는 당시 동아시아의 정치, 경제, 문화의 중심지였던 이 도시의 첫인상을 이렇게 적어놓았다.

통주(通州)의 큰 도로에서부터 조양문까지는 네모난 흰 돌을 깔아놓았는데, 이러한 길이 대개 40리에 이르렀다. 수레바퀴와 말발굽 소리가 마치 벼락이 치는 것처럼 요란했다. 연경의 큰 도로는 모두 검고 부드러운 흙이다. 가옥의 번성함과 시내 점포의 화려하고 사치스러움이 참으로 천부(天府)라고 부를 만하다. 바다와 강과 땅에서 생산되는 물품은 말로는 그

대략조차 설명할 수 없고, 붓으로는 또한 그 한 모퉁이도 기록할 수가 없을 지경이다.

— 『입연기』 하, 〈무술년(戊戌年, 1778) 5월 15일〉

더욱이 이덕무가 따라나선 1778년의 연행은 18세기 조선 최고의 사회 개혁서로 불리는 박제가의 『북학의』가 탄생한 역사적 무대이기도 했다. 박제가는 당시 연행의 감격을 "조선에서는 듣지 못했던 사실을 새롭게 들어 알게 되고, 중국의 옛 풍속을 직접 눈으로 확인하고 감탄을 금치 못했다"라고 말했다. 그러면서 사소하고 하찮고 보잘것없는 일에서부터 복잡하고 번잡한 일에 이르기까지 경세제민(經世濟民)과 이용후생(利用厚生)에 도움이 될 만한 내용이면 모두 조선에 돌아가 시행해볼 뜻을 갖고 기록으로 남겼노라고 밝혔다.

그동안 북학파를 연구한 인문학자들은 이덕무를 홍대용, 박지원, 박제가와 비교해 북학 사상이나 사회 개혁론에서 중요한 기록을 남기지 않았다고 해서 별반 중요하지 않은 인물로 다루었다. 실제로 이덕무의 연행록인 『입연기』를 읽어보면, 박제가의 『북학의』에서 볼 수 있는 북학 사상이나 사회 개혁에 관한 기록은 찾아보기 어렵다. 그러나 우리는 북학파 지식인 그룹이 북학의 큰 뜻을 공유하면서도 각자 특정 분야에서 독자적으로 일가를 이루었다는 점을 유념할 필요가 있다. 예를 들면 『의산문답』을 저술한 홍대용은 천문지리와 과학에서, 『열하일기』를 지은 박지원은 문장에서, 『북학의』를 쓴 박제가는 사회 개혁론에서, 『발해고』를 저술한 유득공은 역사 방면에서 큰 업적을 남겼다. 그렇다면 이덕무는 어떠했는가? 그는 『청장관전서』라는 동양과 서양, 고대와 당대를 아우르는 백과사전적 지식 탐구의 저술을 남겨 당시 최신 학문이었던 고증학과 변증론 및 박물학 분야에서 독보적인 역량을 펼쳐보였다.

1778년의 연행을 통해 박제가는 청나라에서 직접 보고 겪은 여러 문물과 제도 및 풍속 그리고 과학기술 등을 기록해 조선에 적용할 수 있는 사회 개혁론을 만들었다. 그리고 이덕무는 새로운 지식을 얻기 위해 서양 학문과 정보를 접할 수 있는 천주당(天主堂)을 수차례 방문하는 한편, 조선에서는 구할 수 없는 천하의 온갖 서적들을 열람하기 위해 유리창(琉璃廠)의 수많은 서사(書肆)들을 이 잡듯이 뒤지고 다닌 것이다.

지식과 정보의 북방 통로 1, 유리창

이덕무가 청나라에 간 이유는 북학에 뜻을 두었기 때문이다. 조선의 바깥 세계인 청나라와 서양의 학문과 지식 그리고 문화를 직접 보고 듣고 경험하기 위해 사행에 따라나선 것이다. 연경에 머물 당시 이덕무가 자주 찾았던 주요 장소를 따라가다보면, 그의 뜻이 어디에 있었는지 더욱 확실히 알 수 있다. 연경에 도착한 지 이틀째 되는 날, 이덕무가 숙소인 남관(南館)을 나서 가장 먼저 찾아간 곳은 어디였을까? 바로 당시 '책의 거대한 바다'라 불리며 유명세를 떨치고 있던 유리창이었다.

역관 김재협이 무령현(撫寧縣)에서 만났던 서소분의 서찰을 그의 동생 서소신에게 전해주려고 출타했다. 당시 서소신은 유리창 북쪽 불암(佛菴)에서 임시로 거처하고 있었다. 나 역시 박제가와 더불어 김재협을 따라갔다. 서소신은 『사고전서』 등교관(謄校官)으로 충원되어 일을 맡고 있었다. 그는 자신이 한 달 동안 수행하는 과제가 5만 자를 등사(謄寫)하는 일이라고 말해주었다. 서소신과 더불어 필담을 나누었다. 글씨체가 웅장하고 아름다워서 볼 만하였다. 숙소로 돌아오는 길에 유리창의 시장을 두루 구경하였다. 서적과 화정(畵幀)과 정이(鼎彝)와 고옥(古玉)과 금단(錦緞) 등을 사가지고 왔다. 쉴 틈도 없이 이 물건 저 물건을 둘러보느라 목이 다 아플 지경이었다. 사통오달(四通伍達)한 거리에는 사람의 어깨를 부딪치고 비비고 다녀할 정도로 인파로 넘쳐났다.

— 『입연기』 하, 〈무술년(戊戌年, 1778) 5월 17일〉

유리창은 글자 뜻대로 보자면 '유리(기와) 공장'이다. 언뜻 생각해도 서책과는 거리가 멀어도 한참 멀다. 사실 유리창은 원래 원나라와 명나라 때 수도 연경을 건설하기 위해 세운 유리 기와와 벽돌을 만드는 공장이었다. 그러나 자금성(紫禁城)이 완공되고 연경이 수도의 모양을 갖춰갈수록 유리 기와와 벽돌의 수요가 줄어들었고, 점차 이들 공장이 있던 자리에는 서적과 종이, 서화와 골동품 등을 파는 가게가 들어서기 시작했다. 그렇게 18세기에 들어서자 유리창은 천하의 온갖 서책과 지식인들이 모여드는 인문학 중심지로 변모했던 것이다. 이곳을 조선의 지식인 사회에 최초로 자세하게 소개한 사람이 다름 아닌 북학파의 홍대용이었다.

이날은 황제가 천단제(天壇祭)를 파하고 새벽녘에 돌아왔으므로 길에 출입을 금지하지 않는다고 하였다. 드디어 밥을 재촉하여 먹은 후 나가려고 하자 연경에 유명한 저잣거리가 있는데 이름이 유리창이라고 한다. 그곳에서 파는 기물이란 모두 서책과 완호(玩好, 진귀한 노리개나 장난감)와 선비들이 사용하는 온갖 기구들이었다. 그러므로 저잣거리를 오가는 사람 중에는 왕왕 글 잘하는 선비와 과거에 낙방한 남방(南方)의 거자(擧子, 과거 응시자)가 많다. 그래서 그 서책과 온갖 기물을 한번 구경할 만하고, 또 혹시 의젓한 선비를 만날까 하여 가기를 도모하였다. …… 정양문을 나와서 서쪽 길로 백여 보를 걸어가자 저잣거리에 벌인 온갖 기물과 의복과 인물이 배나 휘황하였다. 정월 보름 명절이 가까웠기 때문에 저자마다 기이한 등을 줄줄이 걸고 탁자 위에 관왕(關王)의 화상을 모셔놓았다. 그 앞에는 이상한 화기(畵器)에 온갖 과일 열매를 담아 한 줄로 벌이고, 과일 열매 위에는 모두 비단으로 꾸민 가화(假花)를 꽂아 채색이 서로 비쳤다. 이것은 1년 동안 물건 매매가 흥성하기를 기도하는 것이다. 또한 서쪽 두어 골목을 들어가자 좌우에 점포가 점점 많아졌다. 길가에는 약간의 완호와 기물을 벌여놓았는데 모두 향로와 도서와 아담한 기명(器皿)들이었다. 길가에 머물러 구경을 하고 있으니 김복서가 말하기를 "유리창에 이르면 무수한 기명을 이루 다 구경하지 못할 지경입니다. 이것들은 족히 볼 것이 없습니다"라고 하였다. 드디어 빠른 걸음으로 몇 리를 가자 이즈음은 길이 좁고 좌우 저자에 달린 패와 드리운 휘장이 길을 막는 바람에 행인이 겨우 지나갈 수 있을 정도였다. 저자의 처마 곳곳에 나무 우리를 걸고 여러 가지 새를 넣어두었다. 새들이 지저귀는 소리가 서로 호응하여 은연중 몸이 수풀 속에 있는 것 같은 기분이 들었다. 수백 걸음을 걸어가자 길 가운데 큰 문이 있고 문 위에 현판을 붙여 금자(金字)로 '유리창' 석 자를 새겨놓았다. 이 문으로 들어가자 좌우에 몇 리를 연이어 저자를 벌였다. 서쪽에 또한 이문(里門)을 내었는데 이곳을 유리창이라 일컬었다. 유리창이라는 말은 그 가운데 기와 굽는 곳이 있어 관원이 맡아 다스리고, 각색 유리 빛으로 기와를 구워 나라의 궁실에 책임지고 물품을 공급하므로 저자의 이름을 유리창이라 부른 것이다. 문으로 들어가자 좌우의 집들이 모두 낮고 답답할 정도로 아주 좁아 다른 곳의 번화하고 사치스럽고 화려한 모습은 적지만 집집마다 벌인 것이 다 조촐한 물품이고 출입하는 사람이 왕왕 선비의 단아한 태도를 볼 수 있어서 기특하였다. 먼저 서책 점포를 찾았다. 그랬더니 안에 대략 일곱 내지 여덟 곳이 있었다. 남쪽의 한 점포에 가장 볼 만한 서책이 많다고 하기에, 그 점포에 들어가 반등에 나란히 앉으니 주인이 나와 인사하고 "무슨 책을 사려고 하십니까?"라고 물었다. 김복서가 "좋은 책이 있으면 사고자 하는데 값을 가져오지 않았으니 먼저 좋은지 나쁜지를 보고자 합니다"라고 대답하였다. 주인이 탁자를 가리키며 "사고자 하는 책이 있거든 마음대로 보십시오"라고 하였다. 일어나서 두루 바라보니 삼면에 층층이 탁자를 만들었다. 높이는 두세 길인데 칸칸이 서책을 가득히 쌓아 책갑(冊匣, 책을 넣어두거나 겉으로 싸는 갑)마다 종이로 쪽지를 붙여 이름을 표시하였다. 대개 경서와 사기(史記)와 제자백가에 없는 서책이 없고, 그중 듣지 못했던 이름이 절반이 넘었다. 창졸간이라 이루 볼 길이 없었다. 한참 동안 바라보니 뒤통수가 아프고 정신이 어지러워 그 서책의 이름을 두루 살피지 못할 지경이 되었다. 양쪽에 반등을 놓고 값이 적게 나가는 책을 어지럽게 쌓았는데, 이것들은 모두 소설이나 잡서 또는 과거에 쓰는 글이어서 우리나라의 동인사집과 같은 것이었다. 두어 권을 빼어 보았더니 다 박은 책이고 공역(工役)이 극히 세밀하여 중국의 기구와 근검한 풍속을 짐작할 수 있었다.

— 홍대용, 『을병연행록』, 〈병술년(丙戌年, 1766), 정월 11일〉

유리창은 18세기 중후반 조선이 헤아릴 수 없을 만큼 많은 외국 서적을 들여오는 창구였다. 연행에 나선 조선의 사신들은 유리창을 통해 적게는 수십 권에서 많게는 수천 권에 달하는 서적을 가지고 들어왔다. 18세기 조선 사회를 뒤흔든 사상적 변화는 유리창에서 들여온 외국 곧 청나라와 서양의 서적들과 깊은 관련이 있다.

특히 이덕무가 연경을 방문했던 때는 청나라 조정에서 유리창에 사고전서관(四庫全書館)을 설치(1772년)하고 방대한 분량을 자랑하는 총서인 『사고전서』 편찬 작업을 한창 벌이고 있었기 때문에, 천하의 온갖 희귀하고 진기한 서적이 모두 유리창으로 모여들고 있었다. 이 때문에 이덕무가 찾을 무렵의 유리창은 홍대용이 방문했을 때와는 비교가 되지 않을 정도로 규모 면에서 최고 수준을 자랑하고 있었다. 유리창을 처음 찾은 후 이틀이 지난 5월 19일, 이덕무는 마침내 시간을 내 박제가와 함께 유리창을 본격적으로 탐사하기 시작한다. 이날 모두 12곳의 서점을 찾은 그는, 조선에서는 구경조차 할 수 없던 서책들을 골라 서점별로 꼼꼼하게 기록한다.

더운 날씨에 3,070여리의 먼 길을 내달려온 뒤 관(館)에만 머물러 있자니 참으로 포로가 되어 남의 나라에 끌려온 신세나 다름없었다. 연경의 책방은 예로부터 유명하다. 나는 이곳의 서책들을 두루 열람하고 싶어서 박제가와 건량관(乾粮官)과 더불어 유리창에 갔고, 우리나라에 없는 서책과 희귀본만을 기록하고 돌아왔다. 지금 그 서책의 목록을 살펴보면 아래와 같다.

『통감본말(通鑑本末)』, 『문헌속찬(文獻續纂)』……『흠정삼례(欽定三禮)』, 『중원문헌(中原文憲)』……『황화기문(皇華紀聞)』, 『자득원문초(自得園文鈔)』……『지북우담(池北偶談)』, 『박고도(博古圖)』, 『중정별재(重訂別裁)』……『당송문순(唐宋文醇)』, 『경의고(經義考)』……『회원(澮園)』, 『자사정화(子史精華)』. 이상은 숭수당(嵩秀堂)에서 기록한 서책들이다.
『정황돈집(程篁墩集)』, 『사료(史料)』……『방여기요(方輿紀要)』, 『의례절

략(儀禮節略)』,『책부원귀(册府元龜)』……『왕씨농서(王氏農書)』,『산좌시초(山左詩鈔)』,『묵지편(墨池編)』. 이상은 문수당(文粹堂)에서 기록한 서책들이다.

『감주별집(弇州別集)』,『감구집(感舊集)』,『노사(路史)』……『소대전칙(昭代典則)』,『격치록(格致錄)』,『고단공잡기(顧端公襍記)』……『본초경소(本草經疏)』……『사회(史懷)』,『본초회(本草匯)』,『조월천집(曹月川集)』. 이상은 성경당(聖經堂)에서 기록한 서책들이다.

『기원기소기(寄園寄所寄)』,『범석호집(范石湖集)』……『어양삼십육종(漁洋三十六種)』,『지부족재총서(知不足齋叢書)』……『제감도설(帝鑑圖說)』……『좌전경세초(左傳經世鈔)』,『이학비고(理學備考)』. 이상은 명성당(名盛堂)에서 기록한 서책들이다.

『왕매계집(王梅溪集)』,『황씨일초(黃氏日鈔)』,『식물본초(食物本草)』……『형천무편(荊川武編)』,『여씨가숙독시기(呂氏家塾讀詩記)』,『본초유방(本草類方)』. 이상은 문성당(文盛堂)에서 기록한 서책들이다.

『음학오서(音學五書)』……『금시협연집(今詩篋衍集)』. 이상은 경유당(經腴堂)에서 기록한 서책들이다.

『안아당집(安雅堂集)』……『완아(宛雅)』……『용촌어록(榕村語錄)』. 이상은 취성당(聚星堂)에서 기록한 서책들이다.

『요봉문초(堯峯文鈔)』,『정화전주(精華箋註)』……『명문수독(明文授讀)』,『향수재전집(香樹齋全集)』,『칠수유고(七修類考)』. 이상은 대초당(帶草堂)에서 기록한 서책들이다.

『뇌고당집(賴古堂集)』,『이이곡집(李二曲集)』. 이상은 욱문당(郁文堂)에서 기록한 서책들이다.

『비아(埤雅)』,『허노재집(許魯齋集)』……『궐리문헌고(闕里文獻考)』,『반

마이동(班馬異同)』. 이상은 문무당(文茂堂)에서 기록한 서책들이다.

『제경경물략(帝京景物略)』, 『군서집사연해(群書集事淵海)』……『광군방
보(廣群芳譜)』……『임자삼교(林子三教)』, 『양귀산집(楊龜山集)』. 이상은
영화당(英華堂)에서 기록한 서책들이다.

『용촌집(榕村集)』, 『명원시귀(名媛詩歸)』, 『고잉(觚賸)』, 『목당집(穆堂
集)』. 이상은 문환재(文煥齋)에서 기록한 서책들이다.

이 밖에도 두서너 곳의 서점이 더 있지만 난잡하고 어수선하기만 할 뿐
볼 만한 것은 없었다.

— 『입연기』 하, 〈무술년(戊戌年, 1778) 5월 19일〉

이날 이덕무가 방문한 열두 곳의 서점은 18세기 내내 엄청난 양의 서적
을 조선에 들여보낸 곳으로 새로운 학문과 사상, 최신 지식 정보를 쉼 없
이 공급한 젖줄 같은 존재들이었다. 조선의 서책 가운데 그의 눈을 거치지
않은 책은 없다고 할 만큼 박학다식했던 이덕무였지만 유리창에서 본 서
적의 방대함 앞에서는 경악하지 않을 수 없었다. 더욱이 당시 조선에는 개
인적으로 서적 매매와 유통을 중개하는 책 장사꾼인 서쾌(書儈)가 존재했
을 뿐 한곳에 책을 쌓아놓고 판매하는 서점은 없었다. '책에 미친 바보'였
던 이덕무에게 유리창의 좌우 10여 리의 거리에 가득 펼쳐져 있는 서점가
는 문화 충격 그 자체일 수밖에 없었다. 유리창의 풍경은 이덕무가 예전에
는 결코 보지 못했던 신세계였다.

5월 25일 이덕무는 박제가와 함께 천주관(天主館)을 구경하러 나갔다가
주인이 없어 자세히 보지 못하고 돌아오는 길에 예전에 미처 보지 못한 책
방 서너 군데를 다시 찾았다. 그중 오류거(伍柳居)라는 현판을 걸고 있는

서점에서 운 좋게도 서적 목록을 얻은 이덕무는 세상에는 기이한 책들이 참으로 많다는 것을, 또 청나라에서도 절강(浙江)이 서적의 본 고장이라는 것을 알게 된다.

박제가와 건량관과 함께 천주관을 구경하러 나섰다. 그런데 마침 주인이 없어서 천주관 안을 자세하게 볼 수 없었다. 관상권(觀象圈)을 거쳐서 순성문(順城門)으로 나와 유리창을 지나갔다. 내친 김에 일전에 미처 돌아보지 못했던 책방 서너 군데를 찾아갔다. 그런데 도씨(陶氏)라는 이가 운영하는 책방에서 소장한 서책들이 매우 훌륭했다. 그 책방은 '오류거(伍柳居)'라는 현판을 걸고 있었다. 도씨가 스스로 말하기를 "서책을 실은 배가 강남(江南)으로부터 와서 통주의 장가만(張家灣)에 머물러 있는데 내일이면 이곳으로 서책을 운반해 올 것입니다. 서책은 모두 4,000여 권 정도 될 것입니다"라고 하였다. 이에 우리는 그 서목(書目)을 빌려달라고 해서 가지고 돌아왔다. 내가 오로지 평생토록 구해보려고 한 책이 모두 그 서목에 있었다. 무릇 천하의 기이한 서적 또한 아주 많았다. 이때에 와서야 비로소 나는 절강(浙江)이 온갖 서적이 잔뜩 모여 있는 지방이라는 사실을 알았다. 이곳에 온 후 먼저 최근에 발간된 〈절강서목(浙江書目)〉을 얻었다. 그런데 이 도씨의 서목에는 절강서목에서 미처 보지 못한 서적들도 있었다. 이러한 까닭에 나는 박제가와 함께 도씨의 서목을 베꼈다.

— 『입연기』 하, 〈무술년(戊戌年, 1778) 5월 25일〉

오류거의 주인 도씨는 사고전서관에 책을 거래하는 거상이다. 그가 강남에서 실어와 통주 장가만을 거쳐 도착한다고 이덕무에게 귀띔한 4,000여 권에 달하는 서책 역시 사고전서관에 납품하기 위한 것이었다. 책을 한 공간에서 사고파는 서점 거리의 존재만으로도 큰 문화적 충격을 받았던 이덕무는 오류거라는 한 서점이 수천여 권에 이르는 엄청난 양의 책들을 배까지 동원해 수천 리 운하를 건너 가져온다는 사실 앞에 말문마저 막힐 지경이었다. 이덕무는 내일 4,000여 권의 책이 들어온다는 오류거의 주인 도씨의 말을 도저히 잊을 수 없었다. 이날 오류거에서의 경험은 이덕무의 호기심과 지식욕을 강렬하게 자극했다. 그래서 사흘 뒤인 5월 28일 이덕무는 박제가와 함께 강남에서 배편으로 온 기서(奇書)를 열람하기 위해 다시 오류거를 찾는다. 이때 이덕무는 자신의 연행을 도와 준 서장관 심염조가 부탁한 수십여 종의 책을 주문했는데, 그 가운데에는 주이준(朱彝尊)의 『경해(經解)』와 마숙(馬驌)의 『역사(繹史)』 등 희귀본을 비롯해 좋은 책들이 많이 있었다.

그리고 6월 2일 다시 오류거를 찾은 이덕무는 주문한 60상자의 『경해』를 열람하고는, 조선과 청나라 사이의 학문적인 격차가 거의 백 년이 넘을 수 있다는 의문을 갖게 되면서 적잖은 충격에 빠지기도 한다.

유리창 오류거 주인 도생의 책방에서 60상자의 『경해』를 열람하였다. 『경해』란 서책은 죽타 주이준이 담포 서건학(徐乾學)과 함께 소장하고 있던 서책을 모두 수집하고 또한 수수(秀水)의 조추악(曹秋岳), 무석(無錫)의 진대암(秦對巖), 상숙(常熟)의 전준왕(錢遵王)과 모부계(毛斧季), 온릉(溫陵)의 황유태(黃兪邰) 등이 소장하고 있는 서책을 얻어 모두 140여 종으로 구성한 것이다. 『자하역전(子夏易傳)』 이외 당나라 사람의 서적은 겨우 2~3종에 불과하고, 그 나머지는 대부분 송나라와 원나라 여러 유학자들이 편찬하고 저술한 책들이었다. 명나라 사람이 저술한 서적도 여러 책들 사이에 간혹 한두 종 끼어 있었다. 진실로 유가의 서고이자 경학의 뿌리요 수풀이라고 할 만한 서책이었다. 이 『경해』가 간행된 지 이미 백 년이 지났다. 그런데 우리나라 사람들은 까마득히 모르고 있다. 매번 사신이 끊이지 않고 왕래했지만 수레에 실어 우리나라에 가져오는 서책이라는 것이 고작 연의소설(演義小說) 아니면 『팔가문초(八家文抄)』나 『당시품휘(唐詩品彙)』 따위일 뿐이다. 이 두 종류의 책이 비록 실제 쓰임이 있다고 하지만 집집마다 소장하고 있을 뿐만 아니라 또한 우리나라에서 간행되고 있는 책이다. 따라서 중국에서 다시 사가지고 올 필요가 없는 책이라고 할 수 있다. 더욱이 이 두 종류의 책은 광범위하게 유포되어 있어서 진귀하지도 않고 값어치 역시 아주 저렴하다. 그럼에도 불구하고 조선의 사신들은 중국에 올 때마다 별도로 돈을 가져와서 비싼 값을 치르고 구입해 가져간다. 우리나라 사람의 고루함이 이와 같다.

— 『입연기』 하, 〈무술년(戊戌年, 1778) 6월 2일〉

유리창의 서점가를 거듭 찾을수록 조선과 청나라의 학문적, 문화적 격차를 더욱 분명하게 자각한 이덕무는 북학을 통해 조선의 학문과 문화 수준을 획기적으로 개혁할 필요성을 가슴 깊이 새겼을 것이다. 유리창을 함께 거닐며 수많은 서점들을 구경하고 다니면서, 이덕무와 박제가는 조선의 '고동서화(古董書畵)'에 관한 개혁 담론을 나누었을 것이다. 이와 관련한 내용이 『북학의』에 자세하게 나와 있다.

유리창 좌우 10여 리의 저잣거리와 용봉사(龍鳳寺) 개시(開市) 등의 장소는 지나가듯 살펴만 보아도 그 휘황찬란한 광경을 어떻게 표현하고 묘사할지 알 수 없을 정도였다. 그곳에 있는 물건들은 모두 이정(彝鼎)이나 고옥(古玉)과 같은 골동품이자 그림이나 서예와 같은 기이하고 뛰어난 작품들이었다. 그러나 실상을 보면 진품 역시 매우 드물다. 그러나 천하의 수 많은 물품과 엄청난 재부(財富)가 모두 이곳에 모여들어서 하루 종일 물품을 사고파는 사람들이 끊이지 않고 넘쳐났다. 아마도 이러한 모습을 보면 어떤 사람은 이렇게 말할 것이다. "부유하다면 부유하다고 할 수 있겠다. 그러나 백성의 생계에는 아무런 도움이 되지 않는다. 그러므로 그 물품을 전부 불살라버린다고 해도 무슨 손해가 있겠는가?" 이 말은 확실히 옳은 것 같지만 사실은 그렇지 않다. 대개 푸른 산과 흰 구름은 모두 먹을 수도 입을 수도 없는 것이다. 그러나 사람들은 푸른 산과 흰 구름을 사랑한다. 만약 백성들의 생계와 아무런 관련이 없다고 해서 골동품이나 서화를 좋아할 줄도 모르고 알지도 못한다면 그 사람은 과연 어떤 사람이라고 해야 할까? …… 우리나라 사람은 학문이라고 해봤자 모두 과거 시험용 학문에서 나온 것에 불과하고, 견문이라고 해봤자 조선의 강역을 넘어서본 적이 없다. 그래서 대장경(大藏經)의 종이를 보면 더럽혀졌다고 말하고, 밤색 빛깔의 화로를 보면 또한 더럽다고 여긴다. 이렇게 해서 점차 세련된 문화와 문명 세계로부터 자신을 단절시켜버린다. …… 이러한 까닭에 천하 사람들이 보배롭다고 하는 물건이 우리나라 땅에만 들어오면 모두 천한 대접을 받는다. 고대 중국 하나라, 은나라, 주나라 삼대의 고기(古器)와 명현(名賢)의 진적(眞蹟)조차 제대로 된 값을 받지 못할 정도다. 더욱이 필묵(筆墨)과 향차(香茶)와 서책(書冊)과 같은 종류의 물건은 중국과 비교할 때 항상 그 값어치가 절반이나 감소한다. 이러한 일은 모두 우리나라의 사대부가 옛것을 좋아하지 않기 때문이다. 내가 일찍이 유리창의 서점 한 곳을 들어간 적이 있다. 서점의 주인은 매매 문서나 장부를 뒤적이며 피곤해보였지만 잠시도 쉴 틈이 없는 광경을 보았다. 그런데 우리나라의 서쾌(書儈, 책장수)는 고작 한 가지 책을 옆구리에 끼고 사대부

집을 두루 돌아다니며 팔려고 해도 왕왕 몇 개월이 지나도록 책을 팔지
못하곤 한다. 이러한 일들을 살펴보고 나는 중국이 문명의 숲이라는 사실
을 알게 되었다.

— 박제가, 『북학의』 「내편(內篇)」, 〈고동서화〉

조선과 청 사이의 학문적, 문화적 격차를 좁히기 위해서는 외국 서적을
체계적, 계획적으로 수입하는 한편 서적의 유통과 거래를 활성화시키는
개혁이 필요하다는 얘기다. 더불어 과거 시험용 서책만 보고, 평생 익힌
학문과 지식이라곤 조선이라는 좁고 구석진 강역의 범위를 넘어서지 못하
는 사대부의 문화도 혁신시켜 점차 세련되고 우아한 문명 세계로 이끌어
야 한다는 주장이다. 이렇듯 유리창에서 겪은 문화 충격은 이덕무 등 북학
파 지식인들에게 하루라도 빨리 외국의 선진 학문과 지식을 받아들여 조
선의 '문명화'를 이루어야 한다는 개혁론으로 귀결되었다.

지식과 정보의 북방 통로 2, 천주당

연경에 간 조선 지식인들이 외국 문물과 새로운 학문을 접촉할 수 있었던
또 다른 장소로는 천주당이 있다. 연경의 천주당과 서양인 선교사들은 조
선에 들어오는 서양 학문과 과학기술을 뜻하는 '서학(西學)'의 진원지였
다. 천주당과 조선 지식인이 직간접적으로 만났던 역사는 16세기 말 이수
광에서부터 18세기 중반 홍대용까지 이어지는, 결코 간단하지 않은 스토
리를 가지고 있다.

조선의 지식인 중에서 서학과 최초로 접촉한 이는 임진왜란이 일어나

기 바로 직전인 1592년 명나라에 주청사로 간 이수광이다. 명나라에는 1580년대부터 예수회 출신 선교사들이 들어와 천주교를 전파하기 시작 했는데, 이들은 명나라 지식인들에게 영향력을 미치기 위해 종교 서적은 물론 과학기술 등 서양 학문을 다룬 서적이나 세계지도 같은 것을 한문 으로 번역해 출판했다. 이수광은 이들 중 마테오 리치가 저술한 『천주실 의』와 서양에 관한 여러 가지 지식 정보를 갖고 조선으로 돌아왔다. 그리 고 그는 1614년(광해군 6)에 편찬한 자신의 저서 『지봉유설』에 세계지도와 『천주실의』, 그리고 『교우론(交友論)』을 통해 서양의 존재를 조선에 소개 했다. 조선의 지식인들은 『지봉유설』을 통해 비로소 서양의 존재를 알게 된 것이다. 다만 이수광은 서양인 선교사와 직접 접촉하지는 않았고 다만 전해들은 정보들을 『지봉유설』에 기록했을 뿐이다.

따라서 서학이 본격적으로 조선에 들어온 시기는 청나라가 명나라를 멸 망시키고 중국을 차지하고 난 이후라고 할 수 있다. 특히 청나라는 명나라 의 수도였던 북경(연경)을 공격해 점령할 때 조선에서 볼모로 끌려와 당시 수도인 심양(瀋陽)에 머물고 있던 소현세자를 데리고 갔는데, 이때 소현세 자는 연경에서 선교사로 활동하던 아담 샬(탕약망)을 찾아가 교제를 맺고 우정을 나누었다. 소현세자와 아담 샬의 만남은 역사적으로 큰 의미를 갖 는 사건이었다. 물론 소현세자 이전에 서양인 선교사를 만난 조선 사람도 있었다. 바로 조선이 청나라(당시 후금)의 1차 침략을 겪은 직후인 1631년, 명나라에 진주사(陳奏使)로 파견된 정두원(鄭斗源)이다. 그는 조선으로 돌 아오는 도중 명나라의 등주(登州)에서 예수회 선교사 육약한(陸若漢, 요하 네스 로드리게스)을 만났다. 이 만남에서 로드리게스는 천리경, 자명종, 화 포, 화약 등 서양 문물과 함께 한문으로 번역된 서학 서적과 세계지도를 조선 국왕에게 선물로 바쳤다. 이 만남은 조선의 지식인이 서양 사람과 접촉해 대화를 나누고 정보를 교환한 최초의 사례라고 할 수 있다.

어쨌든 명나라의 멸망과 함께 8년의 볼모 생활을 끝내고 조선으로 돌아온 소현세자는 서양의 여러 기물과 천주교 서적은 물론 중국인 천주교 신자 예닐곱 명까지 데리고 왔다. 그러나 소현세자의 죽음과 함께 중국인 천주교 신자는 추방되었고, 대명의리(大明義理)와 북벌론의 대두 속에서 성리학 이념은 더욱 강해졌으며, 서학은 점차 불온하고 불순한 사상으로 취급되었다. 하지만 서양의 천문, 역학에 대해서만큼은 당시 청나라가 서양식 역법 체계인 시헌력(時憲曆)을 시행하고 있었기에 조선에서도 많은 관심을 갖고 있었다. 이에 청나라에 간 조선 사신들은 천주당을 방문해 서양 신부들과 접촉하려고 노력했고, 한문으로 번역된 서학 서적들도 하나 둘 조선으로 가져왔다. 그렇지만 건국 초기, 조선을 아직 잠재적 위협 국가로 간주했던 청나라는 조선 사신들의 사신관 바깥 출입을 엄격하게 통제하고 감시했다. 이러한 까닭에 17세기 동안에는 조선 사신이 천주당을 직접 방문해 서양인 신부와 만난다는 것이 쉽지 않았다.

그런데 이러한 양국의 긴장 관계는 18세기에 들어오면서 급속하게 해소 국면으로 접어든다. 청나라는 국내 반란을 진압한 이후 찾은 정치적 안정을 기반으로 강희제, 옹정제, 건륭제로 이어지는 최고 전성기를 맞이했고, 조선 또한 효종 때 국시로 삼았던 북벌론이 현실성이 없다는 사실을 자각하면서 양국은 빠르게 화해와 협력 관계로 바뀌었던 것이다. 청나라에 간 조선 사신 일행 또한 이전보다 훨씬 자유로운 상황에서 연경에 머무를 수 있게 되었다. 이때부터 천주당을 찾아가 서양인 선교사와 직접 접촉하는 사례가 잦아지기 시작했다. 1712년 군관(軍官) 김창업(金昌業)이 천주당을 방문했고, 1720년에는 정사(正使) 이이명(李頤命)이 직접 천주당을 찾아가 서양인 선교사 대진현(戴進賢, 쾨글러) 등과 필담까지 나누었다. 그리고

1766년 홍대용이 천주당을 찾았을 때 만났던 서양 선교사 중 한 사람이기도 한 유송령(劉松齡, 아우구스트 할러스타인)에 따르면, 연경에 온 조선 사신은 빈번하게 천주당을 방문해 예수회 선교사를 만났고 천문학에 관한 깊이 있는 질문을 했다고 한다.[10] 실제 이덕무와 박제가의 연행 이전 조선 사신 일행 중 낮게는 역관(譯官)과 일관(日官)에서부터 높게는 정사(正使)에 이르기까지 다양한 신분의 사람이 천주당을 찾았다. 그리고 이들은 천주당 방문과 서양인 선교사들과의 만남을 통해 구한 수많은 서학 서적들을 가지고 귀국했다. 심지어 1769년(영조 45)에 서명응(徐命膺)은 한번에 약 500여 권에 이르는 서양의 천문, 역학 서적을 구입해 조선에 가져오기도 했다.[11] 서명응은 북학파의 후견인으로 박제가의 연행기인 『북학의』에 직접 서문을 써준 사람이기도 하다.

이렇듯 유리창과 더불어 천주당은 조선에 들어오는 새로운 학문과 사상, 최신 지식과 정보를 전달하고 매개하는 통로였다. 이로 인해 천주당은 북학에 뜻을 둔 조선의 지식인이라면 반드시 찾아가야 할 장소로 인식되었다. 북학파 그룹 중 제일 앞서 청나라에 갔던 홍대용이 유리창보다 먼저 찾았던 곳 역시 천주당이었다. 홍대용의 연행 기록인 『을병연행록』을 읽어보면, 당시 그가 처음 본 서양의 문물인 파이프 오르간의 거대한 규모와 웅장한 소리에 감탄하는 모습과 슬로베니아 출신의 서양인 선교사 할러스타인과 포우관(鮑友管, 안톤 고가이슬)을 만나 천문과 역학에 대해 진지하게 토론하는 장면을 볼 수 있다. 이러한 장면들은 북학파 지식인들이 얼마나 새로운 문물과 문화에 개방적이었으며, 최신 지식과 정보를 열정적으로 탐색했는지 느끼게 한다. 먼저 파이프 오르간에 관한 홍대용의 목격담과 감상평부터 읽어보자.

난간 안으로 기이한 악기가 놓여 있었다. 이 악기는 서양국 사람이 만든 것인데 천주(天主)에게 제사를 지낼 때 연주하는 풍류(파이프 오르간)이다. 내가 올라가 보고 싶다고 청하자 유송령이 처음에는 매우 난처한 표정을 지었다. 여러 번 청한 후에야 열쇠를 가져오라고 하여 서쪽의 한 문을 열었다. 그 안으로 들어가자 두어 길 채색한 사다리를 놓았다. 이 사다리를 올라 또 한 층을 오르자 곧 누각 아래에 이르렀다. 나아가 그 풍류(파이프 오르간) 제작을 자세히 살펴보았다. 큰 나무로 틀을 만들었는데 사면이 막혀 있어서 은연히 궤(櫃, 궤짝) 모양이고, 길이와 넓이는 한 발 남짓하고 높이는 한 길 정도 되었다. 그 내부는 보지 못하였으나 다만 틀 밖으로 50 내지 60개의 쇠통을 장단(長短)이 층층하도록 가지런하게 세웠는데 모두 백철(白鐵)로 만든 통이고 젓대(대금) 모양이었다. 짧은 통은 틀 안에 들어 있으니 그 크고 작음을 볼 수 없었지만, 긴 통은 틀 위로 두어 자 높고 몸 둘레는 두어 움큼이다. 대개 길이와 몸 둘레를 차차 줄였으니, 이것은 음률의 맑고 탁함과 높고 낮음을 맞추어 만든 것이다.

틀 동쪽에 두어 걸음을 물려 두어 자 궤를 놓았다. 그 뒤로 두세 칸 물려 큰 뒤주 같은 틀을 놓았다. 틀 위에는 부드러운 가죽을 덮었는데 큰 자루 모양이었다. 아랫부리에는 틀을 둘러 단단히 붙여서 바람도 통하지 못하였다. 윗부리에는 넓은 널로 여러 겹을 덧대고 또한 단단히 붙였다. 여러 겹 덧붙인 나무에 한 발 남짓한 나무 자루를 맞추었다. 그런데 덧붙인 나무가 아주 무거워 틀 위에 덮었더니 한 사람이 그 자루를 잡아 틀 앞을 의지하여 아래로 누르는데 모든 힘을 다 쓰는 모양새였다. 덧붙인 판을 두어 자 들고 구겨진 가죽을 팽팽히 펴고 사람이 자루를 놓은 다음에 무거운 판이 즉시 눌리지 아니하도록 팽팽한 가죽에 얹어놓았다.

— 홍대용, 『을병연행록』, 〈병술년(丙戌年, 1766) 정월 초9일〉

홍대용은 여태껏 본 적 없는 거대한 서양 악기인 파이프 오르간에 완전히 매혹당했던 모양이다. 거문고의 명수이자 음악 이론에도 밝았던 홍대용은 단지 구경하는 것만으로 성이 안 찼던지 용감하게도 악기의 소리까지 직접 시험해보고 조선의 악기를 본떠서 곡조를 연주하기까지 했다.

내가 유송령에게 풍류(파이프 오르간)의 소리가 듣고 싶다고 청하였다. 그런데 유송령은 "풍류를 아는 사람이 마침 병이 들어서 할 수가 없습니다"라고 말하였다. 그러면서 철통을 세운 틀 앞으로 나아갔다. 틀 밖으로 조그만 말뚝 같은 두어 치의 네모진 나무가 줄줄이 구멍에 꽂혀 있었다. 유송령은 그 말뚝을 차례로 눌렀다. 상층의 동쪽 첫 말뚝을 누르자 홀연히 한결같은 저(箸) 소리가 누각 위에 가득하였다. 웅장한 소리 가운데 지극히 바르고 깊고 그윽하며, 심원(深遠)한 가운데 지극히 맑은 소리가 났다. 이것은 옛 풍류의 황종(黃鐘) 소리를 본뜬 것이 아닌가 싶었다. 말뚝을 놓자 그 소리가 손을 따라 멈추고, 그 다음 말뚝을 누르자 처음 소리에 비하면 적(笛)이 작고 높았다. 차차 눌러 하층 서쪽에 이르자 극진히 가늘고 극진히 높았다. 이것은 율려(律呂)의 응종(應鐘)을 따른 것이 아닌가 싶었다. 대개 생황(笙簧)의 제도를 근본으로 삼아 천하의 길고 짧은 음률을 갖추었다. 이것은 고금을 통틀어 살펴보아도 찾아보기 힘든 희한한 제작이었다. 내가 앞으로 나아가 그 말뚝을 두어 번 오르내려 누른 다음에 우리나라 풍류를 흉내 내어 잡자 거의 곡조를 이룰 듯하였다. 이 소리를 듣고 있던 유송령이 희미하게 웃었다. 여럿이 다투어 반나절이 지난 후에는 갑자기 눌러도 소리가 나지 않아 동쪽 틀 위를 보니 가죽이 접혔고 덧댄 판이 틀 위에 눌렸기 때문이었다.

대개 이 악기의 제도는 바람을 빌려 소리를 나게 한 것이다. 바람을 빌

리는 법은 풀무 제도와 같았다. 그 악기를 움직여 소리가 나게 하는 장치
는 오직 동쪽 틀에 있으니 자루를 누르면 가죽이 차차 펴져서 어느 구석
의 구멍이 절로 열려 함께 바람을 틀 안에 가득히 넣은 후에 자루를 놓아
바람을 밀면 들어오던 구멍이 절로 막히고, 통 밑을 향하여 맹렬히 밀어
댄다. 통 밑에 비록 각각 구멍이 있으나 또한 조그만 덧댄 판을 만들어 단
단히 막은 까닭에 말뚝을 집어 틀 안에 고동을 빳빳이 세워 구멍이 열린
다음에야 비로소 바람이 통하여 소리를 이루었다. 그 소리의 맑고 탁함과
높고 낮음은 각각 통의 크고 작은 것과 길고 짧은 것에 따라 음률을 다르
게 하는 것이다. 그 틀 속은 비록 열어보지 못하나 겉으로 보아도 그 대강
의 제작을 짐작할 수 있었다. 내가 유송령을 향하여 그 소리 나는 까닭을
형용하여 말하였다. 그러자 유송령이 웃으면서 "맞는 말씀입니다"라고
하였다.

— 홍대용, 「을병연행록」, 〈병술년(丙戌年, 1766) 정월 초9일〉

당시 연경에는 동서남북으로 네 곳의 천주당이 있었다. 그중 홍대용이
찾았던 곳은 남천주당이었다. 1766년 정월 초9일에 처음 천주당을 방문했
던 그는 열흘이 지난 19일에 일관(日官) 이덕성과 함께 다시 이곳을 찾아
첫 방문 때 만났던 서양인 선교사 아우구스트 할러스타인(유송령), 안톤 고
가이슬(포우관)과 더불어 천문, 역학에 관한 진지하고 깊이 있는 토론을 가
졌다. 둘은 이때 청나라의 국립 천문대인 흠천감(欽天監)의 관원으로 천문
과 역학에 관한 최고 수준의 지식과 정보를 갖춘 석학이었다. 이때 할러스
타인은 나이 62세로 종2품의 벼슬이었고, 고가이슬은 64세로 6품의 벼슬
을 하고 있었다. 이 두 사람은 이미 학문과 지식이 완숙할 나이였고 또 흠
천감 관원으로 수십 년의 경험을 쌓고 있었기 때문에, 스스로 혼천의(渾天

儀)를 만들 정도로 천문과 역학에 밝았던 홍대용조차 조선에서는 해결하지 못했던 수많은 의문들을 풀 수 있었다. 홍대용과 서양인 선교사의 대화는 청나라 남방 출신의 선비를 중간에 두고 이루어졌다. 홍대용은 한자를 알지만 말을 몰랐고, 할러스타인과 고가이슬은 한자는 약간 알지만 쓸 줄은 몰랐기 때문이다. 특히 고가이슬은 홍대용이 써서 보여준 글을 전혀 알지 못했고, 할러스타인은 더듬더듬 읽으면서 이해가 되지 않는 부분은 청나라 선비와 의사를 나눈 다음에 비로소 대답하는 말을 받아쓰도록 했다. 이 때문에 홍대용은 거의 대부분의 대화를 할러스타인과 나누었다. 『을병연행록』을 토대로 이날의 대화를 재구성해보겠다.

홍대용: 듣건대 그대는 천문을 살피고 역법을 다스린다고 합니다. 하늘의 다섯 별이 해마다 돌아가 도수(度數)가 변하는데 추보(推步, 천체 운행 관측)하는 법을 근년 들어 고친 것이 있습니까?

유송령: 지금 추보하는 법은 『역상고성(曆象考成)』에서 의론한 것을 고치지 않았습니다. 그런데 근년에 두어 도수가 변하였습니다. 그 이유를 황상께 아뢰어 옛 법을 고치고자 하는데 아직 시작하지 못하였습니다.

『역상고성』은 강희 황제가 만든 책이다. 하늘의 도수를 산법(算法)으로 미루어 책력(冊曆) 만드는 법을 의론한 것이다. 이때 유송령과 주고받은 말이 많지만 다 기록하지는 못한다.

홍대용: 천문 도수는 가벼이 알 수 있는 것이 아닙니다. 그런데 내가 망령됨을 잊고 혼천의(渾天儀) 하나를 만들어 천상(天象)을 모방하였습니다. 비록 대강 도수를 얻었지만 하늘 법상(法象)에 참여하여 상고하면 어기고

그릇된 것이 많습니다. 이곳에 여러 차례 찾아오는 번거로움을 피하지 않은 까닭은 반드시 기이한 의기(儀器) 제도가 많이 있을 것이므로 한번 구경하여 미혹하고 막힌 마음을 깨우치고자 했기 때문입니다.

유송령: 여러 가지 의기는 다 관상대(觀象臺)에 있으니 가장 볼 만합니다. 그러나 쉽게 들어가지 못할 것입니다. 이곳에는 다만 거칠고 엉성하고 상한 것이 하나 있으니 족히 볼 것이 없습니다.

홍대용: 비록 거칠고 엉성하더라도 잠깐 보기를 청합니다.

유송령이 사람을 불러 무슨 말을 하자 즉시 하나의 의기를 내왔다. 그 크기가 큰 뒤웅박만 하고 종이를 여러 겹 포개 붙여서 만든 것이었다. 위에 삼원(三垣) 이십팔수(二十八宿)의 온갖 별자리를 희미하게 그리고 주석 고리를 그 위에 끼웠다. 동서(東西)로 임의로 돌리고 남북(南北)은 각각 곧은 쇠로 버티어 치우쳐 놓지 못하게 하였다. 한 고리의 이름은 적도(赤道)이니 하늘 가운데를 일컫는 것이다. 한 고리는 황도(黃道)이니 해와 달이 다니는 길을 일컫는 것이다. 유송령이 두 고리를 돌려 보면서 말하였다.

유송령: 이것은 해마다 도수가 틀리는 것을 상세히 살피도록 합니다.

포우관이 조그만 그림 한 장을 내어왔다. 살펴보니 관상대 그림이라고 한다. 포우관이 관상대 위로는 사면에 성가퀴를 두르고 그 안에 천문을 보는 온갖 의기를 벌여놓았는데, 그림으로만 보아도 기이하고 신묘하여 구경할 만하였다.

홍대용: 이 그림을 보니 관상대가 더욱 보고 싶습니다. 그대는 이미 흠천

감의 벼슬을 하고 있습니다. 만약 그곳을 지키는 사람에게 한마디 말만 해주면 반드시 어기지 못할 것입니다. 우리를 위하여 일을 성사시켜주시는 것이 어떻겠습니까?

유송령: 관상대는 나라의 귀중한 기물을 감추고 있는 곳입니다. 그래서 금령(禁令)이 가장 엄격하여 외부사람이 임의로 출입하지 못합니다. 비록 친왕(親王) 대인(大人)이라도 황상의 조서를 얻지 못하는데 어찌 들어갈 수 있겠습니까? 이는 우리의 힘으로 도모할 수 있는 일이 아닙니다.

— 홍대용, 『을병연행록』, 〈병술년(丙戌年, 1766) 정월 19일〉

특히 이날 홍대용은 일월(日月)의 형태와 성신(星辰)의 빛을 측량하는 망원경과 자명종, 유리 안경 등 기이하고 진귀한 기물 역시 두루 살펴보았다. 홍대용은 이들 서양인 선교사와의 대화에 만족하지 않고 외부 사람에게는 절대 공개하지 않는 흠천감의 관상대를 갖은 어려움을 무릅쓰고 들어가 청나라와 서양의 최신 천문 기구들을 직접 관람하기도 했다. 이렇듯 서양의 선진 문물을 견문하고 과학기술을 배워 조선에 가져오려는 홍대용의 개방적이고 열정적인 지식욕은 후진인 이덕무와 박제가에게도 고스란히 전해져 깊은 인상을 남겼다.

이덕무는 1778년 5월 25일 첫 방문 때 주인이 없어 자세히 보지 못했던 천주당을 6월 14일 재차 방문한다. 그곳에서 그는 무엇을 보고 어떤 느낌을 받았을까?

오후에 천주당에 갔다. 천주당은 순성문(順城門) 동쪽에 있는데 모두 벽돌을 쌓아서 짓고 나무는 단 하나도 쓰지 않았다. 그 높고 넓은 건물 구조는 중국의 칸살이나 기와, 처마의 제도와는 아주 달랐다. 흠천감 관원은 서양 사람 두 명인데 때마침 원명원(圓明園)에 입직하러 가고 없었다. 다만 지키고 선 한인(漢人)들이 몇 명 있었다. 안을 가린 발을 걷고 문으로 들어가자 마치 깊은 계곡과 같이 사람의 말소리가 울려 퍼졌다. 고개를 들어 건물을 바라보니 마치 가마솥을 뒤집어엎어 놓은 것과 같은데 주위로 두루 인물화가 그려져 있었다. 어린아이가 놀란 눈동자로 하늘을 쳐다보고 있고, 한 부인이 걱정스러운 표정으로 그 어린아이를 어루만져주고 있었다. 노인 한 명은 두려움이 가득한 표정으로 손을 모으고 마치 그 어린아이가 죽지 않기를 기도하는 모습을 하고 있었다. 사방에서 구름의 기운이 어린아이를 감싸고 있으며 구름 속으로 머리만 내민 사람이 헤아릴 수 없을 만큼 많이 그려져 있었다. …… 또한 노인이 하늘을 향해 두 손을 벌리고 십자가에 매달려 떨어지려고 하는 어린아이를 마치 받아 안으려고 하는 모습의 그림도 있었다. 황홀하고 그윽하고 괴이하여 사람으로 하여금 왠지 좋지 않은 기분이 들게 하였다. 대개 병든 어린아이는 이른바 천주(天主)의 야소(耶蘇)이고, 근심 어린 표정의 부인은 야소의 어머니라고 한다. …… 서쪽 담장 바깥에는 의기(儀器)를 보관한 관청이 있었다. 그런데 그곳을 지키는 자 또한 끝내 그 내부를 구경하는 것을 허락하지 않아 매우 한탄스러웠다.

— 『입연기』 하, 〈무술년(戊戌年, 1778) 6월 14일〉

재차 방문한 천주당에서도 서양인 선교사를 만나지 못한 이덕무의 눈길을 사로잡은 것은 예수와 성모 마리아를 그린 성화(聖畵)뿐이었다. 관심사 중 하나였던 서양 악기나 과학기술 기구를 간직하고 있는 곳도 서양인 선교사가 없다는 이유로 구경조차 하지 못하고 돌아서야 했다. 두 번 다 허탕을 친 셈이다. 그럼에도 불구하고 홍대용과 이덕무 등 조선의 지식인들은 천주당을 통해 서양이라는 낯선 세계의 존재를 분명하게 인식할 수 있었고, 중화가 세계의 중심이라는 중화주의 세계관에서 해방될 수 있었다. 또한 세계는 둥글고 자전(自轉)하기 때문에 어떻게 기준을 삼느냐에 따라 어느 곳이나 세상의 중심이 될 수 있다는 혁신적인 사고에 도달할 수 있었다.

그런데 천주당을 방문한 이덕무의 글은 열정과 호기심 가득했던 홍대용의 기록과 비교해보면 왠지 덤덤하고 건조하기까지 한 인상을 준다. 서양인 선교사를 만나지도 못했고 서양의 기이하고 진귀한 기물 등을 구경할 기회를 갖지 못했기 때문이었을까? 물론 그러한 이유도 있었을 것이다. 그러나 이덕무는 홍대용이 천주당을 방문한 때로부터 13년이 지난 후에야 그곳을 찾았다. 즉 그는 연경의 천주당을 찾기 이전에 이미 홍대용을 통해 천주당에 관한 적지 않은 정보를 듣고 한문으로 번역된 천주교와 서학 관련 서적도 보았을 것이다. 이런 까닭에 홍대용이 보여준 것과 같은 열정과 감흥을 찾기 어려웠다고 할 수 있지 않을까?

북학파 그룹의 천주당 방문은 이덕무와 박제가보다 2년 늦은 1780년(정조 4) 청나라를 찾은 박지원에게까지 쭉 이어졌다. 한 가지 흥미로운 사실은 북학파 그룹 지식인들이 연경에 왔을 때 유리창과 더불어 반드시 천주당을 찾았음에도 불구하고, 이상할 정도로 천주교에 대해서는 종교적으로는 물론 사상적 학문적으로 별반 매력을 느끼지 못했다는 것이다. 반면 천주당을 구경조차 하지 못했던 남인 출신 실학자 1세대인 성호 이익과 그의 제자들은『천주실의』나『칠극(七克)』등 천주교 관련 서적들을 찾아 읽으며 학문적으로 연구했고, 남인 출신의 실학자 2세대인 이가환, 정약용, 정약전(丁若銓) 등은 이벽(李蘗), 이승훈(李承薰)과 더불어 천주교를 신앙으로까지 받아들였다. 특히 가톨릭 역사에서 조선 천주교는 서양 선교사의 전도가 아닌 자생적으로 교인이 생겨난 특이한 경우였다. 조선 최초로 세례를 받은 이승훈을 비롯한 이들 자생적 천주교인들은 천주교 서적을 학문적으로 연구하다가 종교로까지 받아들인 남인 출신 지식인들이었다.

천주당은 새로운 학문과 사상, 최신 지식 정보를 조선에 보낸 통로였지만, 당시 조선 사회를 뒤흔든 가장 뜨거운 사회 문제를 유발한 곳이기도 했다. 19세기 이후 역사를 보면, 18세기에 천주교와 서학을 어떻게 다루었느냐에 따라 조선의 운명이 크게 바뀔 수도 있었을 것이라는 사실을 어렵지 않게 추측할 수 있다. 결론적으로 말하면, 필자는 이 난해한 문제를 이념이나 종교가 아닌 이용후생과 실용주의의 방법으로 접근한 북학파 그룹의 판단이 옳았다고 생각한다.

당시 노론 세력은 천주교 문제를 이념 논쟁과 정쟁의 도구로 삼아 정조와 남인 세력의 입지를 약화시키고 각종 개혁 정책들을 좌초시키려고 했다. 천주를 주인으로 섬기는 천주교 교리가 왕조 사회의 질서와 성리학적 이념을 부정하는 반역 행위라고 주장한 것이다. 그들은 천주교 문제를 명분 삼아 자신들의 권력을 공고화하기 위해 '서양의 것'을 일체 부정하고, 그와 조금이라도 관련 있는 사람들을 모두 천주교인으로 몰아 탄압하는 극단적인 행동을 서슴지 않았다. 당시 조선은 서양의 선진 학문과 우수한 과학기술을 수용하지도, 그렇다고 거부하지도 못하는 어정쩡한 태도를 취하고 있었으며, 천주교 문제로부터 자유로울 수 없었던 남인 출신 개혁 세력은 노론의 정치적 공세 앞에 무기력했다. 개혁 군주였던 정조 역시 천주교가 왕조 사회의 질서와 성리학적 이념을 무너뜨리는 반역 사상이라는 노론의 주장을 거부할 수도 부정할 수도 없었다.

이때 북학파 그룹의 지식인들은 천주교와 서학을 분리시켜 다루어야 한다는 실용주의적 접근 방법을 제안했다. 이러한 북학파의 큰 뜻이 가장 잘 담겨 있는 글이 앞서 소개한 적이 있는 박제가의 상소문 즉 〈병오소회〉다.

이 상소문에서 박제가는 청나라의 흠천감에서 일하는 서양인 선교사들을 초빙하고 조선의 우수한 인재들을 뽑아 그들에게 보내 기하학과 천문, 역학은 물론 이용후생의 학문과 과학기술을 배우도록 해야 한다고 주장했다. 그리고 천주교를 이유로 서양 학문의 수입을 막자는 사람들의 생각을 이렇게 밝혔다.

> 의논하는 자들은 반드시 이렇게 말할 것입니다. "한나라 때 명제(明帝)가 불교를 받아들여 천고에 폐를 끼쳤다. 대개 구라파(歐羅巴)는 중국에서 9만 리나 멀리 떨어져 있다. 그들은 천주교라는 이교(異敎)를 숭상해 섬기며 인종 또한 아주 다르다. 더욱이 그들은 해외의 온갖 야만족들과 통상하거나 통교하고 있어서 그 속마음을 예측할 수 없다."
>
> — 박제가, 『정유각집』, 〈병오소회〉

이에 대해 박제가는 천주교의 전파와 확산을 막을 방책을 제시하면서, 이용후생을 위해서는 반드시 서양의 학문과 기술을 받아들여야 한다고 역설한다. 또한 서양인 선교사의 언행을 지나치게 엄격하게 다루면 그들이 조선에 오지 않을 것이라고 우려하면서, 천주교를 무작정 억압하는 대신 어느 정도 선에서 인정하는 유화 정책이 필요하다는 주장을 한다. 조선이 비록 숭유억불(崇儒抑佛)을 국시(國是)로 하고 있지만, 일정 한계 내에서 불교를 허용하는 것과 마찬가지라고 볼 수 있다. 다시 말해 나쁜 한 가지 때문에 좋은 열 가지를 잃어서는 안 된다는 것이다.

> 신이 생각하건대, 그들의 무리 수십 명을 한곳에 거처하게 하면 반드시 난리를 일으키지 못할 것입니다. 더욱이 그들은 모두 결혼을 하지 않고

벼슬도 하지 않습니다. 사람의 기호(嗜好)와 욕망을 억제하고 먼 나라를 돌아다니면서 포교하려는 마음만 있을 뿐입니다. 비록 저들의 종교가 천당과 지옥을 독실하게 믿어 불교와 다를 것이 없다고 하더라도, 저들이 갖고 있는 후생(厚生)의 도구는 불교에는 없는 것입니다. 저들이 갖고 있는 열 가지를 취하고 한 가지를 금지하는 계책을 도모하셔야 합니다. 다만 저들에 대한 대우가 마땅하지 않으면 우리가 부른다고 해도 오지 않을까봐 신은 두려울 뿐입니다.

— 박제가, 「정유각집」, 〈병오소회〉

만약 북학파 그룹의 제안대로 조선이 이용후생을 위해 천주교와 서양의 학문과 기술을 분리시켜 접근하는 방법을 취했다면, 정조 사후 19세기 초 일어난 천주교 박해와 쇄국 정책으로 인한 개혁 세력의 붕괴는 없지 않았을까? 그랬다면 조선은 스스로 힘을 길러 19세기 중후반 동아시아 삼국에 휘몰아친 개항과 근대화의 물결 앞에서 한발 앞서 나가, 일본의 식민지로 전락하는 비극 또한 막을 수 있지 않았을까? 이덕무를 비롯한 북학파 지식인들의 진면목이 드러날수록 미래를 내다보는 그들의 혜안을 받아들이지 못한 당시 지배 세력의 권력욕과 폐쇄성, 그리고 무능함을 깨닫게 된다.

조선과 청나라 지식인의 인문학 네트워크

이덕무가 청나라를 방문하고 싶어 한 이유에는 유리창이나 천주당을 방문해 외국 선진 학문과 문물에 관한 견문을 넓히고자 한 뜻도 있었지만, 가장 중요한 이유는 청나라의 지식인들과 직접 만나 교유하고 싶은 마음이 간절했기 때문이다. 이덕무는 선진 학문과 지식 역량을 갖춘 외국의 지식인과 우정을 쌓고 교제하는 것이야말로 북학의 진정한 뜻이라 여겼다. 그가 이러한 마음을 갖게 된 때는 홍대용이 연경 유리창에서의 인연으로 친교를 맺은 세 지식인에 관한 이야기를 들려준 10여 년 전으로 거슬러 올라간다. 홍대용은 애초 마음에 맞는 청나라 선비를 만나 많은 대화를 나눌 목적으로 연행에 따라나섰지만, 연경의 이곳저곳을 찾아다녀도 모두 변변치 않은 사람들이어서 실망하게 된다. 그러다 사신단의 일원인 비장(裨將) 이기성(李其成)이 유리창에서 알게 된 청나라의 선비들을 건정동(乾淨衕, 유리창의 골목 이름)에서 만나 평생의 기이한 만남을 이어가게 된다.

이 만남은 『을병연행록』의 대부분을 이들과 나눈 필담으로 채워넣었을 정도로 중요한 사건이었다. 이때 홍대용이 만난 청나라의 지식인은 엄성, 육비, 반정균으로, 이들은 당시 연경에서 6,000리 떨어져 있는 항주에서 과거를 보러 올라와 유리창의 건정동에 머물고 있었다. 홍대용과 이들 청나라 지식인들은 한 달 동안 일곱 번 밖에 만나지 않았지만 깊은 교제를 맺고, 조선과 중국의 문학, 역사, 철학, 풍속 등 인문학 전반에 걸쳐 필담을 나누면서 천하에 다시없는 우정을 쌓았다.

그리고 조선으로 돌아온 홍대용은 청나라의 세 지식인과 맺은 우정을 잊지 않기 위해 이들과 나눈 필담을 모아 『회우록(會友錄)』을 엮어서 이덕무를 비롯한 북학파의 지식인들에게 보여주었다. 특히 홍대용과 청나라 지식인의 개인적인 만남은 조선이 개국한 이후 명나라 때부터 중국에 다녀왔던 수많은 사행 기록에서도 그 전례를 찾아보기 힘들 만큼 지성사적으로도 큰 획을 긋는 사건이었다. 이러한 이유로 북학파 지식인들은 모두 홍대용의 '쾌거'에 흥분을 감추지 못하고 열광했지만, 그중에서도 가장 열렬하게 마음을 빼앗겼던 사람은 바로 이덕무였다. 홍대용의 『회우록』을 처음 보았을 때 그가 느꼈던 가슴 뜨거운 감정은 말로 다 표현할 수 없을 정도였다.

　박지원 선생은 "영웅과 미인은 눈물이 많다"고 말한 적이 있다. 나는 영
웅도 아니고 미인도 아니지만, 『회우록』을 한번 읽고 있자니 눈물이 줄줄
흘러내렸다. 만약 진실로 이러한 사람들을 만났다면 단지 서로 마주보며
오열할 뿐 필담을 나눌 겨를도 없을 것이다. 『회우록』을 읽고 책을 덮고
나서도 마음이 상하지 않는다면 인정이 있는 사람이 아니다. 친구로 사귈
가치조차 없다.

— 「천애지기서(天涯知己書)」, 〈필담(筆談)〉

　또한 이덕무는 청나라의 세 지식인 중 가장 나이가 젊은 반정균에게 보
낸 편지에서는 홍대용의 경험담을 들을 때마다 품은 심정을 이렇게 밝히
기도 했다.

　담헌 홍대용 선생은 기이한 선비입니다. 연경을 유람하고 조선으로 돌아
온 다음 항상 말하기를 "육비와 철교와 반정균 등 세 선생의 풍류와 문물
이 강좌(江左)에서 밝게 비쳐 빛났다"고 하였습니다. 이에 필담록과 시문
(詩文)과 묵적(墨蹟)을 보여주었습니다. 그것들을 보고 나서 저는 기쁜 나
머지 벌떡 일어나서 춤을 추고 싶었다가 서글픈 생각에 잠겨 왈칵 눈물을
쏟곤 했습니다. 이는 붕우(朋友)에 대한 감정이 폭발해 제 자신도 모르는
사이에 그렇게 되었던 것입니다.

— 『아정유고』 11, 〈반정균에게 보내다(潘秋庫庭筠)〉

　당시 이덕무는 벅차오르는 감정을 도저히 억누를 수 없었다. 그래서 누

가 시키지도 않았는데 자청해서 홍대용과 청나라의 세 지식인이 건정동에서 나눈 필담과 그 이후 오고 간 서간과 시문을 간추려 기록하고 여기에 자신의 감상평까지 달아 「천애지기서」를 펴냈다. 여기에는 이들의 우정은 물론 당대의 학술과 문화 전반을 아우르는 인문학적 교류의 진면목이 담겨져 있다. 먼저 유학사의 최대 논쟁 중 하나였던 주자학과 양명학을 둘러싼 이들의 철학적 대화부터 살펴보자.

> **엄성:** 육구연(陸九淵)은 타고난 자질과 기품이 매우 고상하였습니다. 왕양명(王陽明)은 공적이 천하를 덮고도 남습니다. 그들의 학문을 강론하지 않는다고 하더라도 그들이 큰 인물이라는 사실만은 구애될 것이 없습니다. 주자(朱子)와 육구연은 본래 다른 것이 없습니다. 학자들이 스스로 분별했을 따름입니다. 또한 길은 다르지만 귀결점은 같다고 할 수 있습니다.
> **홍대용:** 귀결점이 같다는 설은 도저히 받아들이지 못하겠습니다.
> **엄성:** 고인을 가혹하게 책망하는 것은 원래 불필요한 일입니다.
> **반정균:** 사업이란 모름지기 성의(誠意)와 정심(正心)에서 이루어져야 합니다. 그런 점에서 왕양명의 격물치지(格物致知)의 설은 유감스러운 점이 있기는 합니다.
>
> — 「천애지기서」, 〈필담〉

이덕무는 이 철학적 대화에 대해 "여만촌(呂晚村)은 '왕양명의 학설이 사라지지 않는다면 주자의 도가 드러나지 못할 것이다. 주자의 도가 드러나지 못한다면 공자의 도가 사라지게 될 것이다'라고 말했다. 지금 엄성은 왕양명을 약간이나마 용납했다고 한다면 반정균은 직접적으로 배척했다고 하겠다"라는 감상평도 달아놓았다. 여만촌은 청나라 초기의 사상가인

데 정통 주자학자로서 오랑캐인 청나라에서 벼슬을 할 수 없다며 변발을 거부하고 삭발한 채 생활했다고 한다. 이덕무는 정통 주자학자인 여만촌의 말을 빌려서, 엄성이 양명학을 용납한 반면 반정균은 양명학을 배척한 사실을 지적하고 있다. 이들의 대화를 통해 이덕무는 비록 철학적 견해를 달리 하더라도 깊은 교제를 나누고 우정을 쌓을 수 있음을 깨닫는다. 그리고 앞서 언급한 적이 있듯이, 홍대용은 거문고의 대가로 음악 이론에도 뛰어났다. 그 때문인지 홍대용은 이들 세 지식인과의 만남이 깊어질수록 자신의 재주를 통해 조선의 문화를 조금이나마 알리고 싶었던 모양이다.

> 담헌이 현금(彈絃)으로 평조(平調)를 연주하자 반정균이 다시 눈물을 머금고 흐느꼈다. 담헌 역시 마음이 불편하고 기분이 언짢아 한 곡조만 연주하고 이내 그치고 말았다. 그러면서 이렇게 말했다. "이 곡조는 우리나라의 토속 음악입니다. 중국의 군자들이 듣기에는 부족한 점이 있어서 시끄러울 것입니다." 그러자 반정균이 말했다. "두 분 형을 만나게 된 것은 만 가지보다 더 다행스러운 일입니다. 그러나 한번 헤어지면 서로 다시 만날 기약이 없으니 사람으로 하여금 죽고 싶은 마음만 들게 합니다."
>
> ― 「천애지기서」, 〈필담〉

이덕무는 "문장과 현가(絃歌, 거문고에 맞춰 부르는 노래)로 사람을 울게 하는 일은 참으로 어려운 일이다"라고 하면서 반정균을 울게 만든 홍대용의 거문고 연주야말로 운치가 있는 고아한 선비만이 갖출 수 있는 문화적 품격이라고 극찬했다. 홍대용의 거문고 한 곡조가 이질적인 문화에서 성장했을 청나라의 지식인을 감동시킬 만큼 조선의 선비 문화는 깊은 멋과 풍취를 가지고 있었다. 조선의 음악이 중국과는 다르게 독자적인 풍모를 갖

추고 있다고 소개한 홍대용은 선비 문화의 백미라고 할 수 있는 조선의 시
문을 소개하는 일 역시 게을리하지 않았다.

우리나라의 문장으로는 신라 때 최치원이 있습니다. 고려 때는 이규보와
목은 이색이 있습니다. 우리 조선에 와서는 읍취헌 박은과 소재 노수신과
간이 최립과 오산 차천로와 석주 권필이 있습니다.

　　　　　　　　　　　　　　　　　　　　　　— 「천애지기서」, 〈필담〉

홍대용은 신라 때부터 조선에 이르기까지 문장으로 이름을 떨친 여덟
사람을 소개했다. 그러나 이덕무는 홍대용의 언급이 미흡하다고 지적하면
서, 반드시 여섯 사람을 더 추가해 소개해야 한다고 논평했다.

형암은 말한다. 점필재(佔畢齋) 김종직(金宗直)과 삼연(三淵) 김창흡(金昌
翕)을 빠뜨렸으니 결함이 있다고 하겠다. 또한 별도로 문목(門目)을 세운
다면 동봉(東峯) 김시습(金時習), 문강공(文康公) 서경덕(徐敬德), 충무공
(忠武公) 이순신(李舜臣), 문열공(文烈公) 조헌(趙憲) 등 몇 사람은 들어가
는 것이 좋을 것 같다.

　　　　　　　　　　　　　　　　　　　　　　— 「천애지기서」, 〈필담〉

그러나 만남은 이별을 부르게 마련이다. 만남의 횟수가 잦아질수록 홍
대용과 청나라 세 지식인은 헤어짐이 안타까워 어떻게 계속 소식을 주고
받을 수 있을지 근심하게 된다.

엄성: 중국에서 물품을 매매하는 상인들이 귀국에 갈 때 소식을 전할 수

있을지 모르겠습니다.

홍대용: 해마다 우리나라에서 중국에 진공(進貢)하려고 오는 사신이 있습니다. 혹시 그 사신 편에 편지를 전한다면 가능할 것입니다. 이외에 다른 길은 없습니다.

— 「천애지기서」, 〈필담〉

이덕무는 엄성과 홍대용이 나눈 필담을 보고 가깝고 쉬운 바닷길을 막고 멀고 어려운 육로를 통해 왕래하는 폐단을 읽는다. 또한 이 때문에 조선과 청나라의 문물 교류는 쇠퇴한 반면 중국의 강남과 통상하는 일본은 문화가 성대해졌다는 지적 역시 빼놓지 않았다.

형암은 말한다. 우리나라는 바닷길로 통화(通貨)하지 않은 까닭에 문헌(文獻)이 더욱 거칠고 엉성하다. 서적은 갖추어져 있지 않고 삼왕(三王)의 사적을 제대로 알지 못하는 것도 오로지 이러한 이유 때문이다. 일본 사람들은 중국의 강남과 통상한다. 그러므로 명나라 말기의 고기(古器)와 서화는 물론 온갖 서적과 약재 등이 장기(長崎, 나가사키)에 가득 차 있다. 일본에 있는 겸가당(兼葭堂)의 주인 목세숙(木世肅, 목홍공木弘恭)이라는 거상은 서적 3만 권을 비장하고 있다. 또한 중국의 명사들과 교류가 잦다. 그래서 문아(文雅)가 바야흐로 성대하여 우리나라와 비교할 바가 아니다. 고려 시대에는 송나라의 상선이 해마다 우리나라에 왔다. 당시 고려의 왕들은 후한 예의로 음식과 숙박을 제공하며 대우해주었다. 이 때문에 문물이 다 갖추어져 있었다.

— 「천애지기서」, 〈필담〉

해상을 통한 외국과의 문물 교류만이 조선의 문화 수준을 획기적으로 끌어올릴 수 있다는 주장은 곧 이덕무가 일찍이 개항의 필요성을 깨우쳤다는 사실을 짐작하게 한다. 또한 그는 해상 교역을 통해 경제적, 문화적 발전을 이룬 일본이 이때 이미 조선을 앞질러 나가고 있었다는 현실을 냉철하게 꿰뚫어보고 있다. 조선과 중국의 이질적인 문화와 풍속 또한 홍대용와 청나라 세 지식인 사이의 주요한 대화 주제 중 하나였다.

홍대용: 망건은 말의 꼬리털로 제작합니다. 그런데 이것을 사람이 머리 위에 쓰고 다닙니다. 어찌 머리에 쓰는 관(冠)과 발에 신는 신(履)의 자리가 뒤바뀐 것이 아니겠습니까?

엄성: 그렇다면 왜 없애버리지 않습니까?

홍대용: 예로부터 내려오는 풍습을 편안하게 여기는 습성이 남아 있기 때문입니다. 또한 명나라의 제도를 차마 버리지 못하기 때문이기도 합니다. 중국에는 부인들에게 전족(纏足)하게 하는 풍습이 있습니다. 이와 같은 풍습은 어느 시대에 시작되었습니까?

반정균: 그 점에 대해서는 명확한 증거가 없습니다. 다만 전해오는 말에 따르면, 남당(南唐) 시대 사람인 이소(李霄)의 여식에게서 비롯되었다고 합니다.

홍대용: 이러한 것들은 매우 좋지 않은 풍습일 뿐입니다. 제가 일찍이 "머리에 망건을 쓰고 발을 전족하는 풍습이 바로 중국(명나라)에 액운이 닥칠 징조이다"라고 내다본 적이 있습니다.

— 「천애지기서」, 〈필담〉

북학파 그룹의 사회 개혁론에는 문화와 풍속 개혁 또한 포함되어 있다. 특히 이덕무는 거추장스럽고 불필요한 의식(衣式)에 대해 매우 비판적이었다.

> 형암은 말한다. 망건은 오로지 말의 꼬리털로 만들기 때문에 좋지 않다. 더욱이 이마에 흔적을 남기니 매우 좋지 않은 풍습이다. 부인의 전족에 대해서는 내가 담백하게 심회를 밝히고 그 시원(始原)을 저술하였다. 이어(李漁)의 『일가언(一家言)』에 아주 상세하게 기록되어 있다. 또한 강희제 때 이러한 풍습을 금지했지만 그대로 지켜지지 않았다고 한다. 머리에 망건을 쓰고 발에 전족하게 하는 풍습이 무슨 좋은 제도라고 만들었단 말인가? 머리를 드러내지 못하고 발을 펼 수 없도록 하는 것이 액운이 아니라면 무엇이 액운이란 말인가?
>
> ─「천애지기서」, 〈필담〉

이덕무는 인문학의 범위를 넘어서 천문학과 병법서에 이르기까지 막힘없이 토론하고 의견을 나누는 홍대용과 엄성, 반정균의 필담을 읽고 자신도 그들 못지않게 천문학과 병법서에 관한 풍부한 지식을 갖추고 있다는 사실을 은연중 드러내기도 했다. 다시 말해 자신도 언제 어느 곳에서든 홍대용과 청나라 지식인 사이에 오고 간 필담에 참여할 수 있는 학문적 역량과 식견이 있다는 점을 보여주었다.

반정균: 제가 형이 천문학에 매우 정통하다고 들었습니다. 사실인지요?
홍대용: 누가 그렇듯 망령된 말을 했습니까?
반정균: 형의 집에 혼천의(渾天儀)가 있다고 하는데, 어찌 천문을 알지 못한다고 하겠습니까?
홍대용: 해와 달과 별의 궤도와 운행 도수에 대해서는 대략 그 개요를 들었

습니다. 혼천의를 제작해 갖추고 있지만 어찌 천문을 안다고 하겠습니까?

형암은 말한다. 햇무리와 달무리 그리고 혜성이 빠르게 지나갈 때에 그 빛줄기의 흔들림을 보고 미리 길흉을 점치는 자가 천문가다. 해와 달이 운행하는 길에 근본으로 하여 중성(中星)의 자리를 살펴서 절기(節氣)의 빠르고 늦은 것을 관찰해 백성들에게 그 시기를 알려주는 자는 역가(曆家)다. 『한서(漢書)』 「예문지(藝文志)」에는 천문 21가(家)와 역보(曆譜) 18가가 기록되어 있는데 아주 명백하게 두 가지를 구분하였다.

— 「천애지기서」, 〈필담〉

홍대용: 두 분 형께서는 일찍이 병서(兵書)를 본 적이 있으신지요?
반정균: 대략이지만 보았습니다. 『태백음경(太白陰經)』과 『망강남사(望江南詞)』와 『화룡비서(火龍秘書)』와 『육임병전(六壬兵詮)』 등의 서책이 그러한 종류입니다.
홍대용: 『육임병전』의 내용은 모두 허황한 설일 뿐입니다.
반정균: 참으로 그 내용을 이해할 수 없기는 합니다.
엄성: 기문둔갑(奇門遁甲)은 진짜입니까 아니면 가짜입니까? 또한 태을(太乙)은 어떤 것입니까?
홍대용: 모두 모호하기 짝이 없는 내용일 뿐입니다. 제갈무후(諸葛武侯, 제갈량)의 팔진도(八陣圖) 역시 기문둔갑의 한 가지 사례로 귀결시켰지만 이 또한 웃을 만한 일입니다.
반정균: 실제로 팔진도는 기문둔갑을 근본으로 한 것입니다.

형암은 말한다. 나는 『육임병전』의 내용이 전혀 믿을 만한 것이 못된다고 생각하지는 않는다. 『오월춘추(吳越春秋)』 등의 책에서 이미 명백하게 징험해 적어놓았다. 다만 월장(月將)이라는 이름은 무가(巫家)의 용어가 삽입된 것이다. 태을성(太乙星) 하나가 자미궁(紫微宮)에 있고 수(水)에 속한다. 하늘의 일(一)이 수(水)를 낳았기 때문에 태을(太乙)이라 일컬으니 을(乙)은 일(一)이다. 수(水)는 조화의 근본이다. 그러한 까닭에 술가(術家)에서 이로 미루어 말한 것이니 육임(六壬) 역시 태을이다. 대개 참위(讖緯, 예언)의 일종으로 모두 『주역』의 일단(一端)을 갖추고 있다. 팔진도 역시 정전법(井田法)에 따라 미루어 알아냈다고 하겠다. 『후한서』 〈두헌전(竇憲傳)〉의 연연산명(燕然山銘)에서 "팔진을 새겼다"고 하였다. 그렇기 때문에 옛날에 그와 같은 법이 있었다는 것을 제갈량이 미루어 시행했을 뿐이다.

— 「천애지기서」, 〈필담〉

홍대용이 조선으로 돌아온 뒤에도 청나라 지식인들과 서신을 주고받고 책과 시문을 계속 교류하면서, 이 만남은 단순한 교제가 아닌 두 나라 지식인 간에 지식과 정보가 오가는 인문학 네트워크로 자리 잡게 되었다. 홍대용이 개척한 이 인문학 네트워크는 이덕무가 청나라에 가기 2년 전인 1776년에 큰 전기를 맞게 된다. 이 해에 유득공의 숙부인 유금이 사신단의 일원으로 연경을 찾게 되었는데, 이때 그는 이덕무, 박제가, 유득공, 이서구 등 네 사람의 시문을 골라 엮은 『한객건연집』을 품고 갔다. 청나라 학자나 문단(文壇)에 이들 네 사람의 한시를 소개하고 평가를 받아 볼 요량이었다. 당시 유금은 이미 홍대용과 10여 년이 넘게 천애지기를 맺고 있는 반정균과 더불어 새로이 청나라 지식인 한 사람을 더 만나게 되는데, 바로 이조원이다. 이조원은 한림원(翰林苑) 서길사(庶吉士), 반정균은 사고전서(四庫全書) 분교관(分校官)으로 비록 높은 벼슬아치는 아니었지만 당대 최고의 학문과 식견을 갖춘 재사들이었다. 유금을 만난 이조원은 이덕무를 비롯한 네 사람의 시를 자세히 읽고 하나하나 비평해주었을 뿐만 아니라 "시학(詩學)이 아직 망하지 않았다"는 사실을 알게 되었다면서 감탄을 아끼지 않았다. 또한 반정균은 이조원의 우촌재(雨村齋)에서 유금이 가져온 시집을 읽고서, "풍경과 사물을 그림처럼 새겼다. 마음에 품은 뜻을 묘사한 것이 아름답고 오묘하고 즐길 만하여 손에서 놓고 싶지 않았다"고 했고, 또한 "내가 비록 이들 네 사람의 평생에 대해 다 알지 못하나 그 시로 말미암아 그 사람됨을 상상해볼 수 있었다. 대개 모두 고상하고 광활하며 고요하고 담박한 선비의 풍모를 갖추고 있었다"며 칭찬을 아끼지 않았다.

이조원과 반정균에게 평어(評語)는 물론 뜻밖에도 서문까지 건네받은 유금은 자신을 눈이 빠지게 기다리고 있을 네 사람을 떠올리며 조선으로 가는 발길을 재촉했다. 그리고 유금이 가져온 엄청난 수확에 이덕무는 벅차오르는 감정을 주체할 길 없어 감격의 눈물까지 흘렸다. 이덕무가 반정균과 이조원에게 보낸 편지를 보면, 유금이 가져온 평어와 서문을 받은 그가 얼마나 기뻐했는지 가늠해볼 수 있다.

예전에 역관 이백석이 저의 잡찬(雜纂) 한 편을 선생에게 드린 적이 있습니다. 선생께서는 크게 칭찬하며 "고상한 선비"라고 불렀다 하니, 목석이 아닌 다음에야 어찌 감동하지 않을 수 있겠습니까? 그러나 소식이 끊겨 아득하고 답답하다가 지금 10년 만에 저의 벗 탄소 유금 편에 우촌(雨邨, 이조원) 선생의 〈건연집평서(巾衍集評序)〉를 받아 보았습니다. 또한 갑자기 선생께서 직접 쓴 〈평서(評序)〉 역시 함께 받아 보게 되었습니다. 순간 아무런 생각도 나지 않아 멍한 채 넋을 잃고 말았습니다. 이와 같은 일들은 마치 하늘에서 떨어진 것처럼 무에서 유를 만들어낸 것이요, 이미 끊어진 곳에서 다시 살아난 것입니다. 보내주신 문장이 찬란해 보는 사람으로 하여금 놀란 나머지 뒤로 넘어지게 합니다. 이는 진실로 만고의 기이한 일이요 천하의 장관입니다. 하물며 또한 평품(評品)이 정확해 안광(眼光)이 마치 달처럼 밝아졌습니다. 이곳에 있는 우리 네 사람은 자리를 같이하고 감격에 겨워 눈물을 흘렸습니다.

— 『아정유고』 11, 〈반정균에게 보내다〉

지난해 겨울에 저의 벗 탄소 유금이 『한객건연집』을 가지고 연경에 들어갔습니다. 그때 저희들은 매일 그가 돌아올 날만을 손꼽아 기다렸습니다. 연경에서 어떤 명사를 만나 시평(詩評)과 서문을 받아올지 궁금해 설레는 마음을 어떻게 표현해야 할지 모를 정도였습니다. 그러던 차에 유금이 돌아와서 천하의 명사를 연경에서 만났다고 자랑을 늘어놓았습니다. 이내 『건연집』을 꺼내서 저희들로 하여금 읽어보도록 했습니다. 과연 주묵(朱墨)이 반짝반짝 빛이 나서 크게 기뻐하며 감탄하였습니다. 거기에 적힌 서문과 평어는 맑고 고상하며 정중했습니다. 참으로 해내(海內)의 기이한 인연이고 만고의 아름다운 일입니다. 돌아보건대 하류의 선비인 소생이 어떻게 대군자에게 이와 같은 서문과 평어를 얻을 수 있었을까 하는 생각이 듭니다. 서로 쳐다보고 놀라서 마치 하늘 밖의 세상으로 나간 듯 황홀해져 마음이 안정되지 않았습니다.

— 『아정유고』 11, 〈이조원에게 보내다(李雨邨調元)〉

이때는 이덕무, 박제가, 유득공이 규장각 검서관이 되기 이전이어서, 그 문명(文名)이 아직 조선에서 빛을 드러내지 못하고 있었다. 다시 말해 이들은 조선보다 먼저 머나먼 이국땅인 청나라 연경에서 명성을 얻게 된 것이

418

다. 그리고 이때 얻은 명성에 힘입어 이후 이덕무, 박제가, 유득공, 이서구 등은 조선 후기를 대표하는 '한시사가(四家)'라는 영예로운 호칭을 달 수 있었다. 특히 유금이 연경에서 이조원과 반정균을 만나 이덕무를 비롯한 북학파 지식인들의 시문을 소개하면서, 이제 조선과 청나라 지식인 간의 인문학 네트워크는 홍대용 개인에서 북학파 그룹 전체로 점차 확산된다.

이러한 배경 속에서 이덕무는 유금이 연경을 다녀온 지 2년이 지난 1778년, 그동안 글과 기록을 통해서만 접했던 이조원과 반정균을 직접 만날 수 있다는 부푼 꿈을 안고 연행에 따라나섰던 것이다. 그러나 그토록 가슴 설레며 기다렸던 이조원과의 만남은 쉽게 성사되지 않았다. 이조원이 광동학정(廣東學政)으로 멀리 남쪽 외지에 나가 있었기 때문이다. 그 대신 이덕무와 박제가는 이조원의 사촌동생인 이정원(李鼎元)을 만나 교제하며 돈독한 우정을 쌓았다. 연경에 도착한 지 닷새째 되는 5월 20일, 이덕무는 이정원을 만났다. 그는 첫 만남부터 이덕무가 난생 처음 보는 선물을 안겨주었다. 다름 아닌 낙화생(落花生), 즉 땅콩이었다.

면주(綿州) 사람 이정원을 만났는데 낙화생을 선물로 받았다. 낙화생은 서촉(西蜀)과 민중(閩中) 지방에서 생산되는데 4월에 개화했다가 꽃이 땅에 떨어진 뒤에 모래흙 속에 묻혀 자연히 열매를 맺는다. 그 모양은 마치 콩과 같지만 콩보다는 크다. 겉은 마르고 하얀 껍질로 둘러싸여 있다. 그 껍질을 부수면 혹은 두 개 혹은 세 개의 열매가 들어 있다. 자황색의 연한 껍질은 마치 비자나무의 열매와 같다. 바탕은 투명해 하얗고 그 맛은 참깨와 같다. 대개 가루를 만들어 두었다가 국이나 죽에 넣으면 그 맛이 제법 좋다. 과일 가운데에서도 특이한 품종이라고 할 만하다. 외국에서는 간(肝)을 땅에 묻으면 사람이 태어나는 곳이 있고, 머나먼 사막에서는 뼈를 땅에 묻으면 양(羊)이 생산되는 곳이 있다고 한다. 이 낙화생과 동일한 이치다.

— 『입연기』 하, 〈무술년(戊戌年, 1778) 5월 20일〉

반정균과의 만남은 이보다 사흘 뒤인 5월 23일에 이루어졌다. 이날 이 덕무는 박제가와 함께 청나라의 이부(吏部) 근처에 있는 반정균의 우사(寓 舍)를 방문했다. 이날 모임에는 사흘 전 만났던 이정원 또한 참석했다. 이 해에 반정균과 이정원은 모두 등제(登第)하여 서길사(庶吉士)가 되는 경사 가 있었는데, 때마침 조선에서 이덕무와 박제가까지 찾아와 겹경사를 치 르게 되었다. 이덕무는 조선에 소개할 생각에 그들의 학식과 사람됨을 『입 연기』에 자세하게 기록해두었다.

박제가와 함께 이정원과 반정균을 방문했다. 이날의 만남은 이부 인근에 있는 반정균의 집에서 이루어졌다. 반정균은 풍성하게 잘 차린 음식으로 우리를 대접했다. 그와 필담을 나누었는데 마치 날아가는 듯 재빨라 가히 진(晉)나라 사람의 맑은 대화에 도움이 될 만했다. 반정균의 자(字)는 향 조(香祖)이고 다른 하나의 자는 난공(蘭公)이다. 호(號)는 추루(秋庾)인데 또 하나의 호는 난타(蘭垞)이다. 절강성(浙江省) 항주부(杭州府) 전당현 (錢塘縣) 사람으로 금년에 등제하여 서길사가 되었다. 병술년(1766)에 담 헌 홍대용이 반정균을 여관에서 만났을 때 이별을 못내 슬퍼하면서 시문 과 서화를 서로 주고받았던 바로 그 사람이다. 재주가 뛰어나고 능력이 출 중한 명사이다. 이정원은 자가 환기(煥其), 호는 묵장(墨莊)이다. 그 역시 금년에 등과하여 서길사가 되었다. 그는 인품이 솔직담백하여 자랑하거 나 교만한 기색을 찾아볼 수 없었다. 이정원의 사촌형인 우촌(雨村) 이조

원은 자가 갱당(羹堂)이다. 그는 이부의 원외랑(員外郎)인데 이때 광동학
정으로 나가 있었다. 저술이 뛰어나고 시를 잘 지었다. 특히 시로 세상에
이름을 날렸다. 그의 시권을 보면 문장이 넉넉하고 여유로울 뿐만 아니라
원대하고 심오하여 가히 그 사람됨을 상상할 수 있다.

— 『입연기』 하, 〈무술년(戊戌年, 1778) 5월 23일〉

반정균은 처음 만난 자리인데도 진수성찬으로 이덕무와 박제가를 극진
하게 대접했다. 음식에 그다지 욕심이 없었던 이덕무였지만 소금에 절인
압단(鴨蛋)와 밤 같은 부제(荸薺) 등은 너무나 맛있고 특이한 물품이어서,
함께 온 사신들에게 전해주기 위해 음식을 싸달라고 요청하기도 했다. 반
정균은 조금도 난처한 기색 없이 두 가지 반찬을 따로 준비해주며 사신단
의 숙소인 남관(南館)에 가져갈 수 있도록 해주었다.

반정균이 우리를 대접한 성찬 가운데 소금에 절인 압단은 검은 자줏빛이
나는 것이 마치 대모(玳瑁, 바다거북)와 같았다. 부제는 마치 밤과 같았다.
우리가 사신에게 가져다주고 싶다고 청하자 반정균은 이 두 가지 종류의
찬을 싸주었다. 마두(馬頭) 정관에게 건네주며 사신관에 전하라고 하였
다. 부제는 물속에서 자라는 풀인데 꽃이 피지 않는다. 부제와 소금에 절
인 압단은 모두 남쪽 지방의 산물이라고 한다. 이외에도 청라갱(青螺羹)
과 좌어학(坐魚臛) 그리고 수모(水母)와 사어시(鯊魚翅) 등의 요리가 나
왔다. 모두 지금껏 본 적이 없는 특이한 음식들이었다.

— 『입연기』 하, 〈무술년(戊戌年, 1778) 5월 23일〉

반정균과 이정원 이외에 이덕무가 연경에서 새롭게 만나 필담을 나누

고 우정을 쌓은 청나라의 재사로는 이정원의 동생인 이기원(李驥元)과 명물도수학(名物度數學)에 밝은 당원항(唐鴛港)과 축지당(祝芷塘) 등 여러 사람을 꼽을 수 있다. 특히 축지당(축덕린)은 앞에서 소개했던 청나라의 백과전서이자 총서인 『고금도서집성』이 조선으로 들어오는데 결정적인 역할을 한 사람이기도 하다. 이와 관련한 기록이 유득공이 쓴 〈숙부기하선생묘지명(叔父幾何先生墓誌銘)〉이라는 글에 나와 있다. "건륭제 재위 때 『도서집성』 1만 권을 간행하였다. 정조 임금께서 사신단의 부사(副使)인 규장각 직제학 서호수(徐浩修)에게 『도서집성』을 구입해 오라고 전교하셨다. 그런데 『도서집성』을 구입하려고 해도 그 휘하의 문객들은 그 책을 어디에서 찾고 어느 곳에서 구입해야 할지 알지 못해 몹시 당황했다. 이에 공(公, 유금)이 나서 청나라 조정의 한림편수(翰林編修) 축덕린을 통해 『도서집성』을 구득(求得)하였다." 당시 북학파 그룹이 청나라의 학자들과 쌓은 인문학 네트워크가 없었다면, 정조가 그토록 간절하게 원했던 『고금도서집성』 입수는 쉽게 성사되지 못했을지도 모를 일이었다. 여하튼 홍대용과 유금에 뒤이은 이덕무와 박제가의 연행 덕분에 조선과 청나라 간의 인문학 네트워크는 한층 견고해졌고 또한 더욱 다양한 학문과 재능을 갖춘 지식인들이 참여하는 교류의 공간으로 확대 발전하게 되었다.

박제가와 더불어 묵장 이정원을 방문했지만 만나지 못했다. 대신 그의 아우 이기원과 함께 필담을 나누었다. 이기원은 자가 칭기(稱其), 호는 부당(鳧塘)으로 나이가 24세였다. 나이는 어렸지만 문필은 이미 완숙의 경지에 이르렀고 인품이 아름다웠다. 우리의 질문에 대답하지 못하는 것이 하나도 없었다. 그 역시 기이한 재사였다.

— 『입연기』 하, 〈무술년(戊戌年, 1778) 6월 초8일〉

박제가와 함께 당원항(唐鶩港)과 축지당(祝芷塘)을 방문했다. 당원항은 명물도수(名物度數)의 학문에 밝았다. 그가 우리나라에서도 중국의 역법을 따라 사용하고 있는지 여부를 물었다. 나는 "매년 11월에 우리나라에서는 차관(差官)을 북경으로 파견해 시헌력을 받아오게 합니다. 그리고 온 나라에 반포하여 시행합니다"라고 대답했다. 축지당은 장중하고 고상한 사람이다. 일찍이 즙산서원(蕺山書院)의 산장(山長)이 되었으니 세상 사람들에게 인망이 있었다는 사실을 알 수 있다. 즙산서원은 염대(念臺) 유종주의 서원으로 산음(山陰)에 위치해 있다. 축지당이 나와 박제가의 시를 보고 나서 그 압운(押韻)에 통운(通韻)의 잘못된 곳을 지적하며 "오재로(吳才老, 송나라 학자 오역)의 운이 매우 정확하여 주자도 일찍이 이 운을 취하였습니다. 그런데 한스럽게도 그 책이 없어져 지금은 볼 수가 없습니다. 현재 세상에서 유행하고 있는『패문재시운(佩文齋詩韻)』이나『소자상운(邵子湘韻)』을 보면 대략이나마 그 잘못된 곳을 바로잡을 수 있을 것입니다"라고 말하였다. 이때 자가 포준(匏尊)인 해령(海寧)의 제생(諸生) 심순심(沈醇心)이 자리를 함께 하고 있었는데 나에게 이렇게 질문하였다. "귀하의 나라에서는 원나라 때의 운을 지금까지 그대로 따라 사용하고 있는 까닭에 이러한 잘못이 있는 것이 아니겠습니까? 원나라는 운을 알지 못했습니다." 이에 내가 이렇게 말했다. "우리나라에서 준용하고 있는 것은 단지『삼운통고(三韻通考)』라는 하나의 서책일 뿐입니다. 그러나 이 서책이 어느 시대에 세상에 나왔는지는 알지 못합니다." 이에 내가 그 통운의 법을 말해주자, 심순심은 "이것이 바로 원나라 때 운의 잘못된 점입니다"라고 말하였다.

— 『입연기』하, 〈무술년(戊戌年, 1778) 6월 초9일〉

이덕무와 박제가가 연경에 머무는 동안 필담으로 서로의 학식과 식견을 나누고 극진한 대접으로 우정을 쌓은 반정균, 이정원, 이기원, 당원항, 축지당 등은 두 사람이 연경을 떠나 조선으로 향하는 마지막 순간까지 이별의 아쉬움을 달래지 못해 두 번, 세 번에 걸쳐 전별연을 베풀어주었다. 그들은 이별하는 잠깐 동안의 시간조차도 시문과 학술 토론의 장으로 바꿀 만큼 서로의 학문과 식견에 푹 빠져 있었다. 또한 서로 술에 취해 농담을 나눌 정도로 격의 없는 지기(知己)가 되어 있었다.

박제가와 더불어 반정균과 한 약속을 지키기 위해 그의 집으로 찾아갔다. 이정원과 심순심도 함께 자리했다. 음식을 잘 차려서 잔치를 베풀며 우리와의 이별을 아쉬워하였다. 더불어 문장을 논하였다. 반정균이 말하기를 "후방역(侯方域)의 문장은 힘과 기운이 넘치지만 독서는 많이 하지 않았습니다. 위숙자(魏叔子)의 문장은 정밀하고, 왕요봉(汪堯峯)의 문장은 웅장합니다"라고 하였다. 내가 "귀조명(歸祚明)과 고염무(顧炎武)는 모두 기괴한 안목을 갖추었다고 합니다. 이러한 설은 공론입니까?"라고 물었다. 이에 반정균이 이렇게 답변하였다. "왕요봉은 귀조명을 기롱(譏弄)하였고, 이안계는 고염무의 전기를 지었습니다. 이것은 모두 공평하고 공정한 논의가 아닙니다." 심순심은 해령의 제생인데 육서(六書)에 밝고 고기(古器)에 해박하였다. 시 또한 매우 예스럽고 우아해 역시 뛰어난 선비였다. 우리나라에서 가져간 소주를 마셔보고 "그 술맛이 일본의 술과 같습니다"라고 말하였다. 내가 "그대는 일본 술을 마셔 본 적이 있습니까?"라고 물어보자, 그는 "월동(粵東, 광동성) 바닷가에 정박해 있는 배에서 일본 술을 내다가 팔기에 일찍이 마셔 보았습니다"라고 대답하였다.

— 『입연기』 하, 〈무술년(戊戌年, 1778) 6월 11일〉

박제가와 함께 당원항과 한 약속을 지키기 위해 그의 집을 방문하였다. 당원항 역시 성찬을 마련해 우리를 전별해주었다. 이때 이정원과 이기원도 와서 함께 자리를 하였다. 반정균은 이미 이별의 자리를 나누었지만 다시 소문을 듣고 찾아왔다. 이날 모임에는 한 사람의 선비가 더 있었는데, 그는 성도(成都府) 숭녕현(崇寧縣) 사람으로 자가 여교(呂橋)인 채증원이다. 그 역시 인품이 매우 훌륭하고 문한(文翰)이 볼 만했다. 예서(隸書)의 서예와 묵매(墨梅)의 그림에도 능통하였다. 이미 술이 거나하게 취하자 서로 큰 소리로 떠들면서 농담을 주고받았다. 당원항은 명물(名物)의 학문에 능숙한 까닭에 그의 말에는 고거(考據)와 변증(辨證)과 평의(評議)할 만한 내용들이 많았다. 참으로 박식하고 고상한 군자였다.

— 『입연기』 하, 〈무술년(戊戌年, 1778) 6월 13일〉

박제가와 더불어 축지당의 집에 갔다. 그곳에서 이별의 아쉬움을 나누고 곧바로 당원항의 집에 가서 모였다. 이때 이정원과 이기원이 역시 찾아왔다. 당원항이 술자리를 베풀어 이별의 술잔을 기울였다. 우리가 문 밖을 나설 때 각자의 손을 움켜쥐고 미처 다하지 못한 말을 나누며 차마 이별의 정을 참지 못하고 아쉬워하였다.

— 『입연기』 하, 〈무술년(戊戌年, 1778) 6월 15일〉

이렇듯 석별의 정을 달래며 연경을 떠나 삼하(三河)의 염점(鹽店)에서 유숙하던 이덕무는 또 한번 기이한 인연을 만난다. 지난날 홍대용이 구해달라고 한 엄성의 유집(遺集)과 초상화를 이곳에서 건네받았기 때문이다. 엄성은 안타깝게도 홍대용과 천애지기를 맺은 지 몇 해 되지 않아 병이 들어 죽었다.

저녁에 삼하에 도착했다. 지난번 연경으로 들어갈 때에도 삼하에서 숙박했었다. 당시 서장관이 『양초산집(楊椒山集)』과 『진기년집(陳其年集)』을 깜박 잊어버린 채 그곳에 두고 길을 떠났다. 주인이 나와 두 문집을 가져다 주었다. 중국 사람들이 신의가 있다는 사실은 이를 두고 알 수 있었다. 손유의는 자가 심재(心裁) 호는 용주(蓉州)이다. 삼하에 살고 있는데 담헌 홍대용과 친한 사이였다. 어젯밤에 내가 통주에서 손유의를 만났다. 그가 나에게 "홍대용 공이 나에게 호주(湖州)의 선비 철교 엄성의 유집과 초상화를 구해달라고 부탁하였습니다. 내가 이미 구해두어 삼하의 염점(鹽店) 오씨에게 맡겨놓았습니다. 그대가 삼하를 지나갈 적에 그것들을 찾아서 조선으로 돌아간 후 홍대용 공에게 전해주십시오"라고 말했다. 삼하에 도착해보니 우리 일행이 머무르는 숙소 인근에 손유의의 사촌동생인 손가연이 살고 있었다. 염점 주인 오씨가 조선의 사신 행렬이 귀국한다는 소식을 듣고 손유의가 맡겨둔 엄성의 유집과 초상화를 손가연에게 가져다 놓았으므로 내가 그 집을 가서 찾아왔다. 이 또한 기이한 인연이었다. 엄성은 자가 역암(力闇)이다. 을유년(乙酉年, 1765)에 담헌 홍대용이 육비와 반정균과 엄성을 연경 시내에서 만났다. 엄성은 위기지학(爲己之學)에 뜻을 둔 선비여서 담헌 홍대용이 더욱 잊지 못하고 그리워했던 사람이다. 그런데 헤어진 지 몇 해 되지 않아서 학질에 걸려 죽었다. 이때 담헌 홍대용이 남긴 글이 매우 서글픈데 마지막으로 쓴 글이었다. 담헌 홍대용이 엄성의 유집과 초상화를 구하려고 애쓴 지가 10여 년이 지났건만 오늘에 이르러서야 얻게 되니 아마도 운명인 듯하다.

— 『입연기』 하, 〈무술년(戊戌年, 1778) 6월 17일〉

연경에서 한양으로 돌아온 이후에도 이덕무는 틈만 나면 이조원과 반정균에게 편지를 보냈다. 그런데 이 서신 왕래는 단순히 안부를 묻는 데 그치지 않고 조선의 학문을 청나라에 소개하고, 다시 청나라의 학문을 조선에 들여오는 통로 역할을 했다. 먼저 이덕무는 중국에서 간행된 조선 서책의 현황에 대해 큰 관심을 가지고 있었다.

중국에서 출간한 조선의 서적에는 『고려사(高麗史)』와 『동의보감(東醫寶鑑)』 등과 같은 책 이외에 다시 몇 종이 더 있습니까? 우리나라 사람 가운데 율곡 이이의 제자인 최전의 문집 『양포집(楊浦集)』이 『패문재서화보(佩文齋書畵譜)』의 인용에서 보입니다. 그 문집이 지금까지 세상에서 돌아다니고 있는지 모르겠습니다. 선생께서 혹시 그 문집을 보신 적이 있으신지요? 송나라 사람인 서긍이 지은 『고려도경(高麗圖經)』이 중국에서 간행된 적이 있습니까? 선생께서도 그 책을 보셨습니까? 조선에서는 『고려도경』을 찾아볼 수 없습니다.

— 『아정유고』 11, 〈반정균에게 보내다〉

특히 이덕무는 율곡 이이의 『성학집요(聖學輯要)』를 중국에서 간행해야 할 첫손 꼽히는 조선 서책이라고 추천하면서, 왜 반포하여 유학을 빛내지 않느냐고 반정균을 다그치기까지 했다.

우리나라 율곡 선생 문성공 이이는 그 자질과 품격을 본다면 안회나 증자와 같고, 의리로 본다면 정자나 주자에 비견할 만합니다. 선생께서는 이미 담헌 홍대용에게서 율곡에 대한 말을 익히 들었을 것이라고 생각합니다. 율곡은 동방의 성인(聖人)입니다. 그런데 율곡의 학문이 중국에서 드러나 환하게 밝혀지지 않은 것은 진실로 결전(缺典)입니다. 이러한 일은 사람으로 하여금 크게 안타까워 탄식하게 만듭니다. 담헌 홍대용이 몇 년 전에 선생에게 율곡이 저술한 『성학집요』를 보냈다고 합니다. 선생께서는 어째서 간행하고 널리 배포하여 유학을 빛내지 않으십니까?

— 『아정유고』 11, 〈반정균에게 보내다〉

또한 이조원이 『오악총서(五嶽叢書)』를 기획하고 간행한다는 소식을 듣고 반정균이 소장하고 있는 『성학집요』를 찾아서 반드시 총서에 넣어달라고 요구하기도 한다.

『오악총서』는 천하의 장관입니다. 그런데 눈을 지닌 사람으로서 보기가 어려우니 서글픈 마음 가득합니다. 원하건대 그 총서의 범례(凡例)와 서목(書目)을 상세하게 보여주십시오. 대개 산수(山水) 장래가 편집한 범례와 같은지요? 만약 중국 밖의 나라를 비루하게 보지 않고 저희들이 저술한 여러 종의 서책 또한 편입해주는 것을 허락하신다면 이후 당연히 잘못을 바로잡고 다시 고치고 베껴서 전해 올리겠습니다. 반정균 선생께서 소장하고 있는 우리나라 율곡 이이 선생의 『성학집요』를 찾아서 총서 속에 나란히 편입하는 것이 어떻겠습니까? 제가 저술한 잡찬(雜纂) 역시 반정균 선생이 편집한 것에서 찾아 편입할 수 있을지 모르겠습니다. 고려 시대의 시인은 오대(五代)에 나누어 소속시킬 만한 사람이 또한 많지 않습니다. 비록 있다고 해도 경황이 없어서 찾아내 고증할 겨를이 없습니다. 이 일은 잠시 미루고 후일을 기다려야 할 것 같습니다.

— 『아정유고』 11, 〈이조원에게 보내다〉

이덕무는 청나라의 지식인들에게 중국에 잘못 전해오는 조선의 역사와 고적(古蹟)에 관해 올바르게 고쳐야 한다는 지적과 충고 또한 아끼지 않았다. 그리고 조선과 관련한 내용이 있으면 반드시 서신을 통해 자신에게 질문해달라고 정중하게 요구하기까지 했다. 교제에 있어서는 선배와 후배의 예의가 존재하지만, 학문과 지식에 있어서는 옳고 그름을 가리기 위해 격식이 없어야 한다는 이덕무의 생각을 엿볼 수 있는 대목이다.

주몽은 고구려의 시조인 고씨(高氏)의 이름입니다. 지금 선생이 시에서 "주몽이 선귤노인(蟬橘老人)에게 말을 전해 기별하니"라고 하였는데, 선생은 주몽을 나라의 이름으로 보신 모양입니다. 그러나 이것은 매우 어긋나고 잘못된 것입니다. 조선으로 고치시는 것이 어떻겠습니까? 대체로 중국의 서책을 보면 해외의 일에 대해서는 매양 잘못되거나 틀린 곳이 있어서 걱정이 됩니다. 『열조시집(列朝詩集)』이나 『명시종(明詩綜)』이나 『동국소전(東國小傳)』은 고증이 해박하지 않은 것도 아닌데 또한 앞뒤가 바뀌거나 어긋난 곳이 많습니다. 일이 이루어지는 형세가 그러하니 참으로 어쩔 수 없는 일입니다. 선생의 학문은 온 땅을 짊어지고 온 바다를 담을 만큼 크고 넓습니다. 저서는 소에 가득 실을 만큼 많습니다. 의리를 검토하고 탐구한 것이 지극히 해박합니다. 그러나 우리나라의 고적에 대해서는 모름지기 편지로 제게 질문해주신다면 종전의 잘못되거나 틀린 곳을 단번에 바로잡을 수 있을 것입니다. 그렇게 되면 우리나라에도 영광스럽고 큰일이 될 것입니다. 선생께서는 그 점을 생각해주십시오.

— 『아정유고』 11, 〈이조원에게 보내다〉

아울러 동아시아 역사상 최대 규모의 총서인 『사고전서』 편찬사업에 깊숙이 관여하고 있던 반정균에게는 청나라의 서책과 학술 현황에 관한 최신 정보를 자세하게 알려달라고 거듭 요청하는가 하면, 이조원에게는 청나라 지식인 사이에 유행하는 최근 풍조에 대한 소식을 자세하게 알려달라고 부탁하기도 했다.

> 근세에 중국 사람은 재(齋)와 암(菴)과 정(亭)과 당(堂) 등의 글자를 많이 사용해 자(字)를 짓고 있습니다. 이와 같은 풍조는 어느 시대에서 비롯되었습니까? 고상하지 못한 일인 것 같아 우려스럽습니다. 선생께서는 갱당(秔塘)이라고 자(字)를 지었는데, 이 또한 무슨 뜻인지요?
>
> — 『아정유고』 11, 〈이조원에게 보내다〉

또한 이덕무는 문장과 학술을 뛰어넘어 청나라의 예술계에 대해서도 큰 관심을 갖고 있었다. 그래서 당시 청나라에서 명성을 얻고 있는 서예가와 화원의 이름과 작품을 소개해달라는 편지를 자주 보냈다.

> 전향수(錢香樹) 선생의 대부인 진씨의 화법은 원나라와 명나라 이후 어떤 사람과 비슷합니까? 조문숙과 비교한다면 누가 더 낫습니까? 해내(海內)의 서림(書林)과 화원(畵苑) 중에 전서(篆書)와 예서(隸書)와 해서(楷書)와 초서(草書)는 누가 가장 명품입니까? 산수화와 인물화와 화초화와 영모화(翎毛畵)는 누가 제일의 명품입니까? 냉길신과 시각의 그림은 과연 어느 등급에 해당합니까?
>
> — 『아정유고』 11, 〈반정균에게 보내다〉

이렇듯 이들이 주고받은 편지의 일부만 보더라도, 당시 조선과 청나라의 지식인들 사이에 문학, 철학, 역사, 예술 등을 아우르는 전방위적 차원의 지식과 정보의 교류가 있었다는 사실을 알 수 있다. 또한 편지글을 통해 조선과 청 지식인 사이의 인문학 네트워크가 이덕무가 연경에 다녀온 이후 본격적으로 가동되었다는 사실도 알 수 있다. 이렇게 형성된 인문학 네트워크는 박제가의 제자인 추사 김정희, 그리고 청나라 옹방강과 완원 등의 교제로까지 명맥이 이어져 거의 100년 동안 찬란하게 빛났던 한중 지식인 간의 학술과 문화 교류의 역사를 보여주고 있다.

제7장

18세기 일본을 통찰하다

작가 미상, 〈조선통신사래조도(朝鮮通信使來朝圖)〉, 1748~1750년경, 고베시립박물관 소장.

•

"박제가는 사회 개혁서인 『북학의』를 통해 조선이 부강해지고 백성이 부유해지기 위해서는 나라의 경제를 상공업 중심으로 바꾸는 한편, 외국과의 해상 무역을 전면 허용해야 한다고 주장했다. 이덕무의 『청령국지』는 바로 이 『북학의』의 일본판인 셈이다."

우물 안을 떠나 현실을 바로 보다

필자는 조선왕조가 가장 자랑할 만한 것으로 『조선왕조실록』이나 각종 『의궤』 그리고 수많은 지식인이 남긴 문집과 같은 기록 유산을 들 수 있다고 생각한다. 그렇다면 반대로 가장 부끄러워해야 할 점은 무엇일까? 지배 계급, 곧 사대부의 폐쇄성을 들 수 있지 않을까? 박지원은 일찍이 조선 사대부의 폐쇄성이 부른 폐해를 이렇게 지적한 바 있다.

> 우리 조선의 선비들은 세상 한 모퉁이 구석진 땅에서 편협한 기풍을 지닌 채 살고 있다. 발로는 청나라 땅을 단 한 차례도 밟아보지 못하였고 눈으로는 청나라 사람을 단 한 번도 보지 못하였다. 태어나서 늙고 병들어 죽을 때까지 조선 땅을 벗어난 본 적도 없다. 긴 다리의 학과 검은 깃털을 가진 까마귀가 제각각 직분을 지키며 사는 꼴이고 우물 안 개구리와 작은 나뭇가지 위의 뱁새가 자신이 사는 곳이 최고라고 자랑하며 사는 꼴이다. 이 때문에 예의란 차라리 소박해야 한다고 말하고, 비루한 생활을 오히려 검소하다고 알고 있다. 이른바 사농공상 네 계층의 백성은 겨우 명목만 남아 있을 따름이고, 이용후생의 도구는 날이 갈수록 곤궁해지고 있을 뿐이다.
>
> — 박지원, 『북학의』, 〈서문〉

또한 유득공은 이덕무가 18세기 일본을 탐구한 연구서인 『청령국지』의

〈서문〉을 쓰면서, 외국에 대한 편협한 생각 때문에 외부의 사정에 어두운 사대부들이 나랏일까지 그르치는 한심한 행태를 거론하며 혹독하게 비판했다.

지금 우리나라의 사대부들이 나아가 바다 방비의 임무를 수행하다 표류하던 선박이 한 척이라도 떠밀려오면 그 돛을 쳐다보고, 그 옷차림을 바라보고, 그 말을 듣고, 그 용모를 살펴본다. 그러나 어느 나라 사람인지 알지도 못한 채 한 차례 그들의 사정을 물어보고 법률을 짐작해 처리하고 만다.

— 유득공, 『영재집(泠齋集)』, 〈청령국지 서문(蜻蛉國志序)〉

이덕무가 『청령국지』를 저술한 배경이 바로 여기에 있었다. 사대부가 먼저 외국에 대한 폐쇄성에서 벗어날 때 비로소 조선의 변화와 발전이 가능하다고 생각한 것이다. 그러기 위해서는 무엇보다 이웃 국가인 청나라와 일본에 대해 정확한 지식과 정보를 갖고 있어야 했다. 하지만 당시 조선은 청나라의 변화와 발전상에 대해서는 그나마 여러 경로로 접하고 있던 상황이었지만, 일본은 전혀 그렇지 못했다. 일본은 여전히 가깝지만 먼 미지의 나라였다.

전통적으로 유학과 성리학의 화이론적 세계관에 사로잡혀 있던 조선의 사대부에게 우리나라는 '동국(東國)', 즉 천하의 동쪽 끝 구석진 곳에 자리한 좁고 외진 나라에 불과했다. 자기 나라마저 동쪽 변방으로 인식하고 있는 세계관 속에서 일본은 문명 세계의 가장 끝자락에 위치한 변방 중의 변방에 있는 오랑캐이자 야만국이었다. 이러한 까닭에 조선의 사대부에게 일본의 학술과 문화는 거들떠볼 가치도 없는 것이었고, 그들에 대한 지식과 정보는 오로지 침략과 노략질을 방비하는 데 필요한 군사, 외교적인 것에 제한되었다. 심지어 부산 왜관과 쓰시마를 통한 일본과의 교역마저도 호혜의 원칙보다는 침략과 노략질을 방비하는 수단으로 보았을 정도다. 싫든 좋은 오랜 역사적 경험으로 떼려야 뗄 수 없는 관계인 일본에 대한 인식 수준이 이 정도였으니, 그 외 주변 다른 나라에 대해서는 언급할 필요조차 없었다. 주변 나라들에 대한 조선 사회의 지식과 정보 수준이 얼마나 한심했는지는 아래 일화에서도 잘 나타난다.

일찍이 유득공은 이덕무와 함께 역대의 병지(兵志)를 편찬하고 초고가 완성되자 정조에게 보여준 적이 있었다. 이때 정조는 "중국의 경우 주나라에서부터 명나라에 이르기까지, 또한 우리나라는 신라와 백제 그리고 고구려에서부터 고려에 이르기까지의 병제(兵制, 군사제도)를 이제 모두 알게 되었다. 그렇지만 여진, 몽고, 일본, 유구 역시 우리나라 남쪽과 북쪽에 위치한 이웃나라가 아니겠느냐? 그들의 군사와 진법의 제도를 모른다는 것은 말이 안 된다. 그대들이 그들의 병제를 속찬(續撰)하여 아뢰도록 하라"고 했다. 정조의 하명을 받고 물러나온 유득공은 큰 근심에 휩싸였다. 정조가 아뢰라고 한 주변 나라들의 병제에 관한 자료가 규장각에 없었기 때문이다. 그래서 이덕무에게 "내각(內閣, 규장각)에는 이들 나라의 병제에 대해 알 수 있는 서책이 없습니다. 어떻게 하면 좋겠습니까?"라고 물었다. 그러자 이덕무는 자신에게 자료가 있다면서 문서 상자를 뒤져 깨알 같은 글자로 쓴 책을 찾아냈다. 그 책에는 북방과 해외 여러 나라의 사정이 아주 자세히 적혀 있어, 자료를 뽑아서 편집한 다음 책으로 만들어 정조에게 바칠 수 있었다. 조선이라는 국가가 가진 외국에 대한 지식과 정보가 이덕무 한 사람이 가지고 있는 자료보다 못한 수준이었다는 얘기다.

이덕무가 외국에 얼마나 해박했는지에 대해 유득공은 또 다른 이야기도 남겼다. 어느 날 유득공이 이덕무와 함께 앉아 있는데 담을 쌓는 일꾼이 "내가 표류하여 일본의 장기도〔長崎, 나가사키〕까지 갔다 왔습니다"라며 그곳에서 본 것들을 실컷 자랑했다. 이때 이덕무가 네덜란드〔阿蘭陀〕 사람의 용모를 언급하며 그 일꾼의 말에 대해 옳고 그름을 따져 물었다. 일꾼은 크게 놀라면서 "공께서는 언제 저 나라에 갔다 오셨습니까?"라고 되물으니 그곳에 있던 모든 사람이 박장대소했다. 유득공은 이덕무가 사방 여러 나라의 사정을 잘 아는 것이 모두 이와 같다고 했다.

그렇다면 왜 이덕무는 나라에서도 외면한 외국 사정을 아는 일에 이토록 열성을 보였던 걸까? 유득공은 "세상에서 이덕무를 독서가라고 평가하는 것은 옳은 말이지만, 그의 독서에 대해 '박식함을 바탕 삼아 특이한 견문을 넓히려고 했을 뿐'이라고 한다면 크게 잘못 아는 것"이라고 지적하면서, 이덕무가 자세히 고찰하고 정밀하게 따져 외국의 사정을 수집하고 기록한 까닭에 대해 이렇게 밝혔다. "나라를 다스리는 사람이 바탕으로 삼으면 이웃 나라와 선린(善隣) 관계를 유지하는 데 마땅하고, 국경을 벗어나 사신으로 나가는 사람이 바탕으로 삼으면 그 나라의 사정을 잘 엿보는 데 마땅할 것이다." 즉 나라와 백성의 이익과 안녕을 위해서는 이웃 국가들의 사정을 잘 알고 대처해야 하기 때문에, 나라를 다스리는 사람이나 사신으로 가는 사람은 반드시 외국의 사정에 밝아야 한다는 주장이다.

특히 이덕무는 조선이 이웃하고 있는 나라들 가운데 일본의 사정을 잘 아는 것이 무엇보다 중요하다고 생각했다. 조선 사대부들이 갖고 있는 일본에 대한 관념은 침략과 노략질을 일삼는 잔인하고 교활한 오랑캐이자 야만의 나라에 불과했지만, 그가 자세히 고찰하고 정밀하게 따져본 18세기 일본의 현실은 경제와 문화 등 모든 방면에서 커다란 변화와 발전을 이뤄 상당한 수준에 도달한 문명국이었다. 또한 당시 어느 누구도 알지 못했던 일본이 급성장한 힘의 원천을, 바로 외국과의 통상과 상공업을 중시하는 사회 경제 구조에 있다고 꿰뚫어보았다. 이러한 일본의 사회 경제 구조는 바닷길을 통한 교역을 금지하고 농업을 중시하며 상공업을 천시하던 조선의 기준에서 볼 때 이해하기 힘든 아주 낯선 것이었다. 뒤에서 자세히 살펴보겠지만, 신유한(申維翰)을 비롯해 조선통신사의 일원으로 일본에 직접 다녀온 수많은 조선의 사대부들은 일본의 모습을 두고 인의와 예의는 모른 채 이로움만 좇는 야만적인 행태라며 개탄했다.

이덕무는 조선 사대부가 갖고 있는 일본에 대한 '관념'과 급속하게 발전하고 있는 일본의 '현실' 사이의 괴리감 때문에, 자칫 임진왜란 때처럼 일본에게 속수무책으로 조선의 강토를 유린당하는 비극이 재현될지도 모른다고 우려했다. 실제 일본이 예전과 다르게 조선을 깔보는 여러 행태가 1763년 계미년(癸未年) 통신사 파견 때 발생했다. 당시 조선의 사신 행렬을 맞이한 일본이 "으스대고 뽐내며 자랑하는" 갖가지 사건들을 박제가와 유득공은 이렇게 전한다.

계미년에 통신사 일행이 일본에 들어갔을 때 서기(書記)가 우연히 중국의 먹을 찾았다. 그러자 일본 사람들이 중국의 먹을 한 짐이나 가져왔다. 또한 하루는 종일 가는 길마다 붉은 양탄자가 깔려 있었다. 다음 날도 역시 전날과 똑같이 하였다. 일본 사람들이 우리에게 과시하며 으스대는 형국이 이와 같았다.

— 박제가, 『북학의』, 「외편(外篇)」,
〈강남 절강 상선과 통상하는 문제에 대한 논의(通江南浙江商舶議)〉

계미년에 전임 장흥고봉사(長興庫奉事) 현천 원중거가 통신사의 일원으로 선발되었다. 이 해 가을에 배가 돛을 올리고 부산포를 출발해 대마도 (對馬島, 쓰시마)에 정박했다. 그리고 일기도(壹岐島, 이키시마)를 뒤로하고 적간관(赤間關, 아카마가세키, 지금의 시모노세키)을 거쳐서 대판(大阪, 오사카)을 바라보았다. 바다와 땅을 경유하여 수천 리 길을 지나 마침내 강호(江戶, 에도, 지금의 도쿄)에 도착했다. 강호라는 곳은 관백(關白, 천황을 대신해 정무를 총괄하는 관직, 막부의 최고 책임자)의 도읍지이다. 지나가는 곳마다 이름난 도회지에 큰 고을이 연달아 이어져 서로 맞닿아 있었다. 배라는 배는 모두 붉은 색으로 칠을 하고 온갖 무늬의 깃발이 나부끼고 있었다. 도로를 따라 대나무를 심어서 가로수로 삼고 있었다. 그곳의 남자와 여자 들은 짙은 화장에다가 현란한 옷차림을 하고 거리마다 나와서 사신 행렬을 구경하였다. 통신사 일행은 위엄과 예절을 갖추고 온화한 모습으로 지나갔다. 통신사가 행렬을 멈추고 숙식하는 곳마다 진기한 구경거리를 마련해놓고 대접하였다. 물고기와 날짐승으로 요리를 만들어 잔치를 베풀었는데 게의 눈자위나 새우 수염에는 금박을 입혀 화려하게 장식해놓곤 하였다. 저 일본 사람들이 다른 나라 사람들에게 과시하고 뽐내는 모양새가 이와 같았다.

— 유득공, 『영재집』, 〈일동시선 서문(日東詩選序)〉

이덕무와 그의 동료들은 일본의 변화와 발전을 제대로 직시하고 조선 또한 이에 걸맞게 사회 경제 체제를 변화시키고 군사적, 외교적 대책을 세워야 한다고 생각했다. 일본에 대한 이러한 새로운 인식이 담겨 있는 책이 바로 『청령국지』다. 그래서 유득공은 『청령국지』를 저술한 이덕무의 노고를 치하함과 함께, 이제라도 일본은 물론 해외 여러 나라의 사정을 바로 알기 위해서는 반드시 이 책을 읽어야 한다고 거듭 강조했다.

방문을 나서지 않고도 사방 오랑캐의 사정을 알 수 있는 것은 독서하는 사람이 아니라면 불가능한 일이다. 아니, 설령 독서한다고 해도 뜻이 있는 선비가 아니라면 또한 할 수 없는 일이다. 아! 나의 벗 고(故) 이덕무는 어찌 단지 독서만 한 사람이었다고 말할 수 있겠는가. …… 이덕무의 저서 중에 『청령국지』 두 권이 있다. 청령국은 일본의 별칭이다. 그 나라의 지형이 잠자리와 유사하기 때문에 그렇게 부르는 것이다. 일본은 중국의 후한 시대부터 대방군(帶方郡)에 소속되었다. 서진(西晉) 때 사가(史家)인 진수(陳壽)가 처음으로 열전(列傳)에 편입시켰다. 그러나 바다 밖 먼 곳에 있어서 중국의 정벌이 미치지 않았다. 그러한 까닭에 그 요령을 얻지 못하였다. 그러나 이덕무는 이 『청령국지』를 엮으면서 그 나라의 역사서에 따라 황제를 참칭하는 거짓 천황의 연대와 실질적 통치자인 관백의 시말(始末)에서부터 산천과 도로와 마을 그리고 풍속과 민요와 물산은 물론 서남쪽의 여러 나라와 왕래하고 교역하는 일에 이르기까지 사실에 근거하여 기록하지 않은 것이 없을 정도였다. 깊이 살펴서 밝히고 정확하고 상세하게 기록하였을 뿐 풍문이나 허황된 말은 단 한 마디도 적지 않았다. 그러므로 나라를 다스리는 사람이 참고로 삼는다면 일본의 사정을 제대로 아는 데 부족함이 없을 것이다. 또한 사신으로 일본에 나가는 사람이 참고로 삼는다면 그 나라의 사정을 살피는 데 모자람이 없을 것이다. 어찌 패관(稗官)이 기록하거나 저술한 잡기(雜記) 정도로만 지목할 수 있겠는가? …… 나는 간혹 마음속으로 괴이하다고 생각한다. 왜 우리나라 사대부들은 이 책을 취해 읽어보고 해외 여러 나라의 사정과 상황을 알려고 하지 않는가?

— 유득공, 『영재집』, 〈청령국지 서문〉

지식과 정보의 남방 통로, 조선통신사

눈치가 빠른 독자라면 어떻게 일본에 한 번도 간 적이 없다는 이덕무가 18세기 일본에 관한 전문 연구서를 저술할 수 있었을까, 또 『청령국지』의 기록을 신뢰할 수 있을까, 하는 의문을 가질 것이다. 결론부터 말하면 이덕무는 일본에 직접 가본 적은 없었지만 대신 조선통신사의 일원으로 일본에 다녀온 절친한 벗이 두 사람이나 있었다. 바로 원중거와 성대중으로, 이들은 두 가지 방법으로 일본에 관한 최신의 지식과 정보를 그에게 건네주었다. 하나는 자신들이 일본에서 직접 보고 듣고 겪은 일을 기록한 사행록이고, 다른 하나는 18세기 일본의 최신 지식 정보를 총망라하고 있는 백과사전 『화한삼재도회』다.

물론 원중거와 성대중이 참여한 계미년 조선통신사 이전에도 일본을 내왕한 11차례의 통신사 행렬이 있었고, 거기에 참여했던 수많은 지식인들 역시 사행록을 남겼다. 그러나 18세기 이전까지 조선통신사로 갔던 이들은 대부분 일본을 객관적으로 이해하려는 노력은 하지 않았다. 다만 조선의 학문적, 문화적 우월성과 일본의 후진성과 야만성을 재확인함으로써 그들의 잔혹함과 교활함을 경계하는 데만 급급할 따름이었다.

그런데 18세기에 들어오면서 일본은 나가사키의 데지마(出島)를 통해 청나라는 물론 서양 네덜란드와 직접 교역하면서 커다란 사상적 변화와 경제 발전을 이루었다. 막부의 관학(官學)이었던 성리학이 쇠퇴하면서 전통적인 중화 세계관이 해체되었고, 새로 일본 중심의 화이론(華夷論)이 등장했다. 동양의 학문과 사상을 일본의 세계관에 따라 재구성하고 해석, 번역하는 국학(國學) 운동이 일어났으며, 네덜란드를 통해 서양 학문과 과학기술을 적극적으로 받아들이면서 새로운 학문인 난학(蘭學)도 번성했다.

국학과 난학의 성장, 그리고 에도(도쿄)·교토·오사카 등 대도시를 중심으로 경제와 문화가 발전하면서, 일본은 조선이나 중국보다 자신들이 우월하다는 또 다른 형태의 중화 의식을 갖게 되었다. 성리학이 성행하던 때는 조선에 대한 관심과 존경심이 존재했지만, 일본 중심의 화이론이 성장하면서 조선을 일본의 번국(藩國)으로 여기는 오래된 인식이 부활하기도 했다. 이러한 사상적, 문화적 배경 아래 탄생한 대표적인 책이 백과사전 『화한삼재도회』와 의학서 『해체신서(解體新書)』다.

『화한삼재도회』는 명나라의 『삼재도회』를 모델로 삼았지만 책의 구성과 내용 면에서는 서양 학문 특히 자연과학과 공학 기술을 적극 수용해 전통적인 동아시아의 학문과 사상을 새롭게 재구성해냈다. 즉 18세기에 일어난 '일본학'의 대표적인 사례라 할 수 있다. 이와 비교해 『해체신서』는 인간 신체에 대한 동양적 세계관을 완전히 부정하고 서양의 세계관을 전적으로 받아들이기 시작한 '일본만의 길'을 보여준 대표적인 경우다. 의학서이자 해부학서인 『해체신서』를 통해 일본은 서양 학문과 사상을 적극적으로 수용하는 수준을 넘어서 자신들의 학문과 사상체계를 혁신하는 계기로 삼았다. 다시 말해 『해체신서』의 간행은 지성사적으로 일본 근대화의 모델인 탈아입구(脫亞入歐)의 징후가 드러난 획기적인 사건이었다.

18세기에 일어난 일본의 도시 경제와 문화의 커다란 변화와 발전은 당시 조선통신사에 참여한 일부 지식인들의 눈에도 보였다. 그러나 일본에 대한 전통적 이미지, 즉 언제든 노략질을 하는 왜구로 돌변할 수 있고 품성이 잔인하고 교활한 미개한 오랑캐 나라에 불과하다는 오래된 편견이 그들을 사로잡고 있었다. 이렇듯 일본에 대한 전통적이고 편견 어린 인식과 눈으로 목격한 현실 사이의 괴리감이 가장 적나라하게 드러나 있는 사행 기록이 1719년(숙종 45) 제술관(製述官)으로 조선통신사에 따라나섰던 신유한의 『해유록(海游錄)』과 그 부록에 해당하는 글인 「문견잡록(聞見雜錄)」에 남아 있다.

이덕무에게 일본에 관한 결정적인 정보들을 전해준 원중거와 성대중의 계미년 조선통신사행의 역사적 의미를 살펴보기 위해서는, 먼저 일본의 변화와 발전을 목격했음에도 편견에 사로잡혀 현실을 외면했던 조선 지식인의 어리석은 모습을 『해유록』과 「문견잡록」을 통해 추적해보는 것이 필요하다.

신유한의 사행록은 조선통신사들이 남긴 수많은 기록 가운데 걸작의 하나로 평가되고 있지만, 사실 그 역시 처음에는 여느 사대부들과 마찬가지로 조선통신사에 참여하는 것을 극도로 기피했다. 이익도 없고 명예롭지도 않으며 자칫 뱃길에 목숨을 잃을 수도 있는 위험천만한 행렬이었기 때문이다. 신유한은 정사(正使)의 추천으로 제술관의 임무를 맡게 된 자신의 처지를 한유(韓愈)의 〈송궁문(送窮文)〉에 나오는 사람을 곤궁하게 만드는 '다섯 귀신'에 빗대어 비관하기까지 했다.

> 나는 오직 일생의 운명이 헛소문으로 인해 크게 잘못되어, 이름이 다른 사람의 입과 입 사이에 오르내리는 일을 겪게 되었다. 조물주 또한 나를 순탄하게 놔두지 않고 어려움을 치르게 했기 때문에, 과거에 합격한 이래 일찍부터 온갖 수치스럽고 괴로운 일을 겪어왔다. 그런데 지금 다시 삶과 죽음을 알 길 없는 바다를 건너야 하는 사신 행렬에 내보내지니, 이러한 일은 모두 사람을 곤궁하게 만드는 다섯 귀신이 나를 쫓아다니기 때문일 것이다. 이런 지경에 다시 누구를 원망하겠는가?
>
> — 신유한, 『해유록』, 〈무술년(戊戌年, 1718) 정월 모일〉

홍미로운 것은 이 다음 구절에서 신세를 비관하고 있던 신유한에게 학사(學士) 최창대(崔昌大)가 "'그대는 낮은 언덕이라 해서 소나무와 잣나무가 없을 것이라고 업신여기지 말게"라며 조선통신사행을 설득한 대목이다. 낮은 언덕에 빗댈 만큼 일본은 조선 사대부에게 보잘것없는 존재였던 것이다. 그러나 신유한은 부산을 떠나 일본으로 들어선 첫 관문인 쓰시마에서부터 해상 교역으로 부를 축적해 풍성한 물자와 화려한 문화를 누리는 일본의 현실과, 일본은 야만적인 오랑캐라는 관념 사이의 괴리감에서 오는 문화 충격을 경험한다.

대마주의 다른 이름은 방진(芳津)이다. …… 그곳의 백성과 풍속은 거짓말과 도둑질에 능숙하고 속이기를 잘한다. 실 한 오라기나 털끝만 한 이로움이라도 보면 마치 오리 떼처럼 사지(死地)에 뛰어드는 일조차 마다하지 않는다. 대개 그 땅은 척박하여 생산되는 물품이 거의 없다. 산에는 경작할 밭이 없고, 들에는 물을 끌어 댈 도랑이 없고, 사람이 사는 집에는 손수 가꿀 채마밭이 없다. 오직 물고기를 잡고 해초를 따서 저잣거리에 내다 파는 장사를 해 먹고 살 수 있을 뿐이다. 서쪽으로는 부산의 초량(草梁)에 모여들고, 북쪽으로는 대판(大阪, 오사카)이나 왜경(倭京, 교토)과 교통하고, 동쪽으로는 장기(長岐, 나가사키)에서 상업 활동을 한다. 장기 또한 바다 가운데 위치하고 있는 하나의 도회지다. 곧 남만(南蠻, 포르투갈과 스페인 등 남유럽)의 여러 종족이나 아란타(阿蘭陀, 네덜란드)와 유구(琉球, 오키나와)와 청나라의 복건(福建) 및 소주(蘇州) 그리고 항주(杭州) 사람들이 선박을 이용해 바다 가운데에서 교역한다. 이에 진주 구슬, 무소뿔, 대모(玳瑁), 상아, 가죽, 후추, 설탕, 소목(蘇木), 비단 등의 물품이 엄청나게 모여들어 돈꿰미가 넘쳐난다. 대마주의 사람들이 드나들면서 욕심나는 물품을 사서 옮겨와 거래해 쉴 새 없이 재화로 바꾼다. 해마다 이익을 취해 의복과 음식을 마련한다. 도주 이하 장사꾼이 아닌 사람을 거의 찾아볼 수 없다. 더욱이 장사를 해 이익을 많이 얻는 사람은 간혹 거만(巨萬)의 재물을 모으기도 한다. 그래서 관부의 기물이나 의복과 잔치하고 질탕하게 노는 오락이 왕후에 비견할 만하고, 세도가와 재산가들은 봉건 영주와 비교할 만하다. 모든 군사에게 급료를 지급하는 것 이외에는 관청에서 백성들에게 곡식을 빌려주거나 구휼해주는 제도가 전혀 없기 때문에, 그 백성 중 기력이 부족해 장사를 할 수 없는 자는 품을 팔아 먹고사는 품팔이꾼이 되거나 구걸해서 먹고사는 걸인이 되거나 아니면 처자식을 팔아 살기도 한다. 생선과 소금을 거래하는 상인에게는 관청에서 무거운 세금을 매긴다. 이러한 까닭에 사람들이 마치 새나 물고기 모이듯 하다가 사마귀가 성내듯 하곤 한다. 관리나 백성 모두 한 글자도 쓰거나 읽을 줄 모르고 윗사람과 아랫사람이 서로 이익을 다툰다. 참으로 갈백(葛伯, 오랑캐)의 나라이다.

— 신유한, 『해유록』, 〈무술년(戊戌年, 1718) 6월 27일〉

시모노세키를 거쳐 오사카와 교토, 나고야(名古屋)에 이르러 목적지인 에도에 가까워질수록 일본 대도시들의 경제적 풍요로움과 화려한 거리 그리고 번성한 문물은 신유한의 눈길을 사로잡았다. 그가 당시 직접 목격한 오사카와 같은 일본의 대도시 풍경은 분명 조선에서는 결코 볼 수 없던 경이로움과 놀라움의 대상이었다.

대판(오사카)에는 …… 다리가 200여 개나 있다. 불교 사찰은 300여 곳이나 되고, 공후(公侯)의 대저택 역시 그것의 배나 되었다. 서민은 물론 농업과 공업, 상업에 종사하는 부호들의 집이 또한 수천 혹은 수만이나 되었다. 천황의 여러 아들 가운데 출가해 승려가 된 사람으로 월법친왕(月法親王), 정각친왕(正覺親王), 흥복친왕(興福親王)이라 불리는 이가 있다. 그런데 그들이 거처하는 궁원은 흡사 삼십제천(三十諸天)의 꽃비 내리는 불전(佛典)과 같았다. 석가원(釋迦院)의 대승정내시(大僧正內侍) 법인 화상과 자운 화상과 황벽 화상과 같은 부류의 승려 역시 모두 아름다운 정사를 지니고 있었다. 진주 구슬로 장식하고 보석으로 꾸미고 이름난 꽃과 기이한 풀을 가꾸어서 화려한 도시에 사는 귀인들의 삶과 다르지 않았다. 그 가운데에 서림(書林)과 서옥(書屋)이 있는데 유지헌(柳枝軒) 혹은 옥수당(玉樹堂)이라 써 붙여놓았다. 이곳에서는 고금의 온갖 문인과 학자들의 문헌과 서적을 쌓아놓고 출판하거나 판매해 돈을 버는 방법으로 축재했다. 중국의 서적은 물론이고 우리나라 여러 선현들이 편찬하고 저술한 서적 또한 없는 것이 없을 정도였다. 주루(酒樓)에서는 상매(桑梅)니 인동(忍冬)이니 복분(覆盆)이니 제백(諸白)이니 부르는 술이 가장 유명하였다. 그들 술의 빛깔은 홍록색(紅綠色)이었다. 영주(霙酒)라는 술은 흡사 눈빛과 같았고, 연주(練酒)는 비단 빛깔과 비슷하고, 마양(麻釀)은 마치 옥의 빛깔과 같았다. 모두 그 빛깔과 맛이 뛰어난 술이었다. 화원(花園)에는 수사앵(垂絲櫻), 수사해당(垂絲海棠), 정동(頳桐), 목필(木筆), 옥잠화(玉簪花), 자연화(紫燕花), 자등화(紫藤花), 수선화(水仙花), 사시매(四時梅), 백목단(白牧丹), 안래홍(雁來紅) 등과 같은 종류의 꽃이 있었는데 그 가운데에서도 국화의 품종이 아주 많았다. 어애황(御愛黃)과 불두백(佛頭白) 두 가지 종류가 특히 아름다웠다. 약방에서는 지보단(至寶丹)과 화중산(和中散)과 통성산(通聖散) 등 여러 종류의 약을 갖춰놓고 문에 간판을 걸었다. 또한 금패(金牌)를 길에다 세워놓아 오가는 사람들이 쉽게 찾아

사갈 수 있도록 하였다. 창녀와 기생들이 사는 곳을 노화정(蘆花町)이라고 불렀는데 그 거리가 10여 리나 되었다. 화려한 비단과 향사(香麝)로 장식하고 붉은 주렴과 그림 장막으로 가려놓았는데, 여자들의 용모는 대부분 한 나라를 흔들고도 남을 만한 미색이었다. 명성이 높은 창녀나 기생들은 아름다운 얼굴을 으스대며 금전을 계산하고 애교와 웃음을 파는데 하룻밤의 값어치가 능히 백금이나 된다고 한다. 일본의 풍속은 음란한 것을 좋아하고 화려하고 아름다운 것을 숭상한다. 이 때문에 저잣거리를 오가는 남녀는 모두 비단 옷을 차려 입고 있었다. 글을 직업으로 하는 사람은 이따금 견문이 넓고 문장을 지을 줄 알았다. 나라 안의 여러 군(郡)과 주(州)를 돌아다니면서 여러 공후의 식객 노릇을 하였다. 의술이나 검술을 배워서 녹봉을 받아먹고 사는 사람이 가장 많았다. 간혹 유술을 익혀서 마치 날아가는 것처럼 무엇인가를 쫓는가 하면 눈 깜박할 사이에 찌르고 자르는 것을 병가에서는 매우 중요하게 여겼다. 온갖 기교를 갖춘 장인과 잡다한 재화를 거래하는 장사꾼이 온 나라 안에 널리 퍼져 있다. 또한 해도(海島)의 여러 오랑캐들과 교류하고 통상하였다. 그 번화하고 부유하고 호쾌하고 기이한 구경거리가 천하의 으뜸이라 할 만하다는 기록이 옛 문헌에도 전해오고 있다. 계빈(罽賓, 서역)과 파사(波斯, 페르시아)의 나라도 이보다 더하지는 않을 것이다.

— 신유한, 『해유록』, 〈무술년(戊戌年, 1718) 9월 4일〉

나고야에 도착한 신유한은 화려함과 풍부함이 오사카에 뒤지지 않은 이 도시에 늘어선 황금빛 가옥과 가지각색의 기이한 구경거리에 눈이 부셔 눈을 뜰 수 없을 지경이라고까지 표현했다. 또 관백의 도성인 에도의 풍경은 이전에 신유한이 본 대도시들을 세 배는 능가하고도 남을 만큼 풍요롭

고 호화로웠다. 신유한은 『해유록』에 당시 자신이 보고 느낀 그대로 에도
의 모습을 기록했다.

도로를 끼고 길게 늘어서 있는 회랑(回廊)은 모두 재화를 거래하는 상점
이었다. 시내에는 정(町)이 있고, 정에는 문(門)이 있었다. 거리는 사방으
로 통해 있고 평평하고 곧게 뻗은 것이 활줄 같았다. 분칠한 누각과 조각
을 새긴 담장은 2층과 3층을 이루고, 서로 연이어져 있는 기와와 용마루
는 마치 비단을 짜놓은 것처럼 보였다. 구경하는 남녀가 거리 가득 흘러
넘쳤다. 비단으로 수놓은 듯 아름다운 가옥의 대들보와 문미 사이를 올
려다보면 뭇사람의 눈이 오고 가며 모여서 한 치의 빈틈도 없었다. 옷자
락에는 꽃무늬가 가득하고 주렴 장막은 햇빛을 받아 반짝거렸다. 대판(오
사카)과 왜경(倭京, 교토)에서 본 모습보다 세 배는 더 번화했다. …… 덕
천가강(德川家康, 도쿠가와 이에야스)이 풍신수길(豊臣秀吉, 도요토미 히데
요시)의 무리를 주벌하여 제거하고 강호(에도)로 도읍을 옮긴 다음 세 겹
으로 성을 쌓았다. 그 둘레가 50여 리에 이르고 벼슬아치나 번주의 저택
과 서민의 가옥이 천만 호나 되었다. 사방의 큰 성과 이름난 도회지에서
거둬들인 상점과 가옥의 세금은 모두 관청으로 돌아갔다. 금은보화가 산
더미처럼 쌓이고 들판에 넘쳐났다. 도시와 시골의 창고마다 재물이 가득
찼다. 기이한 인재와 검객은 물론이고 화포와 전함 등의 무기가 나라 안
에 흘러넘쳤다. 법령은 엄격하고 가혹하며 식량은 풍부하고 병사는 강력
해 60주를 호령하는 것이 마치 팔이 손가락을 부리는 것처럼 하였다. 대
개 덕천가강 이후로부터 100여 년간 나라에는 전쟁이나 반란이 일어나지
않았다. 이에 군신이 갑옷과 총검과 화포 등의 무기를 본 적이 없게 되었
고 오직 집과 배와 수레와 복색과 놀이와 구경거리에만 힘을 썼다. 종실

과 대신 이하 나랏일을 보는 사람에게는 관청에서 녹봉을 지급하는 법에 따라 월마다 쌀이나 돈을 주는 일이 없었다. 각자 맡은 성읍이 있어서 태수 또는 공후라고 이름하였다. 자신들의 가신으로 하여금 왕래하며 성읍을 다스리게 하고 논밭과 조세의 수입을 계산해 스스로 의식을 해결하였다. 이 때문에 온갖 물품이 풍성하게 넘쳐나고 거리는 번창하고 화려하며 거처하는 저택의 호화찬란하기는 흡사 궁궐과 같았다. 성 안에는 더러 흙으로 돈대를 쌓았는데 길이가 수십 척에 달해 마치 큰 언덕이나 산과 같았다. 나라의 풍속은 화재를 가장 두려워해 연못을 파서 대비하고 창고에 재화를 보관해두었다. 모든 남녀가 아름답고 고운 것을 자랑으로 여겨 사치스럽고 화려하게 꾸몄다. 백성들 사이의 풍속은 대도시인 대판의 낭화강(浪華江, 나니와 강)에서 본 모습과 똑같았다.

— 신유한, 『해유록』, 〈무술년 9월 27일〉

그러나 신유한이 경험한 문화 충격 가운데 가장 강력한 것은 오사카에서 봤던 일본의 서점과 출판문화였다. 그래서 에도를 거쳐 다시 조선으로 돌아오는 길에 재차 오사카의 서점과 출판문화를 언급했다. 조선이 학문이나 문화에서만큼은 일본에 앞선 선진 문명국이라는 자부심에 사로잡혀 있던 신유한에게 오사카의 서점, 출판 거리는 유일하게 부러움의 대상이었다. 그는 "대판(오사카)에는 서적이 많은데, 그것이야말로 진실로 천하의 장관이었다"라면서 감탄을 금치 못했다.

그럼에도 신유한이 직접 눈으로 보고 온 18세기 초 일본의 현실은, 오랜 시간 그의 머릿속을 지배하고 있던 일본은 야만적인 오랑캐라는 관념을 넘어설 수 없었다. 최소한 현실과 관념 사이에 균형을 맞춰 자신이 경험한 일본의 실상을 보고 느낀 그대로 인정할 수도 있었지만 오래된 편견은 그마저도 용납하지 못했다. 『해유록』의 부록 격인 「문견잡록」의 끝부분에 남긴 기록은 일본 견문에 관한 총평이라고 할 수 있는데, 여기서 그는 일본을 여전히 "천박하고 누추하며 이익만을 쫓는" 참새나 여우 혹은 사마귀나 쥐로 비유되는 나라로 여길 뿐이다.

내가 일본의 인물을 본 것이 국군(國君, 관백) 이하로 관직이 높은 자와 일반 관리에 이르기까지 각종의 사람들을 다 헤아려보면 수천 명은 넘을 것이다. 대체로 그 사람들은 모두 날쌔고 사나울뿐더러 굳세고 민첩하였다. 대부분 키가 짧고 몸은 작았다. 어린아이들은 대체로 깨끗하고 똑똑하였다. 그러나 대개 기품은 가냘프고 연약하였으며, 말과 행동은 조악하고 천박하기 그지없었다. 걸출하고 뛰어나고 웅장하여 바라보면 두려워할 만한 형상을 가진 이가 단 한 사람이 없었다. …… 모두 새나 쥐의 창자를 갖고 있고 사람을 쏘아 해치는 벌과 전갈의 본성을 휘두르느라 넓은 도량을 깊이 간직하고 두터운 인망을 지닌 자는 단 한 사람도 없었다. 저들이 덕천가강이 집권한 이후로 영토와 인구는 완전하게 갖추어지고 군대는 정확하고 강성하여 나라 안에 전쟁과 반란의 북소리가 울린 적이 없다. 이에 인구가 많고 창고에 가득 찬 재물이 지금보다 더 융성한 적이 없었다. 이른바 군신 관계를 살펴보면 비록 젖비린내 나는 어리석은 어린아이라고 해도 편안하게 자리를 지키고, 높은 궁궐과 화려한 비단 장막과 진수성찬의 안락함을 대를 이어 전하여 끊이지 않았다. 그러한 까닭에 그 마음이 편안함과 즐거움에 익숙해져서 행여나 사변이 일어나지 않을까 두려워할 뿐인데 무슨 계략을 도모할 수 있겠는가? 내가 헤아려보건대, 하늘과 사람이 액운을 만나 풍신수길이나 가등청정(加藤淸正, 가토 기요마사)과 같은 도적이 다시 그 땅에 태어나지 않는다면 우리나라의 변경에는 걱정할 것이 만에 한 가지도 없을 것이다. 다만 관시(關市, 왜관 무역)를 개설한 이래로 쓰시마의 교활하고 간사한 짓거리가 끝이 없는 까닭에 관역(館驛)이 당하는 업신여김과 멸시가 허다하다. 그럼에도 불구하고 조정에서는 매번 은혜를 두텁게 더해주어 조그마한 일개 섬의 우두머리로 하여금 반드시 터럭 한 올까지 값을 다투어 이기도록 만들고야 말았으니, 이후로라도 실무를 아는 사람은 마땅히 올바로 생각하고 처리할 줄 알아야 한다.

— 신유한, 『해유록』, 〈부 문견잡록(附聞見雜錄)〉

이러한 현실과 관념의 불균형은 신유한이 일본에 다녀온 지 40여 년이 지난 1763년 계미사행에 이르러서야 비로소 균형을 찾아가기 시작했다. 그만큼 조선은 일본에 대한 객관적인 이해를 갖추지 못했고, 시대의 변화를 읽는 감각 또한 뒤떨어져 있었다. 정약용은 신유한이 남긴 이 '일본 견문록'을 아주 신랄하게 비판했다.

『해사견문록(海槎見聞錄)』 한 권은 고(故) 청천자(青泉子) 신유한이 사신을 수행해 일본에 갔다가 그 나라의 산천과 풍속을 기록한 책이다. 일본의 세계(世系)와 도읍에 대한 내용은 일본사(日本史)가 있어서 깊이 헤아려 살펴볼 수 있다. 원나라의 세조가 10만 대군을 일으켜 일본을 정벌하려고 하다가 화살촉 하나도 되돌아오지 못하였다. 일본의 변경 지역과 지방 고을 역시 정벌할 수 없다는 사실을 깨달았다. 마땅히 헤아려 살펴야할 대상은 오직 기물의 정교한 제도와 함께 여러 가지 조련하는 법이건만 이 책에서는 그와 같은 내용이 생략되어 있으니 탄식할 만한 일이다. 우리나라 사람들이 표류하다가 일본에 닿게 되면 저들은 그때마다 새로운 배를 만들어서 돌려보냈다. 그 배의 제작과 제도가 절묘하였다. 그런데 그 배가 우리나라에 도착하면 번번이 망치로 부숴버리고 그 제작법을 본받아 옮기려고 하지 않았다. 왜관에 있는 격자 문양의 창문 역시 정결하고 밝고 따뜻하다. 그러나 그 제작법을 본받아 우리나라에 옮기려고 하지 않는다. 사정이 이러한데 그 나라의 법을 기록한다고 한들 무엇하겠는가? 예전에 문충공(文忠公) 유성룡이 아니었다면 조창(鳥鎗, 조총)의 제도 역시 끝내 우리에게 전해지지 않았을 것이다.

— 정약용, 『다산시문집』, 〈해사견문록 발문(跋海槎聞見錄)〉

일본의 산천과 풍속이 아니라 실용 기술과 선진 문물을 관찰하고 기록하는 것이 나라와 백성을 위해 더 이로운 일일 텐데, 신유한의 『해유록』에는 그것이 빠져 있다는 날카로운 지적이다. 또한 정약용은 일본이 야만적인 오랑캐에 노략질만 일삼는 왜구일 뿐이라는 편견에 갇혀 그들의 앞선 기술과 제도를 본받아 배우려고 하지 않는 당시 조선 사회의 어리석음도 꾸짖고 있다.

여하튼 1763년 계미년의 조선통신사행은 여러 의미에서 역사적인 사건이었다. 에도까지 다녀온 마지막 사신행이었고, 일본을 낮춰보거나 업신여기던 이전의 조선통신사와는 달리 현실적이고 실용적인 시각으로 일본을 바라본 최초의 사신행이기도 했다. 이때 특히 큰 활약을 한 사람이 바로 서기(書記)로 사신행에 따라나선 원중거와 성대중이다. 이들은 일본에 관한 최신 지식 정보는 물론 그들의 앞선 실용 기술과 제도 등을 가지고 조선에 돌아왔다. 무엇보다 혁신적인 것은 이들이 일본에 관한 현실적이고 실증적인 정보와 실용 지식 및 기술을 보다 더 자세히 관찰하고 이해하기에 적합한 방식으로 〈사행록〉을 기록하고 저술했다는 사실이다.

이전까지의 사행록은 일기 형식의 견문록이 대부분이었고, 혹 일본의 역사나 인물, 정치, 경제, 사회, 문화를 기록하더라도 사행일기(使行日記)의 부록 격으로 간략하게 덧붙이는 데 그쳤다. 원중거와 성대중 역시 기존의 사행록처럼 일기체 형식을 띤 『승사록(乘槎錄)』과 『사상기(槎上記)』를 썼지만, 이와는 별도로 백과사전처럼 각각의 항목에 따라 일본에 관한 정보들을 정리한 또 다른 사행록인 『화국지(和國志)』, 『일본록(日本錄)』, 『청천해유록초(靑泉海遊錄鈔)』 등을 저술했다. 개인적 견문이나 주관적 사고에서 벗어나 보다 객관적이고 종합적이며 입체적으로 일본을 관찰하고 이해하려고 한 것이다. 일본의 역사와 지리, 제도와 문물은 물론 민간 풍속에 이르기까지 널리 자료를 수집하고 정보를 채록해 분석한 뒤 자신들의 견해까지 덧붙여 저술했다는 점에서 이 두 사람의 사행 기록은 이전 조선통신사의 사행 기록이 갖는 한계를 뛰어넘는 혁신적인 시도였다.

특히 이덕무의 『청령국지』에 미친 영향을 살펴볼 때, 두 사람 중에서도 원중거에게 주목할 필요가 있다. 원중거와 성대중 모두 북학파 그룹과 관계를 맺고 있었고 이덕무와 절친한 사이였지만, 성대중이 북학 사상에 대해 중도적 입장에서 거리를 두었던 반면 원중거는 북학파 그룹의 핵심 멤버 중 한 사람이었기 때문이다. 더욱이 원중거의 장남은 이덕무의 누이와 결혼을 해, 원중거와 이덕무는 서로 인척 관계로 맺어진 각별한 사이이기도 했다. 또한 원중거의 『화국지』는 성대중의 『일본록』이나 『청천해유록초』보다 훨씬 새롭고 다양한 구성과 내용으로 18세기 일본에 관한 최신의 지식 정보를 이덕무에게 제공해주었다. 다시 말해, 이덕무를 비롯한 북학파 지식인의 일본관에 거대한 변화의 바람을 불러일으킨 핵심적인 사람이 바로 원중거였다.

그가 저술한 『화국지』의 구성 형식과 내용을 보면, 백과사전식으로 지식을 탐구하고 정보를 검색했던 이 시대 주요 지식인들의 특징을 체득하고 있음을 알 수 있다. 그는 수많은 자료와 정보 들을 항목별로 정리한 백과사전식 저술 방법이 지닌 효율성을 잘 알고 있었다. 그 장점은 바로 책을 읽는 사람이 원하는 정보를 항목에 따라 쉽게 찾아 읽을 수 있다는 것이다. 『화국지』가 이덕무의 『청령국지』에 끼친 영향을 고려할 때 이러한 구성 형식과 내용은 좀 더 자세히 살펴보고 넘어갈 필요가 있다.

먼저 『화국지』의 구성 형식부터 살펴보자. 이 책은 크게 일본의 지리와 역사를 기록한 〈천(天)〉과 학문과 생활 풍속을 기록한 〈지(地)〉 그리고 각종 제도와 조일(朝日)관계를 다룬 〈인(人)〉 세 부분으로 구성되어 있다. 맨 앞부분에는 일본의 지도를 24등분해 수록했다. 천지인 삼재(三才)에 따른 분류는 당시 동아시아의 백과사전들, 즉 중국의 『삼재도회』나 일본의 『화한삼재도회』에서도 즐겨 사용한 분류 방식이었다. 18세기 조선의 대표적인 백과사전인 『성호사설』은 크게 천지문(天地門), 만물문(萬物門), 인사문(人事門), 경사문(經史門), 시문문(詩文門) 등의 분류 방법을 사용하고 있는데, 이 역시 천지인 삼재의 분류에 기초하고 있음을 알 수 있다. 즉, 『화국지』는 애초부터 일본에 관한 백과사전 형식으로 저술되었다는 사실을 짐작할 수 있다.

『화국지』제1권에 해당하는 〈천〉에는 총 26개 항목으로 일본의 지리와 역사가 기록되어 있다. 그 내용을 간략하게나마 살펴보면, 지리, 기후, 천문, 국호, 인물, 풍속, 천황(天皇)의 본말, 관백의 시초 등이 실려 있다. 제2권에 해당하는 〈지〉에는 총 31개 항목으로 일본의 학술 및 생활문화가 기록되어 있다. 내용을 살펴보면, 문자의 시초, 시인과 문인, 일본의 한자, 언문, 가타카나, 의복, 음식, 언어, 여마(輿馬), 종수(種樹), 기용(器用), 농작, 잠직(蠶織), 화폐, 도로, 교량(다리), 주즙(舟楫, 선박) 등이 아주 자세하게 서술되어 있다. 특히 〈지〉 항목에는 일본인의 실제 생활과 실용 기술 등이 상세하게 실려 있어서, 훗날 이덕무가 『청령국지』를 저술할 때 가장 주요하게 참고하기도 했다. 제3권에 해당하는 〈인〉에는 일본의 각종 제도 및 조일 관계의 역사적 사실이 기록되어 있다. 내용을 간단하게 살펴보면, 의약, 부세(賦稅), 병제(兵制), 병기(兵器), 노비, 명절, 일본 천황의 관제, 조선의 일본 정벌 기록, 조선의 통신, 왜관(倭館) 등에 대한 것들이다.

이렇듯 구성과 내용별 항목만 살펴보더라도, 『화국지』가 천문, 지리에서부터 문화, 풍속 그리고 각종 제도와 기술에 이르기까지 일본에 관한 최신 정보를 총망라하고 있다는 사실을 알 수 있다. 그러나 무엇보다 이 책이 조선 지식 사회에 가져온 변화의 바람은 책의 밑바닥에 깔려 있는 철학이다. 일본은 문명의 변방에 자리한 야만적인 오랑캐라는 오래된 편견을 버리고 현실적인 시각과 실용적인 사고, 즉 실학자의 눈으로 일본을 객관적으로 관찰했다는 것이다. 이는 원중거가 속했던 북학파 그룹 지식인뿐 아니라 정약용이 그토록 간절하게 바랐던 일본관이기도 하다. 앞서 지적했듯이 신유한은 일본의 변화와 발전상을 직접 목격하고도 그것을 단지 이익만 추구하는 야만적인 오랑캐 문화라고 업신여기고 낮춰 보았기 때문에, 사행록에 당시 조선에 없는 기술이나 일본보다 뒤떨어진 제도나 문물은 간과하거나 생략해버렸다. 그러나 원중거는 신유한과는 완전히 다른 새로운 시각으로 일본을 바라보았기 때문에 조선에는 없는 실용 기구인 수차(水車)에도 주목할 수 있었고 또 조선보다 발달한 일본의 배 만드는 제도와 기술을 아주 자세하게 관찰하고 분석해 자신의 사행록에 꼼꼼하게 기록해두었다.

이덕무를 비롯한 북학파 그룹이 내세운 경세철학(經世哲學)은 잘 알려져 있는 것처럼 이용후생이다. 그들은 누구보다 편리하고 실용적이며 백성의 생활을 이롭게 하는 기술과 도구에 관심이 많았다. 따라서 북학파 그룹의 일원인 원중거에게 사람의 힘을 동원하지 않고도 성 밖의 물을 저절로 성 안으로 보낼 수 있는 일본의 수차 기술은 단연 눈길을 끌 수밖에 없었다. 1764년 1월 27일 저물녘, 교토의 요도성(淀城)에 도착한 원중거의 눈길을 사로잡은 것은 성의 화려한 누각도, 높고 견고한 성벽도 아닌 바로 수차였다. "성 안쪽으로 은근하게 비추는 물건이 있었다. 그것은 높다란 누각과 하얀 벽과 성을 뚫고 틈새에 얽힌 수차라는 기구였다." 요도성에 도착하자마자 수차에 대한 궁금증에 사로잡힌 원중거는 기어이 한밤중에 숙소를 나서 수차를 관찰하고 만다.

수차를 보았다. 큰 홈통을 끌어 밖에 수차를 매달아 물속에 세웠는데, 제도가 물레와 같았다. 바큇살이 15개이니, 머리 2대를 합치면 30개의 가지가 되는데 각각 가로질러 놓은 나무가 있어 서로 떨어뜨려 놓았다. 앞뒤는 둥근 바퀴로 기울어지거나 빠지지 않게 하였다. 가운데에 수레멍에나무를 설치하여 여러 바큇살 구멍을 모두 꿰었고 양쪽으로 바퀴를 내었다. 밖으로는 앞뒤에 큰 기둥을 세워 둥근 지름 막대를 만들고 수레멍에의 양 끝을 받아 옮겨 움직이며 두루 돌게 하였다. 앞바퀴의 바큇살 머리는 매 사이가 한 폭이고 큰 나무통을 매달았다. 나무통은 모두 합쳐서 7개로 물결을 따라 서쪽으로 도는데 바큇살의 축이 물에 가까이 이르면 통이 떨어져 물을 받고, 물을 가득 받으면 폭 축이 서쪽으로 올라가고, 통이 폭을 따라 위로 가 바로 수레멍에 기둥 위에 마주한다. 통이 동쪽으로 엎어지려 하면 조그만 못이 있어 통을 막아 물이 앞기둥에 떨어지고, 동쪽이 기울면 대롱 통이 그것을 받아 성 안으로 흘려보낸다. 7개의 통이 순환하고 대롱 통의 흐름 또한 멈추지 않으니, 그것이 능히 움직이며 항상 도는 것이 마치 큰 기계로 말미암은 것 같다. 큰 통에 물을 가득 담은 무게가 빈 통에 치우쳐 맡는 데 이르지 않으니, 빈 통이 만약 나무에 부딪히면 물이 서쪽으로 내려가고 기구는 동쪽으로 돌아, 통 하나가 서쪽을 올라가면 다른 통 하나는 동쪽으로 부딪히고 잡아당기는 힘이 항상 있다. 거기다가 매 사이 바큇살 하나마다 통을 매달았기에 하나가 올라가면 하나가 내려오고 하나가 곧바로 되면 다른 하나가 엎어져, 물에 부딪히는 힘은 긴밀하고 엎어지는 통의 형세는 가득 차니, 올라가는 것과 바로 하는 것이 없음을 나란히 하지 않기 때문인 것이리라. 멀리서 바라보았기 때문에 다만 그 대략을 알았을 뿐이다.

— 원중거, 「승사록(乘槎錄)」, 〈1월 27일〉[12]

1711년 조선통신사 행렬에 서기로 참여했던 남성중(南聖重)은 수차를 보고 "저 이상한 기계를 보는 것도 기묘한 유람거리"라고 하며 웃어넘겼다는 사실만 보더라도, 원중거의 남다른 안목과 식견을 짐작할 수 있다. 남성중의 눈에는 오랑캐 나라의 이상한 기계로만 보였던 수차가 원중거의 눈에는 조선에 도입해 사용할 만한 실용적인 기구로 보였던 것이다.

앞서 우리는 정약용이 신유한의 사행록을 비판하면서 조선인들이 일본 배의 정밀한 제도와 기술을 배우지 않는 점을 질타한 글을 보았다. 실제 조선통신사의 긴 여정에서 가장 빈번했던 사고가 바로 선박 사고였다. 조선은 연안의 상거래 외에는 선박을 이용한 외국과의 해상 무역을 금지하고 있었기 때문에 먼 항해를 할 수 있는 선박 제조 기술이나 도구가 발달하지 못했다. 정약용의 비판처럼 표류한 조선 사람을 실어온 일본 선박을 부숴버린 까닭도 아마 그다지 쓸모가 없었기 때문이 아닐까? 어쨌든 북학파 지식인들은 박제가의 『북학의』에서도 볼 수 있듯이 외국과의 통상, 특히 선박을 이용한 해상 교역을 매우 중요하게 여겼다. 원중거 역시 마찬가지였다. 『화국지』에 기록된 일본에 관한 지식과 정보 중 선박과 관련한 〈주즙〉 항목에 가장 많은 분량을 할애한 것만 보더라도, 그가 얼마나 선박 제조 기술과 도구 그리고 항해술에 큰 관심을 가졌는지 알 수 있다. 또한 그는 일본 선박의 장단점을 잘 선택해 무엇을 배우고, 무엇을 배워서는 안 되는가에 대한 견해까지 제시했다.

일본 사람들의 습성은 또한 모두 정교하고 섬세하며 치밀하다. 비록 거처하거나 음식을 먹는 사이에도 엉성한 태도나 소홀한 모습을 전혀 찾아볼 수 없었다. 배를 사용할 때는 마땅히 나머지 기교를 남겨두지 않았다. 그러나 배 밑바닥을 너무 줄인 까닭에 바닷물을 감당할 수 있는 힘이 없다. 만약 바닷물이 얕은 곳을 만나게 되면 즉시 배가 기울어지고, 바위를 만나게 되면 즉시 가라앉고, 충격을 받게 되면 즉시 뒤집어진다. 배의 목재는 아주 오래된 것을 취해서 나뭇결은 오히려 연약하다. 배에 사용한 판자는 너무 얇아 사람의 힘만으로 구멍을 뚫을 정도여서 한 번이라도 충격을 받거나 충돌하게 되면 부서지기가 쉽다. 충무공이 일본의 수군을 대적해 백전전승했던 까닭은 대개 단지 기습 공격과 정면 공격을 섞어 혼란스럽게 나아가고 충성스러운 마음과 용맹한 힘을 다해 신속하게 싸웠기 때문만은 아니다. 우리나라 선박의 장점이 저 일본 선박의 단점을 제압하였기 때문이다. …… 내가 듣건대 호남좌수영(湖南左水營)에서 병자(丙子) 연간에 전선(戰船)을 조성할 때, 배의 길고 짧음은 옛 제도에 의거하였지만 뱃머리는 조금 줄이고 중앙 부분은 약간 좁게 하여 정교하게 깎고 매끄럽게 다듬고 세밀하고 꼼꼼하게 틈을 기워서 해진 옷이나 헝겊을 사용하지 않았다. 그래서 바다에 들어가도 물이 새지 않고 나아가는 속도 역시 재빨랐으며 사용기한이 다한 후에도 심하게 썩거나 손상되지 않았다. 그런데 후세 사람들이 그것이 혹시 일정한 규범과 제도가 되지나 않을까 두려워한 나머지 배를 훼손하고 경강(京江) 상인들에게 팔아버렸다고 한 다. 이러한 일은 우리나라 역시 견고한 배를 만드는 제도를 가지고 있다 는 사실을 증명해준다. 이른바 우리나라의 장기다. 어찌 반드시 일본 배 의 단점까지 모두 본받아 그 폐단을 답습해 사용하겠는가? …… 선박의 정교함은 내가 생각할 때 천하를 다 뒤져도 일본만 한 나라를 찾을 수 없 을 것이다. 저들이 중국을 침범하는 데 있어서 우리나라를 능멸하고 업신 여기는 까닭은 그 선박과 조총을 믿기 때문이다. …… 우리나라의 전선 (戰船)은 반드시 회화나무를 사용한다. 그런데 이 회화나무 목재는 치(鴟, 키)에는 전혀 맞지 않다. 대개 회화나무는 곧게 생장한 것이 적을뿐더러 나뭇결은 반드시 종횡으로 서로 뒤섞여서 엉클어져 있다. 또한 나무가 오 래되면 빗물이 침투해 나뭇결이 심하게 벌어진다. 나무의 종류 역시 드 물어서 구하기가 쉽지 않다. 더욱이 해마다 취해 사용한 까닭에 그 나무 의 생김새가 반드시 구부러진 노목(老木)에 이르게 되었다. 이번 사신 행 차에서 우리 선박의 치가 부러지는 상황을 여러 번 보았는데 대개 이러한 이유 때문이었다. 대마도에 이르러 도주에게 치목(鴟木)을 얻었지만 섬 안에는 실제 부러진 치에 덧붙일 만한 것을 구할 수 없어서 소나무의 누 렇고 단단한 속살을 가지고 우리나라 사람이 지휘하여 저들의 공장(工匠) 으로 하여금 만들게 하였다. 그런데 그 견고하고 치밀한 것이 우리나라에 서 회화나무 목재로 만든 치보다 갑절이나 뛰어났다. 어리석은 내가 볼 때도 구부러진 회화나무 목재를 사용하는 것보다는 소나무의 누렇고 단 단한 속살을 취하여 정밀하게 만들어 사용하는 편이 더 낫다고 생각된다.

　　　　　　　　　　　　　　　　　　　── 원중거, 「화국지」, 〈주즙〉

수차와 선박 외에도 도로와 교량, 농사 기술은 물론 목재 사용에 이르기까지, 원중거는 이용후생에 도움이 될 만한 정보라면 어떤 것도 가리지 않고 자세히 관찰하고 기록했다. 특히 그는 잘 정비된 도로와 나무로 만든 수많은 다리를 관청이 아닌 민간에서 상시적으로 수선하고 관리하는 일본의 풍속에 큰 감명을 받았다. 그래서 "관청에서 도로를 관리하라는 명령을 하지 않아도 도로는 마치 잘 다듬어진 숫돌과 같이 잘 관리되고 있었다. 한번 길을 만든 다음에는 관리하는 일을 게을리하지 않았다. 이 때문에 사신 행렬에 따라나선 사람들은 진흙 길에 고생해야 하는 수고로움과 걱정거리를 덜 수 있었다. 이 나라의 제도가 오로지 한결 같다는 사실을 이로써 짐작해 알 수 있다"고 적었다. 또 나무다리와 배다리 등 교량을 건설하는 기술과 제도를 자세히 소개하면서, "교량을 관리하는 일 역시 도로를 관리하는 법과 조금도 다름이 없었다"면서 배워 본받을 만하다고 주장했다. 원중거는 인구와 토지를 계산해보면 식량을 자급자족할 형편이 되지 못하는 일본이 어떻게 농사를 짓는지에 대해서도 큰 관심을 보였다. 농업 경제가 중심을 이루고 있는 조선의 입장에서 볼 때 이보다 더 중요한 정보는 없었기 때문이다.

나라 안에는 논은 적고 밭은 많다. 인구가 날로 번성하는 만큼 토지는 날로 좁아지므로 비록 땅의 힘을 다하여 곡식을 생산한다고 해도 인구와 토지를 계산하고 측량해보면 실제 자급은 불가능하다. 이러한 까닭에 농사 기술이 지극히 정교하고 치밀하여 소금밭이라도 내버려두지 않고 거칠고 메마른 자갈밭이라도 개간하지 않은 곳이 없다. 밭에서 거두는 이득이 논보다 많다. 그래서 습지 가운데 물이 많지 않아 메마른 땅은 모두 밭으로 경작하였다. 가장 땅바닥이 낮고 습한 곳을 취하여 논으로 삼았다. 또한 반드시 사방의 네 모퉁이를 파서 흙을 모으고 중앙에 네모반듯한 논을 만들어 경작하였다. 이러한 까닭에 논은 깊고 항상 물이 저장되어 있다. 밭은 높지만 역시 습한 곳에서 물을 끌어당길 수 있다. 이렇게 해서 논과 밭 모두 경작하기에 적당하다. 도랑을 다스릴 때는 넓고 깊게 만들어서 장맛비가 오더라도 쉽게 물이 빠져나가고 가뭄이 들 때에도 역시 완전히 메마르지 않게 하였다. …… 물 찌꺼기가 부패한 것은 모두 곡식을 경작하는 데 사용하므로 반드시 똥거름을 지고 나를 필요가 없다. 이러한 까닭에 모든 집에서 부패한 물을 매우 귀중하게 여겼다. …… 집에는 부엌과 화장실과 욕실에 각각 커다란 통을 놓아두었다. 대개 목욕하고 남은 물, 그릇을 씻은 물, 쌀을 씻은 물, 소금물 찌꺼기, 똥오줌 등의 물은 단 한 방울도 내다버리지 않는다. 소나 말을 소유하고 있는 사람 역시 먹이를 주는 구유 바깥에 웅덩이를 파서 물 찌꺼기를 받아두었다. …… 소의 힘으로 경작하는 것과 사람의 힘으로 개간하는 것을 따지지 않고 경작하고 개간할 때에는 반드시 흙을 문질러서 마치 가루처럼 만들었다. 이러한 까닭에 싹이 튼 다음에 하는 호미질과 김매는 일을 아주 수월하게 할 수 있다. 단지 손을 사용해 풀뿌리를 뽑고 옆의 흙을 파내어 메우기만 하면 된다. 산에 위치한 밭은 비록 비스듬하게 기울어져 있다 하더라도 반드시 돌을 쌓아 평평하게 만든 다음에야 곡식을 파종하였다. 돌이 없을 때는 나무를 사용해 가로질러 걸쳐서 얽어매었다. 이러한 까닭에 나라 안의 밭은 비스듬하게 기울어져 있는 곳이 없다. 그래서 산에 있는 밭을 먼 곳에서 바라보면 마치 집터처럼 보이고, 그 나무를 얽어매어 놓은 것을 먼 곳에서 바라보면 시렁이나 평상처럼 보인다.

— 원중거, 『화국지』, 〈농작(農作)〉

이 대목은 1780년 청나라 사신행에 따라나선 연암 박지원이 청나라에서 본 천하 장관을 "깨진 기와 조각과 냄새나는 똥거름"이라고 기록한 내용과 무척 닮았다. 이용후생을 위해서라면 더러운 찌꺼기나 똥오줌, 심지어 짐승의 분뇨조차도 건성으로 넘기지 않았던 북학파 그룹의 투철한 철학을 보여주는 명장면이다. 원중거는 또한 일본에서 중산층 이상의 재산을 갖고 있는 사람 중에는 농사를 지어서 먹고사는 사람보다 상공업에 종사하는 사람이 훨씬 더 많다는 사실을 잊지 않고 기록했다.

> 여자들이 하는 일은 방적(紡績, 실을 내어 옷감을 짜는 것)이다. 그래서 비록 하층민의 아내라고 하더라도 호미를 잡아 생계로 삼는 사람이 없다. 남자들이 하는 일은 공업(功業)과 상업(商業)이다. 그래서 중산층 이상에서는 또한 논밭을 경작해 생계로 삼지 않는다. 매 가구마다 식구를 계산하고 논밭을 측량해서 각자 장정(壯丁)을 거느리는데 한 명 아니면 두 명이고 혹은 네다섯 명에서 멈추었다.
>
> — 원중거, 『화국지』, 〈농작〉

이 기록은 농업 경제에 전적으로 의존하는 조선과 달리 일본의 경제력이 상공업에서 나온다는 아주 중요한 메시지를 던진다. 이러한 정보를 기초로 이덕무는 『청령국지』〈사민(四民)〉편에서 일본의 경제 발전과 문화적 번성의 힘은 농업보다 상공업을 중시하는 경제 구조와 신분 질서에 있다는 분석을 내놓는다. 이처럼 원중거의 『화국지』는 이용후생에 필요한 실용 지식뿐 아니라 18세기 일본의 사회 경제 체제를 이해할 수 있는 중요한 단서들을 수없이 많이 제공하고 있다. 만약 원중거의 책이 없었다면, 일본에 한 번도 가본 적이 없는 이덕무가 과연 그토록 정확한 정보와 방대한 지식을 담은 일본 연구서를 저술할 수 있었을까?

이덕무가 『청령국지』를 저술할 때 가장 중요하게 참고했던 또 다른 책으로는 앞서 언급했듯이 18세기 일본판 백과사전이라 할 수 있는 『화한삼재도회』를 들 수 있다. 원중거와 성대중은 자신들의 사행록에서 『화한삼재도회』를 폭넓게 자료로 활용하거나 인용했다. 성대중은 『왜한삼재도회(倭漢三才圖會)』가 일본의 풍속을 서술한 책이라고 소개했고, 심지어 이때 제술관으로 일본에 갔던 남옥(南玉)은 자신의 사행록인 『일관기(日觀記)』에서 "일본의 산천과 노래와 풍속과 법제를 제대로 알려고 한다면 『왜한삼재도회』와 『무감(武鑑)』이 가장 필요하고 중요한 서책이 될 것이다"라고까지 기록했다. 현재 우리나라에는 일본에서 목판본으로 간행된 1713년 간본(刊本)과 1772년 간본의 『화한삼재도회』가 존재하는데, 이 가운데 1713년 간본이 원중거와 성대중 등이 조선통신사로 갔을 때 구입해 이덕무에게 건네준 것으로 본다. 1772년 간본은 쓰시마에서 동래를 거쳐 우리나라에 들어온 것으로 추정할 뿐 그 도입 과정에 대해서는 자세히 알려진 것이 없다.

신유한에서 원중거와 성대중에 이르기까지 조선통신사는 일본과 교류하면서 그들의 문물과 제도, 학술과 서적, 풍속과 기술을 조선에 들여오는 중요한 통로 역할을 했다. 특히 원중거와 성대중 등 계미년의 조선통신사가 실어온 일본에 대한 정보 덕분에 조선의 지식 사회는 '북학(北學)'과 대비해 '남학(南學)', 즉 '일본학'이 생겨날 정도로 일본에 큰 관심을 보였다. 이덕무의 『청령국지』는 그러한 분위기에 정점을 찍는 획기적인 저서였다. 더욱이 『청령국지』에 수록된 일본의 〈8도 68주 전도(八道六十八州全圖)〉와 〈대마도 2군 8향(對馬島二郡八鄕)〉, 〈서해도 9주(西海道九州)〉, 〈산양도 8주(山陽道八州)〉, 〈산음도 8주(山陰道八州)〉, 〈기내 5주(畿內伍州)〉, 〈남해도 6

주(南海道六州)〉, 〈동해도 관동 7주(東海道關東七州)〉, 〈동해도 관서 8주(東海道關西八州)〉, 〈동산도 영서 4주(東山道嶺西四州)〉, 〈동산도 영북 4주(東山道嶺北四州)〉, 〈북륙도 7주(北陸道七州)〉 등 지방 지도(地方地圖)는 일찍이 조선에 소개된 그 어떤 일본 지도보다 정확하고 상세했다. 이렇듯 『청령국지』의 저술로 인해 조선은 일본 전역 구석구석으로 지리적 인식을 확장시켰고 정치와 경제, 사회와 문화, 학술과 제도, 군사와 외교 그리고 민간 풍속과 각종 기술에 이르기까지 일본에 관한 모든 것을 한눈에 들여다볼 수 있게 되었다.

남학과 북학의 완성, 청령국지와 북학의

『청령국지』는 18세기 중후반부터 현실적이고 실용적인 시각으로 일본을 바라보기 시작한 조선 지식인들의 노력을 체계적으로 종합하고 완결 지은 작품이라 할 수 있다. 그러나 당시에도 대다수 조선 사대부의 일본 인식은 시대 역행적이었다. 18세기 일본의 변화와 발전에 너무나 무지했기 때문에, 19세기 이후 조선은 일본의 침략에 속수무책으로 당할 수밖에 없었다. 이덕무가 일본을 탐구하고 연구한 까닭은 바로 여기에 있다. 일본의 변화와 발전상을 제대로 알아야 조선을 바로잡을 수 있고, 일본에 대한 올바른 대책을 세울 수 있다고 여겼기 때문이다. 다시 말해 유득공의 말처럼 이덕무가 일본을 연구한 목적은 "박식함을 바탕 삼아 특이한 견문을 넓히려고" 한 것이 아니라 "나라를 다스리는 사람"과 "국경을 벗어나 사신으로 가는 사람"이 참고로 삼을 만한 유용한 자료를 남기기 위해서였다. 즉 조선의 정치와 경제 그리고 외교가 나아가야 할 방향을 세우는 데 반드시 필요한 연구서이자 보고서로서 저술했다는 얘기다. 일본의 급속한 변화와 발전상을 보여줌으로써 간접적으로나마 조선 역시 변화하고 개혁해야 발전할 수 있다는 것을 말하려 한 것이다.

그런데 이러한 관점에서 『청령국지』를 읽을 때 아주 흥미로운 사실 한 가지를 발견할 수 있다. 바로 이 책이 오늘날 우리가 북학파의 사회 개혁론이 집대성된 책으로 여기는 『북학의』와 같은 해인 무술년(戊戌年, 1778)에 저술되었다는 사실이다.

세계(世系)를 살펴보건대 패원독신(貝原篤信, 가이바라 아쓰노부)이 편찬한 책을 따랐다. 그때가 일본 연호로 원록(元祿) 3년, 즉 청나라의 강희(康熙) 29년(1690)에 해당한다. 원록이 무릇 16년 동안 다스리다가 그 뒤로 보영(寶永)의 연호가 7년, 다시 정덕(正德)이 5년, 향보(享保)가 20년, 원문(元文)이 5년, 관보(寬保)가 3년, 연향(延享)이 18년이다. 지금이 무술년(戊戌年, 1778)인데, 원록으로부터 지금까지 일본의 연호와 일왕의 계승 순서를 상고할 수 없다.

— 『청령국지』, 〈세계(世系)〉

무술년은 앞서 살펴보았듯이, 이덕무가 박제가와 함께 청나라 연경에 갔던 해다. 이들은 그해 3월 15일부터 윤6월 14일까지 조선을 떠나 연경을 방문하고 다시 조선으로 돌아왔다. 조선을 떠난 달이 3월이고 다시 돌아온 달이 윤6월이니까, 이덕무가 『청령국지』를 저술한 때나 박제가가 『북학의』를 저술한 시기는 3월 이전이 아니라 윤6월 이후라고 보는 것이 옳다. 실제 박제가는 『북학의』에 붙인 자서(自序)의 끝부분에 "금상(今上, 정조) 2년 무술년 가을 9월 그믐 전날 비 내리는 가운데 위항도인(葦杭道

466

人) 박제가가 통진(通津)의 농가에서 기록한다"고 적어놓았다.

그런데 앞에서 이덕무의 연행을 소개할 때 이야기한 한 가지 떨쳐버릴 수 없는 의문이 있다. 이덕무는 고증학과 변증론의 대가임에도 불구하고, 그의 연행록인 『입연기』에는 언제 어디를 가더라도 그곳의 문물과 제도 그리고 문화와 풍속의 근원을 고증하고 변천사를 변증하는 데 힘썼던 그의 장점과 특기를 찾아보기 어렵다. 유리창 방문이나 청나라 지식인과 교유했던 기록을 제외하면 특별할 것 없는 일기 형식의 여행록이나 견문록에 불과하다. 반대로 박제가는 분명 원중거와 성대중과 교류하면서 그들의 사행록을 통해 일본에 관한 적지 않은 지식과 정보를 갖고 있었을 텐데, 일본에 대해 따로 글이나 기록을 남기지 않았다. 왜 그럴까?

이러한 의문을 해결하기 위해서는 앞서 언급한 것처럼 이덕무와 박제가의 책이 비슷한 시기에 쓰였고, 두 책에서 다루고 있는 항목들 역시 대다수 겹친다는 점에 주목할 필요가 있다. 이러한 의문은 두 사람의 중대 관심사의 차이에서 비롯된 것으로 볼 수도 있겠지만, 아마 일종의 역할 분담이 있었을 것으로 추측해볼 수 있다. 즉, 중국은 박제가가 맡고 일본은 이덕무가 맡는 식으로 말이다. 실제 『청령국지』와 『북학의』가 다루고 있는 두 나라의 제도와 문물, 사회와 풍속 그리고 상공업과 기술 등을 항목별로 비교해보면 이러한 판단이 크게 틀리지 않았음을 알 수 있다. 단적인 예로 먼저 도로와 교량에 대한 두 책의 기록을 비교해보자.

도로를 다스리는 일을 하나의 큰 정사(政事)로 여겼다. 도로 중앙은 높고 양옆 가장자리는 낮고, 모두 두둑이 있다. 도로를 끼고 양쪽 가에 제방을 만들고, 그 제방 위에 소나무를 일자(一字) 모양으로 심었다. 그 소나무의 크기는 한 아름가량 되었다. 정교(淀橋, 요도바시)에서부터 강호(江戶, 에도)에 이르기까지 1,310리나 되는 길에 성부(城府)와 점포와 가옥을 제외하고 도로 양쪽은 모두 소나무 그늘을 드리우고 있었다. 대체로 나무 심는 것을 일삼았기 때문에 들판에 사는 사람은 자신의 밭에 집을 짓고 처마 근처에 갖가지 꽃과 나무를 심었다. 그 외 채소를 심는 밭을 가꾸고, 채마밭 바깥에는 대나무 숲으로 사방을 둘러 울타리를 이루었다. 울타리 밖은 밭두둑이고, 밭두둑 밖으로 자기 밭의 경계를 한정지었는데 모두 한 줄로 소나무를 심었다. 그리고 밭을 빙 둘러서 닥나무와 옻나무와 뽕나무와 차나무를 심어놓았다. 마땅한 땅이 있으면 거친 들판이라도 나무를 심었다. 약간의 빈 땅도 그냥 버려두지 않았다. 오곡을 경작한다고 나무 심기에 알맞은 땅을 빼앗지 않는다. 이러한 까닭에 백성들이 목재를 쓰기에 부족하지 않고, 상인들이 유통하기에 모자라지 않다.

— 『청령국지』, 「풍속(風俗)」, 〈도로〉

황성(皇城)의 큰 도로는 너비가 우리나라의 육조(六曹) 앞과 비교해보면 3분의 1이나 더 넓다. 문 앞에는 제각기 옹기를 설치해 물을 담아두었다가 도로에 자주 물을 뿌려 먼지가 일지 않도록 막았다. 또 화재를 대비하는 용도로 쓰기도 한다. 통주(通州)에서부터 조양문(朝陽門)에 이르기까지 40리에 달하는 도로는 모두 돌을 깔아 만든 길이다. 그 도로의 넓이가 2칸이나 되었다. 마치 비석돌과 같이 평평하게 다듬은 큰 돌을 도로에 깔아놓았다. 더러는 삼면을 더러는 양면을, 반드시 그 이어붙인 곳이 어긋나게 깔아놓아 수레의 바퀴가 손상되는 것을 방지하였다. 비록 비가 심하게 내린다고 해도 버선만 신고 다닐 수 있었다. 무릇 성문이나 다리의 양쪽 입구에는 모두 돌을 깔아놓았다. 지나다니는 사람들의 발길이 한곳에 몰려서 도로가 파이는 폐단을 방지하기 위해서였다. 또한 심양(瀋陽)에서부터 연경(燕京)에 이르기까지 도로 양쪽 가에는 모두 나무를 심어놓았다. 비록 간간이 한 역참과 한 역참 사이에 나무가 빠져 있는 곳을 미처 심지 않은 데가 있기는 하지만 대략 1,500리에 이르는 도로를 사람들이 녹음 우거진 나무 아래로 걸어다닐 수 있었다. …… 도로 양쪽 가에 나무를 심게 하는 법령은 옹정(雍正) 연간에 시행되었다. 그런데 우리나라 사람들은 그 광경을 보고 오히려 수나라 때 폭군 양제(煬帝)가 백성들을 강제 동원하여 변경(汴京)에 나무를 심었던 조치와 같다고 생각하여 행여 그렇게 되지 않을까 염려하였다. 그러나 내 생각에는 그렇지 않다. 도로에만 그렇게 하지 않고 중국 사람들은 모두 부지런히 움직여 이곳저곳에 나무를 심는 일에 열성을 쏟았다. 넓고 곧은 도로나 좁고 굽은 골목을 가리지 않고 구름 속을 뻗은 나무가 서로 모여서 번화한 모습을 꾸미고 있는 까닭에 그 울창한 광경이 가히 그림과 같다. …… 또한 도로를 끼고 양쪽 가에는 반드시 도랑을 냈다. 도로를 다스리고 관리하는 용도뿐만 아니라 논밭을 보호하려는 용도로도 쓸 수 있기 때문이다.

— 박제가, 『북학의』, 「내편」, 〈도로〉

나라와 민간 모두 도로를 닦는 일에 힘을 쏟고 도로 주변에는 반드시 나무를 심어 천 리가 넘는 거리를 따라 가로수가 잘 정비되어 있다거나, 백성들이 골목이나 들판 심지어 빈 땅에까지 나무를 심는 일에 열성적이라는 기록은 마치 한 나라의 광경을 보는 듯 유사하다. 박제가의 기록이 조선의 도로 제도 개혁을 이끌어내기 위한 것이었듯 일본의 사례를 소개하는 이덕무 또한 마찬가지 입장이었을 것이다. 위에서 인용한 두 기록을 읽어보면 누구라도 이덕무와 박제가의 뜻이 어디에 있는지 금방 알 수 있을 것이다. 교량 역시 마찬가지다.

교량을 다스리는 일 역시 도로를 다스리는 일과 같이 하였다. 다리는 모두 나무를 걸고 판자를 깔아놓는 방식으로 만들었다. 오사카의 모든 교량은 강 위를 넘어서 하늘의 구름에 닿을 정도로 높은 까닭에 아래로 돛단배가 지나다닐 수 있었다. 강은 여덟 갈래로 나누어져 있는데 도랑과 개천이 마치 무수한 실로 짠 직물처럼 많았다. 한번 다리에 올라가면 수백 리에 걸쳐 있는 평야와 20만에 달하는 인가(人家)를 마음껏 조망할 수 있었다.

— 『청령국지』, 「풍속」, 〈도로〉

교량의 문은 모두 무지개 모양을 하고 있다. 큰 다리는 돛단배가 지나갈 수 있다. 작은 다리라고 할지라도 작은 배가 통행할 수 있다. 대개 벽돌을 사용해 다리를 세우는 제작 방식을 보면 우선 나무를 걸쳐 얽어매어 기둥으로 삼는다. 그런 다음에 기둥마다 한결같이 벽돌로 주춧돌을 삼고, 기둥 역시 벽돌로 빙 둘러 감싼다. 다리를 만들 때 이렇게 하면 물이 기둥에 스며들지 않는 이치를 얻게 된다. 무지개 모양의 문은 나무를 걸쳐서 얽어매어 다리의 틀을 만들었다가 벽돌이 다 마른 뒤에 나무틀을 뽑아낸다. 다리에는 반드시 난간이 있었다.

— 박제가, 『북학의』, 「내편」, 〈교량〉

그러면서 박제가는 조선의 교량이 얼마나 형편없이 만들어지며 관리되고 있는지에 대해 질타한다. 그 질타의 대상은 바로 나라의 무능함과 사대부의 무지함, 관리의 나태함이었다.

지금 한양 도성 안에 놓여 있는 돌다리는 모두 평평하므로 큰 비가 내리기라도 하면 언제나 물이 넘쳐흘러 잠기고 만다. 고을과 고을을 통하는 큰길에도 한 해를 아무 탈 없이 넘기는 다리가 없다. 두 갈래로 갈라진 나무를 세우고 솔잎으로 그 위를 덮고 다시 흙을 덮은 다음 지나다닌다. 그래서 말의 발굽이 자주 빠질 수밖에 없다. 그 다리가 무너지지나 않을까 두려워하여 백성들을 징발해 물속에 들어가 다리의 기둥을 붙잡고 서 있게 한다. 과연 다리는 무너지고 사람과 말은 모두 거꾸러지고 만다. 무슨 능력으로 다리를 들어서 구원할 수 있겠는가? 근본적인 대책은 버려두고 아무 실속과 효과도 없는 조치나 취하는 정도가 이와 같다.

— 박제가, 『북학의』, 「내편」, 〈교량〉

그리고 청나라의 사례를 들면서 조선의 폐단을 고치기 위해서는 다리를 높게, 아치형으로 둥글게 만들어야 한다고 주장한다. 그럼 이덕무는 어떻게 말하는가? 일본 사행록의 기록은 모두 당시 일본에 돌다리는 없고 대부분 나무다리인데, 간혹 배다리가 있다고 증언한다. 그럼에도 박제가가 지적한 것과 같은 폐단을 일본에서는 찾아볼 수 없다. 일본에서는 모두 다리에 나무를 걸고 널빤지를 깔아 튼튼하게 만드는 한편, 무지개 모양으로 하늘에 닿을 만큼 높이 다리를 설치하기 때문이다. 원중거의 『화국지』에서도 "오사카의 다리 모양을 보면 강에 걸쳐서 무지개다리를 놓았다. 위로는 구름과 하늘에 맞닿아 있고 아래로는 돛대가 지나갈 수 있을 정도다"고 했다. 또한 도로와 마찬가지로 교량을 나라의 큰 정사(政事)로 삼아 항상 수선하고 관리하는 시스템을 갖추고 있었다. 이덕무와 박제가는 방법만 다를 뿐, 조선의 다리가 가지고 있는 약점과 폐단을 고칠 대책을 각각 일본과 청나라라는 외국의 사례를 통해 보여준 것이다.

선박도 마찬가지다. 박제가는 당시 조선은 선박을 이용하는 이익을 완전히 포기한 것과 같아서 배의 모양만 갖추었을 뿐 "들어오는 물을 막지 못하고, 빗물을 막지 못하며, 짐을 많이 실을 수 없고, 뱃사공이 몹시 힘을 들여야 하며, 배에 실은 말은 위태로움을 모면하지 못한다"고 한탄했다. 그래서 앞서 『화국지』에서 보았듯이, 이용후생과 경세제국에 조금이라도 관심이 있는 지식인이라면 누구나 선박을 개선하고 또 선박을 이용할 때 발생하는 이로움을 나라의 정책으로 삼으라고 적극적으로 주장했다.

중국 선박의 내부는 건조하고 깨끗하여 물 한 방울도 찾아볼 수 없다. 배에 곡식을 실어 운반할 때에는 곧바로 배 바닥에 옮겨 놓는다. 배 위에는 반드시 가로로 널빤지를 펼쳐 사람이나 말이 물을 건너는 것은 모두 그 널빤지 위에 앉는다. 빗물이나 말 오줌이 배 안에 전혀 스며들거나 고여 있지 않다. 배가 정박하는 언덕에는 모두 다리가 설치되어 있다. 먼 곳을 항해하는 배에는 모두 지붕이 있다. 만약 다락이 있는 배의 경우에는 3층이나 되었다. 배의 후미에 구멍을 꿰뚫어 들어올리는 곳에는 가옥 지붕의 용마루 양쪽 끝머리에 얹는 기와 장식인 치미(鴟尾)를 꽂아두었다.

— 박제가, 『북학의』, 「내편」, 〈선박〉

사방을 바다로 둘러싸고 있는 1만여 리의 지방에서는 모두 오사카의 나니와 강에 와서 배의 목재를 산다. 목재로는 소나무의 누렇고 단단한 속살을 사용하는데 햇수가 오래되고 잘 말라서 습기나 물기가 없는 것을 취해 배를 제작한다. 사방에서 배를 사려고 온 사람은 반드시 먼저 선봉행(船奉行)에게 신고한다. 선봉행은 즉시 공문(公文)을 내어주며 매매를 허가한다. 무릇 배를 매매하는 사람은 모두 성대봉행(城臺奉行)에게 세금을 납부한다. 그러면 배에 불에 달군 쇠도장을 찍어준다. 하나의 거대한 나무로 배의 밑바닥을 삼는데 모가 나게 만들어서 물살을 헤치고 재빠르게 나아갈 수 있도록 하였다. 배의 전면에도 역시 나무를 세우는데 그 바깥쪽을 모가 나게 만든다. 양옆의 판자를 끌어당겨 합쳤는데 배가 물결을 헤치고 나아가기에 편리하도록 하기 위해서이다. …… 나라 안에 별도로 전선(戰船)은 없지만 난리가 발생하면 바다를 항해하는 선박이나 상선을 모두 전선으로 사용할 수 있다. 평상시에는 관청의 문서나 장부에 등록해 두었다가 경보를 듣게 되면 출정한다. 그러므로 선적(船籍)이 가장 명확하다. 작은 배에는 검봉주(劍鋒舟), 과서선(過書船), 천도주(天舠舟), 상하주(上荷舟), 다주(茶舟) 등의 이름이 있다.

— 『청령국지』, 「기복(器服)」, 〈선박〉

이덕무는 단순히 운항에 편리하고 빗물이나 바닷물이 새지 않는 일본 선박의 장점을 기록하는 것에서 그치지 않았다. 선박을 만드는 목재에서부터 선박 제조와 유통에 이르기까지 오사카 이외의 지역에서는 할 수 없도록 철저하게 관리하는 정책과, 모든 선박을 선적부(船籍簿)에 등록시켜 단 한 척의 선박도 허투루 제조하거나 운항하지 못하도록 치밀하게 단속하는 제도를 소개함으로써, 조선의 선박 정책이 나아가야 할 방향도 제시하고 있다.

이외에도 구성과 내용에서 유사성을 갖고 있는 『청령국지』와 『북학의』의 항목들을 꼽아보자면, '궁실, 가옥'과 '주택', '음식'과 '장(醬)', '돈'과 '화폐', '척도(尺度)'와 '자[尺]', '병기, 총포, 궁시(弓矢)'와 '활, 총과 화살', '패도(佩刀), 기명(器皿)'과 '골동품과 서화', '거마(車馬)'와 '수레', '광물'과 '은, 철', '기목(奇木)'과 '목재', '미곡, 농산'과 '밭, 모내기, 농업과 잠업에 관한 총론, 곡식의 이름, 논, 고구마 심기, 볍씨', '축산'과 '목축', '문방(文房)'과 '문방구(文房具)' 등을 들 수 있다.

그런데 여기서 청일 양국의 실용 기술과 제도에 대한 비교보다 더 중요한 점은, 두 책 모두 조선의 사회 경제 구조에 대한 개혁 방향을 제시하는데 있어 동일한 성향을 띤다는 사실이다. 이는 『청령국지』의 〈사민(四民)〉,〈기명(器皿)〉편과 『북학의』의 〈상고(商賈)〉편을 비교해 읽어보면 쉽게 이해할 수 있다.

입법(立法)은 비록 엄격하고 혹독하지만 법률과 명령의 조목(條目)은 참으로 간략하다. 또한 한결같아서 바꾸거나 고치지 않는다. 관직의 경우 제후의 아들이면 제후가 되고, 공경의 아들은 공경이 된다. 적자에서 적자로 서로 계승하므로 분수에 넘치는 일을 바라는 마음을 거의 갖고 있지 않다. 아래로는 모든 관직과 이서(吏胥)와 노예에 이르기까지 모두 세습되고, 크게 죄악을 저지르지 않으면 모두 대를 이어받는 나라의 녹봉으로 먹고산다. 들판에서 농사짓고 사는 농부의 아들은 농부가 되고, 공장(工匠)의 아들은 공장이 되고, 상인으로 재화나 재물을 모은 자는 비록 공후의 즐거움을 누린다고 해도 집 밖을 나서면 감히 존귀한 사람과 어울려 말을 나누지 못한다. 그러나 그 풍속은 직위가 있는 사람이 가장 높고, 그다음 계층은 상인이고, 그다음 계층은 공장이고, 농부는 최하층이다. 더욱이 문사(文士)라고 일컫는 사람들은 공업과 상업을 겸하여 직업으로 삼아 생활한다. 이러한 까닭에 하류에 자리한 사람 중에도 진실로 시문을 짓는 문인과 학식 있는 선비가 많았다.

— 『청령국지』, 「풍속」, 〈사민〉

모든 공장은 반드시 그들 가운데 한 사람을 밖으로 드러내어 천하제일로 삼았다. 천하제일로 인정받은 사람의 손을 거치면 비록 그 물건의 품질이

거칠고 추악하더라도 그 값이 하늘 높은 줄 모르고 치솟았다. 나무를 동
여매거나 벽을 바르는 일에도 모두 천하제일이 있다. 그들이 잠깐 동안
곁눈질만 해주어도 번번이 금은으로 그 값을 치러야 한다. 굴전직부(堀田
織部, 홋타 오리베)라는 사람이 있는데, 하는 일마다 매번 천하제일로 일컬
어졌다. 꽃과 대나무를 심거나 다옥(茶屋)을 장식해 짓기라도 하면 반드
시 황금 100정(錠)을 한 품제(品題)마다 요구하였다. 이러한 까닭에 그 집
안이 막부에 비교될 만큼 부유하였다.

— 『청령국지』, 「기복」, 〈기명〉

이덕무는 조선과는 완전히 다른 일본의 사민 개념에 눈길을 돌렸다. 앞
서 신유한은 쓰시마와 나가사키의 대규모 상거래와 무역에 놀라움을 금치
못했지만, 동시에 이러한 광경을 이익만 추구하는 야만적인 오랑캐 문화
로 깔보았다고 지적한 적이 있다. 농업 중심의 경제 구조와 사농공상(士農
工商)의 신분 질서 속에서 상공업을 천시하던 조선의 환경에서 나고 자란
신유한에게 상업 활동과 해상 무역으로 이룬 일본의 풍요와 화려함은 이
익만을 쫓는 천한 장사꾼의 성공에 불과했다.

그러나 위에서 소개한 『청령국지』의 〈사민〉과 〈기명〉편을 보면, 이덕
무는 오히려 일본의 경제가 조선을 앞질러 발전한 힘의 원천이 바로 "상
인과 공장이 농민보다 더 지위가 높은 신분 질서"와 "농업보다 상공업을
더 중시한 경제 구조" 그리고 "지식인이 상업과 공업에 종사하는 일을 꺼
려하지 않는 사회의식"에 있다고 본 것을 짐작할 수 있다. 이는 박제가가
『북학의』에서 주장한 사회 개혁론, 즉 사대부라도 가난하면 상업 활동에
나서야 한다는 '양반상인론'이나 상공업을 활성화시켜 백성을 풍요롭게
하고 나라를 부강하게 만들어야 한다는 주장과 별반 다르지 않다.

중국 사람들은 가난하면 장사에 나선다. 비록 그렇게 한다고 해도 진실로 그 사람만 현명하다면 그 풍류와 명망 및 절개를 그대로 간직하고 있다고 대접받는다. 이러한 까닭에 글을 읽는 유생이라고 할지라도 거리낌 없이 서사(書肆, 서점)를 드나든다. 높은 벼슬아치인 재상조차 더러 몸소 융복사(隆福寺) 앞 시장을 왕래하면서 골동품을 사오기까지 한다. 내가 융복사 앞 시장에서 고귀한 직위에 있는 청나라 사람을 만난 적이 있다. 그런데 우리나라 사람들은 모두 그것을 비웃고 조롱하였다. 그러나 비웃고 조롱할 일이 결코 아니다. 유생과 벼슬아치가 거리낌 없이 시장을 출입하는 풍습은 청나라만의 고유한 풍습이 아니다. 송나라와 명나라 때부터 이미 그렇게 해왔던 것이다. 우리나라의 풍속은 겉만 그럴싸하게 꾸미는 쓸데없는 예절과 법제만을 숭상하고 주변 사람들을 돌아보느라 금기로 여기는 것이 지나치게 많다. 사대부라는 사람들은 차라리 하는 일 없이 놀고먹을망정 들녘에 나가서 농사짓는 일을 하려는 생각조차 하지 않는다. 간혹 예절과 법도에 대해 잘 알지 못하는 사대부가 있어서 베잠방이를 입고 대나무 갓을 쓴 채 "물건을 사고팝니다!"라고 소리치면서 저잣거리를 지나가거나 먹통에 딸린 실줄이나 칼과 끌을 지니고 다니면서 민가를 돌며 품을 팔아먹고 살기라도 하면 부끄러움을 모르는 놈이라고 비웃으며 교제하려고 하지 않거나 혼인을 하려고 하는 자가 거의 없는 처지에 이르고 만다. 그래서 비록 집안에 엽전 한 닢 없는 자라도 사대부라면 모두 훌륭하게 단장하고 높은 갓을 쓰고 넓은 소매를 휘날리며 나라 안을 유람하면서 큰 소리나 치고 다닌다. 대체 그들이 입고 먹는 것이 어디에서 나온단 말인가? 그렇기 때문에 부득불 권세 있는 자에게 빌붙어 권력을 구걸하게 되므로 청탁하는 풍습이 발생하고 아무런 노력 없이 요행수로 출세나 이득을 얻으려고 하는 길을 걷게 되는 것이다. 이러한 일은 저잣거리의 장사치마저도 감히 하지 않는 짓거리이다. 이러한 까닭에 나는 분명하게 "차라리 중국 사람처럼 장사하는 것만 못한 일이다!"라고 말하는 것이다

— 박제가, 『북학의』, 「내편」, 〈상고〉

우리나라는 나라의 영토가 작고 백성들은 가난하다. 지금 농민은 온갖 노력을 다해 논밭을 경작하고, 현명한 인재를 등용하고, 상업 활동을 허용하고, 공장에게는 혜택을 베풀어서 나라 안에서 얻을 수 있는 이로움을 다 얻는다고 해도 오히려 부족하지 않을까 염려스럽다. 또한 반드시 멀리 떨어져 있는 지방에서 산출되는 물품과 통상한 다음에야 재화와 재물이 늘어나고 온갖 용도의 물품이 생산될 것이다.

— 박제가, 『북학의』, 「외편」, 〈강남 절강 상선과 통상하는 문제에 대한 논의〉

이덕무와 박제가는 모두 농업 중심의 경제 구조와 농민이 상인이나 공장보다 높은 신분인 사회 체제에서 나고 자란 지식인에게 너무나 익숙한 사고의 한계를 뛰어넘어 일본과 청나라의 융성(隆盛)을 가능하게 한 내부 요인을 정확하게 파악하고 이해했던 것이다.

『청령국지』를 읽을 때, 이덕무의 남다른 안목과 탁월한 식견을 또 한번 깨닫게 되는 대목은 그가 당시 일본을 대표할 만한 화려한 대도시들, 즉 오사카, 교토, 나고야, 에도가 아닌 나가사키에 유독 관심을 쏟고 수많은 기록을 남겼다는 점이다. 이덕무는 일본이 나가사키를 통해 전 세계와 교역한다는 점을 꿰뚫어본 것이다. 그는 천하의 온갖 물산과 선진 문물이 그곳에 산처럼 쌓였다가 오사카, 교토, 에도 등의 대도시로 흘러들어가고 있다는 사실을 『청령국지』는 물론 『앙엽기』와 「천애지기서」 등 여러 기록에

서 계속 강조한다.

비전(肥前, 히젠)의 장기(長崎, 나가사키)는 일본 서해의 큰 도회지이다. 중국과 남만(南蠻, 포르투갈과 스페인 등)의 상선들이 물밀듯이 모여들고 있다. 장기는 기다란 곶이 마치 인두(熨斗) 모양처럼 바다로 들어갔으나 실제로는 육지와 잇닿아 있어서 섬은 아니다.

— 『청령국지』, 「여지(輿地)」, 〈비전(肥前)〉

중국의 부상(富商)들이 『고금도서집성』 세 부를 구입해서 일본의 장기(나가사키)로 실어 보냈다. 그 세 부 가운데 한 부는 장기의 관청 서고에 있고, 두 부는 강호(江戸, 에도)로 들어갔다고 한다. 이 또한 기이한 이야기였다.

— 『앙엽기』 4, 〈도서집성〉

시문(詩文)과 유학이 나라 안에서 행해진 시기는 대개 왕인(王仁)과 더불어 지장(智藏) 및 홍법(弘法) 두 대사에서부터 비롯되었다. 근래에 들어 중국 강남의 서적이 장기(나가사키)로 엄청나게 모여들어 집집마다 서책을 읽고 사람들은 붓을 잡고 문장을 짓는다. 이에 오랑캐의 풍속이 점차 변화하고 있다.

— 『청령국지』, 「예문(藝文)」

일본 사람들은 중국의 강남과 통상한다. 그러므로 명나라 말기의 고기(古器)와 서화(書畵)는 물론 온갖 서적과 약재 등이 장기(나가사키)에 가득 차 있다. …… 그래서 문아(文雅)가 바야흐로 성대하여 우리나라와 비교할 바가 아니다.

—「천애지기서」, 〈필담〉

아란타(네덜란드)는 …… 먼 나라와의 교역을 선호해 교류파(咬𠺕吧, 인도네시아 자카르타)에 관(官)을 설치하고 일본은 물론 여러 나라에 상선을 보내 통상하였다. 매 10년마다 한번 교역의 총계를 감정(勘定)한다. 그 차관(次官)은 매년 6~7월에 장기(나가사키)에 와서 이듬해 봄에 강호에 나아가 연시(年始)와 교대(交代)의 예를 행하였다. 다시 그해 6~7월에 장기(나가사키)에 오는 사람과 교대해 일본을 떠났다. 그 사람을 가리켜 가비단(加比丹, captain의 음차)이라고 부른다.

—『청령국지』, 「이국(異國)」, 〈아란타〉

나가사키에 주목한 사람은 이덕무뿐만이 아니었다. 그의 사상적 동지였던 박제가와 유득공 역시 나가사키가 일본의 번영을 이끄는 힘이라는 사실을 누차 지적했다.

지난날 왜국이 아직 중국과 통상하지 않았을 적에는 우리나라를 중개해야만 연경에서 실을 사갈 수 있었다. 이에 우리나라 사람들이 중간에서 교역을 도모해 이익을 얻을 수 있었다. 그러나 이러한 교역 방식이 매우 이롭지 않다는 사실을 깨달은 왜국이 직접 중국과 통상하게 된 이후로는 우리나라를 통한 중개 무역이 중단되었다. 더욱이 왜국은 다른 나라와도 교역을 맺었는데 그 숫자가 무려 30여 개국에 이른다. 그래서 왜국 사람들 가운데는 왕왕 중국어를 잘하는 사람이 있어서 중국 절강성에 있는 천태산과 안탕산의 기이한 풍경을 능숙하게 설명하기도 한다. 천하의 진귀

하고 괴이한 물건과 중국의 고동서화가 장기(나가사키)에 헤아리기도 힘
들 만큼 엄청나게 모여들고 있다. 마침내 우리나라에 다시는 물건을 요청
하지 않게 되었다.

— 『북학의』, 「외편」, 〈강남 절강 상선과 통상하는 문제에 대한 논의〉

요즈음 들은 말을 가려서 적어보면, 장기(나가사키)의 선박이 중국의 항주
(杭州)와 절강(浙江)을 왕래하게 되면서 나라 사람들이 점차 서적을 소장
해 깨우치거나 서예와 그림을 배워서 거의 볼 만하게 되었다고 한다.

— 유득공, 『영재집』, 〈일동시선 서문〉

이덕무를 비롯한 북학파 지식인들은 일본의 경제적 풍요와 문화적 번
성이 모두 나가사키에서 나온다고 보았다. 이 점은 선박을 이용해 외국과
통상해야 "나라와 백성 모두 부유해질 수 있다"라거나 "세상의 개화와 문
명화를 위한 밑바탕이 될 것이다"라고 하는 북학파의 개혁 개방론과 같은
맥락에서 이해할 수 있다. 해상을 통한 외국과의 경제적, 문화적 교역과
교류가 근대적 개명(開明)을 불러올 것이라는 탁월한 안목과 식견을 엿볼
수 있는 장면이다.

특히 『청령국지』는 〈이국(異國)〉편에 일본이 교역하는 해외의 여러 나
라의 사정과 그들이 생산하고 거래하는 물산 등을 자세하게 소개함으로
써, 바다를 통해 외국과 교역하는 이로움이 얼마나 거대하고 풍요로운가
를 구체적으로 입증하고 있다. 이는 『북학의』와 비교해서도 탁월한 점이
라 할 수 있다. 여기서 이덕무는 당시 일본이 교역하고 있던 35~36개국
에 대한 자세한 정보와 함께 교역 물품까지 상세하게 적어놓았다. 가깝게
는 중국에서부터 동남아시아, 인도, 페르시아는 물론, 오늘날의 포르투갈

과 스페인 등 남유럽의 나라들, 특히 당시 대항해시대를 주도하며 해상 강국으로 부상한 네덜란드에 이르기까지 해상 통행과 해상 교역을 금지하고 있던 조선으로서는 너무나 낯선 세계를 꼼꼼하게 기록한 것이다. 특히 〈남만〉편에서는 일본이 경제, 문화적 번영을 누리고 강한 군사력으로 바다에서 세력을 떨치는 까닭이 모두 "외국과 교통하기 때문이다"라고 주장하면서, 조선이 부강한 나라가 되려면 반드시 외국과 통상해야 한다는 메시지를 강력하게 전달하기도 했다.

예로부터 천축(天竺, 인도)과 남만 등 여러 나라의 상선이 일본에 왔다. 일본 사람들 역시 세상에 가지 않는 곳이 없었다. 이렇듯 일본을 왕래하는 사람들 가운데 암액리아(諳厄利亞, 영국)와 이서파이아(以西巴尒亞, 스페인)와 아마항(阿媽港, 중국 광동성에 속한 항구)과 여송(呂宋, 필리핀의 루손섬) 등의 남만 사람들이 야소법(耶蘇法, 기독교)을 일본에 전파하였다. 일본의 서국(西國) 지방 사람들이 그 사술(邪術)에 현혹되자 도쿠가와 막부에서 야소교(기독교)를 엄격하게 금지했다. 그 괴수를 잡아서 찢어 죽이고 무리를 찾아내 목을 베어 죽였다. 만약 지난 잘못을 후회하고 다시 불법(佛法)으로 돌아가는 사람은 죄를 묻지 않고 풀어주었다. 관영(寬永) 15년(1638) 이래로 남만의 선박이 와서 일본에 정박하는 것을 불허하였다. 또한 일본 사람이 외국과 왕래하는 것도 금지하였다. 다만 아란타(네덜란드), 섬라(暹羅, 태국), 교지(交趾, 베트남 북부 지역), 동경(東京, 베트남 통킹), 대원(大寃, 타이완)과 함께 중국의 상선은 매년 일본에 와서 정박하였다. 그리고 점성(占城, 베트남 중부 지역), 간보채(柬埔寨, 캄보디아), 태니(太泥, 말레이반도 중북부 지역), 육갑(六甲, 말레이반도 중남부 지역), 교류파(인도네시아 자카르타), 조와(爪哇, 인도네시아 자와), 번차(番且, 미상), 모라

가(母羅伽, 말레이시아 말라카), 발니(渤泥, 인도네시아 보르네오 혹은 태국 남
부 바르니), 막와이(莫臥爾, 인도 모우르), 방갈랄(傍葛剌, 인도네시아 수마트
라 벤쿨루), 파사(波斯, 페르시아), 파우(琶牛, 미얀마 남부 페구), 소문답랄
(蘇門答剌, 인도네시아 수마트라) 등 무릇 35개국에 아란타 상인들이 들어
가서 그 나라와 교역한 다음 그 나라에서 생산되는 온갖 물품을 가지고
일본에 와서 팔았다. 곧 일본이 부국강병을 이루어 바다 가운데에서 크게
세력을 떨칠 수 있는 까닭은 다른 나라와 통상했기 때문이다.

— 『청령국지』, 「이국」, 〈남만〉

이덕무는 남유럽 국가들과 더불어, 일본과 교역하는 수십 개의 나라 중
에서도 특히 네덜란드에 주목해야 한다는 사실을 여러 곳에서 강조한다.
네덜란드가 동남아시아와 인도 여러 곳을 식민지 삼고, 통상 항구로 이용
하는 해상 강국이라는 사실을 밝히면서, 그들의 상선이 35~36개 나라와
왕래하고 있기 때문에 그들과 통상만 하면 동시에 다른 모든 나라와 교역
하는 이로움을 누릴 수 있다는 것을 보여주고자 했다.

대원(타이완)은 하문(厦門, 중국 샤먼)에서 남쪽으로 100리 정도 떨어진 곳
에 있다. 방위상으로 보면 중국에서는 손방(巽方, 동남방)이고, 일본에서
는 신유방(辛酉方, 서북방과 서방 사이)이다. 일명 대만(臺灣)이라 하기도
하고 또한 동녕(東寧)이라고 부른다. 더욱이 탑갈사고(塔曷沙古)라는 호
칭으로 불리기도 한다. 기후와 날씨는 일 년 내내 항상 덥다. 사람들의 성
품은 비루하고 천박하다. 걸음걸이는 마치 날아가듯 가볍고 민첩하며 고
기잡이를 생업으로 삼아 먹고 산다. 아란타 사람들이 그 땅을 무력으로
빼앗아 성곽을 세우고 일본을 왕래하기 위한 여관(旅館)으로 삼았다. 지

482

금은 중국의 주현(州縣)이 되었다. 그곳의 토산물에는 백사탕(白沙糖), 사슴 가죽, 산마피(山馬皮) 등이 있다. 일본에서 바닷길로 540리에 이르러 도착할 수 있다.

— 『청령국지』, 「이국」, 〈대원〉

교류파(자카르타)는 일본에서 3,400리가량 떨어진 곳에 있다. 조와국(인도네시아 자와)에 속하며 중국의 정남쪽 바다 가운데에 있는 섬이다. 중세 이래로 아란타 사람들이 그 땅을 강제로 빼앗아 성곽을 쌓고 여러 나라와 통상하기 위한 항구로 삼았다. 북극(北極)에서 100도(度) 떨어져 있다. 적도(赤道) 남쪽에 해당하기 때문에 기후와 날씨가 매우 덥다. 겨울철이 더욱 덥고 5~6월이 오히려 서늘하다. 뒤에 아란타와 조약을 맺어 관청을 세우고 밀접하게 교류하였다. 운반할 수 있는 물품을 골라서 일본에 왕래하며 무역하였다. 그곳의 물산으로는 주사(朱砂), 몰약(沒藥), 석황(石黃), 자단(紫檀), 공청(空靑), 용뇌(龍腦), 파차(巴且), 살구〔杏〕, 아랄길주(阿剌吉酒) 등이 있다.

— 『청령국지』, 「이국」, 〈교류파〉

방갈랄(榜葛剌)은 곧 동인도(東印度)이다. 일본에서 3,300리가량 떨어져 있다. 아란타와 교역하여 일본에 다다랐다. 그곳의 토산물로는 나가천침(羅加天綖)과 금건면포(金巾綿布, 옥양목)가 있다.

— 『청령국지』, 「이국」, 〈발니〉

아란타는 서북방 극지(極地)의 경계에 위치하고 있는 가장 추운 나라이다. 또한 홍모국(紅毛國)이라고도 부른다. …… 먼 나라와 교역하는 일을 잘해 교류파(자카르타)에 관(官)을 설치하고 일본 및 여러 나라에 상선을 보내 통상하였다. 매번 10년마다 한 번 총 교역량을 회계 처리하였다. 그 차관(次官)이 해마다 6~7월에 장기(나가사키)에 와서 다음 해 봄에 강호(에도)에 나아가 연시(年始)와 교대(交代)의 예를 갖추었다. 다시 그해 6~7월에 장기에 오는 사람과 교대하고 떠났다. 그 사람을 가리켜 가비단(선장)이라고 부른다. 문자는 가로로 쓰고 대개 식사할 때는 지위가 낮은 관원이 앞에서 북을 치고 춤을 추며 나아가 권한다. 그 나라 사람들은 오래 살지 못해 60세가 넘는 사람이 매우 드물다. 성정이 정교하여 천문과 지리, 산수는 물론이고 외치(外治, 외과 의술)와 의약 등이 아주 훌륭하다. 그 나라의 상선은 35개 내지 36개에 이르는 나라와 왕래한 까닭에 진귀한 물품과 기이한 물건이 헤아릴 수 없을 만큼 넘쳐났다. 소문답랄(수마트라), 파우(미얀마 남부 폐구), 방갈랄(수마트라의 벤쿨루), 파사(페르시아), 발니(보르네오) 등의 나라에는 오직 아란타만이 왕래할 수 있다. 대개 그 선박은 모두 여덟 개의 돛을 갖추고 있어서 역풍과 순풍을 가리지 않고 항해할 수 있기 때문이다. 그 나라의 토산물로는 성성피(猩猩皮, 성성이 가죽), 산호주(珊瑚珠, 산호 구슬), 마노(瑪瑙), 호박(琥珀), 목내이(木乃伊, 시체 방부제), 안경(眼鏡), 나경(羅經, 나침반), 토규(土圭, 시계), 성척(星尺, 별의 도수를 측정하는 천문 기구) 등이 있다.

― 『청령국지』, 「이국」, 〈아란타〉

당시 이덕무의 책만큼 바다 밖 외국에 관해 많은 정보를 소개한 서적은 없었다. 해외 통상으로 국부(國富)를 늘리자고 주장한 박제가조차 감히 이런 시도를 하지 못했다. 즉, 당시 조선에서 외국의 사정과 해상 무역에 가장 많은 정보를 갖고 있던 사람이 바로 이덕무라 할 수 있다.

알려진 대로 박제가는 사회 개혁서인 『북학의』를 통해 나라가 부강해지고 백성이 부유해지기 위해서는 경제 체제를 상공업 중심으로 바꾸는 한편, 외국과의 해상 무역을 전면 허용해야 한다고 주장했다. 이덕무의 『청령국지』는 바로 이 『북학의』의 일본판인 셈이다. 앞서 살펴보았듯이, 이덕무는 『청령국지』 「풍속」편의 〈사민〉과 「기복」편의 〈기명〉, 그리고 「이국」편의 〈남만〉 및 〈아란타〉 등의 글에서 일본이 부강해진 힘의 원천이 상공업을 중시하는 경제 구조와 해상을 통한 외국과의 교역에 있다는 사실을 밝혔다. 비록 그가 박제가처럼 사회 개혁을 직접 요구하는 식으로 말하지는 않았지만, 식견과 혜안을 갖춘 사람이라면 누구나 『청령국지』의 밑바닥에 깔려 있는 의도를 알 수 있을 것이다.

일본의 침략을 예견하다

이덕무는 『청령국지』 외에도 자신의 일본관을 보여주는 아주 흥미로운 글을 한 편 남겼다. 그가 사망하기 2년 전에 쓴 〈비왜론(備倭論)〉, 다시 말해 "일본의 침략에 대비하라"는 제목의 글이다. 이 글을 읽어보면, 이덕무가 당시 일본의 사정은 물론 국제 정세를 얼마나 정확하게 꿰뚫어보고 있었는가를 새삼 깨닫게 된다. 이덕무가 〈비왜론〉을 쓰게 된 배경은 다음과 같다.

　　신해년(辛亥年, 1791) 7월, 임금(정조)께서 우리나라의 병제(兵制)를 찬집(纂輯)하라는 어명을 내리셨다. 비성(秘省)에 서국(書局)을 개설하고 유득공, 박제가와 함께 역대 외국의 병제를 같이 찬집하였다. 그 하단에 각각 논설(論說)을 덧붙였다. 공(公, 이덕무)에게는 주(周)나라, 당나라, 명나라, 왜국(倭國) 등 네 가지 논설이 있다.

— 『편서잡고(編書雜稿)』 4, 〈병지(兵志) 주군제론(周軍制論)〉

이덕무가 정조의 어명에 따라 찬집한 역대 외국의 병제 가운데 중국의 주나라, 당나라, 명나라와 함께 왜국에 관해 총평한 논설을 썼다는 얘기다. 바로 〈비왜론〉이 개인적 차원의 글이 아니라 국가적 편찬 사업의 일환으로 이루어진 공식 기록이라는 뜻이다. 따라서 이 글은 어떻게 보면 정조시대 말기 일본에 대한 조선의 공식적인 군사, 외교 전략이 담겨 있다고 해도 과언이 아니다.

여기서 이덕무는 두 가지 근거를 들어 조선이 일본의 침략을 한시도 소홀히 여겨서는 안 된다고 경고했다. 먼저 이덕무는 일본의 왕자 무존(武尊)이 우리나라 북관(北關, 함경도)과 가까운 하이국(蝦夷國, 홋카이도의 아이누 거주 지역) 지방을 무력으로 정복해 복속시킨 사례를 들어 그들의 침략성을 경고했다.

일본 동북쪽 바다 가운데 하이국(蝦夷國)이 있다. 일명 획복(獲服)이라 부르기도 하고, 일명 일고견국(日高見國)이라 일컫기도 한다. 또한 모인국(毛人國)이라고 호칭하기도 한다. …… 일찍이 하이국 사람들이 일본을 침략해 약탈하자 왕자 무존이 그들을 토벌하고 평정한 후 노예의 나라로 삼았다. 임진년(壬辰年, 1592) 난리 때 가등청정(加藤淸正, 가토 기요마사)이 북관(北關, 함경도) 깊숙이 침입했다가 송전 사람인 세류도우수(世琉兜宇守)를 사로잡았다. 그 사람은 풍랑을 만나 표류하다가 제주도에 다다라 머물러 살게 된 지가 20년이나 되었다. 가등청정은 그를 사로잡은 일을 매우 기뻐하였다. 이에 그를 향도(嚮導)로 삼고 이름을 후등차랑(後藤次

郎, 고토 지로)으로 바꾸게 했다. 근세에 동래 사람이 또한 표류해 하이국
에 다다랐다가 고향으로 돌아온 적이 있다. 하이국의 경계는 우리나라의
북관과 서로 가깝다. 그러므로 변방을 지키는 신하들이 반드시 알고 있어
야 한다.

— 『편서잡고』 4, 〈병지 비왜론〉

두 번째로 이덕무는 일본이 네덜란드를 이용해 홍이포(紅夷礮)와 같은
막강한 무기를 도입해 강한 군사력으로 무장할 경우 또 다시 전쟁을 일으
킬 수 있다면서 그들의 호전성을 경계했다. 과거 임진년에 일본이 포르투
갈에서 신식무기인 조총을 도입해 조선을 침략한 사실로 볼 때, 그 몇 백
배 아니 몇 천 배에 이르는 위력을 가진 홍이포는 더욱 경계하지 않을 수
없는 일이었다.

아란타(네덜란드)의 경우만 하더라도 비록 우리나라와 인접해 있지는 않
지만 역시 우려하지 않을 수 없다. 일명 하란(荷蘭)이라 부르기도 하고,
홍이(紅夷)라고 일컫기도 한다. 또한 홍모(紅毛)라는 명칭으로도 부른다.
그 나라는 서남쪽 바다 가운데 위치해 있다. 일본과는 서로 만 2,900리 떨
어져 있으며 불랑기(佛狼機, 프랑스)와 가깝다. 눈이 깊고 코는 길며 수염
과 머리카락은 모두 붉다. 발의 길이는 한자 두 치나 되고 항상 한쪽 다리
를 들고 마치 개의 모양새처럼 오줌을 싼다. 서양의 야소교(기독교)를 배
우고 섬긴다. 그들이 믿는 것은 오직 거대한 선박과 대포이다. 그 선박의
길이는 30장(丈)이고 넓이는 6장이나 된다. 두께는 2척(尺)으로 다섯 개
의 돛을 달고 있는데 간혹 여덟 개의 돛을 단 배도 있다. 그 배에는 2장가
량 되는 거대한 대포를 설치해놓았다. 그 대포를 발사하면 돌로 된 성곽

을 무너뜨릴 수 있다. 세상 사람들이 일컫는 홍이포(紅夷礮)가 바로 그 제
도이다. 홍이포는 그 막강한 위력 때문에 바다 가운데 여러 나라의 근심
거리가 되었다. 명나라 말엽에는 그들이 대만을 점령하였지만 뒤에 정성
공(鄭成功)에게 패해 다시 빼앗겼다. 일찍이 점성(베트남 중부 지역)과 조
와(인도네시아 자와) 등 35개의 나라와 왕래하면서 교역하였다. 그리고 외
국을 왕래하며 교역하는 사람을 스스로 도강(都綱)이라고 하였다. 매년 6
~7월이면 선박에다 각국의 진귀한 물품과 기이한 물건을 가득 싣고 장
기(나가사키)에 와서 정박한 다음 왜인들과 서로 매매하였다. 왜인들이 우
리나라의 인삼을 자신들의 토산품이라고 자랑하면서 거래의 수단으로 삼
아 귀중한 재화를 거두어들였다.

— 『편서잡고』 4, 〈병지 비왜론〉

계속해서 이덕무는 일본에 가다 풍랑을 만나 배가 난파되어 표류하다가
조선에 들어온 네덜란드 사람들과 관련된 사건들을 소개하면서, 일본 쓰
시마의 도주(島主)가 "아란타는 일본의 속군(屬郡)"이라고 속여도 이를 분
별할 줄 모르는 조선의 무능함과 한심함을 신랄하게 꼬집었다.

효종 4년(1653) 바다에서 표류하던 선박이 진도에 정박한 적이 있다. 그
때 바닷물에 빠져 죽은 사람이 거의 절반이나 되었다. 겨우 살아남은 36
명은 방향을 바꿔 제주도에 정박하였다. 그런데 언어와 문자가 서로 통
하지 않은 탓에 우리나라 사람들은 그냥 서양(西洋)이라고 부르거나 더
러 남만(南蠻)이라고 일컬을 뿐 끝내 어느 나라 사람들인지 알지 못하였
다. 이보다 앞서 길리시단(吉利施端, 그리스도교인)이라 하는 사람이 남만
의 선박을 따라와서 일본의 도원(島原, 시마바라)에 정박하였다. 그 사람

은 야소교(기독교)로 민중을 속이고 유혹하여 하늘에 기도하고 모든 일을 내팽개친 채 삶을 증오하고 죽음을 기뻐하게 만들었다. 강호(에도) 막부의 관백(關伯) 가강(家康, 이에야스)이 그들을 잡아다가 참형에 처했다. 소서행장(小西行長, 고시니 유키나가) 역시 연좌되어 처형당하였다. 인조 16년(1638) 소서행장의 가신(家臣) 다섯 명이 도원에 달아나 숨어 있던 자들을 다시 선동하니 사교(邪敎)의 도당이 무려 3만 6,000명에 이르렀다. 그들이 비후주(肥後州, 히고주)의 태수(太守)를 습격해 살해하자 관백이 군대를 보내 쳐서 죽였다. 이로 말미암아 우리나라에 그 살아남은 도당 가운데 바다 연안에 오가는 자들을 비밀리에 정탐하여 알려달라고 요청하였다. 이때에 이르러 제주도 사람이 바다에서 표류하는 사람들을 발견하고 시험 삼아 왜국 말로 길리시단이라고 부르자 그 표류인들이 모두 크게 기뻐한 일이 있었다. 조정에서 통역하는 사람으로 박연(朴延, 벨테브레이)을 파견해 살펴보게 하였다. 박연 또한 표류인으로 훈국(訓局)에 예속되어 있던 서양 사람인데, 본명은 호탄만(胡呑萬)이고 박연은 개칭(改稱)한 이름이다. 박연은 바다에서 표류하는 사람들을 만나보고 대화를 나누다가 눈물을 흘렸다. 이때 표류인들은 모두 우리나라에 복속되었다. 마침내 한양과 그 밖의 여러 군영에 나누어 예속시켰는데 성력(星曆)을 잘 아는 자도 있고 아울러 조총과 대포를 잘 만드는 자도 있었다. 인조 24년(1646) 전라좌수영에 예속되어 머무르던 표류인 여덟 명이 몰래 고깃배를 타고 도망쳐 장기(나가사키)에 도착한 사건이 발생하였다. 그런데 대마도의 도주가 서계(書契, 외교 문서)를 보내 말하기를 "아란타는 곧 일본의 속군입니다. 지금 귀국에 머무르던 여덟 사람이 도망쳐서 장기에 왔습니다"라고 하였다. 또한 말하기를 "귀국에 머물러 있는 그 나머지 사람들은 반드시 야소교를 배우고 익힌 자들일 것입니다. 그들은 집요한 말로 사람들을 두려움에 떨게 만드니 권현당(權現堂, 곤겐도)에 사를 향불의 자료로 삼을 수 있도록 보내주시기 바랍니다"라고 하였다. 우리나라에서는 비록 처음 표류인들이 아란타 사람인 줄은 알고 있었지만, 아란타가 일본의 속 군이 아니라는 사실은 깊이 분변(分辨)하지 못할 정도로 외국의 사정에 어두웠다.

— 『편서잡고』 4, 〈병지 비왜론〉

이에 덧붙여 이덕무는 "일본은 교활하고 사나운 우리나라의 강한 이웃" 인데 이제 "하이(蝦夷)를 자기들 마음대로 부리고 홍모(紅毛)를 농락하여 오직 그들이 조종하는 대로만 하게 했으니" 마치 호랑이에게 날개를 달아 준 형국이라면서, "천하의 사변은 무궁하고 환란은 가볍게 여기고 소홀히 한 데에서 생기는 것이다. 그러므로 평상시 무사할 때 의론하여 헤아리지 않을 수 없다. 사방 오랑캐의 사정과 상황 역시 우리나라와 멀리 떨어져 있다고 해서 소홀히 생각하거나 가볍게 여겨서는 안 된다"며 거듭 경계를 늦춰서는 안 된다고 강변한다. 마치 70~80년 후인 19세기 중후반 조선이 마주할 서구 열강과 일본의 침략을 예견하는 듯한 말로, 이덕무의 남다른 혜안과 식견에 감탄하지 않을 수 없게 만드는 대목이다.

특별히 이덕무가 일본의 침략성과 호전성을 거듭 강조한 것과 관련해서 는, 당시 조선의 또 다른 일본통인 정약용의 일본관과 비교해 따져볼 필요 가 있다. 이덕무와 정약용은 모두 당시 일본의 경제적 번영과 문화적 융성 을 높게 평가했다. 그들은 이미 조선을 앞지른 일본의 경제력과 문화적 역 량을 어느 정도 인정하고, 이것을 조선의 개혁과 변화의 거울로 삼을 필요 가 있다고 여겼다. 여기까지는 두 사람의 인식과 견해가 별반 다르지 않 다. 그러나 이덕무는 일본의 경제적 풍요와 문화적 번성 뒤에 감춰진 침략성과 호전성에 대해서도 한시도 경계를 늦춰서는 안 된다고 주장한 반면, 정약용은 "조선은 더 이상 일본의 침략을 걱정할 필요가 없다"고 자신 있게 주장했다.

일본에 대해서는 지금 걱정할 것이 없다. 내가 이른바 고학선생(古學先生) 이등씨(伊藤氏, 이토 진사이伊藤仁齋)가 지은 문장과 적선생(荻先生, 오규 소라이荻生徂徠)이나 태재순(太宰純, 다자이 준) 등이 논한 경의(經義)를 읽어보았더니 모두 문채가 찬연히 빛이 났다. 이로 말미암아 일본에 대해서는 지금 걱정할 것이 없다는 사실을 알게 되었다. …… 일본의 풍속은 부도(浮屠, 불교)를 좋아하고 무력을 숭상한다. 이러한 까닭에 오직 연해의 여러 나라를 위협하고 침략해 금은보화와 식량과 돈과 비단을 약탈하면서 눈앞의 욕심만 채웠다. 멀리 신라 시대 이래로 우리나라의 근심거리가 되어 일찍이 아무 탈 없이 수십 년을 보낸 적이 없을 지경이었다. 중국의 강소성(江蘇省)과 절강성(浙江省) 사이의 고을들을 여러 해 동안 계속해서 공격하고 약탈하였다. 명나라 말기에 이르기까지 그 환난(患難)이 멈추지 않았다. 그런데 지금 우리나라의 주현(州縣)이 일본과 서로 병장기를 들고 싸우지 않은 지 이미 200여 년이나 되었다. 중국 또한 일본과 교역하여 지금 두 나라를 왕래하는 선박들이 끊이지 않고 있다. 진실로 예의와 문물이 경박하고 탐욕스러운 도적의 풍속을 크게 변화시키지 않았다면 어떻게 수천백 년이 지나는 동안에도 고칠 수 없었던 것들을 하루아침에 이처럼 편안하게 그치게 할 수 있었겠는가. 더러 군사를 일으키려고 하는 자가 있으면 그 좌우에서 "그 땅은 얻을 수 있을지 모르지만 지킬 수는 없을 것입니다. 오히려 재물을 강탈했다는 도적의 이름만 얻게 될 것입니다"라고 간언한다. 더러 군대를 움직이려고 하는 자가 있으면 그 좌우에서 "아무 때에 군대를 일으켜 공격하게 되면 단 한 명의 병사도 돌아오지 못할 것입니다. 아무 때에 군대를 일으켜 침략하게 되면 나라가 따라서 망하게 될 것입니다"라고 간언한다. 이에 군사를 일으키고 군대를 움직이려고 하다가도 멈추게 된다. 이것은 모두 문장이 무력을 이기는 데서 나오는 효과이다. 문장이 무력을 이기게 되면 전쟁을 위한 병법과 전술과 무예 따위에 힘을 쓰지 않게 되어서 망령되게 이익을 꾀해 움직이는 일이 없게 된다. 저 위에서 열거한 몇 명의 사람이 경의(經義)를 담론하고 예의를 논설한 것이 이와 같으니, 그 나라에는 반드시 예의를 숭상하고 원대한 미래를 헤아려 살피는 사람이 있을 것이다. 이러한 까닭에 나는 일본에 대해서는 지금 걱정할 것이 없다고 말하는 것이다.

— 정약용, 『다산시문집』, 〈일본론(日本論)〉 1

정약용은 뒤이어 쓴 또 다른 〈일본론〉에서는 아예 다섯 가지 이유를 조목조목 들며, 일본이 현재의 국력만 갖고도 조선 침략을 도모할 경우 백전백승할 텐데, 그렇지 않은 것을 보면 이미 조선을 침략할 의사가 없다는 사실을 알 수 있다면서 일본에 대해 걱정할 것이 없다고 재차 강조한다.

평수길(平秀吉, 도요토미 히데요시)이 백만 대군을 움직이고 십주(十州)의 군사력과 경제력을 다 쏟아부어 두 차례나 큰 전쟁을 일으켰다. 그러나 화살촉 하나도 돌아가지 못하였고, 이에 나라가 망하였다. 그래서 일본의 백성들은 지금까지도 그를 원망한다. 일본 사람들이 마땅히 살펴서 평수길의 전철을 다시는 밟지 않을 것이라는 사실은 분명하다. 이것이 일본에 대해 걱정할 것이 없는 첫 번째 이유이다.
우리나라의 영남 지방에서 해마다 쌀 수만 곡(斛)을 실어날라 일본 한

개 주(州)의 목숨을 살려주고 있다. 비록 그들이 대대적으로 우리나라를 위협하고 약탈을 감행한다고 하더라도 지금 영남 지방에서 얻는 쌀의 이로움을 당해낼 수 없고 공연히 우리나라와 일본 사이의 맹약만 깨질 것이다. 그러므로 일본 사람들이 자세히 헤아려서 우리나라와 불화를 일으키지 않을 것이라는 점은 분명하다. 이것이 일본에 대해 걱정할 것이 없는 두 번째 이유이다.

청나라 사람들은 우리나라를 왼팔로 삼고 있다. 그리고 우리나라의 북쪽 경계는 또한 청나라의 근거지로 우리 영토와 아주 가깝게 서로 맞붙어 있다. 청나라 사람들은 결단코 날쌔고 사나울뿐더러 병법에 익숙하기까지 한 오랑캐에게 자신의 왼팔에 해당하는 우리나라를 점령하도록 용납하지 않을 것이다. 일본 역시 우리나라를 얻는다고 해도 소유할 수는 없다는 사실을 분명하게 깨우쳐 알고 있다. 이것이 일본에 대해 걱정할 것이 없는 세 번째 이유이다.

일본은 옛날 나라 안의 여러 주(州)들을 통합하지 못한 까닭에 교활하고 잔혹한 무뢰배들이 제각각 마음대로 군사를 거느리고 약탈을 자행하였다. 이 때문에 신라 때부터 고려 때에 이르기까지 빈번하게 우리나라의 근심거리가 되었다. 그런데 지금은 하나의 섬이나 한 곳의 땅일망정 그 나라 군주가 통치하고 관할하지 않은 곳이 없어서 감히 멋대로 병화(兵禍)를 일으킬 수 없게 되었다. 이것이 일본에 대해 걱정할 것이 없는 네 번째 이유이다.

일본이 아직 중국과 서로 통상하지 못했을 때는 중국의 비단과 보물들을 모두 우리나라를 통해 얻어갔다. 더욱이 고루해 볼 것조차 없는 우리나라 사람의 시문과 서화를 얻게 되더라도 기이하고 진귀한 절세의 보물로 여겼다. 그런데 지금은 일본의 선박이 중국의 강소성, 절강성과 직접 통상한다. 그들은 단지 중국의 물품만 얻어가는 데 그치지 않고 여러 물품들을 제조하는 방법까지 얻어 일본에 돌아가서 스스로 제조하기 때문에 그 사용하는 물품이 매우 넉넉하게 되었다. 일본의 사정이 또한 이러한데 어떻게 이웃나라의 영토를 약탈하고 침략하였다는 도적의 명칭을 절취해 겨우 거칠고 졸렬하며 엉성하고 나쁜 물건을 얻으려고 힘을 쓰겠는가? 이것이 일본에 대해 걱정할 것이 없는 다섯 번째 이유이다. 만약 대개 국력의 허상과 실상을 헤아리고 군사력의 엉성함과 치밀함을 살피고 승패를 판가름하는 형세를 따져본 다음 우리나라를 도모하려고 했다면, 저들이 이미 왔어도 백 번이나 왔을 것이고 우리나라는 이미 백 번 모두 패해 사람은 말할 것도 없고 짐승의 씨조차 없어지고 말았을 것이다. 어떻게 지금까지 아무 일 없이 편안할 수 있었겠는가.

— 정약용, 『다산시문집』, 〈일본론〉 2

이덕무와 정약용은 모두 비약적으로 발전하는 일본의 변화와 발전상에 경이로움을 표했다. 그러나 그러한 일본의 모습 앞에서도 이덕무는 그들의 침략성과 호전성을 잊지 않았던 반면 정약용은 이를 간과해 오히려 조선이 이제 안전하게 되었다고 안도했다. '문물'과 '예의'를 갖춰나가는 일본에 대한 호의 때문에 현실을 오판했던 것인데, 만약 정약용이 일본과 당시 국제 정세에 대해 더 자세하고 정확한 정보를 얻을 수 있었다면 이러한 오판은 쉽게 고칠 수 있었을 것이다.

그런데 정작 더 심각한 문제는 따로 있다. 바로 개항과 통상이라는 세계적 추세와는 정반대로 일본은 물론 외국에 철저하게 빗장을 걸어버린 조선의 폐쇄적인 정치와 외교였다. 19세기로 들어서는 문턱인 1800년에 정조가 사망하고 집권 노론 세력과 세도가문이 천주교와 서학 일체를 탄압하는 광풍(狂風)을 일으키기 시작하면서, 조선은 이전보다 훨씬 더 견고하게 외부 세계에 대해 '대문'을 걸어 잠갔다. 조선통신사 또한 1811년(순조 11) 12번째 사신단이 쓰시마에서 뱃길을 돌려 귀환한 이후 완전히 단절되었다. 이 때문에 조선은 그 어느 때보다 중요한 시기에 다시 일본에 완전히 '무지(無知)'한 상태가 되었다. 그리고 70년이 채 지나지 않은 1876년, 일본은 막강한 경제력과 군사력을 갖춘 신흥 강국으로 벼락같이 조선의 눈앞에 재등장했다. 신흥 강국 일본의 총칼 앞에 풍전등화의 신세가 된 조선은 뒤늦게 개항과 근대화에 나섰지만, 이미 세계사의 흐름에 100여 년이나 뒤떨어진 시간을 따라잡을 수는 없었다. 외부 세계의 변화에 너무나 무관심하고 무지했던 조선의 지배 세력은 "일본의 침략에 대비하라!"는 이덕무의 외침이 무색하게, 나라를 일본에 빼앗기는 전무후무한 역사적 대죄를 저지르고 말았다.

제8장

마지막 호, 아정에 담긴 의미

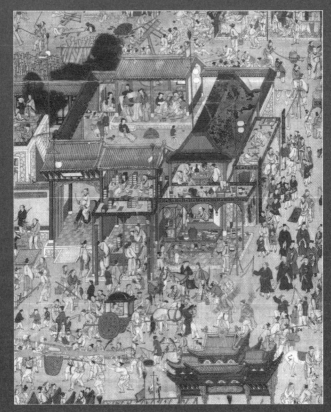

작가 미상, 〈태평성시도(太平城市圖)〉 일부, 조선 후기로 추정, 국립중앙박물관 소장.

•

"정조는 우등(優等)으로 여섯 사람을 뽑아 그들의 시권(詩卷)에 각각 어평(御評)을 했는데, 이덕무의 시권에는 어필로 친히 '아(雅)'자를 썼다. 이덕무가 제출한 〈성시전도(城市全圖)〉 시가 '우아하다'는 최고의 찬사였다."

규장각 사검서

먹잇감을 애써 쫓지 않는 고매한 해오라기[靑莊]를 호로 삼은 까닭일까.
이덕무의 삶에는 가난이 숙명처럼 따라다녔다. 이덕무의 스승이자 가장
절친한 벗이기도 한 연암 박지원은 그의 궁핍한 삶에 대해 "때로는 해가
저물도록 먹을거리를 마련하지 못한 적도 있고, 때로는 추운 겨울인데도
방구들을 덥힐 불을 때지 못하기도 했다"고 증언하고 있다. 실제『청장관
전서』곳곳에는 이덕무의 가난한 삶이 얼마나 혹독했는가를 보여주는 글
이 여러 편 남아 있다.

> 몇 해 전인 경진년(庚辰年, 1760)과 신사년(辛巳年, 1761) 겨울, 내 조그마
> 한 초가집이 너무나 추워서 입김이 서려 성에가 되고 이불깃에서는 와삭
> 와삭 소리가 날 지경이었다. 나는 비록 성품이 게으르지만 밤중에 일어
> 나 황급히『한서(漢書)』한 질을 이불 위에 죽 덮어 조금이나마 추위를 막
> 아보았다. 만약 그렇게 하지 않았다면 얼어 죽어 후산(后山)의 귀신이 되
> 었을 것이다. 그런데 어젯밤에도 내 집 서북쪽 모퉁이에서 매서운 바람이
> 불어와 등불이 심하게 흔들렸다. 추위에 떨며 한참을 생각하다가 마침내
> 『노론(魯論, 논어)』한 권을 뽑아 바람막이로 삼았다. 스스로 임시변통하
> 는 수단이 있다고 으쓱댔다. 옛사람이 갈대꽃으로 이불을 만들었다고 하
> 는데, 이는 특별한 경우에 불과하다. 금과 은으로 상서로운 짐승을 조각

해 병풍을 만든 사람도 있지만, 이는 너무 호사스러워 본받을 것이 못 된다. 어찌 천하에 귀한 경사(經史)인 『한서』로 이불을 삼고 『논어』로 병풍을 만든 것만 하겠는가! 또한 왕장(王章)이 소가죽을 덮고 두보(杜甫)가 말안장으로 추위를 막은 일보다 낫지 않은가! 을유년(乙酉年, 1765) 겨울 11월 28일에 기록하다.

— 「이목구심서」 1

을유년(乙酉年, 1765) 11월에 형재(炯齋, 이덕무의 서재)가 추워서 뜰 아래 작은 초가집으로 거처를 옮겼다. 그 집은 매우 누추해 벽에 얼어붙은 얼음이 뺨을 비추고 구들의 그을음 때문에 눈이 시큰거릴 지경이었다. 아랫목이 울퉁불퉁해 그릇을 놓으면 물이 반드시 엎질러지고, 햇살이 비추면 쌓인 눈이 녹아 흘러 썩은 띠 풀에서 누런 물이 뚝뚝 떨어졌다. 한 방울 물일망정 손님의 도포에 떨어지기라도 하면 깜짝 놀라 벌떡 일어나곤 했다. 나는 미안한 마음에 거듭 사과했지만 나태한 성품 탓에 집을 수리하지 못했다. 아우와 함께 서로 그대로 지낸 지 무릇 석 달이나 되었지만 오히려 글 읽는 소리만은 그칠 줄 몰랐다. 세 차례나 큰 눈을 겪었는데 매번 한 차례 눈이 올 때마다 이웃에 사는 작달만한 키의 노인이 반드시 새벽에 빗자루를 들고 와서 문을 두드리며 중얼중얼 혼잣말로 "가련하구나! 연약한 수재(秀才)가 얼어 죽지나 않았는지"라고 하였다. 그리고 눈을 쓸어 먼저 길을 낸 다음 문 밖에 있는 눈 덮인 신발을 찾아내 눈을 탈탈 털어내고 말끔하게 청소했다. 쌓인 눈은 둥근 모양으로 세 덩어리를 만들어 놓았다. 나는 이미 이불 속에서 고서(古書)를 벌써 서너 편이나 외웠다. 지금 날씨가 자못 풀렸으므로 마침내 서책을 챙겨서 서쪽의 형재로 옮겼다. 그러나 그립고 안타까운 마음에 쉽게 떠나지 못했다. 몸을 일으켜 서너 차례 주변을 돌다가 곧바로 형재로 나가 쌓인 먼지를 청소하고 붓과 벼루를 정돈하고 도서를 검열하였다. 그런 다음 시험 삼아 앉아보았더니 또한 오랜 시간 객지에 있다가 집으로 돌아온 것 같은 생각이 들었다. 또한 붓과 벼루와 도서들이 마치 자식과 조카들이 나와서 인사하는 것만 같았다. 비록 면목(面目)이 다소 생소하다고 해도 애틋하고 사랑스러워 어루만지고 안아주고 싶은 마음을 저절로 억제할 수 없었다. 아아! 이것이 인정(人情)인가. 병술년(丙戌年, 1766) 음력 정월 보름에 쓰다.

— 『이목구심서』 2

내 집안에 있는 물건 중 가장 좋은 것은 다만 『맹자』 7편뿐인데, 오랫동안 굶주림을 견디다 못해 돈 200닢에 팔아버렸네. 밥을 배불리 실컷 먹고 희희낙락하며, 영재(泠齋, 유득공)의 집으로 달려가 크게 자랑했네. 그런데 영재 역시 오랫동안 굶주려온 터라 내 말을 듣더니 그 즉시 『춘추좌씨전(春秋左氏傳)』을 팔아버렸네. 그리고 술을 사와 서로 나누어 마셨는데, 이것은 맹자가 손수 밥을 지어서 내게 먹이고, 좌구명(『춘추좌씨전』의 저자)이 친히 술을 따라서 내게 권한 것과 무엇이 다르겠는가. 나와 영재는 서로 맹씨와 좌씨를 한없이 높여 칭찬하였네. 우리 두 사람이 1년 내내 이 책을 읽는다고 한들 어찌 굶주림을 조금이나마 모면할 수 있겠는가? 진실로 글을 읽어 부귀영화를 얻고자 하는 것은 도대체 우연한 행운을 바라는 술책일 뿐이니, 당장에 책을 팔아서 한때나마 굶주림과 술 허기를 달래는 것이 더 솔직하고 거짓꾸밈이 없는 행동이라는 사실을 이제야 비로소 깨달았네. 참으로 서글픈 일이지 않은가! 그대는 어찌 생각하는가?

— 『간본 아정유고』, 〈이낙서(李洛瑞, 이서구)에게 보내는 편지(與李洛瑞書)〉

이렇듯 추위와 굶주림조차 우스갯소리 삼아 넘길 만큼 이덕무는 가난을 불평하거나 부끄러워하지 않았다. 오히려 박지원은 덧붙여 말하기를 이덕무는 "젊은 시절부터 가난을 편안히 여겼고, 벼슬에 나간 후에도 거처와 의복이 예전과 다르지 않았을뿐더러 평생 '기(飢, 굶주림)'와 '한(寒, 추위)' 두 글자를 결코 입 밖에 낸 적이 없었다"고 했다. 심지어 이덕무는 가난에 관한 자신만의 철학을 갖고 있었다.

최상(最上)의 사람은 가난을 편안하게 여긴다. 그다음 사람은 가난을 잊어버린다. 최하등(最下等)의 사람은 가난을 부끄럽게 생각해 감추거나 숨기고, 다른 사람들에게 가난을 호소하다가 가난에 짓눌려 끝내 가난의 노예가 되고 만다. 또한 최하등보다 못난 사람은 가난을 원수처럼 여기다가 그 가난 속에서 죽어간다.

— 『이목구심서』 3

이덕무의 가난의 철학은 가난에도 품격이 존재한다는 사실을 깨닫게 해준다. 자신의 가난을 편안하게 여겼고 또한 세상이 자신을 알아주지 않는다고 불평 한마디 하지 않았던 이덕무였지만, 백성이 추위와 굶주림에 고통받고 인재가 제 능력을 발휘하지 못하고 묻혀버리는 현실을 어떻게 바꿀 것인지에 대해서는 크게 관심을 쏟았다.

무관은 포의(布衣) 시절부터 백성의 삶이 곤궁하고 재주가 뛰어난 사람이 묻히고 마는 일에 대해 깊이 생각하여 개연히 나라를 경영하고 백성을 구제하는 데 뜻이 있었다. 그 의론(議論)과 기술(記述)은 법령과 제도에 한층 더 뜻을 두어서 백성을 구제하고 재물을 유용하게 하는 것을 요점으로 삼았다. 그러한 까닭에 나라를 걱정하고 백성을 근심하는 뜻을 잠깐이라도 잊은 적이 없었다. 참으로 그를 기용해 시험해보았다면 장차 어디에 있건 안 될 것이 없었을 것이다.

— 박지원, 『연암집』, 〈형암행장〉

그러나 이덕무는 본바탕이 자유롭고 확 트인 것을 좋아해 자신의 뜻을 굳건히 지키며 쓸쓸한 오두막집에 살면서 빈천(貧賤)을 감내할망정 권세 있는 사람들을 찾아다니거나 지위 높고 요직에 있는 사람들과 어울려 다니며 부귀와 권력을 얻으려고 하지 않았다. 박지원은 이덕무가 "다른 사람들이 자신을 알아주지 않아도 원망하지 않는 내실을 갖추었고, 다른 사람과 어울리지 못하고 홀로 지내도 두려워하지 않는 정신을 지녔다"고 칭찬했다. 다만 이러한 성격 때문에 이덕무가 "거의 뜻을 이루지 못하고 불우한 채로 늙어 죽어서 그 자취도 남기지 못하고 후세에 이름 또한 일컬어지지 못할 뻔했다"고 덧붙였다.

사실 박제가와 함께 청나라 연경에 갈 때만 해도, 이덕무의 신세는 뛰어난 시문과 깊이 있는 학식을 갖추었음에도 불구하고 궁벽한 여항(閭巷)에 사는 한낱 가난한 선비에 불과했다. 그런데 청나라에 다녀온 다음해인 1779년, 서른아홉 살의 이덕무는 인생의 커다란 전환점을 만나게 된다. 그해는 명군으로 일컬어지는 정조가 즉위한 지 3년째 되는 해였다.

정조는 즉위하자마자 문치(文治)를 표방하고 새로운 인재를 발탁할 방법을 고심한 끝에 세종대왕 때의 집현전(集賢殿)을 모방해 규장각을 세우고 각신(閣臣)을 두었다. 또한 교서관(校書館)을 창덕궁 단봉문(丹鳳門) 밖으로 옮겨 설치하고 규장각의 외각(外閣)으로 삼았다.

규장각을 창덕궁 금원(禁苑) 북쪽에 세우고 제학(提學)과 직제학(直提學)
과 직각(直閣)과 대교(待敎) 등의 벼슬아치를 두었다.

— 『정조실록(正祖實錄)』, 즉위년(1776) 9월 25일

그리고 3년 뒤인 1779년, 정조는 규장각의 각신들에게 하교해 벼슬하지
못한 여항의 선비들 중에 학문과 지식을 갖추고 문학에 능숙한 사람들을
뽑아 외각의 관원을 채우게 하고 처음으로 '검서(檢書)'라는 관명(官名)을
하사했다. 이때 이덕무가 첫 번째로 발탁되었으며, 그 뒤를 이어 박제가,
유득공, 서이수 등이 뽑혔다. 정조 시대 문치와 문예부흥에 크나큰 족적을
남긴 서얼 출신의, 이른바 '규장각 사검서(四檢書)'는 이렇게 탄생했다.

호학(好學) 군주이자 당대 최고의 학자였던 정조는 군사(君師)를 자처하
며 임금인 동시에 스승의 입장으로 신하들을 대했다. 이 때문에 정조는 스
승이 제자들을 가르치는 것처럼 신하들의 학문을 시험하고 시문을 평가하
는 데 엄격하고 단호했다. 이덕무 역시 예외가 아니었다. 이덕무가 검서관
이 된 지 겨우 한 달이 지났을 때 정조는 모든 검서관들에게 '규장각 팔경
(八景)'을 제목으로 하는 칠언율시 여덟 수를 짓게 했다. 이때 이덕무가 장
원을 차지했다. 그 상으로 정조는 세손(世孫) 시절 자신의 대리청정(代理聽
政)을 저지했던 홍인한(洪麟漢), 정후겸(鄭厚謙) 등을 주토(誅討)한 일을 기
록한 책 『명의록(明義錄)』 1질을 특별히 하사했다. 여기에서 규장각 팔경
이란 역대 선왕의 글과 글씨, 서책 등의 유품을 보관하던 전각인 봉모당
(奉謨堂)의 은하수, 책 향기 나는 집이라는 뜻으로 책 건조 작업을 하던 서
향각(書香閣)의 연꽃과 달, 규장각의 시사(試士), 불운정(拂雲亭)의 활쏘기,
정조가 세손 시절 사용했던 도서실로『고금도서집성』등 중국에서 가져온
책을 보관하던 개유와(皆有窩)의 매화와 눈, 농훈각(弄薰閣)의 단풍과 국

화, 원래 취향당(醉香堂)이라 불렸다가 숙종 때 기우제가 효과가 있자 '비가 와서 기쁘다'는 뜻으로 이름까지 바꾼 희우정(喜雨亭)의 봄빛, 가을마다 왕이 직접 심은 벼를 몸소 수확하고 신하들과 시를 읊으며 쉬던 관풍각(觀豊閣)의 추사(秋事)를 가리키는 말이다. 이덕무의 〈규장각 팔경(奎章閣八景)〉은 그의 유고집(遺稿集) 『아정유고』에 고스란히 남아 전해지고 있다.

기해년(己亥年, 1779) 초가을에 신 이덕무, 신 유득공, 신 박제가, 신 서이수가 검서관으로 임금님의 명을 기다리고 있었다. 하루는 임금님께서 '규장각 팔경'을 시로 지으라고 분부하셨다. 신 이덕무 등이 송구하고 감격한 마음에 삼가 백배하고 시를 지어 올렸다. 임금님께서 각신을 부르고 주사(朱砂)로 비점(批點)하였는데, 신 이덕무의 시를 제일로 두셨다. 이로 인해 신 등을 앞으로 나오라고 분부하신 다음 말씀을 분명하게 하시고 상을 차등 있게 하사하셨다. 아아! 무성하도다. 개미나 땅강아지와 같이 미천한 신하가 어떻게 이것을 얻었는가. 하늘처럼 높고 땅처럼 두터워서 이 몸이 죽을 때까지 임금님의 은혜를 갚으려고 한다. 신 이덕무는 공손한 마음으로 기록한다.

봉모당의 은하수

숲의 나무처럼 많은 보배로운 책, 후손에 전하니　森羅寶帙誕垂昆
무성한 덕 천년이 지나도 잊을 수 없네　盛德千秋不可護
성조(聖祖)와 신손(神孫) 심법(心法)으로 전수하니　聖祖神孫心法授
하늘이 정하고 땅이 받드는 이치와 법도 간직하네　天經地緯典刑存
회자(回字) 모양 아름다운 빛 항상 밝게 빛나고　休光每護昭回字

타고난 기운 깊고 엄숙한 말씀 길이 머무르네   元氣長留灝靈言

구름 사이 높이 솟아 우뚝한 고각(高閣) 드러나니   雲際巋然高閣出

황성(皇城)의 옛 사적 대조(大朝)를 본받네   皇宬舊事大朝援

서향각의 연꽃과 달

물 위에 떠 있는 연잎 달빛 아득한데   田田荷葉月蒼茫

서향각 실바람 밤기운 서늘하네   書閣微風五夜涼

흰 그림자 허공을 흘러 어기(御氣)에 통하고   素影流空通御氣

붉은 광채 물 위 덮어 천향(天香)을 흩뿌리네   朱華冒水散天香

금초반(金貂班)* 영롱한 빛 아름답고   金貂班襯玲瓏艶

백수존(白獸尊)** 출렁출렁 넘치는 빛 나부끼네   白獸尊翻潋灔光

임금님 마음 연회의 향락 생각한 것 아니고   不是宸心懷宴樂

주(周)나라 문왕의 동산과 연못 사모함이네   靈臺靈沼慕周王

규장각의 시사

새로 지은 규장각 무성하게 우뚝 솟았는데   奎躔新閣鬱嵯峨

바로 보이는 수많은 문장 엄숙하고 웅장하네   卽看文章濟濟多

어진 선비 모여들어 역복(棫樸)을 생각하고   吉士來歸思棫樸

뛰어난 인재 떨쳐 일으키니 청아(菁莪)를 읊네   英材振作詠菁莪

• 금초반(金貂班): 금초(金貂)는 관모(冠帽)에 다는 장식으로, 임금을 좌우에서 모시는 지위 높은 신하
와 시종을 뜻한다.

•• 백수존(白獸尊): 백호를 그린 술잔.

한나라 조정은 친히 현량책 베풀고   漢庭親發賢良策

당나라 때는 박학과를 개설했네   唐殿時開博學科

난새와 봉황의 진귀한 색채 갖춘 사람 누구인가   誰是鸞鳳珍彩備

요즈음 밝은 조정에서 예절 갖추고 맞아들이네   熙朝近日禮爲羅

불운정의 활쏘기

청명한 분조(分曹) 오르고 내려올 때   分曹秩秩降登時

그림의 북소리 울려 전하고 비단 깃발 휘날리네   畫鼓聲傳颭錦旗

푸른 전나무 구름 개어 아득한 과녁 선명하고   蒼檜雲晴遙辨鵠

금잔디 먼지 잠잠해 나부끼는 표적 바로잡네   金莎塵宿正翻麏

밝음은 이미 순임금의 신하 경계한 뜻 헤아리고   明之已審虞臣戒

다툼은 모름지기 공자의 예절 생각하네   爭也須思魯聖儀

태평시대 문덕(文德) 닦고 과녁 뚫지 않으니   昭代修文非貫革

마음 평안하고 몸 곧게 펴 활 잡는 것 마땅하네   心平體直把弓宜

개유와의 매화와 눈

누대 꼭대기에서 바라보니 끝없이 새하얀데   樓臺極望皓無垠

매화는 바로 옥구슬이요 눈은 바로 은이네   梅是瑤瑤雪是銀

대궐문에 빛 오르내려 불야성이고   閶闔光搖元不夜

처마 밑 철망 향기 도와 이미 먼저 봄이 왔네   罘罳香護已先春

훌륭한 인재 얻어 재상의 직무 맡기고   黃扉早得調羹手

초라한 초가집 선비 넓은 덕화(德化) 두루 미치네   白屋方推挾纊仁

우두커니 기다리니 꽃피는 시절 새 비와 이슬　佇待花時新雨露

세상 모든 사물과 사람마다 은혜 베푸네　恩覃物物與人人

농훈각의 단풍과 국화

계절 풍경 쓸쓸한데 새벽 개인 경치 맑고　風物蕭晨霽景澄

금원의 단풍과 국화, 전각 추녀 비추네　禁園楓菊映觚稜

하늘과 땅에 서리와 이슬 가장 번화하니　乾坤霜露繁華最

수풀과 연못과 누대 점점이 물들이네　草樹池臺點染能

표범 꼬리 속 사이사이 엽전 모양 또렷하고　豹尾中間錢箇箇

이무기 머리 돌계단 위아래 층층이 아름답네　螭頭上下錦層層

시문 잘하는 신하 비추부(悲秋賦)● 짓지 않고　詞臣不撰悲秋賦

법주(法酒) 베풀어 위로하니 기색이 한층 더하네　法酒宣來氣色增

희우정의 봄빛

높이 솟은 봉각(鳳閣) 상서로운 구름 덮이니　岧嶤鳳閣霱雲籠

사람들은 요순시대를 살고 있네　人在唐天舜日中

수많은 사람과 생물 교화의 은택에 젖고　藹蔚群生需化澤

밝게 소생하는 온갖 사물 화목한 바람 부채질하네　昭蘇萬種扇仁風

새해 창륙(蒼陸)에 돌아오니 상서로운 빛 널리 퍼지고　星回蒼陸祥光遍

새봄 청구(靑丘)에 당도하니 맑은 기운 창성하네　春到靑丘淑氣融

● 비추부(悲秋賦): 초나라 사람 송옥(宋玉)이 스승인 굴원이 간신들의 참소로 쫓겨난 일을 안타까워하
며 지은 시.

꽃 난만한 궁성 때맞춰 내린 귀한 비 흡족하니   花暖宮城膏雨洽
바로 사철나무 위 먼저 붉었네   萬年枝上是先紅

관풍각의 추사

관풍각 아래에는 논이 넓으니   觀豊閣下水田寬
왕업(王業)은 먼저 농사의 어려움 아는 것   王業先知稼穡難
『서경』우공편(禹貢篇)은 향안(香案)에 두고 읽고   禹貢篇留香案讀
빈풍도(豳風圖)●●로 임금님 뒤의 병풍 들여와 보네   豳風圖入御屏看
첫 수확 철 소나기 김매기 노래 그치고   初收白雨鋤謠歇
온 누리 가득한 노란 물결, 낫질 소리 끊임없네   遍滿黃雲銍響乾
인자하신 임금님 백성의 일 마음 아파하여   惻怛宸情民事軫
맛있고 좋은 음식 대할 때마다 달게 여기시지 않네   每當玉食未甘餐

― 『아정유고』 12, 〈규장각 팔경〉

〈규장각 팔경〉을 지은 다음 날 정조는 다시 '영주에 오르다〔登瀛洲〕'라는 제목으로 20운(韻)의 시를 짓게 했다. 이때 역시 이덕무가 장원을 차지했다. 이에 정조는 백면지(白綿紙) 5속(束)을 장원의 상으로 하사했다. 영주는 도가(道家)에서 말하는 삼신산(三神山)의 하나로 선경(仙境)을 말한다. 벼슬에 올라 임금을 모시는 영광을 누리는 일을 영주에 오르는 일에 비유한 것이다. 이 때문에 이덕무는 다른 시와는 달리 여기에서 선가(仙家)의 용어를 많이 사용했다.

●● 빈풍도(豳風圖): 주공(周公)이 성왕(成王)을 위해 지은 시를 묘사한 그림. 임금으로 하여금 백성들의 노고와 농사일의 어려움을 알리기 위한 것이다.

붉은 사다리 천천히 걸어 구슬 누각에 오르니　丹梯平步上瓊樓

높이 솟은 가을 연기, 구주를 점철했네　高出秋煙九點州

아스라이 신옹(神翁) 유향(劉向)의 누각에 나타나고　縹緲神翁劉向閣

신선과 나란히 거닐며 노니는 것 이응(李膺)*의 배이네　逍遙仙儷李膺舟

원래 별경(別境)에는 인간이 있다는 것 알겠고　元知別境人間在

신령한 발자취 바다 위에 노니는 것 오히려 의아하네　却訝靈踪海上遊

중국 동쪽은 온통 바다로 둘러싸여 있는데　中國以東環海瀅

삼신산(三神山) 중 하나 영주(瀛洲)가 우뚝 솟았네　三山之一屹瀛洲

구슬 궁전과 은 대궐 누가 가보았다고 말하나　珠宮銀闕云誰到

옛적 한(漢)나라 방사와 진(秦)나라 동자도 구하지 못했네　漢士秦童昔未求

돛 달고 만 리를 느리게 배회하는 것 공허하고　掛帆遲回空萬里

바지 걷고 이끌어 기다리나 천추(千秋)에 아득하네　褰裳延佇杳千秋

황하(黃河)의 소식 휴운(休運)을 열었고　黃河消息開休運

창벽(蒼璧)의 정신 뛰어난 명사를 내려주었네　蒼璧精神降勝流

선리(仙李) 문덕 닦아 대아(大雅)를 울리고　仙李修文鳴大雅

여러 영재 접무(接武) 임금님 정사 빛내네　群英接武煥皇猷

푸른 구름 불어 보내니 명성 드날리고　青雲噓送名初藉

밝은 해 하늘에 오르자 풍경 가장 그윽하네　白日飛昇境最幽

땅에 울린 새로운 곡조 우설(虞薛)의 무리이고　擲地新聲虞薛輩

하늘에 펼친 뛰어난 기상 육안(陸顏)의 무리이네　捫天逸氣陸顏儔

다투어 시초(視草) 전해 금란전(金鑾殿)**에 곧장 들고　爭傳視草金鑾直

• 이응(李膺): 후한의 명사로, 당고의 화(후한 말 환관들이 관료들을 탄압한 사건)를 입어 죽었다.

•• 금란전(金鑾殿): 황제가 조회를 보는 궁궐.

함께 휘호(揮毫) 사모해 상서성에 머무네　共羨揮毫畫省留

시험 삼아 글 잘하는 신하 살펴 표미(豹尾)에 추창(趨蹌)***하니

試看詞臣趨豹尾

신선이 돌아와 함께 오두(鰲頭)****에 오르네　還同仙子上鰲頭

국운이 왕성한 때 유학의 교화 여기에 극진하니　晟時儒化於斯盡

전대(前代)의 관명 이와 같은 것 있었는가　前代官名有此不

태액지(太液池) 옥 같은 물결, 벽해(碧海)와 동일하고　太液瑗波同碧海

상림(上林)의 주옥 같은 나무 곧 신선 사는 곳이네　上林珠樹卽丹丘

푸른 하늘 아득하니 다 같이 학을 타고　青霄漠漠齊騎鶴

보랏빛 기운 분분하니 일제히 소를 타네　紫氣紛紛盡駕牛

동쪽 바다 날개 돋아 옥안(玉案)에 조회하고　化羽東瀛朝玉案

대궐 서쪽에서 어깨 부딪히며 임금님 모시네　拍肩西掖侍珠旒

삼천 신선의 길 높다란 발걸음이 연잇고　三千仙路聯高步

십팔의 맑은 직함 수많은 눈동자가 우러러보네　十八清銜拭眾眸

천상 세계 누대 원래 멀지 않아서　上界樓臺元不遠

인간 세상 관(冠)과 패옥(佩玉) 반드시 응당 부끄럽네　下風冠珮定應羞

인재는 한 시대의 태산북두(泰山北斗) 기울이고　人材一代傾山斗

성군의 태평세월 천년의 해옥첨주(海玉添籌) 기원하네　聖曆千年祝海籌

성대한 일 이내 그림에 담아두라 명하시니　盛事仍令留繪素

염군(閻君) 옥 대궐에서 붓을 뽑아 채색하네　閻君玉陛彩毫抽

— 『아정유고』 12, 〈영주에 오르다(登瀛洲七言排律二十韻)〉

*** 추창(趨蹌): 예를 갖춰 허리를 굽히고 빨리 걸어가는 것.
**** 오두(鰲頭): 자라의 머리라는 뜻으로 장원급제를 비유한 것.

박지원은 이 두 번의 장원을 가리켜 이덕무가 "다른 사람들에게 인정받지 못했던 재능과 식견을 마침내 임금님에게 인정받게 된 것"이라며 크게 기뻐했다. 그렇다면 이덕무를 여항의 한낱 가난한 선비 신세에서 온 조선에 이름을 떨칠 수 있도록 만들어준 검서관이라는 관직은 도대체 무슨 일을 하는 자리였을까? 1785년 이덕무가 검서관의 직소(直所)인 검서청 개소를 기념하기 위해 지은 〈검서청기(檢書廳記)〉를 통해서 알아보자.

상(上, 정조)께서 즉위하신 병신년(丙申年, 1776)에 규장각을 세우시고 직각(直閣)과 학사(學士)를 설치하셨다. 3년이 지난 기해년(己亥年, 1779)에 검서관 네 명을 두시고 규장각에 소속된 관리로 삼으셨다. 처음 검서관은 입직(入直)만 하고 청사(廳舍)가 없었다. 임시로 이문원(摛文院)의 동편 방에서 입직했다. 그러다가 계묘년(癸卯年, 1783) 여름에 이문원의 왼쪽 행랑채를 수리하여 방 두 개와 마루 한 개를 만들었다. 이때 단청도 모두 갖추었다. 이해 겨울에 우리 세자 저하를 원자(元子)로 정호(定號)하시고 보양관(輔養官)을 두시면서 검서관의 청사를 보양관의 청사로 삼으셨다. 다음 해 가을에 세자를 책봉하는 예를 마쳤으나 시강원(侍講院)을 미처 중수하지 못한 까닭에 보덕(輔德) 이하의 관리들이 검서청에서 임시로 입직하였다. 그렇게 한 것이 또한 몇 달이나 되었다. 그리고 금년 봄에 임금님께서 대교(大敎) 이공에게 명하시어 편액(扁額)을 쓰도록 하고 검서관에게 기문(記文)을 짓도록 하셨다. 이 모두 매우 성대한 일이다.

가만히 생각해보건대 검서관의 직책은 과거에는 없었다. 중국의 한나라와 당나라와 송나라 이래로 배우(俳優)와 골계(滑稽)와 바둑과 의약(醫藥)과 대조(待詔)와 서화(書畵) 등의 박사(博士) 무리가 모두 금마문(金馬門)으로 대궐에 출입하며 예원(藝苑)에서 일을 맡아 하도록 해주었다. 이러한 일들은 모두 한 가지 재능과 한 가지 기술로 자질구레하고 보잘것없는 것이어서 참으로 입에 올리기에 부족한데도 제왕(帝王)은 폐기하지 않았다. 마치 전설상의 아름답고 무성한 숲인 등림(鄧林)이 하늘을 찌를 듯 솟아 있지만 작은 몸집에 불과한 뱁새 따위가 서식하고, 아득히 드넓은 바다에 조그마한 물고기와 새우 따위가 헤엄치며 노니는 것과 같은 이치로, 용납하지 않은 것이 하나도 없다고 하겠다. 우리 성상(聖上)께서 문치를 숭상하고 옛일을 상고하여 규장각을 세우고 관리를 설치하셨으니 당대의 대문장가와 석학들이 모두 모여들었다. 이에 또한 네 명의 검서관을 두시고 이들을 보좌하도록 하셨다. 선왕들의 영정(影幀)을 봉심(奉審)하는 일, 한 해의 명절에 거동하는 일, 성 밖의 호가(扈駕), 연회의 활쏘기, 표전(表箋)을 짓고 서적을 관리하는 일, 어제(御製)와 일력(日曆)과 일성록(日省錄) 그리고 임금님이 하명하는 문자로서 규장각에서 나오는 모든 문서를 손질하고 정서하며 교정하는 임무를 맡지 않은 것이 없었다.

매월 문신들이 강의할 때면 언제나 임금님께서 직접 질문하신 내용과 진강(進講)하는 여러 신하가 서로 옳고 그름을 따져 변론한 내용을 그 옆에서 즉시 붓을 잡아 기록하고 물러 나와서는 그 권말(卷末)에 서명해 오직 삼가 조심하며 간직해두었다. 이러한 까닭에 임금님을 가까이에서 모셨을뿐더러 앞자리에서 일이 잘 되도록 이리저리 힘을 써서 변통할 수 있었다. 그 직임을 돌아보건대, 배우와 골계와 바둑과 의약과 서화 등의 자질구레하고 보잘것없는 것들에 비교할 수 없이 막중한 일이었다. 또한 금마문을 통해 대궐에 출입하며 예원(藝苑)에서 일을 한 영광을 넘어서는 광영(光榮)이었다.

아아! 우리 네 명의 검서관은 땅강아지와 개미와 같은 천한 사람으로 운 좋게 태평성세를 만나 맨 먼저 이러한 책임을 맡아서 분주하게 받들어 모시고 힘써 일한 지가 지금 7년이 되었다. 어찌 행복한 사람이라고 하지 않겠는가? 비록 붓을 잡고 먹을 갈아 문장을 짓고 글씨를 쓰느라 기력이 지치고 도서(圖書)에 정신이 고갈된다고 해도 감히 사양할 수가 없다. 더욱이 이 검서청의 청사가 이문원 안에 자리하고 있어서 여러 학사의 풍류와 문채를 매일 직접 볼 수 있다. 이는 참으로 당대의 사람들이 아름답게 여기고 부러워하는 것일뿐더러 후세 사람들이 그렇게 되기를 희망하는 것이다. 지금 만약 나라에 큰 경사가 있다면 세자 보양관인 두 상국(相國)과 세자시강원의 여러 벼슬아치들이 이곳에서 가지런하게 입직하면서 세자 저하께서 거동할 때 성대한 일을 얻고 볼 수 있도록 하는 것이다. 그윽이 생각해보건대 오래되면 전하는 것이 없어질까 두려워하는 까닭에 여기에 기록해 드러내어 이 검서청사의 전례(前例)와 실례(實例)를 만드는 것이지 한낱 건물을 세우고 관리를 설치한 연유와 유래만을 말한 것이 아니다.

— 『간본 아정유고』, 〈검서청기〉

이 기록을 통해 우리는 검서관들이 역대 임금들의 영정(影幀)을 받들어 보살피는 일, 임금이 명절에 거동할 때나 성 밖으로 나갈 때 또는 연회에서 활쏘기를 할 때 수행하는 일, 표전(表箋)을 짓는 일, 서적을 햇볕에 말리는 일, 어제(御製), 일력(日曆), 일성록(日省錄)과 임금이 하명하는 문서와 규장각에서 나오는 모든 문서를 손질하고 정서하며 교정하는 임무를 맡았다는 사실을 알 수 있다. 또한 경연(經筵)에서 문신들이 강의하고 임금이 질문하는 내용과 진강(進講)하는 신하들이 서로 변난(辯難)하는 것들을 즉석에서 기록해 보관하는 일 역시 검서관의 주요 임무였다. 즉, 검서관은 항상 임금을 가까이에서 모시는 영광을 누릴 수 있었다. 비록 지위가 낮은 관직이었지만, 당시 대궐 안에서 검서관의 눈을 거치지 않은 문서가 없었다고 할 정도로 그들의 임무는 막중했다.

그러나 무엇보다도 검서관들이 정조의 문치에 크게 공헌한 일은 국가적 차원의 대규모 편찬 사업에 주도적으로 참여해, 역대의 문헌과 자료를 총망라하고 체계적으로 정리한『국조보감(國朝寶鑑)』,『갱장록(羹墻錄)』,『문원보불(文苑黼黻)』,『대전통편(大典通編)』등을 간행한 것이다. 간단하게 살펴보면, 먼저『국조보감』은 조선 역대 국왕의 치적(治績) 중에 모범이될 만한 사실들을 모아 편찬한 편년체(編年體) 역사서다. 세종 때 처음 편찬 작업을 시작했으나 완성하지 못했고, 세조 때에 이르러서 태조, 태종, 세종, 문종 4대의『사대보감(四代寶鑑)』을 최초로 완성했다. 이후 숙종 때에는 선조 시대의 사적을 엮어『선묘보감(宣廟寶鑑)』을 편찬했고, 영조 때에는 숙종 시대의 사적을 엮어『숙묘보감(肅廟寶鑑)』을 완성했다. 그리고 1782년(정조 6)에 정종, 단종, 세조, 예종, 성종, 중종, 인종, 명종, 인조, 효종, 현종, 경종, 영조 등 13조의 보감을 편찬하고 앞의 세 보감과 합해『국조보감』68권 19책을 완성했다.

『갱장록』은 중국의 순(舜)임금이 선왕인 요(堯)임금을 '국〔羹〕'을 먹을 때도 생각하고 '담〔墻〕'을 볼 때도 생각한다는 고사에서 따온 제목으로, 조선 개국 때부터 정조 초기까지 역대 국왕의 사적을 창업, 경천(敬天) 사상, 왕가의 친인척, 언로(言路), 인재 등용, 생업 권장, 각종 제사와 제도 정비, 문치주의, 이단 배척, 사병 금지, 외교정책, 풍속 순화, 구휼책, 형정(刑政), 경제정책 등의 항목별로 나누어 정리한 서적이다. 1786년(정조 10)에 간행되었다.

『문원보불』은 태조 때부터 정조 초기까지 관각(館閣), 즉 홍문관(弘文館)과 예문각(藝文閣)의 신하들이 지어 올린 문장을 모아서 옥책문(玉冊文),

반교문(頒敎文), 위유문(慰諭文), 교문(敎文), 교명문(敎命文), 죽책문(竹冊文), 제문(祭文), 애책문(哀冊文), 상량문(上樑文), 사제문(賜祭文), 교서(敎書), 국서(國書), 노포(露布) 등으로 나누어 엮은 책이다. 1787년(정조 11)에 간행되었다.

『대전통편』은 『경국대전(經國大典)』과 『속대전(續大典)』 그리고 여러 법령집으로 나뉘어 법제 운영에 큰 불편을 겪고 있던 조선의 법전 체계를 하나로 통합한 통일 법전이라고 할 수 있다. 1785년(정조 9)에 간행되었다.

한마디로 이 서적들은 여기저기 흩어져 제대로 기능하지 못하거나 혼선을 일으키고 있던 국가의 각종 문헌과 자료들을 체계적으로 정리한 것이다. 그것들을 하나의 책에 집대성해 누구라도 쉽게, 특히 나라를 경영하고 백성을 구제하는 이들이 참고해 활용할 수 있도록 말이다. 요즘 식으로 표현하면 국가적 차원의 데이터베이스 시스템을 구축해놓았다고 할 수 있겠다. 이덕무를 비롯한 검서관들의 이러한 활약으로 말미암아 정조 시대의 문치는 최고 전성기를 구가할 수 있었다.

검서체와 연암체 그리고 문체반정

이덕무를 비롯해 유득공, 박제가 등이 규장각의 검서관이 되자, 그들의 독창적이고 참신한 문체가 사대부들 사이로 급속하게 퍼져나갔다. 심지어 이들의 문체를 '검서체(檢書體)'라고 부를 정도였다.

나는 무관(懋官, 이덕무)과 차수(次修, 박제가)와 더불어 상투를 틀 때부터 조계(曹溪) 백탑(白塔)의 서쪽에서 시를 일컬었다. 당나라와 송나라와 원나라와 명나라만 고집하거나 가려서 보지 않았다. 그 뜻은 단지 온갖 부류의 시인들을 마음 내키는 대로 살펴보고 그 정화(精華)를 모으는 데 있었을 뿐이다. 규장각에 임금님을 받들어 모시고 나랏일에 힘쓰면서부터는 시작(詩作)의 여가조차 나지 않았다. 그런데 영편단구(零篇短句)가 간혹 세속에 물든 사람들의 눈에 걸리면 지나치게 정확하다거나 너무 깨끗하다고 의심하곤 하였고, 드디어 마침내 '검서체(檢書體)'라고 지목하였다. 참으로 가소로운 일이다. 검서체라는 것이 어찌 다른 문체이겠는가? 안목을 갖추고 있는 사람은 마땅히 저절로 알 수 있을 것이다.

— 유득공, 「고운당필기」, 〈검서체〉

아울러 1780년 무렵에는 박지원이 청나라에 다녀온 후 세상에 내놓은 『열하일기』가 선풍적인 인기를 끌면서, 그가 책에서 선보인 새로운 문체와 글쓰기를 가리키는 연암체(燕巖體)라는 신조어까지 생겨났다. 이처럼 이덕무와 그의 사우들은 시와 문장 모두에서, 이전까지 조선에 존재했던 어떤 시문체와도 다른 새로운 경지를 개척해 문풍의 혁신을 불러일으켰다.

그런데 1792년 10월, 이덕무와 박지원 등이 일으킨 새로운 문체의 유행에 강력하게 제동을 거는 조치가 발생했다. 문체반정(文體反正)이 바로 그것이다. 역설적이게도 이를 주도한 이는 이덕무와 그의 사우들의 문학적 재능과 학식을 높이 사 관직의 길을 열어준 정조였다. 당시 정조는 이덕무와 박제가에게 자송문(自訟文, 반성문)을 지어 올리라고 명령하면서, "이덕무와 박제가 등의 문체는 모두 패관소품(稗官小品)에서 나왔다. 내가 이들을 내각(內閣, 규장각)에 임용한 일로 이들의 문장을 좋아한다고 생각하는 것 같구나. 하지만 그들의 처지가 다른 사람들과 달라서 스스로를 표방한 것일 뿐이다"라는 말까지 했다. 또한 이덕무와 박제가에게 견책 처분을 내린 1793년 1월 무렵에는, 새로운 문체 유행의 근원적 책임이 박지원에게 있다면서 '순정(純正)'한 글 한 편을 지어 올리지 않으면 무거운 벌을 내리겠다고 명했다. 이때 정조가 말한 순정한 글이란 정학(正學)인 성리학과 유학의 경전인 육경(六經)에 근본을 둔 고문체(古文體)를 말한다.

> 이때 임금님께서 문풍이 예스럽지 않다고 하시면서 여러 차례에 걸쳐 엄한 분부를 내리시어 홍문관과 예문관의 여러 신하들이 모두 잘못을 자송하는 글을 지어서 바쳤다. 하루는 임금님께서 규장각 직각 남공철에게 하교하시기를 "근래에 들어 문풍이 이와 같은 까닭은 박아무개의 죄다. 내가 『열하일기』를 이미 익히 보았는데 어찌 감히 속이거나 숨길 수 있겠느냐? 『열하일기』가 유행한 이후로 문체가 이와 같이 되었다. 마땅히 스스로 결자해지(結者解之)해야 할 것이다. 속히 순정한 글 한 부를 짓고 곧바로 올려 보내 『열하일기』로 지은 죄를 속죄한다면 비록 남행(南行, 음직)으로 문임(文任, 홍문관, 예문관의 제학)의 관직을 내린다고 한들 어찌 아깝다고 하겠는가? 허나 그렇게 하지 않는다면 중죄를 내릴 것이다. 모름지기 이와 같은 뜻으로 즉시 편지를 보내도록 하라"고 하셨다.
>
> — 박종채, 『과정록』

그런데 사실 정조는 일찍부터 이덕무와 박지원 등이 유행시킨 새로운 문체를 익히 잘 알고 있었다. 예를 들자면, 정조는 앞서 소개했던 이덕무의 글 〈비왜론(備倭論)〉 등을 읽고 "모든 글이 원만하고 훌륭하구나!"라고 칭찬하면서 다시 "이 모든 것이 연암의 문체로구나!"라고 말한 적이 있었다. 또한 바로 위에서 소개한 박종채의 글에서도 나타나듯이, 정조는 박지원의 『열하일기』도 이미 오래전에 읽었으며 자세하게 알고 있었다. 다시 말해 정조는 이덕무나 박지원의 새로운 문체의 글쓰기에는 동의하지 않았지만 따로 질책하거나 처벌하지는 않았다. 오히려 이덕무의 〈비왜론〉을 연암의 문체라고 하면서도 크게 칭찬까지 했다. 그렇다면 왜 정조는 새삼스레 이때에 이르러 이덕무와 박지원 등의 문체를 문제 삼았던 것일까? 그 답은 문체반정 당시 홍문관 부교리(副校理)였던 이동직(李東稷)이 올린 상소문과 정조의 비답을 통해 알아볼 수 있다. 먼저 이동직의 상소문을 살펴보자.

또한 이가환은 채제공에게 빌붙어 떨어지지 않아 과장되게 칭찬을 듣고 천거를 받아왔으면서도 역모의 진상이 낭자하게 드러난 지금까지 오히려 당여(黨與)의 형률을 모면하고 있습니다. 어찌 행운이라 하지 않겠습니까. 또 이가환은 외람되게도 벼슬자리에 머물러 있으면서 대간(臺諫)의 올바른 논박도 듣지 않고 대신들의 상소 역시 돌아보지 않습니다. 의기양양하게 다다르고 나아가니 그 방자한 뜻과 거리낌 없는 행동이 비록 그들 무리가 항상 습관적으로 하는 것이라고 해도 도대체 인간의 수치스러운 일이 무엇인지 모르는 자들이라고 말할 수 있습니다. 조정과 나라에서 전후로 재능 있는 사람을 가려 뽑아 등용할 때 단지 문장의 화려함 한 가지만을 보았습니다. 그런데 괴이한 부류를 허락하는 것이 이와 같다면 비록 얕은 재예(才藝)를 갖춘 적은 숫자의 사람이라고 하더라도 이로써 그 죄를 가릴 수는 없습니다. 하물며 이러한 무리들의 이른바 문장의 화려함이란 학문적으로 보면 대부분 이단(異端)과 사설(邪說)에서 나왔습니다. 그 문장도 순전히 패관소품을 숭상한 것일 뿐입니다. 심지어 경전의 숙속(菽粟)을 매번 쓸모없는 물건으로 보고 있습니다. 이러한 까닭에 역시 그들의 문장은 문장이라고 말할 수조차 없는 것입니다. 지금 마땅히 이단을 물리치고 정도(正道)를 지킬 때, 이와 같은 무리들을 그대로 내버려둘 수 없으므로 논박하지 않을 수 없습니다. 신은 이가환에게 성균관을 관리하도록 제수한 분부를 아울러 거두어주시고 이어 기록에서 그의 이름을 삭제하게 하시어 세도(世道)를 위하고 명기(名器)를 귀중히 여기시는 전하의 뜻을 보여주셔야 한다고 아룁니다.

— 『정조실록』, 16년(1792), 11월 6일

당시 이동직은 박지원의 『열하일기』 역시 문체가 저속하다고 공격했지만, 그보다는 정조의 총애와 신임을 받아 급부상하고 있던 남인 세력의 핵심 인물 이가환을 집중적으로 탄핵했다. 오늘날의 관점에서 보자면 박지원은 이가환과는 비교할 수 없을 정도로 유명한 인물이지만, 정조 시대의 관점에서 보면 박지원은 궁벽한 지방의 일개 현감(당시 경남 안의현의 현감)에 불과한 반면 이가환은 정조가 채제공의 뒤를 이을 재상(宰相)의 재목으로 키우고 있던 남인의 영수였다. 정치적 비중과 영향력에서 박지원과 이가환은 비교가 되지 않았다. 따라서 이단, 사설과 패관소품을 문제 삼은 이동직의 상소문은 박지원이 아닌 이가환을 공격해 남인의 정치적 힘을 꺾으려는 의도가 주된 목적이었다고 할 수 있다. 특히 문체반정을 전후한 시기, 노론 세력은 천주교와 서학을 빌미 삼아 이가환, 이승훈, 정약용 등 남인의 핵심 인사들을 집중적으로 공격하고 성토했다. 이 때문에 정조는 자신의 개혁 정치에 큰 힘을 실어준 남인의 인사들이 어떻게든지 조정에 머물 수 있도록 정치적 명분을 찾아야 했다.

그리고 그 정치적 명분이 바로 '문체(文體)' 문제였다. 쉽게 이해하면, 남인 계열의 사대부 사이에서 천주학과 서학이 크게 유행한 것처럼, 노론 계열의 사대부들 사이에서는 이덕무와 박지원 등이 주도한 새로운 문체 즉 패관소품이 크게 유행하고 있었다. 이덕무와 박지원 등 북학파 지식인들의 가문 또한 대부분 노론 계열에 속했다. 그러한 까닭에 정조 시대 고위 관직에 오른 노론 계열의 사대부 가운데는 박지원의 문하에 들거나 그와 교류했던 이들이 적지 않았다. 대표적인 인물이 남공철과 이상황과 김조순이다. 정조는 노론이 천주학과 서학을 빌미로 남인의 핵심 인물들을 공격하자, 천주학과 서학이 문제라면 문체를 더럽히고 풍속을 문란하게 만든 연암의 문체 또한 문제라는 식으로 맞대응하며 노론을 옭아맨 것이다. 그래서 이동직이 이가환의 이단, 사설과 패관소품을 거론하자, 정조는 정작 이가환을 문제 삼기보다는 순정한 문체를 더럽혔다면서 노론의 사대부들 사이에서 유행하는 패관소품을 직접적으로 겨냥해 공격했다. 실제 정조의 문체반정에 걸려든 인물들의 면면을 살펴보면, 남공철, 김조순, 이상황 등으로 모두 당시 노론을 대표할 만한 명문 벌열(閥閱) 출신의 고위 관료들이다. 또한 이동직이 올린 상소문에 대해 내린 정조의 〈비답(批答)〉을 살펴보면 정조는 이가환의 처벌보다는 조정의 기득권 세력인 노론에게 책임의 화살을 돌리고 있다는 사실을 알 수 있다.

먼저 이가환에 대한 일부터 말하는 것이 좋지 않겠는가? 그대가 이가환의 문체가 경전을 쓸모없는 물건으로 만들고 있다는 말로 화제를 삼았는데, 이 말은 곧 내가 한마디 하고 싶었지만 미처 기회를 얻지 못하고 있던 것이다. 그대가 그 말을 가져오니 참으로 가려운 곳을 긁어주는 일이다. …… 저 가환은 일찍이 좋은 가문의 사람이 아닌 것도 아니다. 그렇지만 100년 동안 조정에서 밀려나 수레바퀴나 깎고 염주알이나 꿰면서 정처 없이 떠도는 사람이나 초야에 묻혀 지내는 백성이라고 자처하고 살았던 것이다. 이렇다보니 그 입에서 나오는 소리는 비분강개한 언사였고, 뜻을 함께해 모이는 사람들은 해학을 일삼고 괴벽한 행동을 하며 숨어지내는 무리였다. 주변이 외로우면 외로울수록 말은 더욱 치우치거나 비뚤어진 것이고, 말이 치우치고 비뚤어질수록 문장 역시 더욱 기궤(奇詭)해진 것이다. 그래서 다섯 색채로 수놓은 아름다운 문장은 당대에 빛을 본 자들에게 양보한 채 굴원의 『이소(離騷)』나 『구가(九歌)』에 가탁(假託)해 스스로 노래한 것인데, 그것이 어찌 가환이 좋아서 한 일이겠는가. 조정이 그렇게 만든 것이다.

— 『정조실록』, 16년(1792), 11월 6일

여기에서 주목해야 할 대목은 정조가 문체가 어지러워진 근본 원인과 책임이 조정 곧 당시 기득권 세력의 권력 독점에 있다고 본 사실이다. 남인 출신이라는 이유로 벼슬길에 나서지 못하거나 요직에 등용되지 못한 인사들이 비분강개하거나 괴벽한 짓을 하는 것은 이들이 좋아서 한 일이 아니며, 오히려 조정의 기득권 세력이 그들을 그렇게 만들었다는 얘기다. 따라서 이가환 등을 처벌할 것이 아니라 조정을 올바르게 혁신하면 저절로 이단과 사설이 사라지고 문체 또한 순정해질 것이라는 게 비답의 핵심이었다. 이덕무와 박제가에 대해 정조가 내린 〈비지(批旨)〉의 취지 또한 이와 별반 다르지 않았다.

계축년(癸丑年, 1793) 53세 1월 초5일.
이에 앞서 옥당(玉堂, 홍문관)의 이동직이 상소하여 문체에 대해 논박하였다. 임금님께서는 비지의 하단에서 말씀하시기를 "재능이 있지만 멸시를 당하는 것과 같고 뜻을 품었지만 스스로 내세울 길이 없는 까닭에 풀이나 나무와 함께 썩는 것을 감수하는 사람이 세상에서 이른바 '일명(一名)'이라 부르는 서얼들이다. 이들 서얼은 인륜의 상도(常道)에 맞는 이치에 대해 알고자 할 경우 도리어 우리나라와 다른 풍속을 사모하게 된다. 또한 스스로 여러 사람과 어울려 나아가 조정에서 벼슬할 수 없다는 사실을 알게 될 경우 공자의 칠십 제자들이 온 힘과 마음을 떨쳐 일으켜 기록한 말들을 즐겨 읽을 수 있을 뿐이다. 더욱이 글을 지어 희롱하거나 이것저것을 묘사해 서로 움직이며 번거롭고 어지럽게 떠들거나 아는 척하는 것을 편안히 여기는 지경에 이르게 된다. 이러한 상황에서 초연히 벗어날 수 있는 사람이 드물다. 이러한 일 또한 조정의 책임이지 그들의 죄가 아니다"라고 하였다.

— 『선고적성현감부군연보(先考積城縣監府君年譜)』 하(下)

여기서 정조는 새로운 문체가 유행하는 까닭이 서얼을 차별하는 조정에 있다고 말하면서 내부 개혁의 필요성을 주장한다. 이덕무나 박제가 등의 죄가 아님을 거듭 강조하고 있는 것이다. 실제 문체반정이라는 거창한 표현에 비해 정조가 이 사건과 관련된 인물들에게 내린 조치를 보면 솜방망이 처벌에 지나지 않음을 알 수 있다. 조선사에서 '반정(反正)'이라는 용어를 사용한 사건은 각각 연산군과 광해군을 몰아낸 중종반정(中宗反正)과 인조반정(仁祖反正) 밖에는 없다. 이때 수많은 사람들이 처형당하거나 유배형에 처해졌고 심하게는 멸문의 화까지 입었다. 그런데 문체반정 당시 정조가 내린 조치는 대개는 자송문을 지어 올리라는 명령이었다. 또 처벌이라고 해봤자 견책(譴責) 혹은 형식상의 파직에 불과했다. 단적인 예로 대책문(對策文)에서 '고동서화'라는 패관문자를 사용해 문체반정의 빌미를 제공했던 남공철은 이때 파직당했지만 오래지 않아 아무 일도 없었다는 듯 다시 관직을 부여받기도 했다.

계축년(癸丑年, 1793) 53세 1월 초5일.

임금님께서 비지의 하단에서 말씀하시기를 "(서얼 출신인) 성대중과 오정근과 같은 이들은 법도를 좇아 공경하니 내가 평소 아름답게 여겨 좋아했다. 이들이 지은 글에는 두 번 중등(中等)을 품평해 쓰고 상으로 십행(十行)을 더하여 박제가와 이덕무와 더불어 썩은 잣대를 버리고 조그만 장점이나마 활용해 밝은 곳을 향해 나아갈 것을 열어보인다"고 하였다. 이에 임금님께서 성대중과 오정근에게는 감은문(感恩文)을, 박제가에게는 자송문을 지어 바치도록 분부하셨다.

계축년(癸丑年, 1793) 53세 1월 20일.

공(公, 이덕무)은 임금님께 자송문을 지어 올리라는 어명을 받았다. 임자년(壬子年, 1792) 겨울에 임금님께서 부여현감 박제가에게 자송문을 지어 바치도록 명하셨는데, 이때에 이르러 또한 공에게도 자송문을 지어 올리도록 분부하신 것이다.

— 「선고적성현감부군연보」 하

심지어 박지원은 자송문을 제출하는 일조차 하지 않았다. 앞서 정조가 남공철에게 내린 어명을 소개했는데, 이때 남공철은 박지원에게 잘못을 반성하고 속죄하는 데 잠시도 머뭇거려서는 안 될 것이라면서 지체하지 말고 순정한 글 한 편을 지어 정조에게 바치라는 편지를 보냈다. 이에 박지원은 다음과 같은 답장을 보냈다.

천지(天地)의 광대함과 온갖 사물을 길러주는 일월(日月)의 밝음은 아주 보잘것없는 미물이라고 해도 비춰주지 않는 것이 없습니다. 어찌 하찮은 저의 책이 위로 임금님의 청안(淸眼)을 더럽힐 줄 생각했겠습니까? 엉성하고 거친 일개 미천한 신하에게 측근의 신하에게 내리는 것과 다름없는 은혜로운 가르침을 주셨습니다. 궁궐 문밖 법령을 게시하는 곳을 어지럽히고 어수선하게 만든 데 대해 벌을 가하지 않을 수 없건만 오히려 순정한 글 한 부를 지어 올려 속죄하라는 명을 내리시니 벌레와 같이 미천한 신하가 어떻게 이와 같은 은혜를 얻을 수 있겠습니까? 저는 중년 이래로 불우한 환경에 처해 실의에 빠지고 가난한 살림살이에 영락하여 스스로 자중(自重)하지 못하고 문장을 유희 삼아 지냈습니다. 때로는 궁색하고 근심하며 무료한 마음을 글에 드러냈으니 조잡하고 실속 없는 말이 아닌 것이 없을 지경이었습니다. 성품 또한 나태하고 산만하여 제가 지은 글을 거두고 살피는 일을 제대로 하지 못했습니다. 이에 이미 자신을 그르치고 다른 사람을 그르치고 말았습니다. 더욱이 간혹 와전된 내용이 전해져 다시 와전되기도 했습니다. 이로 말미암아 문풍이 진작되지 못하고 선비의 습속이 나날이 퇴락했다면, 진실로 임금의 교화를 손상시키는 죄 많은 백성이고 문원(文苑)에서 버려져야 할 존재입니다. 그 까닭에 법령의 처벌을 모면하는 것만으로도 또한 다행한 일이라고 할 것입니다. 상황이 이런 지경에 이른 원인을 참된 마음으로 궁구해보면 보잘것없는 재주와 솜씨에 부림을 받아 그렇게 된 것입니다. 이것이 어찌 정성스러운 마음으로 한 것이겠습니까? 스스로 회초리를 들어 저의 종아리를 때리고 글을 지어 올리도록 하겠습니다. 어찌 감히 지난날의 허물을 고칠 것을 급히 도모하여 다시는 성상(聖上)의 세상에서 죄인이 되지 않도록 하지 않겠습니까.

— 박종채, 『과정록』

이렇듯 남공철에게 보낸 답장에서는 스스로 반성하고 잘못을 고치기 위해 순정한 글을 지어 올리겠다고 했지만 실제 박지원은 정조에게 글을 지어 바치지 않았고, 자송문을 제출하지도 않았다. 더욱이 당시 한양에 있던 박지원의 주변 사람들 사이에서는 "순정한 글 한 부를 짓고 곧바로 올려 『열하일기』로 지은 죄를 속죄한다면 비록 남행(南行, 음직)으로 문임(文任, 홍문관, 예문관의 제학)의 관직을 내린다고 한들 어찌 아깝다고 하겠는가?"는 정조의 말을 근거 삼아 "임금님께서 내리신 분부 가운데 여러 사람의 허물을 차례대로 하나하나 따져 물으시면서, 특별히 박아무개를 지목해 죄인들 중의 우두머리라고 말씀하신 까닭은 임금님께서 박아무개의 잘못을 억눌러서 그 문장이 더욱 진전되게 하려고 한 것이다. 장차 박아무개에게 홍문관과 예문관의 제학인 문임을 맡기려고 하신 뜻이 있다. 더욱이 『열하일기』를 지목해 문체를 잘못된 길로 이끈 '확실한 증거'라고 하시면서도, 덧붙여 그 문자가 익숙하도록 읽었다고 하셨으니 총애하는 마음을 드러내신 것이다. 그러므로 박아무개는 반드시 순정한 글 한 부를 지어서 속히 임금님께 바쳐야 한다"는 이야기가 공공연하게 오고 갈 정도였다. 박지원이 재직하고 있던 안의현에 온 여러 문사들 또한 이 말을 전하면서 하루바삐 글을 지어 정조에게 바치라고 재촉했다. 그러나 애초에 자신이 잘못한 일이 없었다고 생각했기 때문인지 몰라도, 박지원은 끝내 정조에게 순정한 글 한 부도, 자송문도 바치지 않았다.

임금님의 이번 분부는 진실로 앞으로도 있을 수 없는 특별한 은총입니다. 임금님께서 바야흐로 『열하일기』가 문풍을 그르쳤다는 일로 죄를 주셨으니 신하의 신분으로 마땅히 오직 그 죄를 받아야 옳습니다. 어찌 견책을 받은 사람이 문자를 짓고 순정하다고 자처하면서 이전의 잘못을 가리려고 하겠습니까? 또한 하물며 '문임(文任)'의 두 글자로 그 반성의 길을 열어주신 것에 있어서겠습니까? 만약 제가 이로 말미암아 의기양양하여 글을 지어 임금님께 바친다면, 이것은 바라는 마음입니다. 바라는 마음은 신하된 자의 대죄입니다. 이에 저는 다시 글을 지어서 임금님께 바칠 생각은 없습니다. 다만 예전의 글 가운데에서 몇 편과 남쪽으로 와서 지은 몇 편의 글을 뽑아 서너 권의 책자를 만들어두었다가, 만약 임금님께서 다시 제 글을 찾는 분부를 내리시면 장차 그때에 이르러 분부를 받들어 신하된 분수를 다할 뿐입니다.

— 박종채, 『과정록』

박지원의 이러한 처사에 대해 정조 또한 언제 문제를 문제 삼아 처벌하겠다고 했냐는 식으로 별다른 후속 조치를 내리지 않았다. 반정이라면 으레 따라오는 피의 숙청이나 정치적 탄압이 아니라 허물을 고치면 됐다는 게 정조의 대책이었다. 문체반정은 처벌과 숙청보다는 교화와 포용의 방식으로 문제를 해결한 최초의 반정이었다. 그렇다면 자송문을 제출하라는 명을 받은 이덕무는 어떻게 했을까? 먼저 이덕무보다 앞서 자송문을 지어 올리라는 명을 받은 박제가의 사정부터 알아보자. 당시 이덕무는 이와 관련해 부여현감으로 외지에 나가 있던 박제가에게 한 통의 편지를 보냈다.

옥당에 내린 비답 중 임금님의 염려가 우리 무리에까지 이르렀습니다. 이미 감격하고 또한 황송하여 몸 둘 바를 알지 못하겠습니다. 비답 가운데 "인륜의 상도(常道)에 맞는 이치에 대해 알고자 할 경우"라고 말씀하신 한 구절은 매번 밤중에 백 번을 읽고 천 번을 외워도 남몰래 흐르는 눈물이 옷소매를 적시게 합니다. 임금님의 은혜에 대한 보답이 지체될까 두려울 뿐입니다. 다만 내가 형과 더불어 손을 마주잡고 오순도순 충정(衷情)

을 토론하지 못하는 것이 한이 됩니다. 태묘(太廟)와 경모궁(景慕宮)에 보내시어 특별히 제사와 연회의 일을 주선하게 하시니 그 은택의 영광이 닿아 병든 몸이 소생하는 것만 같습니다. …… 대개 이번 일은 직각 남공철이 대책문에서 '고동서화'라는 네 글자를 쓴 것에서 시작되었습니다. 중원(中原)을 흠모하고 소설(小說)을 기호(嗜好)하는 것은 오늘날의 고질적인 폐단이 되었는데, 임금님의 책망하는 가르침이 매우 준엄하여 남공철과 더불어 옥당의 이상황에게 문계(問啓)의 분부가 내려지기까지 한 일은 이미 저보(邸報)에 실렸으니 형 역시 마땅히 보았을 것입니다. 이후 심(沈)과 김(金) 두 대교(大敎)가 차례대로 문계하였지만 이 일은 저보에는 실리지 않았습니다. 아! 이 일은 진실로 순수하고 고아한 문체를 만회하고 문아(文雅)를 크게 일으킬 일대 기회입니다. 형은 모름지기 십분 상세하게 살펴서 이내 잘못을 뉘우치고 선한 곳으로 옮겨서 임금님의 은혜에 감사하고 죄를 안다는 뜻으로 한 편의 고문(古文)이나 혹은 칠언절구 10여 수를 지으십시오. 문장〔文〕이든 시(詩)든지 간에 그 글의 뜻을 지극히 순수하고 고상하게 꾸미는 데 힘을 쓰십시오. 혹시라도 가볍고 화려한 말을 써서는 안 될 것이고, 글자와 자구 간에는 세상에서 쓰는 이른바 소설이나 명말청초(明末淸初)에 사용한 일종의 비루하고 저속하며 경박한 말 등은 삼가 쓰지 말아야 할 것입니다. 남(南)과 이(李) 두 학사(學士)는 이미 사도(邪道)를 물리치고 이단(異端)을 배척하는 문장과 시를 지어서 임금님께 올렸다고 합니다. 형도 속히 시문을 짓고 통지문을 올려 내각에 들이시기를 청합니다. 우리 무리가 20년 전에 제자백가서(諸子百家書)를 두루 열람한 것이 풍부하다고 하겠지만, 그것을 익힌 궁극적인 뜻은 모든 경전과 역사서를 완전히 습득하기 위한 것이었습니다. 그리고 책을 저술해 이론을 세운 뜻은 경제(經濟)와 실용(實用)에서 벗어나지 않았습니다.

그래서 송나라의 학자 어중(漁仲, 정초)과 송말원초(宋末元初)의 학자 귀여(貴輿, 마단림)의 반열에 그윽이 들었다고 자부하였습니다. 문장을 드러낼 때는 별도로 위체(僞體)를 만들어서 수많은 스승을 따르기로 서로 약속하고 맹서했습니다. 대개 300편 시와 소부(騷賦)와 고일(古逸)은 물론 한나라와 위나라, 육조(六朝)와 당나라, 송나라, 금나라, 원나라, 명나라, 청나라 그리고 신라와 고려와 우리 조선, 안남(安南)과 일본(日本)과 유구(琉球)의 시에 이르기까지 상하로 3,000년, 종횡으로 만 리에 걸쳐 안력(眼力)이 닿는 곳은 남김없이 알아볼 정도였습니다. 감히 스스로 옛 사람들에게 양보할 바가 없다고 수없이 일컬었습니다. 간혹 일찍이 그 좋아하는 바를 본뜨거나 흉내 내고 시험 삼아 거리낌 없이 유희(遊戲)하기도 했습니다. 혹자는 별도로 체제를 만들려고 하였으나 사람들이 그 쓰임을 받아들이지 못하자 방향을 바꾸어 점점 더 많은 스승을 보태느라 끝내는 결점과 흠집만 남기고 말았습니다. 결국 청아(淸雅)하고 탈속(脫俗)하는 데 이르지 못하게 되어 스스로 점차 더러워지고 있다는 사실조차 깨닫지 못하였습니다. 저는 벼슬길에 오른 이후 보잘것없는 관리로서 붓과 벼루를 불사른 지 거의 15년이나 되었습니다. 더욱이 지금은 늙은 데다가 재주도 후퇴하여 진실로 문원에 종사하기에는 부족합니다. 그러나 탁월하고 분명한 운수를 타고 크게 앞날을 천명할 기회를 만났으니 감히 나약하게 물러설 수 없었습니다. 이에 마땅히 다 씻어버리고 드러내며 억지로라도 힘을 써서 임금님께서 우리 무리를 밝은 곳으로 이끄신 성대한 뜻을 저버리지 않으려고 합니다.

— 『간본 아정유고』, 〈박제가에게 보내는 편지[與朴在先(齊家)書]〉

이덕무는 평생 자신이 썼던 편지 중 가장 장문의 편지를 박제가에게 보내면서 신중에 신중을 기해 자송문을 지으라고 거듭 당부했다. 그리고 박제가는 이덕무의 편지를 받은 즉시 정조에게 자송문을 지어 바쳤다. 그러나 이덕무의 당부대로 정조의 입맛에 맞는 말만 하지는 않았다. 일단 박제가는 정조의 명에 따라 자송문에서 경전(經典)을 근거로 삼는 문체를 썼다. 특히 이때 지어 올린 〈비옥희음송(比屋希音頌)〉 한 편에서는 경전의 어구와 문체를 적극적으로 활용하여 자신의 문체가 패관소품에만 기울어 있지 않았다는 사실을 분명히 했다. 그러나 자신의 문체가 잘못되었다는 논의에 대해서는 중국의 고사(故事)까지 인용해 "노나라의 술이 싱겁다는 이유로 조나라의 수도인 한단(邯鄲)을 포위하는 옛일에 거의 가깝다고 하지 않겠습니까?"라고 반박하면서, 아무런 허물이 없음에도 견책 처분을 받은 자신의 억울함을 토로했다. 박제가의 자송문은 정조의 문체반정에 대해 소신 있게 입장을 밝힌 거의 유일한 글이기 때문에 조금 길더라도 자세히 인용해보겠다.

신(臣)이 지난해 11월 초10일에 임금님께서 이동직의 상소에 대해 내리신 비답 한 통을 엎드려 받아보니 그 글이 찬란하게 빛나고 비평은 정중하였습니다. 신은 낮은 고을의 하찮은 벼슬아치에 불과한데 이같이 특별한 대우를 받으니 황공(惶恐)하고 또한 황감(惶感)하여 어느 곳에 몸을 두어야 할지 모르겠습니다. 더욱이 올해 정월 초3일에 엎드려 규장각의 관련 통지문을 받아보니 여러 문신들이 자송의 시문을 지은 사례에 의거하여 특별히 신에게도 시를 지어 올리라고 분부하셨습니다. 임금님께서는 문풍이 예스럽지 않다고 여러 차례에 걸쳐 조정에서 탄식하셨습니다. 신처럼 변변치 않은 작은 재주만 있는 사람 역시 발탁해 중용하시고 질서 있게 잘 이끌어 큰 길을 두루 보여주셨는데, 이끌어주시고 나아가기를 가히 일을 같이 할 만한 자로 생각하시는 것 같았습니다. 신이 비록 완고하고 어리석지만 어찌 채찍질하여 독려하거나 스스로 분발하여 오로지 사업의 완성을 도모하지 않겠습니까? …… 세상에 유유히 떠돌아다니는 이야기에 더러 신의 문장이 명나라의 습속에 물들었다고 헐뜯는 것이 있습니다. 그러나 이것은 시대를 좇아 일으킨 견해에 불과할 뿐입니다. 무릇 문장가의 글은 시대가 있지만 뜻 있는 선비의 글은 시대가 없습니다. 신은 진실로 감히 문장가라고 자처하지 않았습니다. 만약 신이 뜻을 둔 바가 있다면 십삼경(十三經)으로 날줄을 삼고 이십삼사(二十三史)로 씨줄을 삼아 서로 융합시켜 시비곡직(是非曲直)을 헤아려 그 옳고 그름을 의론하고자 하는 것입니다. 또한 처음부터 끝까지 실용으로 돌아가 힘쓰는 것이 신이 배우고자 소원하는 것입니다. 비록 아직 미처 이르지는 못했지만 마음만은 벌써 그곳에 가 있었습니다. 이에 체재를 구별하여 당시(唐詩)의 전성기였던 성당(盛唐)을 종주로 삼고 팔대가(八大家)를 일컬으며 스스로 문장에 능숙한 것에 이르러서는 진실로 한가로울 여유조차 없었습니다. 이것을 넘어선 이후로는 간사하고 흉악한 사람의 문장을 표절한 문체나 소설과 희극의 대본 등을 독실하게 믿는 것을 신은 큰 부끄러움으로 여겨왔습니다. 대개 요즘 사람들은 신의 반 조각 원고조차 실제로 본 적이 없으면서 무엇을 좇아 신에 대해 의론한다는 말입니까. 어찌 예전에 임금님의 특명에 따라 치른 임시 과거에서 지은 적이 있는 응제(應製)의 글 한두 편을 가지고 합당하지 않다고 여긴단 말입니까. 이 글들은 모두 임금님께서 이미 다 읽어보신 것이니 보배로운 묵(墨)은 환하게 빛나 귀중한 고기(古器)인 구정(九鼎)이나 12율(十二律) 중의 대려(大呂)보다 소중합니다. 이치가 이러하다면 이와 같은 글로 신에 대해 의론하는 것은 거의 노나라의 술이 싱겁다는 이유로 조나라의 수도인 한단(邯鄲)을 포위하는 옛일에 가깝다고 하지 않겠습니까. 신이 삼가 전날에 임금님께서 내리신 비지를 살펴보건대, 신 등을 가리켜 "천리 밖의 우리와는 다른 풍속을 사모하여 초연히 우뚝 솟아 빼어남이 드문 것은 그들 무리의 죄가 아니다"라고 하신 말씀은 성인(聖人)께서 미루어 용서하신 의론입니다. 오늘 임금님과 신하들이 묻고 답하는 자리에서 내리신 교지(敎旨)에서 "구태여 잘못을 반성하는 글을 짓지 않아도 된다"라고 하신 말씀은 『춘추』에서 모든 일을 잘해나가도록 은밀하게 책망해 갖추게 하는 뜻입니다. 여기에는 이유가 있으니, 성인의 말씀은 활시위를 당기기만 할 뿐 그것을 놓아 활을 쏘지는 않는 것입니다. 만약 간곡히 정성을 다해 신의 뜻을 풀어주신다면, 신은 바야흐로 은혜를 머금고 영예를 입어 감히 임금님의 뜻을 실추하지 않겠습니다. 그러나 엎드려 규장각의 관문(關文)에서 부연한 글을 읽어보건대 "잘못을 고쳐서 스스로 새로워져야 한다"고 하였습니다. 대개 잘못에는 두 가지가 있습니다. 배움이 지극함에 이르지 못한 것은 진실로 신의 잘못입니다. 그러나 천성이 같지 않은 것은 신의 잘못이 아닙니다. 음식에 비유해 말씀드리겠습니다. 상에 놓은 음식의 자리로 말한다면 서직(黍稷)은 앞에 자리하고 국(羹)과 포(胾)는 뒤에 자리합니다. 맛으로 말한다면 소금으로는 짠맛을 내고, 매실로는 신맛을 취하고, 겨자에서는 매운맛을 가져오고, 찻잎으로는 쓴맛을 냅니다. 지금 짜지도 시지도 않고 맵거나 쓰지 않은 것을 가지고 소금과 매실과 겨자와 찻잎에게 죄를 묻는 것은 마땅하다고 하겠습니다. 그렇지만 만약 반드시 소금과 매실과 겨자와 찻잎이 그러한 것을 책망하면서 "너는 어찌하여 서직(黍稷)과 같지 않느냐?"라고 하거나 국과 포에게 "너는 왜 상의 앞에 자리하지 않느냐?"라고 말한다면, 지목을 당한 것들은 실질을 잃어버리고 천하의 맛은 폐해지게 될 것입니다. 이러한 까닭에 아가위와 배와 귤과 유자와 같은 과실, 개구리밥과 흰쑥과 붕어마름과 물풀과 같은 음식, 날카로운 이빨과 두꺼운 가죽을 가진 들짐승이나 깃털 달린 날짐승으로 만든 제사 음식도 쓰임에 적당하지 않는 것이 없는 것은 사람의 입에 맞는 것이 있기 때문입니다. 그 때문에 "선(善)한 것에는 일정한 스승이 없다"고 말합니다. 임금님께서는 비지에서 "하늘을 날고 물에 잠기는 새나 물고기는 그 천성을 저버리지 않고, 모난 자루와 둥근 구멍은 각기 그 쓰임에 알맞다"라고 말씀하셨으니, 성인께서 문장을 의론하신 것이 참으로 크다고 하겠습니다. 무릇 굴원의 『이소』는 국풍(國風)이 변한 것이지만 천하의 지극한 문장입니다. 주(周)나라 왕실이 천도하지 않았다면 '서리(黍離)'는 주남(周南)과 소남(召南)의 소리가 되었을 것입니다. 삼려대부(三閭大夫, 굴원)가 추방되지 않았다면 초나라는 임금과 신하가 서로 화답하는 소리를 계속 이을 수 있었을 것입니다. 정치가 올바르지 않자 굴원의 일신에도 애절한 곡조가 있었고, 주나라의 도읍지에 사는 백성들이 먼저 통탄하는 노래로 둘러싸던 것입니다. 이것이 임금님께서 항상 마음속에 잊지 않고 계시는 사업의 완성을 이루는 기미이고, 천명을 영원히 하는 것으로 문치의 근본으로 삼으신 것입니다. 대개 문장의 도(道)는 한 가지로 개괄해서 논의할 수 없습니다. 문장이 오래도록 전해지기를 바란다면 반드시 그 학문이 깊어야만 합니다. 이러한 까닭에 군자는 독서를 귀하게 생각합니다. 이것이 신 등이 매일같이 착실하게 힘을 쓰며 독서를 폐기하지 않는 이유입니다. 신은 삼가 임금님의 말씀을 취하여 〈비옥희음송〉 한 편을 짓고 두 번 절하고 머리를 조아려 이를 임금님께 바칩니다.

— 박제가, 『정유각집』, 〈비옥희음송(比屋希音頌)〉

비록 정조의 명에 따라 자송문을 지어 올렸지만, 박제가는 문체에 대한 자신의 철학과 신념을 분명하게 밝혔다. 즉 박제가는 문장 하는 사람의 글은 시대가 있는 반면 뜻을 세운 선비의 글은 시대를 초월한다면서, 자신은 실용에 힘쓰는 글을 쓴다는 점을 명백하게 주장했다. 박제가의 자송문은 자신은 실용에 뜻을 둔 글을 쓸 뿐, 그 글이 고문체인가 패관소품체인가는 중요하게 생각하지 않는다는 말이나 다름없었다. 심지어 박제가는 음식에 비유해, 문장이란 사물의 천성이 제각각 다른 것처럼 다양한 것이 본성이기 때문에 "문장의 도는 한 가지로 개괄해서 논의할 수 없습니다"고까지 주장했다. 당시 박제가가 자송문에서 밝힌 문체에 대한 입장은 아마도 이덕무와 박지원을 비롯한 북학파 그룹 전체의 뜻과 같았다고 해도 크게 틀리지 않을 듯싶다.

박제가보다 늦은 1월 20일 정조로부터 자송문을 지어 바치라는 명을 받은 이덕무는 병세가 위중한 상황임에도 이를 준비하며 응제가 늦어짐을 매우 걱정하였다. 그러다가 닷새 후인 1793년 1월 25일 오래 앓아 온 지병에다가 심한 독감까지 겹쳐 끝내 청장관의 정침(正寢)에서 죽음을 맞고 만다. 경우는 다르지만, 이덕무 또한 박지원처럼 끝내 자송문을 제출하지 않았던 셈이다. 당시 안의현에서 이덕무의 사망 소식을 전해들은 박지원은 "무관이 세상을 떠나다니! 꼭 나를 잃어버린 것 같구나"라고 애통해하면서 이런 말을 남겼다고 한다.

애석하구나! 인재 한 사람이 죽었구나. 무관으로 하여금 마땅히 글을 제작하고 저서를 찬술(撰述)하는 자리에 있게 하였더라면 반드시 한 자리를 오롯이 차지하여 크게 볼 만한 것이 있었을 것이다.

— 박종채, 「과정록」

구중궁궐에서 내린 한 글자의 의미

이덕무가 문체반정의 와중에 죽음을 맞게 되자, 군사(君師) 정조와의 인연
또한 그렇게 마무리되는 듯했다. 그러나 둘의 인연은 아직 끝이 아니었다.
이덕무가 죽은 지 3년이 지난 1796년 4월 초3일, 정조는 이덕무의 아들
이광규를 검서관으로 특차하라고 하교함과 동시에, 이덕무가 남긴 유고를
모아 유고집을 간행하라는 어명을 내렸다. 아울러 유고집에 쓰일 비용으
로 국왕의 내탕금 500냥을 하사하라는 특명까지 덧붙였다.

> 지금 운서(韻書)를 인간(印刊)하는 일로 생각해보니 고(故) 검서관 이덕
> 무의 재주와 식견을 아직까지도 잊을 수 없다. 그의 아들이 거상(居喪)을
> 마쳤다고 들었다. 그 아들 이광규를 검서관으로 특차하라. 오산(五山) 차
> 천로의 『차오산집(車五山集)』도 조정에서 오히려 간행해 보급해주었는데
> 하물며 이덕무의 글과 공로에 있어서 있겠는가? 그 집안의 힘만으로 어
> 떻게 이덕무의 유고를 간행할 수 있겠는가? 책을 간행할 수 있도록 유치
> 전(留置錢) 500냥을 특별히 지급하라.
>
> ─『선고적성현감부군연보』 하

그리고 정조는 이광규를 궁궐로 불러들인 다음 친히 "유고를 간행하는
데 필요한 비용은 곧 조처될 것이다. 너의 집안이 매우 가난하다고 들었으
니, 유고를 간행하고 남은 돈은 생계에 보태도록 하라. 유고를 가려 뽑는
일은 또한 규장각의 각신 윤행임(尹行恁)에게 명하여 주관하도록 하였다"
는 하교를 내렸다. 이덕무의 유고집 간행에 관련한 전후 사정은 박지원의
아들 박종채가 남긴 기록에서도 확인할 수 있다.

이덕무가 사망하자 임금님께서는 그가 지은 시문을 들이라는 분부를 내리셨다. 그리고 규장각 각신으로 하여금 정선(精選)하여 활자로 인간(印刊)하게 하셨다. 그런데 그 책의 서문(序文)과 발문(跋文)은 물론 이덕무의 묘지명(墓誌銘)과 묘갈명(墓碣銘)을 나누어서 문장을 잘하는 여러 문신들에게 지어 바치라고 명하셨다. 행장을 지을 때는 특별히 박아무개(박지원)에게 지어 올리도록 분부하셨다.

— 박종채, 『과정록』

당시 정조는 규장각의 각신과 초계문신(抄啓文臣) 출신으로 장임(將任, 대장이나 장수), 지방 관직, 관찰사, 큰 고을 수령을 맡은 자에게 명하여 각자 능력껏 유고집 출간 비용을 돕도록 하고, 이덕무와 가까운 친척인 훈련대장 이경무(李敬懋)에게도 출간 비용을 대는 일을 돕도록 명하였다. 이에 각신으로 병조판서 심환지 50냥, 평안감사 김재찬 500냥, 총융사 서용보 30냥, 경기감사 서유방 70냥, 충청병사 서정수 50냥, 영변부사 서영보가 100냥을 냈고, 초계문신 출신으로는 호조판서 이시수 100냥, 전라감사 이서구 300냥, 강원감사 이면긍 100냥, 의주부윤 심진현이 100냥을 냈다. 일가친척인 훈련대장 이경무 역시 100냥을 내놓았다. 이렇게 하여 정조가 하사한 내탕금 500냥과 합하여 총 2,000냥의 거금이 유고집의 출간 비용으로 모아졌다.

이렇듯 이덕무의 유고집은 임금이 직접 나서고 조정 대신들이 비용을 출연한 데다가 규장각이라는 공식 국가기관까지 동원되어 간행되었다. 이것은 고위 관직에 오른 문신도 쉽게 얻을 수 없는 영예로운 일이었다. 이러한 일련의 상황을 지켜보면, 정조가 정말로 이덕무의 문체를 문제 삼은 임금이었는가 하는 의구심을 떨칠 수 없다. 문체를 고쳐 바로잡아야 할 본

보기로 삼았던 신하의 글을 어떻게 임금이 앞장서서 출간을 명하고 그것도 모자라 관청을 동원해 간행 작업을 하도록 지시할 수 있겠는가?

이때 출간한 유고집의 제목 『아정유고(雅亭遺稿)』에도 이덕무와 정조가 나눈 특별한 사연이 담겨 있다. 이덕무는 생전에 확인된 것만 해도 20여 개에 이르는 호를 사용했다. 스스로 고백하기를 매번 글을 지을 때마다 호를 하나씩 지었다고 했으니, 실제 사용한 호는 이보다 훨씬 더 많았을 것이다. 이처럼 호에 대해 유달리 애착이 강했던 이덕무가 만년에 마지막으로 사용한 호가 다름 아닌 '아정(雅亭)'이다. 그런데 흥미롭게도 이 아정이란 호는 정조가 친히 하사한 것이나 다름없었다.

이덕무가 죽기 한 해 전인 1792년 4월, 정조는 한양을 그린 지도인 〈성시전도(城市全圖)〉를 시제로 하여 칠언 고시(古詩) 100운을 짓게 했다. 여기에는 이덕무 등 여러 검서관은 물론 조정 대신들까지 참여했다. 이때 정조가 응지(應旨)하여 점수를 매겼는데 이덕무의 시가 또다시 입상했다. 정조는 우등(優等)으로 여섯 사람을 뽑아 그들의 시권(詩卷)에 각각 어평(御評)을 했는데, 이덕무의 시권에는 어필(御筆)로 친히 '아(雅)'자를 썼다. 이덕무가 제출한 〈성시전도〉 시가 '우아하다'는 최고의 찬사였다. 지존인 임금이기에 앞서 최고의 학자이자 문장가였던 정조로부터 받은 극찬이었기 때문에, 이덕무는 '아(雅)'라는 어평을 평생의 영광으로 여겼고, 이를 후손들이 두고두고 기억하도록 하기 위해 자호를 아정이라 했던 것이다. 〈선고부군의 유사〉에 보면, 당시 이덕무는 "구중궁궐에서 내린 한 글자의 포상이 미천한 신하의 평생을 결단할 수 있다"는 말까지 남겼다고 한다. 이렇듯 '아정'이라는 호는 이덕무와 정조의 인연이 생전에는 물론, 사후에도 결코 간단하지 않았음을 알려주는 흥미로운 호다. 끝으로 정조가 최고의 찬사를 내린 이덕무의 시 〈성시전도〉를 통해 18세기 말 한양의 풍경을 감상하는 것으로 이 책의 대장정을 마무리하고자 한다.

......

한성(漢城) 가운데 태어나고 자랐으니　生於長於漢城中

직접 보고 어찌 기쁘지 않겠는가　目擊犁然寧不喜

한번 보고 한번 펼칠 때마다 한 잔씩 마시니　一覽一披進一觴

하늘 맑고 해 길어 계속 반복하네　天晴日永聊復爾

구천구백칠십 걸음　九千九百七十步

석회 바른 성벽 띠처럼 둘러 있네　粉堞如帶明千雉

별을 펼쳐놓은 듯 바둑을 늘어놓은 듯 단단하게 다졌으니　星羅棋置篳如許

호랑이가 웅크린 듯 용이 서린 듯 수려하기 그지없네　虎踞龍蟠秀無比

북쪽 산 백악(북악산)보다 좋은 산 없고　北山無如白岳好

오른쪽으로 인왕산 끼고 있으니 흡사 백중(伯仲)과 같네　右把仁王伯仲似

산천의 정기 모여 여러 바위 빛 푸르니　英靈所鍾石氣青

산 아래 왕왕 기이한 선비 태어났네　其下往往生奇士

남쪽 산 자각(남산)보다 빼어난 산 없고　南山無如紫閣秀

푸른 기운 하늘로 솟아올라 하늘도 지척이네　翠眉浮天天尺咫

빠르게 내닫는 말이 안장을 벗는 형세라고 말하니　云是奔馬脫鞍形

평안도의 봉화를 남쪽 변방까지 알려주네　平安火擧通南鄙

......

원각사(圓覺寺)에 우뚝 솟은 백탑(白塔)은　亭亭白塔大圓覺

열네 층을 겹겹이 공중에 포개었네　層給遙空十四累

운종가에 있는 흥천사(興天寺) 대종(大鍾)은　興天大鐘雲從街

아주 큰 누각 가운데 날듯이 있네　傑閣堂中翼斯跂

오고 가고 또 갔다 왔다 하는 사람들　來來去去去又來

바다 같은 사람 물결 멀고 아득해 끝이 보이지 않네　人海茫茫不見涘

……

거리 좌우에 상점이 천 걸음이나 늘어서 있고　沿街左右千步廊

온갖 물화 산처럼 쌓여 셀 수조차 없네　百貨山積計倍蓰

비단 가게에 울긋불긋 벌여 있는 것은　錦肆紅綠班陸離

모두 능라(綾羅)와 금수(錦繡)로 아름답기 그지없네　紗羅練絹綾縠綺

어물 가게에 신선한 생선 맛나게 살이 올랐으니　魚肆新鱗足珍腴

갈치, 노어, 준치, 쏘가리, 숭어, 붕어, 잉어이네　鱨鱸鰣鱖鰡鮒鯉

……

한양 안 물건과 경치 이미 다 적었으니　京中物華已題了

다시 교외로 내달려 한번 비교해보세　復從郊坰一評批

숭례문(崇禮門) 밖에서는 무엇을 볼 수 있는가　崇禮門外何所見

십리(十里) 강가의 창고에는 곡식이 억만(億萬) 섬이네　十里江廠粟億秭

안개와 물결 사이로 끝이 보이지 않는 삼남(三南)의 선박　煙波極望三南舶

빽빽하게 들어선 돛대 만 척이나 정박하네　簇簇帆竿萬艘艤

……

흥인문(興仁門) 밖에서는 무엇을 볼 수 있는가　興仁門外何所見

적묘(籍畝)의 농부가 푸른 따비를 쥐고 있네　籍畝農人秉靑耜

화양정(華陽亭)은 빛나고 석책(石柵)은 높은데　華陽亭迥石柵古

푸르른 풀빛은 하늘에 맞붙었고 준마가 뛰어노네　碧草粘天騰騄駬

혜화문(惠化門) 밖에서는 무엇을 볼 수 있는가　惠化門外何所見

푸른 숲이 하얀 모래밭에 연이어 있네　點綴靑林白沙嘴

북둔(北屯)의 복숭아꽃 천하에서 가장 붉고　北屯桃花天下紅

푸른 물빛의 시냇가에는 울타리 짧은 집들   短籬家家碧溪沚

성은 견고하고 땅은 기름지니 아름답기 그지없고   金城天府儘美哉

태평한 세월이라 또한 즐겁기 그지없네   壽域春臺亦樂只

……

— 『아정유고』 12, 〈성시전도〉

에필로그

참다운 지식인의 삶이란

지금까지 살펴본 이덕무의 삶은 크게 재야 지식인으로 활동했던 전반기와 관료 지식인으로 활동했던 후반기, 두 시기로 나누어볼 수 있다. 서른아홉 이전까지의 삶이 전자에 해당한다면, 1779년(정조 3) 규장각 검서관으로 발탁된 때부터 사망한 1793년(정조 17)까지의 15년은 후자에 해당한다. 앞서 박지원이 언급했던 것처럼, 이덕무는 벼슬에 나간 이후에도 거처와 의복, 처신, 학문하는 자세에 있어 벼슬에 나가기 전과 다름이 없었다. 그러나 삶의 무게 중심을 잡는 데 있어서는 분명 재야 지식인일 때와 관료 지식인일 때에 차이가 있을 수밖에 없다.

재야에서의 이덕무가 기궤첨신하고 개성적이며 자유로운 시와 문장 그리고 백과전서적 학풍을 강하게 추구했다면, 조정에 발탁된 이후에는 나라의 전적(典籍)과 기록, 문서 교정 및 대규모 편찬 사업 등에 참여해 국가 차원의 문예 부흥과 개혁 정책 수립에 전력했다. 이 때문에 재야 지식인 시절 이덕무가 보여준 개방적이고 혁신적인 모습은 관료 지식인이 된 후에는 조금 퇴색된 것처럼 보이기도 한다.

그러나 좀 더 깊게 들여다보면, 이덕무의 삶과 철학을 관통하는 개방성과 혁신성은 두 시기에 각각 다른 형태로 발현되었다는 것을 알 수 있다. 예를 들면 우리는 앞서 유득공이 정조의 어명을 받아 여진, 몽고, 일본, 유구 등 이웃한 국가의 역대 군사 제도나 진법 등과 관련한 병지(兵志)를 편찬할 때, 규장각에 그에 관한 자료가 없어 큰 곤란을 겪었다는 사실을 살펴본 바 있다. 이때 이덕무가 자신이 개인적으로 간직하고 있던 자료를 제공해 병지를 완성시킬 수 있었다는 일화는 재야 지식인일 때의 삶과 학문이 관료 지식인일 때의 삶과 학문과 어떻게 서로 연결되었는지 알려준다. 개인적 차원의 호기심과 탐구심에서 쌓은 지식이 관료 지식인이 된 이후 국가 차원의 사업과 정책 수립에 큰 역할을 한 것이다.

물론 이 책에서 다루고 있는 이덕무의 삶과 철학 그리고 학문의 비중을 보더라도 18세기 지식인들이 빛냈던 인문학의 진정한 가치인 개방성과 확장성, 불온성은 분명 재야 시절 더 또렷하게 나타난다는 사실은 부정할 수 없다. 이전 시대 문장가들과는 달리 개성적이고 자유분방한 글을 썼던 혁신적이고 독창적인 문장가, 중국의 시문(詩文)과 중화주의적 가치에 얽매이지 않고 조선의 '지금 모습'을 진솔하게 담아낸 진경(眞景)의 시인, 중화와 오랑캐라는 화이론적 세계관에서 벗어나 청나라와 일본의 지식인들과 교류했던 개방적 사상가, 당시까지 학문의 영역으로 인정받지 못했던 온갖 대상들에 대해 지적 호기심과 탐구 및 기록 정신을 발휘해 자연과 과학 기술과 같은 실용 분야는 물론 박물학과 백과전서의 학풍을 크게 일으켰던 개방적 지식인, 성리학적 인간 유형을 넘어 개성적 자아의 취향이나 기호를 스스럼없이 표현했던 자유인이자, 일본에 대한 올바른 직시와 탐구심을 통해 조선이 개혁되어야 할 방향을 날카롭게 지적한 사회 개혁가로서의 모습 등은 분명 재야 지식인 시절 더욱 뚜렷하게 나타나기 때문이다.

그러나 비록 자유분방함과 활발함에서 다소 차이가 있다 하더라도, 이덕무가 재야 시절 쌓은 문장력과 학문적 식견, 사유의 깊이 그리고 지식들의 역량은 관료 지식인으로 변신한 이후에도 그대로 유지되었고, 다양한 방향에서 국가 차원의 문예부흥과 개혁 정책에 반영되는 데 온 힘을 쏟았다. 관료 지식인으로서의 삶은 재야 시절 쌓았던 이상을 현실로 구현하기 위한 지난한 투쟁의 과정이었던 것이다.

박지원이 이덕무 사후에 지은 〈형암행장〉에서 밝힌 것처럼, 이덕무는 포의(布衣) 즉 재야 지식인 시절부터 백성을 구제하고 사회를 개혁하는 데 큰 뜻을 두었다. 또한 가난을 편안히 여겨서 오두막집에 살면서 외로움과 빈천을 감내할망정 자신의 문장이나 학문을 이용해 권세와 부를 가진 이들과 어울려 부귀영화를 누리려고 하지 않았다. 벼슬에 나가고 명성을 얻은 뒤에도 이러한 삶의 태도나 철학의 방향은 조금도 변함이 없었다. 재야에서나 관료가 된 이후에나 초지일관 자기 소신을 지켰던 셈이다. 그는 세상 사람들 대다수가 죽자 살자 덤벼들어 얻고자 하는 부귀나 권세, 명성, 출세 따위는 전혀 아랑곳하지 않았고, 오직 자신이 좋아하는 일과 해야 할 일만 좇아 본분을 지키며 역할을 다했다. 이러한 이덕무의 삶과 철학은 '참다운 지식인'의 표상으로서, 오늘날에도 많은 사람들의 귀감이 될 만하다 하겠다.

앞서 우리는 청장관(靑莊館), 그러니까 해오라기가 이덕무의 전서 제목이 될 정도로 대표적인 호였음을 살펴보았다. 실제로 그가 평생 지켰던 자기 삶의 방식과 철학은 마치 다른 새들처럼 먹이에 대한 탐욕에 눈이 어두워 물고기를 뒤좇아 이리저리 허둥지둥 돌아다니지 않고, 오로지 자기 앞을 지나가는 물고기만을 잡아먹는 해오라기의 습성과 매우 닮아 있다. 그런 점에서 박지원이 남긴 다음의 시 구절은 해오라기처럼 순수함, 진실함,

청결함을 추구했던 이덕무의 삶을 고스란히 담고 있는 명구라 하겠다.

짙푸른 물 청명한 모래 외로운 섬에　水碧沙明島嶼孤
해오라기 신세 티끌 한 점 없구나　鵁鶄身世一塵無

1| 김수영 지음,『김수영전집 2: 산문』,〈실험적인 문학과 정치적 자유〉, 민음사, 2003.

2| 이덕무 지음, 민족문화추진회 옮김,『(국역)청장관전서 I』,〈해제〉, 1967. 4~6쪽 참조.

3| 프리드리히 니체 지음, 정동호 옮김,『차라투스트라는 이렇게 말했다』, 책세상, 2000. 41쪽.

4| 이옥 지음, 안대회 옮김,『연경, 담배의 모든 것』, 휴머니스트, 2008, 33쪽 참조.

5| 정민 지음,『18세기 조선 지식인의 발견』, 휴머니스트, 2007, 48~49쪽 참조.

6| 안대회 지음,「18~19세기 조선의 백과전서파와『화한삼재도회(和漢三才圖會)』」,『대동문화연구 제69집』, 427~428쪽 참조.

7| 노대환 외 지음,『정조시대의 사상과 문화』, 돌베개, 1999, 208쪽 참조.

8| 홍선표 외 지음,『17~18세기 조선의 독서문화와 문화변동』, 혜안, 2007. 157쪽.

9| 최완수 외 지음,『진경시대 1』(전 2권), 돌베개, 1998, 13쪽.

10| 노대환 외 지음,『정조시대의 사상과 문화』, 돌베개, 1999, 205쪽 참조.

11| 노대환 외 지음,『정조시대의 사상과 문화』, 돌베개, 1999. 207쪽 참조.

12| 원중거 지음, 이혜순 감수, 김경숙 옮김,『조선 후기 지식인, 일본과 만나다』, 소명출판, 2006. 256~257쪽.

찾아보기

550

조선 최고의 문장
이덕무를 읽다
간서치 이덕무와 그의 벗들이 들려주는
18세기 조선 지식인의 내면 풍경

초판 1쇄 발행 2016년 12월 9일
초판 2쇄 발행 2017년 2월 17일

지은이 한정주
펴낸이 김선식

경영총괄 김은영
기획·편집 김대한 **크로스교정** 이수정, 이한경 **책임마케터** 양정길, 최혜진
콘텐츠개발5팀장 최세정 **콘텐츠개발5팀** 이수정, 유미란, 김대한, 이한경
전략기획팀 김상윤
마케팅본부 이주화, 정명찬, 최혜령, 양정길, 최혜진, 박진아, 김선욱, 이승민, 이수인, 김은지
경영관리팀 허대우, 윤이경, 임해랑, 권송이, 김재경
외부스태프 표지·본문디자인 석운디자인

펴낸곳 다산북스 **출판등록** 2005년 12월 23일 제313-2005-00277호
주소 경기도 파주시 회동길 357 3층
전화 02-702-1724(기획편집) 02-6217-1726(마케팅) 02-704-1724(경영지원)
팩스 02-703-2219 **이메일** dasanbooks@dasanbooks.com
홈페이지 www.dasanbooks.com **블로그** blog.naver.com/dasan_books
종이 한솔피앤에스 **출력** 민언프린텍 **후가공** 평창P&G **제본** 정문바인텍

ⓒ 2016, 한정주

ISBN 979-11-306-1053-5 (03910)

다산북스(DASANBOOKS)는 독자 여러분의 책에 관한 아이디어와 원고 투고를 기쁜 마음으로 기다리고 있습니다.
책 출간을 원하는 아이디어가 있으신 분은 이메일 dasanbooks@dasanbooks.com 또는 다산북스 홈페이지 '투고원고'란으로
간단한 개요와 취지, 연락처 등을 보내주세요. 머뭇거리지 말고 문을 두드리세요.